Springer-Lehrbuch

Jürgen Bloech
Ronald Bogaschewsky
Udo Buscher
Anke Daub
Uwe Götze
Folker Roland

Einführung in die Produktion

Sechste, überarbeitete Auflage

 Springer

Prof. Dr. Dr. h.c. Jürgen Bloech
Georg-August-Universität Göttingen
Lehrstuhl für Produktion und Logistik
Platz der Göttinger Sieben 3
37073 Göttingen
jbloech@uni-goettingen.de

Prof. Dr. Ronald Bogaschewsky
Julius-Maximilians-Universität
Würzburg
Lehrstuhl für Betriebswirtschaftslehre
und Industriebetriebslehre
Sanderring 2
97070 Würzburg
boga@mail.uni-wuerzburg.de

Prof. Dr. Udo Buscher
TU Dresden
Lehrstuhl für Industrielles
Management
Münchner Platz 2–3
01069 Dresden
buscher@rcs.urz.tu-dresden.de

Dr. Anke Daub
Georg-August-Universität Göttingen
Lehrstuhl für Produktion und Logistik
Platz der Göttinger Sieben 3
37073 Göttingen
anke.daub@wiwi.uni-goettingen.de

Prof. Dr. Uwe Götze
Technische Universität Chemnitz
Lehrstuhl BWL III – Unternehmensrechnung
und Controlling
Fakultät für Wirtschaftswissenschaften
Reichenhainer Straße 39
09107 Chemnitz
u.goetze@wirtschaft.tu-chemnitz.de

Prof. Dr. Folker Roland
Hochschule Harz
Professur für Betriebswirtschaftslehre
Schwerpunkt Logistikmanagement
Friedrichstraße 57–59
38855 Wernigerode
froland@hs-harz.de

ISBN 978-3-540-75222-6

Springer Lehrbuch ISSN 0937-7433

© 2008 Springer-Verlag Berlin Heidelberg

Bibliografische Information der Deutschen Nationalbibliothek
Die Deutsche Nationalbibliothek verzeichnet diese Publikation in der Deutschen Nationalbibliografie;
detaillierte bibliografische Daten sind im Internet über http://dnb.d-nb.de abrufbar.

Herstellung: LE-TEX Jelonek, Schmidt & Vöckler GbR, Leipzig
Einbandgestaltung: WMX Design GmbH, Heidelberg

Gedruckt auf säurefreiem Papier

9 8 7 6 5 4 3 2 1

springer.com

Vorwort zur 6. Auflage

Die fünfte Auflage dieses Lehrbuchs ist wiederum erfreulich positiv aufgenommen worden und war bereits nach relativ kurzer Zeit vergriffen. Aus diesem Grund wurden für die Neuauflage lediglich Literaturverweise aktualisiert sowie kleine Ungenauigkeiten und Fehler beseitigt. Zudem erfolgte eine Umstellung auf die aktuell geltende deutsche Rechtschreibung.

Unsere langjährigen Mitstreiter in diesem Projekt, Frau PD Dr. Anke Daub und Herr Prof. Dr. Udo Buscher, werden angesichts ihres von Auflage zu Auflage immer intensiveren Einsatzes nunmehr als Hauptautoren geführt.

Wir danken den Mitarbeitern der beteiligten Lehrstühle, die uns bei der Neuauflage unterstützt haben, insbesondere dem Projektkoordinator, Herrn Dipl.-Kfm. Florian Feser vom Lehrstuhl für BWL und Industriebetriebslehre an der Universität Würzburg.

Chemnitz, Dresden, Göttingen, Wernigerode und Würzburg   Jürgen Bloech
im August 2007   Ronald Bogaschewsky

Udo Buscher

Anke Daub

Uwe Götze

Folker Roland

Vorwort zur 4. Auflage

Mit der vierten Auflage erfährt das vorliegende Lehrbuch einige Erweiterungen und eine gewisse Umstrukturierung. Insbesondere wurde der vierte Teil vollkommen neu gestaltet. Hier werden nunmehr die in der Praxis heute dominierenden produktionsorientierten Managementkonzepte wie Lean Production, Total Quality Management und CIM, ergänzt um die Just in Time-Philosophie sowie das Supply Chain Management, dargelegt. Der dritte Teil betrachtet nunmehr nicht nur die Produktionsplanung, sondern auch wesentliche Ansätze zur Fertigungssteuerung, die sich bisher im vierten Teil fanden. Zudem werden nun im dritten Teil einleitend die grundsätzlichen Konzepte zur Produktionsplanung und -steuerung sowie die Planungssystematik von PPS-Systemen (bisher ebenfalls in Teil IV) beschrieben, um die Struktur der weiteren Ausführungen zu verdeutlichen. Die Erläuterung von Ablaufplanungsalgorithmen wurde um ein weiteres Branch&Bound-Verfahren ergänzt. Eine Überarbeitung und teilweise Erweiterung erfuhren die Darstellungen zur Fertigungs- und zur Bestellosgrößenplanung. Überarbeitet wurden schließlich auch die Teile I und II des Buches.

Der aktuelle Inhalt des Lehrbuchs blickt auf eine längere Vorgeschichte zurück. Die Basis legte die allen Autoren gemeinsame Schule bei Prof. Dr. Dr. h.c. Jürgen Bloech an der Universität Göttingen. Aufgrund der späteren Spezialisierung der Autoren, die mittlerweile neben Göttingen in Chemnitz, Dresden, Wernigerode und Würzburg lehren, hat sich der Charakter des Buchs verändert. So gibt es für die einzelnen Teile der vierten Auflage hauptverantwortliche Autoren, die diese auf der gemeinsamen Grundlage der dritten Auflage recht eigenständig bearbeitet haben. Dies sind für Teil I Uwe Götze, für Teil II Folker Roland, für Teil III (weitgehend) Ronald Bogaschewsky mit Unterstützung durch Udo Buscher. Verantwortlich für III.2 (Produktionsprogrammplanung) ist Uwe Götze; das neue Kapitel zum Lomnicki-Verfahren hat Anke Daub verfaßt. Der Teil IV wurde von Ronald Bogaschewsky geschrieben.

Bei der Korrektur des Manuskripts und der Drucklegung haben uns wieder zahlreiche Mitstreiter unterstützt. Daher gilt unser besonderer Dank Frau Evelyn Krug sowie Mitarbeiter(inne)n des Instituts für betriebswirtschaftliche Produktions- und Investitionsforschung in Göttingen. Insbesondere hat Herr Harald Oetzel die Erstellung der Druckvorlage hervorragend koordiniert und dabei wesentliche Teile dieser Arbeit selbst in die Hand genommen.

Chemnitz, Dresden, Göttingen und Wernigerode
im Februar 2001

Jürgen Bloech
Ronald Bogaschewsky
Uwe Götze
Folker Roland

Vorwort zur 1. Auflage

Das vorliegende Lehrbuch richtet sich an Studenten der Wirtschafts- und Sozialwissenschaften sowie an Praktiker. Es soll eine Einführung in Fragestellungen der Produktion -eines zentralen Funktions- und Verrichtungsbereiches in Industriebetrieben- geben, wobei ausgewählte Fragestellungen durchaus vertiefend behandelt werden. Es erfolgte eine Gliederung in vier Hauptteile, die sich mit

- einer Einführung in Tatbestände der Produktion,
- der Produktions- und Kostentheorie,
- der Produktionsplanung und
- neueren Entwicklungen

beschäftigen. Eine ausführliche Beschreibung von Konzept und Aufbau des Buches enthält Abschnitt 1 von Teil I.

Dem Buch liegt ein Skriptum zugrunde, das zur Unterstützung der Grundstudiumsveranstaltung „Betriebswirtschaftliche Funktionenlehre: Produktion" seit 1987 an der Universität Göttingen verwendet wurde, wobei dieses Skriptum eine grundlegende Überarbeitung und erhebliche Erweiterung erfuhr.

Die Autoren danken allen Mitarbeitern des Instituts für Betriebswirtschaftliche Produktions- und Investitionsforschung, Abteilung Unternehmensplanung, der Universität Göttingen, die zur Fertigstellung dieses Buches beitrugen. Die redaktionelle Leitung des Projekts stellte aufgrund des engen zeitlichen Rahmens eine besonders bedeutende zu zugleich aufwendige Aufgabenstellung dar. Besonderen Dank gilt daher Frau Anke Daub und Herrn Udo Buscher, die diese Aufgabe hervorragend ausfüllten und damit die zeitgerechte Beendigung des Projekts ermöglichten. Frau Daub verfaßte zudem den Abschnitt „Ablaufplanung" (Teil III, Kapitel 3). Herrn Martin Meyer sei für die zeitaufwendige Bearbeitung der Beispielaufgaben, Herrn Andreas Osenbrügge sei für die Erstellung bzw. Überarbeitung der Abbildungen sowie Frau Sigrid Lange, Frau Barbara Mikus, Frau Anja Petrak, Frau Ulrike Wilke, Herrn Albrecht Hönerloh, Herrn Michael Kohl und Herrn Stefan Trappe für die Durchführung der umfangreichen Schreib- und Formatierungsarbeiten bei der Erstellung der Druckvorlage gedankt. Frau Susanne Höfer, Herr Johannes Brunner, Herr Markus Osburg und Herr Carsten Wilken übernahmen Korrekturlesearbeiten, wofür wir ebenfalls danken.

Göttingen, im September 1991

Jürgen Bloech
Ronald Bogaschewsky
Uwe Götze
Folker Roland

Inhaltsverzeichnis   Seite

Abbildungsverzeichnis

Seite

Tabellenverzeichnis

Abkürzungsverzeichnis (Zeitschriften)

edv	elektronische datenverarbeitung
HBR	Harvard Business Review
HdW	Handbuch der Wirtschaftswissenschaften
HWB	Handwörterbuch der Betriebswirtschaftslehre
HWP	Handwörterbuch der Produktionswirtschaft
io	industrielle organisation
OR	Operations Research
VDI-Z	Zeitschrift des Vereins deutscher Ingenieure
WiSt	Wirtschaftswissenschaftliches Studium
WISU	das wirtschaftsstudium
ZfB	Zeitschrift für Betriebswirtschaft
ZfbF	Zeitschrift für betriebswirtschaftliche Forschung
ZfhF	Zeitschrift für handelswissenschaftliche Forschung
ZfOR	Zeitschrift für Operations Research
ZP	Zeitschrift für Planung

Teil I

Einführung

1. Zielsetzung und Aufbau des Buches

Dieses Buch soll eine grundlegende Einführung in die betriebswirtschaftliche Funktionenlehre "Produktion" vermitteln. Zielgruppe sind vor allem Studierende des wirtschaftswissenschaftlichen Grundstudiums, das Buch wendet sich aber auch an Studenten des Hauptstudiums des Faches "Produktion" sowie an Studierende an gehobenen Weiterbildungsinstitutionen, die wirtschaftswissenschaftliche Inhalte lehren.

Das didaktische Konzept lässt sich durch die folgenden Stichworte charakterisieren:

-    Vermittlung eines Überblicks über die Produktionswirtschaft

-    eingehende Diskussion ausgewählter Fragestellungen

-    Übungsangebot in Form von Aufgaben und Lösungen

Ein Anliegen ist es, einen Überblick über Fragestellungen und Lösungsansätze der Produktionswirtschaft zu geben. Es wird angestrebt, ihre verschiedenartigen Problemstellungen in einen Gesamtrahmen einzuordnen. Dies erscheint besonders für Studierende des Grundstudiums wichtig, es soll ihnen die Einarbeitung in spezifische weiterführende Fragestellungen erleichtern. Dazu werden auch zusätzliche Hinweise zur ein- und weiterführenden Literatur für die jeweiligen Teile des Buches gegeben.

Auf einige ausgewählte Problembereiche der Produktion wird in diesem Buch ausführlich eingegangen. Nach Ansicht der Verfasser sollte Studierenden im Grundstudium nicht nur ein Überblick gegeben werden, es erscheint vielmehr sinnvoll, sie bereits an eine intensive Diskussion spezifischer Probleme heranzuführen. Demgemäß enthält das Buch Bereiche, in denen Wissen vermittelt wird, das auch dem Hauptstudium des Faches "Produktion" zugeordnet werden kann. Dabei handelt es sich in der Produktions- und Kostentheorie vor allem um spezifische Fragestellungen im Zusammenhang mit der Produktionsfunktion vom Typ B. Den zweiten Schwerpunkt stellt die operative Produktionsprogrammplanung dar, in deren Rahmen vor allem auf den Einsatz der Simplex-Methode eingegangen wird. Weitere Schwerpunkte bilden im Bereich der Bereitstellungsplanung die Diskussion von Lagerhaltungsmodellen und bei der Durchführungsplanung die Bestimmung optimaler Fertigungslosgrößen sowie die Ablaufplanung. Umgekehrt sollen die zahlreichen Fragestellungen des Produktionsbereichs nicht alle bis in die Tiefe erörtert werden. Es wird daher nicht allen bedeutenden Fragestellungen ein eigener Gliederungsabschnitt gewidmet, eine Einordnung erfolgt jedoch jeweils am Anfang der Teilabschnitte.

Übungsaufgaben zu einer Reihe von Modellen und Verfahren, die im Rahmen des Buches vorgestellt werden, sollen den Studenten die Möglichkeit bieten, ihren Wissensstand zu überprüfen und zu festigen. Die am Ende des Buches angegebenen Lösungen zu den Aufgaben schaffen eine Kontrollmöglichkeit.

Der Aufbau des Buches entspricht weitgehend der Reihenfolge, in der die einzelnen Schwerpunkte oben angesprochen worden sind. Nach grundlegenden Bemerkungen zur Produktionswirtschaft in Teil I wird in Teil II des Buches die Produktions- und Kostentheorie behandelt. Der Teil III ist der Produktionsplanung und -steuerung (PPS) gewidmet, wobei nach einem einführenden Überblick über Ansätze der Produktionsplanung und -steuerung auf die Produktionsprogrammplanung, die Bereitstellungsplanung sowie die Durchführungsplanung eingegangen wird. Im Teil IV schließlich werden produktionsorientierte Managementkonzepte erörtert.

Die Literaturangaben befinden sich bei den Teilen I, II und IV jeweils an deren Ende. Im dritten Teil (Produktionsplanung und -steuerung) werden die Literaturangaben aus Gründen der besseren Übersichtlichkeit den einzelnen Hauptabschnitten zugeordnet. Am Ende dieser Abschnitte sowie des Hauptteils Produktions- und Kostentheorie sind zudem Übungsaufgaben aufgeführt. Ein Gesamtliteraturverzeichnis und ein Schlagwortverzeichnis finden sich am Ende des Buches.

2. Gegenstand, Einordnung und Teilbereiche der Produktion

Unter Produktion soll im Folgenden der gelenkte Einsatz von Gütern und Dienstleistungen, den sogenannten Produktionsfaktoren, zum Abbau von Rohstoffen oder zur Herstellung bzw. Fertigung von Gütern und zur Erzeugung von Dienstleistungen verstanden werden (vgl. Abbildung I-1). Die Lenkung des Einsatzes erfolgt durch Planung, Organisation, Steuerung und Überwachung der Produktion einschließlich der Auswahl der Mittel zur Erreichung der Produktionsziele[1] (vgl. Blohm et al. (1997), S. 23f., Zäpfel (2000a), S. 1, Fandel (2005), S. 1f.).

---

[1] Die in der Produktion anzutreffenden Ziele werden in Abschnitt 4. von Teil I erläutert.

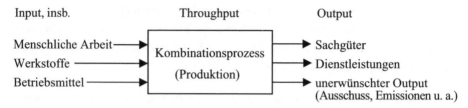

Input, insb.   Throughput   Output

Menschliche Arbeit ——▸ ┌─────────────────┐ ——▸ Sachgüter
                        │ Kombinationsprozess │
Werkstoffe ———————————▸ │   │ ——▸ Dienstleistungen
                        │   (Produktion)   │
Betriebsmittel ———————▸ └─────────────────┘ ——▸ unerwünschter Output
                                                   (Ausschuss, Emissionen u. a.)

Abbildung I-1: Produktion als Kombinationsprozess[2]

Die nachfolgenden Ausführungen zu betriebswirtschaftlichen Fragestellungen des Pro-
duktionsbereiches und Ansätzen zu deren Lösung beziehen sich vor allem auf die Fertigung von Gütern in Industrieunternehmen. Ein Grund dafür ist darin zu sehen, dass
beim Industrieunternehmen der Produktionsprozess in Form von Bearbeitung, Verarbeitung und Umwandlung im Mittelpunkt steht.[3] Viele Aussagen sind jedoch auch auf
Abbau-, land- und forstwirtschaftliche Anbau-, Handwerks- und Dienstleistungsbetriebe
(Handels-, Verkehrs-, Bank- und Versicherungsbetriebe) übertragbar.

Die Produktion ist eine der Grundfunktionen eines Industrieunternehmens. Als weitere
Funktionen können zunächst entsprechend des betrieblichen Werteflusses die Beschaffung und der Absatz genannt werden. Darüber hinaus lässt sich eine Reihe weiterer
Funktionen aufführen, z. B. Finanzierung, Investition, Personalwirtschaft sowie Forschung und Entwicklung. Da eine funktionsorientierte Untergliederung von Unternehmen zu Schnittstellenproblemen führt, werden häufig auch funktionsübergreifende, pro-
zessorientierte Managementkonzepte angewendet.[4] So dient das Management der Quer-
schnittsfunktion „Logistik", in die auch die Produktionslogistik eingebunden ist, zur
Koordination des gesamten Material- und des zugehörigen Informationsflusses über den
Wertschöpfungsprozess vom Zulieferer bis zum Kunden.

Die verschiedenen Funktionen können in unterschiedlicher Form bei der organisatorischen Gliederung von Industrieunternehmen in Teilbereiche berücksichtigt werden.
Zwischen den Funktionen bzw. Teilbereichen existiert eine Reihe von Beziehungen,
von denen einige in Abbildung I-2 angedeutet werden.

Zusammenhänge zwischen dem Absatz- und dem Produktionsbereich bestehen vor
allem im Hinblick auf das Produktionsprogramm eines Unternehmens, d.h. die Art und
Menge der herzustellenden Produkte. Das Produktionsprogramm ist - wie im Abschnitt

---

2   Leicht modifiziert übernommen von Blohm et al. (1997), S. 23.

3   Zur weiteren Charakterisierung industrieller Unternehmen vgl. z. B. Blohm et al. (1997), S. 24
     oder Bloech/Lücke (1982), S. 5.

4   Vgl. hierzu neben Bogaschewsky/Rollberg (1998), S. 97 ff. auch Teil IV.

Produktionsprogrammplanung erörtert wird - am Absatzprogramm des Unternehmens auszurichten.

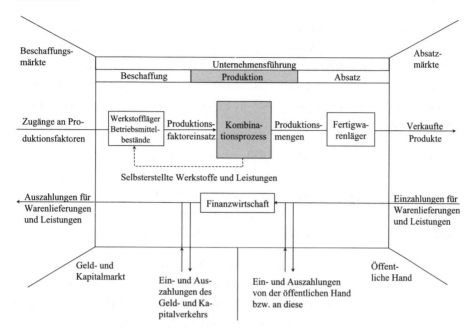

Abbildung I-2: Die Produktion in ihrem betrieblichen Umfeld[5]

Das Produktionsprogramm eines Unternehmens bedingt die Art und Menge der zu beschaffenden Produktionsfaktoren. Einige Aspekte der Beschaffung von Produktionsfaktoren werden häufig im Zusammenhang mit der Produktion erörtert, so auch in diesem Buch im Abschnitt Bereitstellungsplanung.

Da die Fertigung von Produkten vor deren Absatz erfolgt, sind häufig auch die mit der Produktion verbundenen Auszahlungen vor den Einzahlungen aus den Umsatzerlösen zu entrichten. Die Produktion erfordert zudem in der Regel die Anschaffung von Betriebsmitteln (Grundstücken, Gebäuden, Anlagen, Aggregaten etc.) und damit Investitionen. Es ist daher eine Finanzierung der Produktion notwendig. Die Forschung und Entwicklung schließlich ist Grundlage für die Einführung neuer Produkte und neuer Fertigungsverfahren.

Die im vorliegenden Buch getroffenen Aussagen zu wirtschaftlichen Fragestellungen der Produktion lassen sich - wenn auch nicht überschneidungsfrei - zwei Teilbereichen

---

5   Modifiziert übernommen von Kilger (1992), S. 2.

zuordnen: der Produktions- und Kostentheorie sowie der Produktionsplanung und -steuerung.

In der *Produktionstheorie* werden die mengenmäßigen Beziehungen zwischen dem Einsatz von Faktoren und der Ausbringung von Produkten erklärt und Einflussgrößen auf den Faktorverbrauch identifiziert. Dazu wird der Zusammenhang zwischen dem Faktoreinsatz und der Ausbringung mit Hilfe von Produktionsfunktionen beschrieben. Im Rahmen der Produktionstheorie ist auch die Effizienz bestimmter Produktionsverfahren zu untersuchen.

Bei den Analysen der *Kostentheorie* finden zusätzlich die Preise der Produktionsfaktoren Berücksichtigung. Es können Kostenfunktionen formuliert werden, die die Höhe der Kosten in Abhängigkeit von der Ausbringungsmenge angeben. Außerdem lässt sich untersuchen, mit welchen Produktionsverfahren bestimmte Produktionsmengen mit minimalen Kosten hergestellt werden können (Minimalkostenkombination).

In der Produktions- und Kostentheorie werden die theoretischen Grundlagen für die Analyse von Produktionsvorgängen und Kostenveränderungen geschaffen. Die *Produktionsplanung und -steuerung* dient der ziel- und zukunftsorientierten Festlegung von Handlungsanweisungen (Plänen) für den Produktionsbereich von Unternehmen sowie deren Überwachung und Anpassung. Bei der Produktionsplanung wird angestrebt, wirtschaftliche Vorgehensweisen zur Lösung der in Unternehmen auftretenden Problemstellungen im Produktionsbereich vorzugeben. Ihr können drei Bereiche zugeordnet werden:

-   Die *Produktionsprogrammplanung* legt fest, welche Produktarten in welchen Mengen in bestimmten Perioden herzustellen sind.

-   Im Rahmen der *Bereitstellungsplanung* wird bestimmt, wie die für die Fertigung des Produktionsprogramms erforderlichen Produktionsfaktoren in der benötigten Menge und Qualität zur richtigen Zeit am richtigen Ort bei möglichst geringen Kosten verfügbar gemacht werden können.

-   Die *Durchführungsplanung* beschäftigt sich mit der Frage, in welcher Weise Produktionsprozesse unter Wirtschaftlichkeitsgesichtspunkten gestaltet werden sollten.

Die Produktionsplanung und -steuerung ist schließlich in übergreifende Managementkonzepte wie Computer Integrated Manufacturing (CIM), Just in Time, Lean Production, Total Quality Management (TQM) und Supply Chain Management eingebunden.

Fragestellungen der Produktionswirtschaft kommt bei diesen Konzepten eine große Bedeutung zu.

Einen Überblick über die bei der Produktion erforderlichen Produktionsfaktoren soll der nachfolgende Abschnitt vermitteln, anschließend wird auf das der Produktion zugrundeliegende Zielsystem eingegangen.

3. Produktionsfaktoren

Zu den Produktionsfaktoren lassen sich alle Objekte zählen, die zur Erstellung von Sachgütern und Dienstleistungen, zur Verwertung derselben sowie zur Aufrechterhaltung und zum Ausbau der Leistungsbereitschaft eingesetzt werden. Die einzelnen Produktionsfaktoren können auf unterschiedliche Art und Weise gegliedert werden. In der Volkswirtschaftslehre werden die Produktionsfaktoren typischerweise stark aggregiert und dabei in die drei Kategorien Arbeit, Boden, Kapital oder sogar nur in die beiden Bereiche Arbeit und Kapital eingeteilt. In der Betriebswirtschaftslehre wird in der Regel keine so starke Aggregation vorgenommen. GUTENBERG ((1983), S. 3ff.) entwickelte ein Produktionsfaktorsystem, das in Abbildung I-3 zusammengefasst wird.

Menschliche Arbeit					Betriebsmittel		Werkstoffe
Geschäfts- und Betriebs- leitung	Planung	Organi- sation	Kontrolle	Objekt- bezogene Arbeit	Maschinen, Werk- zeuge, Gebäude, Grundstücke u.a.	Betriebs- stoffe	Roh-, Hilfs- stoffe, Halb- fabrikate u.a.
Dispositive Faktoren				Elementarfaktoren			
Originärer Faktor	Derivative Faktoren						
Potentialfaktoren					Verbrauchsfaktoren		

Abbildung I-3: Produktionsfaktorsystem nach GUTENBERG[6]

GUTENBERG differenziert zwischen *menschlicher Arbeit, Betriebsmitteln* und *Werkstoffen*. Hierbei wird die menschliche Arbeit in die Bereiche Geschäfts- und Betriebsleitung, Planung, Organisation, Kontrolle und objektbezogene Arbeit untergliedert. Die Betriebsmittel werden zum einen in Maschinen, Werkzeuge, Gebäude und Grundstücke sowie zum anderen in Betriebsstoffe (Energie, Schmierstoffe, Kühl- und Reinigungs-

---

[6]   In leicht modifizierter Form übernommen von Ellinger/Haupt (1996), S. 8.

mittel) eingeteilt, während die Werkstoffe (Halbfabrikate, Roh- und Hilfsstoffe) als ein Block betrachtet werden.[7]

Ausgehend von einer derartigen Unterteilung lassen sich dann Elementarfaktoren und dispositive Faktoren einerseits sowie Potential- und Verbrauchsfaktoren andererseits unterscheiden. Dabei gehören zu den *Elementarfaktoren* diejenigen Faktoren, die eine unmittelbare Beziehung zum Produktionsobjekt haben (Werkstoffe, Betriebsmittel und objektbezogene menschliche Arbeit). Der *dispositive Faktor* (vergleichbar dem Management) hat die Aufgabe, die Elementarfaktoren so zu kombinieren, dass die betrieblichen Ziele erreicht werden. Hierbei werden die Geschäfts- und Betriebsleitung als originärer Faktor, Planung, Organisation und Kontrolle dagegen als derivative Faktoren bezeichnet. Allerdings besteht zwischen dem originären und dem derivativen Teil der dispositiven Faktoren keine ganz scharfe Trennlinie, da die aus der marktwirtschaftlichen Ordnung resultierende autonome Entscheidungsgewalt von der Umsetzung in Form von Planung, Organisation und Kontrolle nur schwer abzugrenzen ist. Ein ähnliches Abgrenzungsproblem besteht in der Praxis zwischen dispositiver und objektbezogener menschlicher Arbeit.

Die *Potentialfaktoren*[8] (Menschen, Maschinen, Gebäude, Grundstücke) unterscheiden sich von den *Verbrauchsfaktoren* dadurch, dass sie nicht nach dem erstmaligen Einsatz in der Produktion untergehen (wie die Betriebsstoffe) oder als Hauptbestandteile (wie Rohstoffe, Zwischenprodukte, Fertigteile) bzw. Hilfsstoffe (z. B. Schrauben, Leim, Farbe) in die Produkte eingehen.

Da die Verbrauchsfaktoren ständig neu zu beschaffen sind und sich in sich wiederholenden Vorgängen verbrauchen, wurden sie von HEINEN ((1983), S. 247) als Repetierfaktoren bezeichnet.

Bei Potentialfaktoren handelt es sich um Nutzungspotentiale, die Leistungen in den Produktionsprozess abgeben. Sie lassen sich einteilen in Gebrauchsfaktoren, die mit Leistungen direkt am Produktionsprozess beteiligt sind (messbar in Maschinenstunden,

---

[7]   Diese Gliederung ist nicht unumstritten, da z. B. viele Betriebsstoffe einen ähnlichen Charakter
       für die Produktion wie Werkstoffe haben, sogar teilweise identische Einsatzfaktoren je nach Verwendung diesen unterschiedlichen Kategorien zugeordnet werden.

[8]   Die Potentialfaktoren werden auch als Gebrauchs- oder Bestandsfaktoren bezeichnet.

Werkzeugbenutzung etc.),[9] und solche, die dessen Aufrechterhaltung ermöglichen, wie Gebäude oder Grundstücke (vgl. Fandel (2005), S. 33 f.).

In die hier beschriebene GUTENBERG'sche Einteilung in Elementarfaktoren und dispositive Faktoren können einige bei der Produktion einzusetzende Faktoren nur schwer eingeordnet werden. Hierzu gehören Dienstleistungen wie Versicherungs- und Speditionsleistungen, Immaterialgüterrechte (Patente, Lizenzen), aber auch freie (natürliche Ressourcen wie Licht oder Luft) und öffentliche Güter (staatliche Leistungen) oder Informationen.[10] Daher wurden noch weitere Einteilungen der Produktionsfaktoren entwickelt, die diese Faktoren einbeziehen (vgl. z. B. Weber (1980), S. 1056ff., Kern (1992), S. 17), hier aber nicht näher behandelt werden sollen.

4. Ziele in der Produktion

Im Produktionsbereich von Unternehmen kann eine Reihe verschiedener Ziele verfolgt werden. Diese lassen sich - wie Unternehmensziele insgesamt - nach mehreren Kriterien in Zielarten untergliedern, die zunächst allgemein beschrieben werden sollen.[11]

Eine häufig betrachtete Unterscheidung ist die zwischen *monetären* und *nicht-monetären Zielen*. Zu den monetären Zielen gehören das Gewinnstreben,[12] das Umsatzstreben, die Sicherung der Zahlungsfähigkeit, die Kapitalerhaltung, die Maximierung von Eigenkapital-, Gesamtkapital- und Umsatzrentabilität sowie die Kostenminimierung. Die monetären Ziele sind sämtlich auch quantitative Ziele, wohingegen sich die nicht-monetären Ziele in quantitative (wie Maximierung des Marktanteils, Wachstum) und

---

[9] Zu beachten ist, dass Gebrauchsfaktoren sich auch ohne Leistungsabgabe abnutzen können (ein Pkw kann z. B. mit der Zeit verrosten, auch ohne dass er benutzt wird). Der zugehörige Werteverzehr wird in Form "zeitlicher Abschreibungen" verrechnet.

[10] Diese können ausgehend vom GUTENBERG'schen Produktionsfaktorsystem auch als Zusatzfaktoren bezeichnet werden.

[11] Neben den im folgenden aufgeführten Zielarten lassen sich Ziele auch in Ober-, Zwischen- und Unterziele, komplementäre, konkurrierende und indifferente Ziele, Haupt- (Primär-) und Nebenziele, Formal- und Sachziele, Absatz-, Produktions- und Finanzierungsziele, kurz-, mittel- und langfristige Ziele, Wachstums-, Erhaltungs- und Schrumpfungsziele, begrenzte und unbegrenzte Ziele etc. einteilen (vgl. Heinen (1976)).

[12] Hierbei ist die Zielsetzung "Gewinnstreben" Ausdruck des erwerbswirtschaftlichen Prinzips der Marktwirtschaft. Zur Maximierung des Gewinns wird z. B. die Differenz von Umsatz und Kosten optimiert. Da gegen die Gewinnmaximierung als einziges Unternehmensziel Bedenken bestehen (vgl. Blohm et al. (1997) S. 40ff.), wird die Zielsetzung auch im Sinne einer langfristigen Gewinnbetrachtung unter Nebenbedingungen (z. B. Sicherung der Arbeitsplätze und der Liquidität) modifiziert. Sinnvoll kann zudem die Herstellung eines Bezuges zu anderen Größen wie dem Eigenkapital, dem Gesamtkapital und dem Umsatz sein, was - den Kapitaleinsatz betreffend - einen Ausdruck der Verzinsung derselben darstellt (vgl. zur Rentabilitätsmaximierung Bloech (1972)).

nicht-quantitative Ziele (z. B. Streben nach Unabhängigkeit, Sicherung von Arbeitsplätzen, Vermeidung von Umweltlasten) einteilen lassen.

Häufig sind Ziele zunächst zu operationalisieren, also z. B. für einzelne Abteilungen oder Mitarbeiter zu spezifizieren oder in quantitative Größen zu transformieren, um ihre Erreichbarkeit im Detail prüfen zu können. Derartige *operationale Ziele* unterscheiden sich von *nicht-operationalen*, deren Messung in Größen wie Anzahl, Geld, Gewicht oder Nutzen nicht möglich ist (vgl. Wöhe/Döring (2005), S. 95).

Im Rahmen einer weiteren Einteilung werden *ökonomische* (z. B. Gewinn, Kosten, Wirtschaftlichkeit) von *nicht-ökonomischen Zielen* abgegrenzt. Diese wiederum lassen sich unter die Kategorien technisch orientierte Ziele (z. B. Mengen, Qualitäten, Termine) sowie human- und sozialorientierte Ziele (z. B. Bedarfsdeckung, Humanisierung, Umweltschutz) subsumieren (vgl. Szyperski/Tilemann (1979), Sp. 2311ff.).

Die *Wirtschaftlichkeit* als wichtige ökonomische Zielgröße wird oft als Verhältnis von wertmäßigem Output zu wertmäßigem Input definiert. Auf die Wirtschaftlichkeit lässt sich das sogenannte ökonomische Prinzip beziehen, das in zwei Ausprägungen existiert: nach dem Maximalprinzip wird ausgehend von einem gegebenen Input der Output maximiert, gemäß dem Minimalprinzip wird versucht, einen gegebenen Output mit einem minimalen Input zu erzielen (vgl. Lücke, W. (1991), S. 322f., Zahn/Schmid (1996), S. 76f.).[13]

Eine weitere für die Produktionswirtschaft besonders relevante und die Wirtschaftlichkeit beeinflussende Zielgröße ist die *Produktivität*. Diese stellt das Verhältnis zwischen der Ausbringungsmenge und der Faktoreinsatzmenge dar, wobei lediglich auf eine Produkt- und eine Faktorart Bezug genommen wird. Da in die Produktivität Mengengrößen eingehen, wird sie auch den technischen Zielen zugeordnet (vgl. Bloech/Lücke (1982), S. 65ff., Corsten (2007), S. 43f., Zahn/Schmid (1996), S. 74ff.).[14]

Bei der im Folgenden unternommenen Zuordnung von Zielen des Produktionsbereichs zu den angegebenen Kategorien wird vornehmlich die operative bzw. taktische Produktionsplanung und -steuerung betrachtet. Der Grund dafür liegt darin, dass kaum spezifische strategische Produktionsziele existieren, vielmehr bei strategischen Entscheidungen im Produktionsbereich allgemeine Unternehmensziele wie der Aufbau von Erfolgspotentialen oder die Steigerung des Unternehmenswerts verfolgt werden.

---

[13]   Außerdem wurden weitere Wirtschaftlichkeitsbegriffe, wie z. B. der der technisch-organisatorischen Wirtschaftlichkeit, sowie die Unterteilung in interne und externe Wirtschaftlichkeit eingeführt (vgl. zu diesen Begriffsdefinitionen Blohm et al. (1997), S. 44ff.).

[14]   Vgl. zur Produktivität auch Abschnitt 2.1 des Teils II.

Unter diesem Gesichtspunkt kann als hauptsächliches monetäres Ziel im Produktionsbereich die Kostenminimierung angesehen werden. Hierbei wird davon ausgegangen, dass vorgegebene Produktionsmengen in der jeweils gegebenen Situation möglichst kostengünstig hergestellt werden sollen.[15] Zur Umsetzung dieses Zieles sind eine Reihe nichtmonetärer Ziele (wie z. B. Mengenziele, Terminziele etc.) zu formulieren. Neben diesen quantitativen Zielen sind auch qualitative Zielsetzungen - gedacht sei hier beispielsweise an eine Minimierung der Umweltbelastung - relevant.

In dem beschriebenen Bereich dominieren die operationalen Ziele, da sich die meisten Ziele in Form von Qualitäten, Mengen, Kosten oder Zeitpunkten bezüglich ihres Zielerreichungsgrades beurteilen lassen. Neben den ökonomischen Zielen (vor allem Kosten und Wirtschaftlichkeit) existieren im Produktionsbereich häufig auch nicht-ökonomische Zielsetzungen, wobei sowohl technische als auch human-/sozialorientierte Ziele anzutreffen sind.

Zusammenfassend können als typische Ziele der Produktionswirtschaft geringe Kosten, ein hoher Output, eine hohe Produktqualität, eine hohe Termineinhaltung und Auslastung der Fertigungsbereiche (oder einzelner Maschinen) sowie geringe Durchlaufzeiten genannt werden. Für die unterschiedlichen Planungsbereiche sind zum Teil verschiedene Zielsetzungen charakteristisch; darauf wird in den entsprechenden Abschnitten des Buches eingegangen.

Bisher sind vornehmlich die verschiedenen Arten von Zielgrößen bzw. die Zielinhalte angesprochen worden. Darüber hinaus sind Zielvorschrift und -ausmaß (Maximierung/Minimierung oder Erfüllung eines Anspruchsniveaus) sowie der Zeitbezug der Ziele festzulegen (vgl. Kahle (1996b), Sp. 2315ff., Szyperski/Tilemann (1979), Sp. 2306). Die Zielbildung erfolgt idealtypisch im Rahmen eines aus der Zielsuche, Zielpräzisierung, Zielstrukturierung, Realisierbarkeitsprüfung und Zielauswahl bestehenden Prozesses, bei dem in der Phase Zielstrukturierung Präferenzen für einzelne Zielgrößen sowie die Höhe, Zeit und Sicherheit der Zielerreichung zu bestimmen sind (vgl. Wild (1982), S. 57ff., Bamberg/Coenenberg (2006), S. 28ff.).

---

[15] Langfristig lässt sich durch Maßnahmen im Produktionsbereich auch der Umsatz und damit der Gewinn beeinflussen, indem z. B. durch den Einsatz Flexibler Fertigungssysteme (vgl. auch Teil IV, Abschnitt 1.1) Aufträge angenommen und bearbeitet werden können, die sich (situationsbedingt) mit konventionellen Aggregaten nicht termingerecht ausführen lassen. Darüber hinaus kann bei einer gemeinsamen Betrachtung des Absatz- und Produktionsbereichs auch kurzfristig die Zielsetzung "Gewinnmaximierung" angenommen werden, z. B. bei der operativen Produktionsprogrammplanung (vgl. Teil III).

Literatur

Adam, D. (1998): Produktions-Management, 9. Aufl., Wiesbaden

Bamberg, G./Coenenberg, A.G. (2006): Betriebswirtschaftliche Entscheidungslehre, 13. Aufl., München

Bloech, J. (1972): Zum Problem der Rentabilitätsmaximierung, in: Schwinn, R. (Hrsg.): Beiträge zur Unternehmensführung und Unternehmensforschung, Würzburg, Wien, S. 185 - 210

Bloech, J./Lücke, W. (1982): Produktionswirtschaft, Stuttgart, New York

Blohm, H./Beer, T./Seidenberg, U./Silber, H. (1997): Produktionswirtschaft, 3. Aufl., Herne, Berlin

Bogaschewsky, R./Rollberg, R. (1998): Prozeßorientiertes Management, Berlin u. a.

Bohr, K. (1979): Produktionsfaktorsysteme, in: Kern, W. (Hrsg.): Handwörterbuch der Produktionswirtschaft, Stuttgart, Sp. 1481 - 1493

Corsten, H. (2007): Produktionswirtschaft. Einführung in das industrielle Produktionsmanagement, 11. Aufl., München, Wien

Ellinger, T./Haupt, R. (1996): Produktions- und Kostentheorie, 3. Aufl., Stuttgart

Fandel, G. (2005): Produktion I: Produktions- und Kostentheorie, 6. Aufl., Berlin u. a.

Gutenberg, E. (1983): Grundlagen der Betriebswirtschaftslehre, Band 1: Die Produktion, 24. Aufl., Berlin u. a.

Heinen, E. (1976): Grundlagen betriebswirtschaftlicher Entscheidungen, 3. Aufl., Wiesbaden

Heinen, E. (1983): Betriebswirtschaftliche Kostenlehre. Kostentheorie und Kostenentscheidungen, 6. Aufl., Wiesbaden

Kahle, E. (1996b): Ziele, produktionswirtschaftliche, in: Kern, W. et al. (Hrsg.): Handwörterbuch der Produktionswirtschaft, 2. Aufl., Stuttgart, Sp. 2315 - 2324

Kern, W. (1992): Industrielle Produktionswirtschaft, 5. Aufl., Stuttgart

Kilger, W. (1992): Einführung in die Kostenrechnung, 3. Aufl., Wiesbaden

Küpper, H.-U. (1976): Produktionsfunktionen, in: WiSt, 5. Jg., S. 129 - 134

Lücke, W. (1973): Produktions- und Kostentheorie, 3. Aufl., Würzburg, Wien

Lücke, W. (Hrsg.) (1991): Investitionslexikon, 2. Aufl., München

Schneeweiß, Ch. (2002): Einführung in die Produktionswirtschaft, 8. Aufl., Berlin u. a.

Schweitzer, M./Küpper, H.-U. (1997): Produktions- und Kostentheorie. Grundlagen - Anwendungen, 2. Aufl., Wiesbaden

Szyperski, N./Tilemann, T. (1979): Ziele, produktionswirtschaftliche; in: Kern, W. (Hrsg.): Handwörterbuch der Produktionswirtschaft, Stuttgart, Sp. 2301 - 2318

Weber, H.K. (1980): Zum System produktiver Faktoren, in: ZfbF, 32. Jg., S. 1056 - 1071

Wild, J. (1982): Grundlagen der Unternehmensplanung, Opladen 1982

Wöhe, G./Döring, U. (2005): Einführung in die Allgemeine Betriebswirtschaftslehre, 22. Aufl., München

Zäpfel, G. (2000a): Strategisches Produktions-Management, 2. Aufl., München, Wien

Zahn, E./Schmid, U. (1996): Produktionswirtschaft I: Grundlagen und operatives Produktions-Management, Stuttgart

Teil II

Produktions- und Kostentheorie

1. Überblick

1.1 Gegenstand und Gliederungsmöglichkeiten der Produktions- und Kostentheorie

Im Rahmen der Produktions- und Kostentheorie

-   werden die quantitativen Beziehungen zwischen den zur Leistungserstellung einzusetzenden Produktionsfaktormengen (Input) und den Ausbringungsmengen (Output) analysiert und die Einflüsse auf den Faktorverbrauch aufgezeigt (Produktionstheorie),[1] und

-   es wird der Zusammenhang zwischen Kosteneinflussgrößen (vor allem den Ausbringungsmengen) und der Kostenhöhe hergestellt, wobei unter Kosten die mit Preisen bewerteten (also in Geldeinheiten ausgedrückten) Faktoreinsatzmengen verstanden werden (Kostentheorie).[2]

Im Mittelpunkt der hier dargestellten Produktionstheorie steht die Ermittlung von Produktionsfunktionen, die den funktionalen Zusammenhang zwischen dem quantitativen Einsatz von Produktionsfaktoren $r_1, r_2, ..., r_n$ und den Ausbringungsmengen $x_1, x_2, ..., x_s$ der Produktarten $1, ..., s$ beschreiben sollen. Oft wird eine derartige Produktionsfunktion für *ein* bestimmtes Produkt aufgestellt und hat somit folgendes Aussehen:[3]

$$x = f(r_1, r_2, ..., r_n)$$

x: Ausbringungsmenge des betrachteten Produktes

r_i: Einsatzmenge des Produktionsfaktors i

BLOHM u.a. bezeichnen derartige Produktionsfunktionen als outputorientiert, da sie Aufschluss darüber geben, wie sich die Outputmengen bei Veränderung der Inputgrö-

---

[1]   Eine solche Definition ergibt sich aus den Ausführungen von Gutenberg ((1983), S. 298ff.); sie wurde in ähnlicher Form von verschiedenen Autoren (z. B. Adam (1998), S. 105) verwendet.

[2]   Es wurden eine Reihe unterschiedlicher Kostenbegriffe geprägt, die an dieser Stelle nicht diskutiert werden sollen. Charakteristisch für die Kostentheorie ist, dass sie neben einer Erklärungskomponente (wie bei der Produktionstheorie) auch eine Entscheidungskomponente hat. Es können wirtschaftliche von unwirtschaftlichen Faktoreinsatz- und Outputmengen unterschieden werden, so dass sich Entscheidungen über Produktionsmengen, Zahl der einzusetzenden Aggregate etc. mit Hilfe der Kostentheorie unterstützen lassen (vgl. Adam (1998), S. 259f.).

[3]   Derartige Produktionsfunktionen lassen sich auch in impliziter Form, z. B. für die Monoproduktion als $F(r_1, r_2, ..., r_n, x) = 0$, aufstellen.

ßen entwickeln. Inputorientierte Produktionsfunktionen $r_i = g(x_1, x_2, ..., x_s)$ beantworten dagegen die Frage, welche Menge eines Einsatzgutes i zur Erstellung der Outputmengen $x_1, x_2, ..., x_s$ benötigt wird (vgl. Blohm et al. (1997), S. 55).

Im Rahmen der Produktionstheorie sind eine Reihe von Einteilungskriterien denkbar (vgl. z. B. Ellinger/Haupt (1996)). In Tabelle II-1 wird ein Überblick über einige dieser Kategorien gegeben. Die Gliederung des Teils II hält sich jedoch nicht streng an diese Einteilungen. Vielmehr wird versucht, die im Rahmen einer Einführung relevanten Tatbestände

-   am Beispiel von Produktions- und Kostenfunktionen mit ertragsgesetzlichem Verlauf,

-   durch die Erläuterung limitationaler Faktoreinsatzverhältnisse,

-   am Beispiel der Produktionsfunktion vom Typ B und

-   durch eine Kurzbeschreibung weiterer Produktionsfunktionen darzustellen.[4]

Im Rahmen der Kostentheorie werden hier Kostenfunktionen bestimmt, die die Beziehungen zwischen den Kosteneinflussgrößen und der Kostenhöhe ausdrücken.

Kostenfunktionen stellen die funktionale Beziehung zwischen den zum Einsatz kommenden Produktionsfaktoren und den daraus resultierenden Kosten

$$K(r_1, r_2, ..., r_n) = r_1 \cdot q_1 + r_2 \cdot q_2 + ... + r_n \cdot q_n$$

r_i : Faktoreinsatzmenge des Faktors i

q_i : Preis des Faktors i

und (nach Umwandlung dieser Funktion) die Beziehung zwischen der Ausbringungsmenge x und den von ihr verursachten Kosten K(x) dar.[5]

---

[4]   In diesem Zusammenhang soll nochmals auf das didaktische Konzept des vorliegenden Buches hingewiesen werden. Es wird beabsichtigt, einen Überblick über grundlegende Produktionstatbestände zu geben und einige ausgewählte Bereiche ausführlicher zu beschreiben. Auf andere Konzepte zur Darstellung der Produktions- und Kostentheorie (z. B. auf Basis der Input-Output-Analyse) wird folglich nicht im Detail eingegangen (vgl. hierzu z. B. Dyckhoff, (1994), Dyckhoff, (2002) oder Schweitzer/Küpper (1997), S. 41ff. sowie Steven (1998)).
       Zur Erläuterung der in Tabelle II-1 angesprochenen Kriterien werden Begriffe benutzt, die in den folgenden Abschnitten teilweise noch ausführlich behandelt werden. Zum Zwecke einer problemlosen Suche über das Stichwortverzeichnis wurden die Begriffe, die dort zu finden sind, in der Tabelle oder der Erläuterung *kursiv* gesetzt.

[5]   Die ausführliche Herleitung des Übergangs von der Funktion $K(r_1, r_2, ..., r_n)$ zu K(x) erfolgt in Abschnitt 2.2.

Kriterium	Einteilung
nach der Fertigungstiefe	- *einstufige* Produktion - *mehrstufige* Produktion

nach der Zahl der betrachteten Produktarten	- *Monoproduktion*
	- *Mehrproduktartenfertigung*
	  - *parallele* (*unabhängige/einfache/ unverbundene*) Produktion[6]
	  - *alternative* Produktion[7]
	  - *Kuppelproduktion*[8]

nach dem Input/Output-Verhältnis bei unterschiedlichen Ausbringungsmengen	- *homogene* Produktionsfunktion[9] - *inhomogene* Produktionsfunktion
nach den Faktoreinsatzbedingungen (FEB)	- *substitutionale* FEB[10]
die substitutionalen FEB nach der Art der Faktorsubstitution einerseits in andererseits in	- *partielle (periphere)* Faktorsubstitution[11] - *totale (alternative)* Faktorsubstitution[12] - *begrenzte* Faktorvariation[13] - *unbegrenzte* Faktorvariation - *limitationale* FEB[14]

nach der Zahl der möglichen Prozesse	- ein Prozess[15]
	  - *konstantes* Faktormengenverhältnis[16]
	  - *variables* Faktormengenverhältnis[17]
	- mehrere Prozesse[18]

nach der Berücksichtigung der Zeitverhältnisse[19]	- statische Produktionsfunktion - dynamische Produktionsfunktion
nach der Art der Beziehungen zwischen Input und Output	- *unmittelbare* Funktionsbeziehungen[20] - *mittelbare* Funktionsbeziehungen[21]

Tabelle II-1: Überblick über die Einteilungsmöglichkeiten der Produktionstheorie

Erläuterungen:

6 Unter Parallelproduktion wird die sich gegenseitig nicht beeinflussende Produktion mehrerer Produktarten in einem Unternehmen verstanden.

7 Alternative Produktion liegt vor, wenn mehrere Produktarten um begrenzte Kapazitäten z. B. eines Universalaggregates konkurrieren.

8 Kuppelproduktion liegt vor, wenn bei einem Produktionsprozess zwingend mehrere Produktarten gleichzeitig entstehen.

9 Eine homogene Produktionsfunktion zeichnet sich dadurch aus, dass zwischen der proportionalen Erhöhung der Inputmengen und der daraus resultierenden Outputmengensteigerung ein spezielles Verhältnis besteht (vgl. Abschnitt 2.3).

10 Im Falle substitutionaler FEB lässt sich eine gegebene Produktionsmenge durch mehrere alternative, *effiziente* Kombinationen von Faktoreinsatzmengen erstellen.

11 Die Faktoreinsatzmengenverhältnisse lassen sich bei der partiellen Faktorsubstitution zwar verändern, doch kann kein Produktionsfaktor völlig durch andere Faktoren substituiert werden.

12 Bei totaler Faktorsubstitution kann - für eine gegebene Ausbringungsmenge - der betrachtete Faktor vollständig durch eine Änderung der übrigen Faktoreinsatzmengen ersetzt werden.

13 Ein Produktionsfaktor lässt sich im Falle der begrenzten Substitution durch andere Faktoren substituieren, doch kann seine Einsatzmenge für eine gegebene Ausbringungsmenge einen bestimmten Wert nicht unterschreiten.

14 Bei limitationalen FEB gibt es für jede Outputmenge (bis auf Sonderfälle) nur eine begrenzte Zahl wirtschaftlicher Kombinationen der Faktoreinsatzmengen.

15 Steht *ein* Kombinationsprozess zur Verfügung, kann jede Outputmenge nur durch *eine* wirtschaftliche Einsatzmengenkombination hergestellt werden.

16 Bei konstantem Faktoreinsatzmengenverhältnis erfolgt eine Outputmengenerhöhung entlang eines *Prozessstrahles*; das Faktoreinsatzmengenverhältnis ist für jede Outputmenge gleich.

17 In diesem Fall steht für jede Outputmenge ebenfalls nur eine wirtschaftliche Faktormengenkombination zur Verfügung. Das Faktormengenverhältnis ändert sich jedoch für verschiedene Ausbringungsmengen, was durch eine nichtlineare Prozesskurve ausgedrückt werden kann.

18 Stehen mehrere Prozesse zur Verfügung, kann die Ausbringungsmenge entlang verschiedener Prozesskurven (bei konstantem Einsatzverhältnis Nullpunktgeraden) erhöht werden. Durch Bildung von Linearkombinationen der Punkte gleicher Ausbringungsmengen auf den Prozesskurven entstehen *Isooutputlinien*, die für den Fall unendlich vieler Prozesse zu *Isoquanten* (siehe Abschnitt 2.3) werden.

19 Die in diesem Teil angesprochenen Produktionsfunktionen beziehen die Zeitverhältnisse (Nichtberücksichtigung der Produktionsdauer, dynamische Betrachtung komplexer Fertigungsverhältnisse etc.) auf unterschiedliche Weise in die Betrachtung ein.

20 Unmittelbare Funktionsbeziehungen liegen vor, wenn die Produktionsfunktion einen direkten Zusammenhang zwischen Inputmengen und Outputmengen abbildet.

21 Bei mittelbaren Funktionsbeziehungen wird der Zusammenhang zwischen Input und Output erst über Umwege (z. B. die Einbeziehung von Produktionsbedingungen mit Hilfe von *Verbrauchsfunktionen*, siehe Abschnitt 4.2) erklärt.

Bei den Kostenfunktionen lassen sich neben der Einteilung nach den Produktionsfunktionen, auf deren Grundlage sie erstellt wurden, z. B.

- Funktionen auf der Basis konstanter Faktorpreise und
- Funktionen auf der Basis variabler (z. B. mengenabhängiger) Faktorpreise

sowie

- (isolierte) Modelle, die ausschließlich den Produktionsbereich beschreiben, und
- bereichsübergreifende Modelle, die neben dem Produktionsbereich auch weitere Unternehmensbereiche einbeziehen (vgl. z. B. Förstner/Henn (1970))

unterscheiden.

Im Rahmen der nachfolgenden Abschnitte wird auf der Basis konstanter Faktorpreise auf Modelle eingegangen, die nur den Produktionsbereich beschreiben.

1.2 Historische Entwicklung der betriebswirtschaftlichen Produktionstheorie

Die Produktionstheorie entstand aus dem Bedürfnis heraus, die mengenmäßigen Beziehungen zwischen Faktoreinsatz und Ausbringungsmenge in systematischer Weise zu erklären. Damit wollte man sich von der reinen "Trial and Error"-Vorgehensweise[17] hin zu einer "planbaren" Optimierung der Erträge bzw. Faktoreinsätze bewegen. Naturgemäß war zum Zeitpunkt des Entstehens der Produktionstheorie im 18. Jahrhundert die Landwirtschaft Gegenstand der Betrachtungen. Für diesen Bereich war das Verhältnis von Bodenertrag zu aufgewandtem Arbeitseinsatz (Pflügen, Säen, Düngen etc.) von Interesse. Seiner Zeit weit voraus war ANTONIO SERRA[18], der bereits 1613 in Neapel eine Studie veröffentlichte, die aussagte, dass die Erträge im Gewerbe höher seien als in der Landwirtschaft. Insbesondere würden sich die Erträge beim Einsatz zusätzlicher Mittel im Gewerbe immer weiter erhöhen, was in der Landwirtschaft nicht der Fall sei. Der Einsatz von Arbeit im Gewerbe wäre immer gewinnbringend und das Wachstum nicht, wie z. B. durch die Bodengröße im Ackerbau, begrenzt. Daher solle das Gewerbe bevorzugt gefördert werden (Wittmann (1987), S. 277f.).

---

[17] "Trial and Error" bedeutet "Versuch und Fehler" und charakterisiert eine eher unsystematische Vorgehensweise.

[18] Serra, A. (1803): Breve trattato delle Cause che possono far abbondara li regni d'oro e d'argento dove non sono miniere, in: Scritti classici italiani di economia politica, parte antica, tomo 1, Milano, S. 23ff.

Die erste systematische Herleitung einer Produktionsfunktion für die Landwirtschaft erfolgte durch ANNE ROBERT JACQUES TURGOT[19], der 1727-1781 lebte und Finanzminister unter Ludwig XVI war (Witte (1988), S. 460; Ellinger/Haupt (1996), S. 4).

Eine wichtige Erkenntnis Turgots zum Verhältnis von Bodenerträgen zu Faktoreinsätzen wird im folgenden Zitat deutlich: "Die Saat, auf einen natürlich fruchtbaren Boden ohne irgendwelche Vorbereitungen geworfen, wäre ein fast vollkommen verlorener Faktoraufwand. Wenn man den Boden nur einmal pflügt, wäre der Ertrag höher, ein zweites und ein drittes Mal Pflügen könnten ihn nicht nur verdoppeln und verdreifachen, sondern ihn vervierfachen oder verzehnfachen, so dass er sich in einer viel größeren Proportion erhöht, als der Aufwand zunimmt, und das bis zu einem bestimmten Punkt, wo die Produktquantität, verglichen mit dem Aufwand, am größten wird. Wenn man jenseits dieses Punktes den Faktoraufwand weiter erhöht, so vergrößern sich noch die Erträge, aber weniger und immer weniger, bis eine weitere Erhöhung nichts mehr einbringt, denn die Fruchtbarkeit des Bodens ist ausgeschöpft, und keine Kunst kann das ändern." (Turgot (1844), S. 419f., zitiert nach Wittmann (1987), S. 275).

Hieraus lässt sich das "Gesetz erst zunehmender und dann abnehmender Ertragszuwächse" ableiten, welches Gegenstand der Produktionsfunktion vom Typ A (Ertragsgesetz) ist und im folgenden Kapitel eingehend diskutiert wird. Die einige Jahrzehnte nach TURGOT tätigen englischen Klassiker gingen von abnehmenden Ertragszuwächsen eines zunehmend eingesetzten Faktors auf einer konstanten Bodenfläche aus. Dabei dürften empirische Beobachtungen den Aussagen von z. B. RICARDO, MALTHUS und WEST zugrunde gelegen haben (Wittmann (1987), S. 272f.).[20]

Eine bedeutsame Weiterentwicklung erfuhr die Produktionstheorie durch die Arbeiten des aus Ostfriesland stammenden und in Tellow in Mecklenburg ansässigen Gutsbesitzers JOHANN HEINRICH VON THÜNEN (1783-1850) (Bloech/Bogaschewsky/Schulze (1987), S. 112f.). Durch das systematische und akribische Sammeln von Aufwands- (Hacken, Pflügen, Mähen, Kartoffelauflesen, Löcherbohren zwecks Mäusefang) und Ertragsgrößen (Ernteergebnisse) gewann er Grundlagen für Produktivitätsanalysen. Ein Beispiel aus von Thünens Werk[21] verdeutlicht seine Arbeitsweise: "Gesetzt, das ganze

---

19   Turgot, A.R.J. (1844): Observations sur le mémoire de M. de Saint-Peravy en faveur de l'impot indirect, in: Oeuvres, Ausg. Daire, Paris, Bd. I, S. 418ff.

20   Zu neoklassischen Verläufen und darauf basierenden Betrachtungen siehe Steven (1998, S. 37ff.)

21   Von Thünen, J.M. (1826): Der isolirte Staat in Beziehung auf Landwirthschaft und Nationalökonomie, oder Untersuchungen über den Einfluss, den die Getreidepreise, der Reichthum des Bodens und die Abgaben auf den Ackerbau ausüben, Hamburg.

auf einem Ackerstück von 100 Quadratruten gewachsene Quantum Kartoffeln betrage
100 Berliner Scheffel. Gesetzt ferner, es werden davon geerntet:

Wenn zum Auflesen angestellt werden:	Alsdann ist der Mehrertrag durch die zuletzt angestellte Person:
4 Personen 80,0 Scheffel	
5 Personen 86,6 Scheffel	6,6 Scheffel
6 Personen 91,0 Scheffel	4,4 Scheffel
7 Personen 94,0 Scheffel	3,0 Scheffel
8 Personen 96,0 Scheffel	2,0 Scheffel
9 Personen 97,3 Scheffel	1,3 Scheffel
10 Personen 98,2 Scheffel	0,9 Scheffel
11 Personen 98,8 Scheffel	0,6 Scheffel
12 Personen 99,2 Scheffel	0,4 Scheffel "

(zitiert nach Wittmann (1987), S. 279f.).

Es wird deutlich, dass die Beobachtungen eher die Annahme neoklassischer Verläufe der
Produktionsfunktion stützen, da abnehmende Ertragszuwächse festgestellt wurden. VON
THÜNEN arbeitete damit ansatzweise das Marginalprinzip heraus. Hiernach darf der
Ertragszuwachs durch die zuletzt eingesetzte Faktoreinheit nicht geringer sein als die
Kosten für diese letzte Faktoreinheit. Hier entsprechen diesen Größen einem Arbeiter
(Faktoreinheit) und dessen Lohn (Faktorkosten).

Zur gleichen Zeit entwickelte der deutsche Chemiker JUSTUS VON LIEBIG[22] sein "Gesetz
des Minimums". Dieses besagt, dass der Pflanzenertrag von dem Nährstoff abhängt, der
im Boden relativ im Minimum vorhanden ist. Damit verbunden ist die Überlegung, dass
andere Faktoren den Minimumfaktor nicht in beliebigem Maße ersetzen (substituieren)
können, womit eine (teilweise) Limitationalität[23] vorläge (Wittmann (1987), S. 282ff.).[24]
Dieses „Gesetz" hat auch in anderen Feldern Bedeutung und kann als Engpass-orientie-
rung interpretiert werden, die insbesondere in der Fertigungssteuerung eine Rolle spielt
(siehe auch Kapitel III.4.5.5).

---

[22] Von Liebig, J. (1862): Einleitung in die Naturgesetze des Feldbaus, Braunschweig.

[23] Zum Begriff der Limitationalität und der Substitutionalität vgl. Abschnitt 1.1.

[24] Für alle Studenten, die Schwierigkeiten mit dem Studium haben, folgender Trost: VON LIEBIG,
      nach dem die Universität Gießen benannt wurde, galt in der Schule als „hoffnungslos nutzlos" und
      verlies diese ohne Abitur. Dank seiner Spezialbegabung erhielt er eine direkte Universitäts-
      zulassung und wurde im Alter von 19 Jahren Privatassistent von Prof. Kastner. Er erfand den
      Mineraldünger und galt als „Scharfrichter" der Chemie.

ALFRED MITSCHERLICH[25] zeigte, dass der Pflanzenertrag von allen Wachstumsfaktoren gleichzeitig abhängt. Demnach ergeben sich bei sukzessiver Steigerung eines Faktors und Konstanz der übrigen Faktoren abnehmende Ertragszuwächse, d.h. streng konkave partielle Produktionsfunktionen. Dabei wird vorausgesetzt, dass sich die Faktoren (teilweise) gegenseitig substituieren können (Wittmann 1987, S. 285).

Für den industriellen Bereich und insbesondere bei der praktischen Produktionsplanung (siehe auch Teil III) werden i.d.R. Leontief-Produktionsfunktionen angenommen. Diese wurden von dem Harvard-Professor und Nobelpreisträger von 1973 WASSILY WASSILOWITSCH LEONTIEF[26] im Rahmen seiner volkswirtschaftlichen Input-Output-Analyse erarbeitet. In diesen Produktionsfunktionen wird davon ausgegangen, dass sich alle Faktorverbräuche r_i (i = 1,...,n) direkt proportional zur Ausbringungsmenge x verhalten. Somit benötigt jede zusätzliche Produkteinheit den gleichen zusätzlichen Faktormengeneinsatz. Diese Limitationalität wird durch den Produktionskoeffizienten a_i = x/r_i verdeutlicht, wobei der kleinste Koeffizient die Ausbringungsmenge bestimmt (Witte (1988), S. 460; Hesse/Linde (1976b), S. 39ff.).

Neben den bisher skizzierten Produktionsfunktionen, die die Faktoreinsatzmengen direkt zu den Ausbringungsmengen in Beziehung setzen, wurden solche Funktionen erarbeitet, die technische und organisatorische Parameter in die Betrachtung einbeziehen. Diese Entwicklung ist vor allem auf die zunehmende Industrialisierung und die Technisierung der Fertigung zurückzuführen. Auf diese Weise wurde versucht, die Fertigungssituation besser abzubilden.

Besonders hervorzuheben sind hier die von ERICH GUTENBERG[27] entwickelten Verbrauchsfunktionen für Aggregate. Der Faktorverbrauch wird in Abhängigkeit von der Leistung des Aggregats gemessen, wobei die weiteren technischen Daten der Maschine als konstant angenommen werden. Die Ausbringungsmenge kann sowohl durch Variation der Betriebsdauer als auch durch Einstellung unterschiedlicher Leistungsgrade gesteuert werden. Dieser auch als Produktionsfunktion vom Typ B bezeichnete Funktionstyp wird eingehend in Abschnitt 4 diskutiert.

Auf weitere Typen von Produktionsfunktionen wird in Abschnitt 5 kurz eingegangen.

---

[25] Mitscherlich, E. A. (1905): Die Ertragsgesetze, Berlin.

[26] Leontief, W.W. (1955): Input-Output Analysis and the General Equilibrium Theory, in: Barna, T. (Hrsg.): The Structural Interdependence of the Economy, New York, S. 39-49.

[27] Gutenberg, E. (1983): Grundlagen der Betriebswirtschaftslehre, Bd. 1: Die Produktion, 24. Aufl., Berlin, Heidelberg, New York.

2. Produktions- und Kostenfunktionen mit ertragsgesetzlichem Verlauf

2.1 Produktionsfunktion vom Typ A mit einem variablen Faktor

Obwohl das Ertragsgesetz für den landwirtschaftlichen Bereich entwickelt wurde, eignet es sich prinzipiell auch zur Analyse von Fragestellungen in anderen Bereichen. Da die Komponenten des Gesamtbetriebes jedoch nur in stark aggregierter Form betrachtet werden können, lassen sich mit Hilfe des Ertragsgesetzes nur globale Zusammenhänge verdeutlichen. Dabei ist es möglich, die Kombination *mehrerer* Einsatzfaktoren mit Hilfe dieser Produktionsfunktion vom Typ A abzubilden. Um die Wirkung des Einsatzes *einer* Faktorart auf die Outputmenge (Ertrag) bestimmen zu können, wird zunächst nur dieser Einsatz als variabel angenommen, die Einsätze aller übrigen Faktorarten werden konstant gehalten. Damit kann die allgemeine Produktionsfunktion

$$x = f(r_1, r_2,...,r_i,...,r_n)$$

unter Zusammenfassung aller Einsatzfaktormengen mit Ausnahme des zu variierenden Faktors i in einem Vektor c wie folgt formuliert werden:

$$x = f(r_i,c) \quad ; c = (r_1,...,r_{i-1},r_{i+1},...,r_n)$$

Ertragsgesetzliche Verläufe der Produktionsfunktion setzen folgende Bedingungen voraus (vgl. auch Blohm et al. (1997), S. 66):

a)   Es wird in einem einstufigen Fertigungsprozess eine Produktart hergestellt.

b)   Die Einsatzmenge des betrachteten Faktors ist variierbar und beliebig teilbar.

c)   Die Einsatzmengen der übrigen Faktoren lassen sich konstant halten.

d)   Die Substituierbarkeit der Einsatzfaktoren ist begrenzt ("nicht vollständig").

e)   Die Qualität der Produktionsfaktoren und des Outputs ist konstant.

f)   Die Produktionstechnik, -zeit und -intensität werden nicht verändert.

Das folgende Beispiel mag die Anwendungsvoraussetzungen und den Verlauf der Produktionsfunktion verdeutlichen:

Auf einer gegebenen Ackerfläche wird Weizen angebaut (Prämisse a). Variierbare Einsatzfaktoren sind die Mengen an aufgewendetem Saatgut und Dünger sowie der Arbeitseinsatz für diverse Tätigkeiten wie Pflügen, Ernten etc. bei einer als gegeben angenommenen Ausstattung mit landwirtschaftlichen Maschinen. Für ein bestimmtes Niveau $r_j > 0$ (für alle $j \neq i$) aller Faktoreinsatzmengen mit Ausnahme der Mengen eines Faktors i (z. B. Saatgut) wird nun der Einfluss von Variationen dieses Faktors auf die

Erntemenge untersucht (Prämissen b, c). Die begrenzte Substituierbarkeit der variierbaren Faktoren ergibt sich aus der Tatsache, dass z. B. trotz eines sehr hohen Einsatzes an Saatgut der Ertrag eine bestimmte Menge nicht überschreiten kann, wenn nicht auch der Arbeitseinsatz bei der Ernte erhöht wird. Das bedeutet auch, dass das Niveau der konstant gehaltenen Faktoreinsatzmengen größer als Null sein muss (ohne Arbeitseinsatz keine Ernte - Prämisse d). Die übrigen Prämissen bedeuten bezogen auf das Beispiel, dass von gleicher Qualität bei Saatgut, Düngemittel etc. sowie Weizen (Prämisse e) und konstanten Produktionsbedingungen (Wetter, Saat- und Erntezeit usw. - Prämisse f) ausgegangen wird.

Das Ertragsgesetz sagt aus, dass die sukzessive Vergrößerung der Einsatzmenge eines Produktionsfaktors bei konstantem Einsatz der anderen Produktionsfaktoren zunächst zu steigenden, dann zu sinkenden und schließlich zu negativen Ertragszuwächsen führt. Da ein eindeutiger, *funktionaler* Zusammenhang zwischen der Faktoreinsatzmenge r_i und der Ausbringungsmenge x unterstellt wird, führt jede gegebene Einsatzmenge $r_{i,a}$ unter den vorliegenden Prämissen zu genau einer Outputmenge x_a. Somit ist die Fläche unterhalb der Gesamtertragskurve $x(r_i,c)$ nicht Bestandteil der Produktionsfunktion[1].

Die Abbildung II-1 zeigt die charakteristischen vier Phasen des ertragsgesetzlichen Verlaufs für die Gesamtertragskurve, die Durchschnittsertragsfunktion e und die Grenzertragskurve x' sowie deren Ableitung x".

Im folgenden werden die einzelnen Funktionsverläufe der Abbildung II-1 näher erläutert:

-   Die *Gesamtertragskurve* x (r_i,c) zeigt die Wirkung einer sukzessiven Erhöhung der Einsatzmenge des Faktors r_i auf den Ertrag x bei Konstanz der übrigen Einsatzmengen. Die Funktion steigt bis zu ihrem Wendepunkt (Ende der Phase I) progressiv, in den Phasen II und III dagegen degressiv, d.h. es sind weitere Ertragssteigerungen durch einen zusätzlichen Faktoreinsatz möglich. Das Ertragsmaximum legt den Beginn der Phase IV fest, in der die Ertragsfunktion fällt. Hier ist eine Produktion nicht mehr sinnvoll (ineffizient), da mit einem größeren Faktoreinsatz ein geringerer Ertrag erzielt wird bzw. der gleiche Ertrag mit einem geringeren Faktoreinsatz erzielt werden könnte.

---

1   LÜCKE ((1979), Sp. 1625) erklärt Punkte unterhalb der Gesamtertragskurve damit, "dass verwendete Faktoren nicht gemäß der ertragsgesetzlichen Wirksamkeit eingesetzt werden". Ähnlich lassen sich die Darstellungen in den meisten Quellen zu diesem Thema deuten. Allerdings impliziert diese Sichtweise die Annahme anderer Modellprämissen.

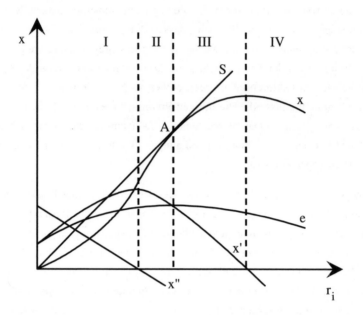

Abbildung II-1: Die vier Phasen der Produktionsfunktion vom Typ A

-    Die *Grenzproduktivität*[2] $x' = \partial x/\partial r_i$ gibt die Steigung der Gesamtertragskurve x
     (r_i,c) an jeder Stelle an. Veränderungen der Einsatzmenge um Δr_i und daraus re-
     sultierende Outputänderungen Δx lassen sich mit Hilfe des Differenzenquotienten
     $\Delta x/\Delta r_i$ ausdrücken. Wird für die Inputveränderung eine Grenzwertbildung $\Delta r_i \rightarrow 0$
     vorgenommen, so erhält man den Grenzertrag (das Grenzprodukt).

Der *Grenzertrag* $dx = \partial x/\partial r_i \cdot dr_i$ zeigt die Outputänderung dx bei einer infinitesimal kleinen Veränderung der Faktoreinsatzmenge dr_i an. Mathematisch ist der
Grenzertrag das Differential der Ertragsfunktion.[3] Wird $dr_i = 1$ gesetzt, so entsprechen sich Grenzproduktivität und Grenzertrag, so dass die Begriffe häufig
nicht scharf voneinander getrennt werden. Die Grenzertragskurve nimmt bei derjenigen Faktoreinsatzmenge ihr Maximum an, bei der die Gesamtertragskurve ihren Wendepunkt aufweist, und fällt danach. In Phase IV wird sie negativ.

---

2   Grundsätzlich können für die Produktionsfunktion $x(r_1,...,r_n)$ partielle Grenzproduktivitäten
     $\partial x/\partial r_1,..., \partial x/\partial r_n$ berechnet werden. Da hier nur der Faktor i als variabel angenommen wurde,
     wird hier lediglich eine Grenzproduktivität $\partial x/\partial r_i$ betrachtet.

3   Bei mehreren variablen Faktoren ergibt sich das totale Grenzprodukt als Summe der partiellen
     Grenzprodukte: $dx = \partial x/\partial r_1 \cdot dr_1 + ...+ \partial x/\partial r_n \cdot dr_n$.

- Die *Durchschnittsertragskurve* $e = x(r_i,c)/r_i$ ergibt sich als Quotient aus Output- und Faktoreinsatzmenge. Der Durchschnittsertrag (*Produktivität*) kann graphisch ermittelt werden, indem von einem beliebigen Punkt auf der Ertragskurve (z. B. P) ein Fahrstrahl S zum Ursprung gezogen wird. Die Steigung dieses Fahrstrahls (d.h. der Tangens des Winkels zwischen Fahrstrahl S und Abszisse (r_i-Achse)) ist dann gleich der Produktivität in diesem Punkt (Abbildung II-2).

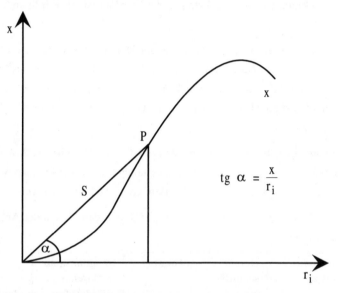

Abbildung II-2: Fahrstrahlmethode zur Ermittlung des Durchschnittsertrages

Die Durchschnittsertragskurve e schneidet die Gesamtertragskurve bei $r_i = 1$, dort gilt $x = x/r_i$. Sie steigt an, bis der Fahrstrahl S zur Tangente wird, womit das Ende der Phase II festgelegt ist. In diesem Punkt schneiden sich die Kurven e und x'. Der Winkel α zwischen dem Fahrstrahl S und der Abszisse wird maximal, und e nimmt damit ein Maximum an.

Dieser Zusammenhang lässt sich auch algebraisch herleiten. Zu zeigen ist, dass im Maximum des Durchschnittsertrages dieser gleich der Grenzproduktivität ist: $e = x'$. Die notwendige Bedingung für ein Maximum von e lautet:

$$e' = 0$$

Die Gleichung $e = x'$ muss also an der Stelle $e' = 0$ erfüllt sein. Es wird von

$$e' = \frac{d\left(\dfrac{x}{r_i}\right)}{dr_i} = 0 \quad \text{ausgegangen.}$$

Durch Anwendung der Quotientenregel ergibt sich:

$$\frac{\left(x' \cdot r_i - 1 \cdot x\right)}{r_i^2}$$

Hieraus folgt: $x' \cdot r_i = x$ und daraus $x' = x/r_i = e$.

Die hinreichende Bedingung kann beim Vorliegen einer konkaven Durchschnitts-ertragsfunktion, wie es beim Ertragsgesetz der Fall ist, als erfüllt angesehen werden.

Solange der Grenzertrag größer ist als der Durchschnittsertrag, steigt dieser mit jeder zusätzlichen Faktoreinheit. Ist der Grenzertrag kleiner als der Durchschnittsertrag, fällt dieser entsprechend. Daraus folgt, dass die Durchschnittsertragskurve dort ihr Maximum hat, wo die Grenzertragskurve sie von oben schneidet.

- Das Steigungsmaß der Grenzertragskurve ($x'' = d^2x/dr_i^2$) ist die 2. Ableitung der Gesamtertragskurve. Sie verläuft immer fallend und zwar bis zum Wendepunkt der Gesamtertragskurve im positiven Bereich, danach im negativen.

Die Tabelle II-2 fasst die einzelnen Funktionsverläufe in den Phasen der Abbildung II-1 nochmals zusammen:

Phase	Gesamt-ertrag x	Durch-schnitts-ertrag e	Grenz-ertrag x'	Steigungsmaß der Grenz-ertragskurve x''	Endpunkte
I	positiv, progressiv steigend	positiv, degressiv steigend	positiv, degressiv steigend bis Max.	positiv, konstant fallend bis Null	Wendepunkt $x' = $ max. $x'' = 0$
II	positiv, degressiv steigend	positiv, degressiv steigend bis Max.	positiv, progressiv fallend $x' > e$	negativ, konstant fallend	$e = $ max. $e = x'$ $e' = 0$
III	positiv, degressiv steigend	positiv, progressiv fallend	positiv, progressiv fallend bis Null $x' < e$	negativ, konstant fallend	$x = $ max. $x' = 0$
IV	positiv, progressiv fallend	positiv, progressiv fallend	negativ, progressiv fallend	negativ, konstant fallend	-

Tabelle II-2: Charakteristika der Produktionsfunktionsverläufe beim Ertragsgesetz

2.2 Ertragsgesetzliche Kostenfunktion (Typ A) mit einem variablen Faktor

Bislang wurden funktionale Zusammenhänge zwischen den Produktionsfaktoren und dem Produkt untersucht. Neben diesen Produktionsbeziehungen interessiert sich die Unternehmung vor allem für die Kosten K, die beim Einsatz der Produktionsfaktoren entstehen. Beziehungen zwischen der Outputmenge und der durch diese verursachten Kosten sind Gegenstand der Kostentheorie. Zur Herleitung der Kostenfunktion sei beispielhaft wieder ein ertragsgesetzlicher Verlauf der Produktionsfunktion unterstellt (siehe Abbildung II-3).

Beim Übergang vom r_i/x-Koordinatensystem in ein K/x-Koordinatensystem, in dem die Abhängigkeit des Kostenbetrages K von der Einsatzmenge des Produktionsfaktors i berücksichtigt ist, ergibt sich eine ähnliche Kurve, die in Abhängigkeit vom Faktorpreis steiler oder flacher als bei der Produktionsfunktion verlaufen kann. Hierbei ändert sich das Spektrum möglicher Outputmengen nicht, es kann lediglich jedem x ein veränderter Abszissenwert zugeordnet werden. Im Folgenden wird die Faktoreinsatzmenge r_i mit einem konstanten Preis q_i bewertet. Für $q = 1$ ergäbe sich ein identischer Verlauf von Produktions- und Kostenfunktion. In der Abbildung II-4 wurde beispielhaft ein Preis in Höhe von $q = 2$ Geldeinheiten je Faktoreinheit angenommen.

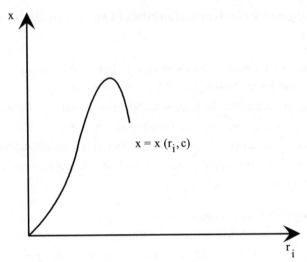

Abbildung II-3:   Ausbringungsmenge in Abhängigkeit von der eingesetzten
                Faktormenge

Wird die Rückseite (S. 27) der vorliegenden Seite auf die Weise gegen das Licht gehalten, dass sich die Seitenzahl in der rechten unteren Ecke befindet, so erscheint die Funktion K(x) mit der Abszissenbezeichnung x und der Ordinatenbezeichnung K.

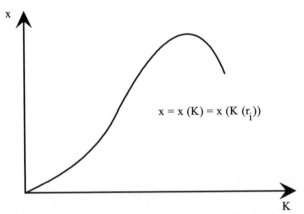

Abbildung II-4:   Ausbringungsmenge in Abhängigkeit von den eingesetzten
                Faktorkosten[4]

---

4   In der Abbildung wird x mathematisch als Funktion von K definiert. Dies erfolgt jedoch lediglich
     aus Darstellungsgründen. In der Kostentheorie werden im Allgemeinen die Kosten in Abhängig-
     keit von der Produktionsmenge betrachtet.

Der Variablentausch wird geometrisch üblicherweise vorgenommen, indem die bewertete Produktionsfunktion x(K) an der $45°$-Achse gespiegelt wird (siehe Abb. II-5)[5].

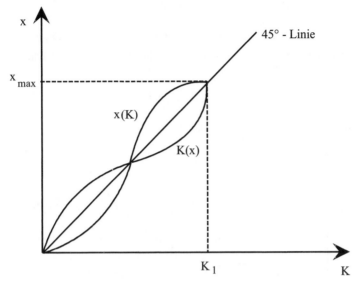

Abbildung II-5:   Die Kostenfunktion als Spiegelbild der bewerteten Produktionsfunktion

Die Kostenfunktion endet im Punkt (x_{max}, K_1), da größere Ausbringungsmengen als x_{max} auch mit höheren Kosten nicht zu erreichen sind bzw. gemäß der Produktionsfunktion die Erträge sogar zurückgehen würden. Die dargestellte Kostenfunktion umfasst offensichtlich nur die direkt von der Ausbringungsmenge abhängigen Kosten, im folgenden als *variable Kosten* K_v bezeichnet. In Abhängigkeit von x setzt sich die Kostenfunktion folgendermaßen zusammen:

$$K_v(x) = r_i(x) \cdot q_i \quad \text{(Dimension: [GE] = [ME}_i] \cdot \text{[GE/ME}_i])$$

Kostenbestandteile, deren Höhe kurzfristig - unabhängig von der Ausbringungsmenge - konstant sind, werden als *fixe Kosten* K_f bezeichnet (z. B. zeitliche Abschreibungen auf Maschinen und Gebäude etc.). Wird das im Kapitel 2.1 angeführte Beispiel für eine Produktionsfunktion in der Landwirtschaft wieder aufgegriffen, so wären in der variablen Kostenfunktion nur die mit dem einen - als variabel angenommenen - Faktor des Saatguteinsatzes verbundenen Kosten und Ausbringungsmengen berücksichtigt. Die Kosten der konstant gehaltenen Faktoren wären dann den fixen Kosten zuzurechnen.

---

5   Das oben beschriebene – sehr anschauliche – Vorgehen ist in dieser Form nur im Fall *eines* variablen Faktors möglich.

Als *Gesamtkosten* K(x) ergeben sich:

$$K(x) = K_f + K_v(x) = K_f + r_i(x) \cdot q_i$$

Werden die von der Ausbringungsmenge x direkt stückzahlabhängigen und mit der Faktoreinsatzmenge r_i variierenden Kosten pro Stück mit $k_v(x)$ bezeichnet, so ergibt sich:

$$K(x) = K_f + r_i(x) \cdot q_i = K_f + k_v(x) \cdot x$$

Die Abbildung II-6 verdeutlicht diese Zusammenhänge graphisch:

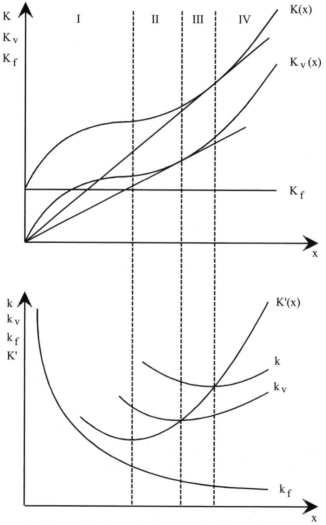

Abbildung II-6: Kostenfunktionsverläufe beim Ertragsgesetz

Bei Berücksichtigung der fixen Kosten K_f verschiebt sich die Gesamtkostenkurve $K(x)$ gegenüber der Kurve der variablen Kosten $K_v(x)$ um den Betrag der fixen Kosten nach oben.

Auch bei den hier dargestellten, aus ertragsgesetzlichen Produktionsfunktionen abgeleiteten Kostenfunktionen (Gesamtkosten, variable Kosten, fixe Kosten) lässt sich der Verlauf in vier Phasen einteilen. Die Abbildung II-6 zeigt unten die zu der Gesamtkostenfunktion (in dieser Abbildung oben) gehörenden Funktionen der Grenzkosten, der variablen und der totalen Kosten pro Stück sowie der Stückkosten aus Fixkosten.

Im Folgenden werden die einzelnen Funktionsverläufe der Abbildung II-6 näher erläutert.

- Die Kurve der *variablen Kosten* $K_v(x)$ zeigt die Beziehung zwischen der produzierten Menge und den direkt daraus resultierenden Kosten. Sie verläuft zuerst degressiv und nach ihrem Wendepunkt, der das Ende der Phase I determiniert, progressiv steigend.

- Die Funktion der *fixen Kosten* K_f verläuft parallel zur Abszisse.

- Die *Gesamtkostenkurve* $K(x)$ setzt sich aus den Kurven der fixen und variablen Kosten additiv zusammen.

- Die *Grenzkostenkurve* $K'(x) = dK(x)/dx$ gibt die Steigung der Gesamtkostenkurve an (1. Ableitung). Grenzkosten geben die Veränderung der Kosten bei Vergrößerung/Reduzierung des Outputs um eine infinitesimale Einheit bezogen auf die aktuelle Ausbringungsmenge an. Die Funktion fällt bis zum Wendepunkt der Gesamtkostenkurve und steigt danach.

- Die *Kurve der Stückkosten aus Fixkosten* $k_f(x) = K_f/x$ verläuft hyperbolisch und nähert sich bei größerem/geringerem Output immer mehr der Abszisse/Ordinate. Dies lässt sich dadurch erklären, dass der Anteil der auf ein Stück zu verrechnenden fixen Kosten bei größerer/geringerer Ausbringung immer geringer/höher wird. Für $x = 1$ entsprechen sich $k_f(x)$ und K_f.

- Die *Kurve der durchschnittlichen variablen Kosten* $k_v(x) = K_v(x)/x$ ergibt sich als Quotient aus variablen Kosten und Ausbringungsmenge; $k_v(x)$ lässt sich mit Hilfe von Fahrstrahlen an die Funktion $K_v(x)$ konstruieren. Das Minimum von $k_v(x)$ legt das Ende der Phase II fest.

- Die *Kurve der durchschnittlichen totalen Kosten* $k(x) = K(x)/x$ ergibt sich aus der vertikalen Addition der Kurve der Stückkosten aus Fixkosten und der durchschnittlichen variablen Kosten ($k_f(x) + k_v(x)$). Sie lässt sich durch Fahrstrahlen - hier an die Gesamtkostenfunktion $K(x)$ - konstruieren. Ihr Minimum determiniert den Übergang von Phase III zu Phase IV. Für $x = 1$ entsprechen sich $k(x)$ und $K(x)$.

Da sich $k_f(x)$ bei zunehmender Ausbringungsmenge asymptotisch der x-Achse nähert und sich $k(x)$ additiv aus $k_f(x)$ und $k_v(x)$ zusammensetzt, nähern sich $k_v(x)$ und $k(x)$ bei wachsendem x immer mehr an.

Sowohl die Kurve der durchschnittlichen variablen Kosten als auch die Kurve der durchschnittlichen totalen Kosten werden in ihrem Minimum von der Grenzkostenkurve geschnitten. Dieses lässt sich graphisch dadurch zeigen, dass bei diesen Ausbringungs-mengen jeweils der Fahrstrahl zur Tangente wird. Algebraisch kann dies analog zu der Ermittlung des Schnittpunktes von Durchschnitts- und Grenzertragskurve erfolgen (siehe Kapitel 2.1; vgl. auch Aufgabe II-4).

Phase	Gesamt-kosten $K(x)$	variable Durch-schnitts-kosten $k_v(x)$	gesamte Durch-schnitts-kosten $k(x)$	Grenz-kosten $K'(x)$	Endpunkte
I	positiv, degressiv steigend	positiv, degressiv fallend	positiv, degressiv fallend	positiv, degressiv fallend bis Min.	Wendepunkt $K' = \min.$ $K'' = 0$
II	positiv, progressiv steigend	positiv, degressiv fallend bis Min.	positiv, degressiv fallend	positiv, progressiv steigend $K' < k_v$ $K' < k$	Minimum der variablen Durchschnitts-kosten $K' = k_v$
III	positiv, progressiv steigend	positiv, progressiv steigend	positiv, degressiv fallend bis Min.	positiv, progressiv steigend $K' > k_v$ $K' < k$	Minimum der gesamten Durchschnitts-kosten $K' = k$
IV	positiv, progressiv steigend	positiv, progressiv steigend	positiv, progressiv steigend	positiv, progressiv steigend $K' > k_v$ $K' > k$	-

Tabelle II-3: Charakteristika der Kostenfunktionsverläufe beim Ertragsgesetz

Wird der Quotient von Grenzkosten und totalen Durchschnittskosten an einer Stelle x gebildet, so erhält man die zugehörige *Elastizität* η.

$$\eta = \frac{K'(x)}{k(x)} = \frac{dK(x)}{dx} \cdot \frac{1}{k(x)} = \frac{dK(x)}{dx} \cdot \frac{x}{K(x)} = \frac{dK(x)}{K(x)} : \frac{dx}{x}$$

Die Elastizität sagt aus, dass die Erhöhung/Verringerung der Menge x um 1% eine Erhöhung/Verringerung der Kosten um η% zur Folge hat.

2.3 Ertragsgesetzliche Produktionsfunktion mit zwei substitutionalen Faktoren

Bislang wurde lediglich die Beziehung zwischen einem Produktionsfaktor r_i und der Produktionsmenge x untersucht; die übrigen Faktoren wurden konstant gesetzt. Die Variation eines Faktors bei Konstanz der anderen Faktoren bedeutet eine Veränderung des Einsatzverhältnisses dieser Faktoren. Betrachtet man z. B. zwei Faktoreinsatzmengen (r_1, r_2) und erhöht nur r_1, so vergrößert sich das Verhältnis von r_1 zu r_2. Weisen beide Faktoren einen ertragsgesetzlichen Verlauf auf, so wäre eine Vergrößerung des Outputs auch bei Konstanz oder sogar Rückgang eines Faktors innerhalb eines gewissen Bereichs zu erreichen, wenn die Einsatzmenge des anderen Faktors entsprechend erhöht würde. Beispielsweise könnte ein verringerter Saatguteinsatz in gewissen Grenzen durch vermehrten Einsatz von Düngemitteln ausgeglichen oder sogar überkompensiert und somit ein gleich hoher oder sogar höherer Ertrag erzielt werden. Es ist aber auch möglich, dass aus technischen Gründen das Einsatzverhältnis der Faktoren konstant sein muss. Eine Vergrößerung der Ausbringung wäre dann nur denkbar, wenn beide Faktoren gleichzeitig in einem bestimmten Verhältnis vergrößert würden (auf derartige Input-Output-Beziehungen wird in Kapitel 3. eingegangen).

Soll nun die Abhängigkeit der Ausbringungsmenge von den Einsatzmengen zweier gleichzeitig variierbarer Faktoren in einer gemeinsamen Produktionsfunktion $x(r_1, r_2)$ graphisch verdeutlicht werden, so ist eine dreidimensionale Darstellungsweise heranzuziehen. Die graphische Darstellung einer Produktionsfunktion bei zwei beschränkt substituierbaren Faktoren zeigt Abbildung II-7.

Werden Schnitte parallel zur r_1- oder r_2-Achse durch das Ertragsgebirge gelegt, so stellt der jeweils obere Rand der sich ergebenden Schnittflächen die Produktionsfunktion des variablen Faktors bei Konstanz des anderen Faktors auf dem Niveau des angegebenen Schnittes dar. In der Abbildung II-7 sind solche Schnitte für die Niveaus $r_{1,a}$, $r_{1,b}$, $r_{2,a}$

und $r_{2,b}$ durchgeführt und ihre oberen Ränder in Form der sich ergebenden Produktionsfunktionen dargestellt worden. Es wird deutlich, dass diese Funktionen bei unterschiedlichen Einsatzmengenniveaus des jeweils anderen Faktors differierende, aber stets ertragsgesetzliche Verläufe annehmen.

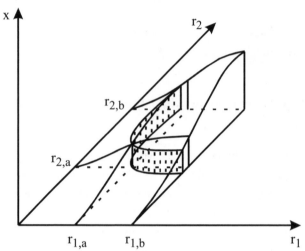

Abbildung II-7:   *Ertragsgebirge bei zwei beschränkt substituierbaren*
                     Produktionsfaktoren

Wird ein Schnitt parallel zur Grundfläche (r_1, r_2) des Ertragsgebirges gelegt, so ergibt sich eine Fläche, auf der alle Faktormengenkombinationen liegen, mit denen *mindestens* das Outputniveau x_O, das der Schnitthöhe entspricht, produziert werden kann. Die Abbildung II-8 zeigt eine solche Schnittfläche.

Kombinationen, die nicht auf dem gekrümmten Rand der Schnittfläche liegen (wie z. B. Punkt A), führen zu höheren Ausbringungsmengen als x_O und sind hier nicht weiter zu beachten.[6]

Die Einsatzmengenkombinationen, die zu einer gegebenen Ausbringungsmenge x_O führen, liegen auf einer Kurve. Diese wird als *Isoquante* bezeichnet. Die in Abbildung II-8 gestrichelten Isoquantenabschnitte stellen ineffiziente Faktoreinsatzmengenkombinationen zur Produktion der Menge x_O dar. Z. B. könnte die betrachtete Menge x_O statt mit der Faktormengenkombination im Punkt B u. a. mit allen Einsatzmengenkombinatio-

---

6   Die Faktoreinsatzmengen im Punkt A können nur bei Einsatz einer weniger effizienten Fertigungstechnologie zur Outputmenge x_O führen. Gemäß der Prämisse f) des klassischen Ertragsgesetzes (vgl. Abschnitt II-2.1) wird jedoch von *einer* gegebenen Produktionstechnik, -zeit und -intensität ausgegangen.

nen, die auf der Kurve zwischen B_1 und B_2 liegen, hergestellt werden. Alle Kombinationen in diesem Bereich benötigen geringere Mengen beider Faktoren. Im Punkt B_2 würde von der Faktorart 2 weniger eingesetzt.

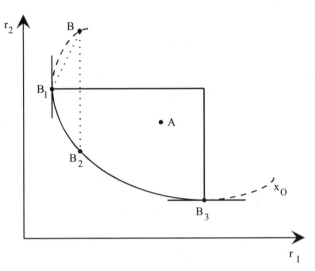

Abbildung II-8: Isoquante mit technisch effizienten und ineffizienten Faktormengenkombinationen

Technisch effiziente Faktormengenkombinationen für gegebene Outputniveaus können also nur die Punkte auf der Isoquante sein, die sich innerhalb des durch eine waagerechte und eine senkrechte Tangente abgrenzbaren sogenannten *Substitutionsgebietes* (Kurvenverlauf von B_1 bis B_3) befinden. Damit ist jeder Faktor nur beschränkt durch den anderen substituierbar *(periphere Substituierbarkeit)*. Je nach Verlauf der Produktionsfunktion bzw. Aussehen des Ertragsgebirges und nach der Höhe des angelegten Schnittes zur Grundfläche können die Isoquanten unterschiedliche Verläufe aufweisen, wie sie z. B. in Abbildung II-9 dargestellt werden.

Durch Verbinden der auf Isoquanten unterschiedlichen Niveaus liegenden Punkte, deren Tangenten einen jeweils waagerechten bzw. senkrechten Verlauf aufweisen, ergeben sich Begrenzungslinien, die *Ridge Lines* genannt werden und das Substitutionsgebiet für alle Outputniveaus abgrenzen (in Abbildung II-9 mit R_1 und R_2 bezeichnet).

Diese existieren nicht für Isoquanten, die sich (wie in Abbildung II-10 dargestellt) asymptotisch der r_1- und r_2-Achse nähern, da das Substitutionsgebiet hier nicht begrenzt ist. In diesem Fall liegen allerdings auch keine ertragsgesetzlichen Produktionsfunktionen vor.

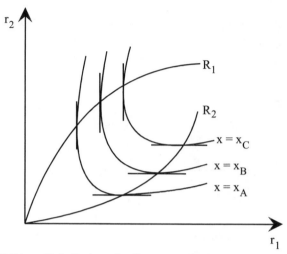

Abbildung II-9: Technisch effiziente Bereiche von Isoquanten

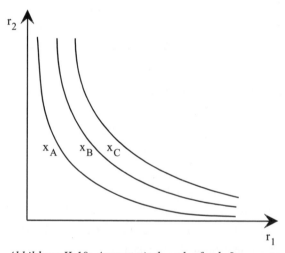

Abbildung II-10: Asymptotisch verlaufende Isoquanten

Die Substituierbarkeit des einen Faktors durch den anderen ist in diesem Fall nicht be-schränkt. Für eine unendliche Einsatzmenge des einen Faktors könnte der andere (theo-retisch) sogar vollständig substituiert werden.

Ist eine *vollständige (alternative) Substitution* eines Faktors schon bei endlichen Ein-satzmengen des anderen Faktors möglich, so können die Isoquanten z. B. einem der in Abbildung II-11 dargestellten Verlaufstypen I bis IV entsprechen, die jeweils unter-schiedliche Produktionsfunktionen repräsentieren (denn für eine Produktionsfunktion gilt, dass Isoquanten unterschiedlichen Outputniveaus sich per definitionem nicht schneiden können). In jedem Fall ergäbe sich ein Schnittpunkt mit einer oder beiden

Achse(n). Auch diesen Verläufen können keine Produktionsfunktionen mit ertragsge-setzlichem Verlauf zugrunde liegen.

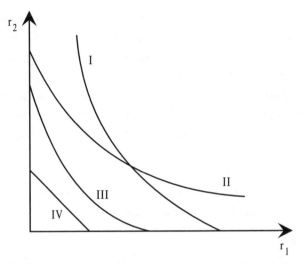

Abbildung II-11: Isoquanten bei vollständiger Substitution

Im folgenden werden zwei Punkte (A und B) auf der Isoquante mit dem Outputniveau x_O (Abbildung II-12) und die zugehörigen jeweiligen Faktormengenkombinationen ver-glichen. Wird statt B der Punkt A realisiert, so ist für jede weniger verwendete Mengen-einheit von Faktor 1 durchschnittlich $\Delta r_2/\Delta r_1$, die *Durchschnittsrate der Substitution (DRS)*, von Faktor 2 mehr einzusetzen.

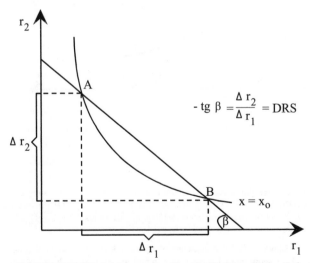

$$- \operatorname{tg} \beta = \frac{\Delta r_2}{\Delta r_1} = DRS$$

Abbildung II-12: Messung der Durchschnittsrate der Substitution

Die graphische Herleitung erfolgt durch Betrachtung des Steigungsmaßes der Sekante durch die Punkte A und B (Abbildung II-12).

Wird der Abstand zwischen den beiden Punkten A und B infinitesimal klein, so entspricht die "Sekante" der Tangente an dieser Stelle der Isoquante; ihre Steigung wird *Grenzrate der Substitution (GRS)* genannt. Die GRS des Faktors r_2 durch den Faktor r_1 wird durch den Differentialquotienten dr_2/dr_1 ausgedrückt.[7] Sie gibt an, um wieviel der Einsatz eines Faktors gesenkt werden muss, wenn der Einsatz des anderen Faktors um einen infinitesimalen Betrag erhöht wird, damit sich der Ertrag nicht ändert. Ist die Grenzrate der Substitution nicht größer als Null (die Steigung der Isoquante ist negativ), so verläuft die Isoquante im technisch effizienten Bereich.[8] Dies erklärt sich auch dadurch, dass immer ein Faktor durch den anderen ersetzt wird, die Einsatzmenge eines Faktors also steigt, während die des anderen fällt. Die GRS im Punkt A der Abbildung II-13 ergibt sich wie folgt: $GRS = dr_2/dr_1 = -tg\ \alpha$.

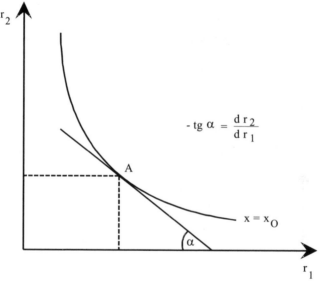

Abbildung II-13: Grenzrate der Substitution

---

[7]   Abweichend von der hier angegebenen Definition für die Grenzrate der Substitution (sie wird z. B. auch von Kern ((1992), S. 28ff.) oder Schweitzer/Küpper ((1997), S. 94) verwendet) wird häufig auch der Betrag des Differentialquotienten $|dr_2/dr_1|$ als GRS bezeichnet (vgl. z. B. Hesse/Linde (1976a), S. 43, oder Schumann u. a. (1999), S. 47f.).

[8]   Hier wird nur der konvexe Teil der Isoquante betrachtet. Begrenzen Isoquanten eine abgeschlossene Fläche (z. B. in Form eines Kreises), so existiert auch ein Bereich mit negativer GRS, der technisch ineffizient ist. Dies ist insbesondere bei algebraischer Ermittlung der Minimalkostenkombination (siehe auch Abschnitt 2.4) zu beachten.

Diese Zusammenhänge lassen sich auch algebraisch verdeutlichen. Die Produktionsfunktion, die der Isoquante zugrunde liegt, lautet

$$x = f(r_1, r_2, c) = const.$$

Wird das totale Differential der Funktion gebildet, so ergibt sich:

$$dx = \frac{\partial x}{\partial r_1} \cdot dr_1 + \frac{\partial x}{\partial r_2} \cdot dr_2$$

Da auf einer Isoquante die Bedingung gilt, dass x unverändert bleibt, muss dx = 0 gesetzt werden:

$$0 = \frac{\partial x}{\partial r_1} \cdot dr_1 + \frac{\partial x}{\partial r_2} \cdot dr_2$$

Der Quotient aus den infinitesimalen Inputänderungen (dr_2/dr_1) muss bei einer Bewegung auf der Isoquante daher dem negativ reziproken Verhältnis der Grenzproduktivitäten der Faktoren entsprechen.

$$\frac{dr_2}{dr_1} = -\frac{\left(\dfrac{\partial x}{\partial r_1}\right)}{\left(\dfrac{\partial x}{\partial r_2}\right)}$$

Bei impliziter Formulierung der Isoquante in der Form $r_2 = r_2(r_1, x_O)$ und anschließender Differenzierung nach r_1 ergibt sich mit

$$r_2' = dr_2/dr_1$$

ebenfalls die Steigung der Isoquante.

Im Bereich technisch effizienter Faktoreinsatzmengen - also im Substitutionsgebiet - ist die GRS negativ, die Grenzproduktivitäten dagegen sind positiv.

Zur Veranschaulichung werden nun nicht mehr infinitesimale, sondern konkrete Veränderungen der Faktoreinsatzmengen betrachtet.

Beispiel:

Im folgenden soll die Veränderung Δx der Outputmenge bei Variation der Faktoreinsatzmengen um Δr_1 bzw. Δr_2 untersucht werden.

Für eine gegebene Produktionsmenge (Isoquante) in Höhe von $x_O = 40$ ME und bei einem Faktoreinsatzmengenverhältnis r_1/r_2 von 15/10 sei die Steigung der Isoquante

$dr_2/dr_1 = -4/5$. Bei einer Erhöhung der Faktoreinsatzmenge r_1 um 5 ME auf insgesamt 20 ME und einer Reduzierung der Einsatzmenge des Faktors r_2 um 4 ME auf 6 ME wird jedoch nur annähernd die gleiche Menge hergestellt. Die Annahme, dass jede zusätzliche Einheit r_1 in diesem Punkt einen zusätzlichen Ertrag (Grenzproduktivität) in Höhe von 4 ME und jede zusätzliche Einheit r_2 einen zusätzlichen Ertrag in Höhe von 5 ME hervorbringt, stellt eine Vereinfachung dar. Die Vereinfachung liegt darin, dass in dem betrachteten Abschnitt eine konstante Isoquantensteigung von (-4/5) unterstellt wird. Tatsächlich weist die Isoquante jedoch in jedem Punkt eine andere Steigung auf, womit bei dieser Vorgehensweise nur eine Näherungslösung erzielt werden kann. Es gilt:

$$\frac{\partial x}{\partial r_1} = 4, \qquad \frac{\partial x}{\partial r_2} = 5$$

$$\Delta r_1 = 5, \Delta r_2 = -4$$

$$\Delta x \approx 0 = \partial x/\partial r_1 \cdot \Delta r_1 + \partial x/\partial r_2 \cdot \Delta r_2$$

$$\Delta x \approx 0 = \quad 4 \quad \cdot 5 + \quad 5 \quad \cdot (-4)$$

Wie in Abbildung II-14 ersichtlich wird, würde durch die vorgenommene Faktorvariation nicht die gleiche Ausbringungsmenge $x_O = 40$ ME erreicht werden, sondern eine niedrigere Outputmenge x_P, die der gestrichelt gezeichneten Isoquante, auf der der Punkt A liegt, zugeordnet ist. Das tatsächliche Δx entspricht der Differenz von x_O und x_P.

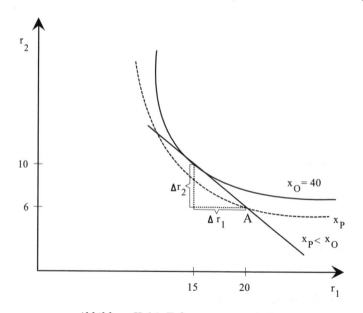

Abbildung II-14: Faktormengenvariationen

Betrachtet man eine Schar von Isoquanten und verbindet alle Punkte, die die gleiche Grenzrate der Substitution (Steigung) haben, erhält man *Isoklinen*. Diese geben diejenigen Faktormengenkombinationen an, bei denen für unterschiedliche Outputmengenniveaus identische marginale Einsatzmengenvariationen die jeweilige Ausbringungsmenge nicht verändern.

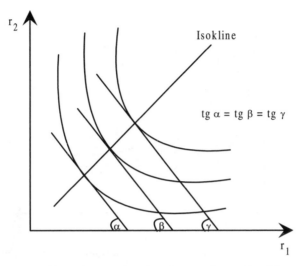

Abbildung II-15: Isoklinen bei beschränkt substituierbaren Produktionsfunktionen

Verlaufen die Isoklinen linear aus dem Ursprung, so ist die Produktionsfunktion homogen.

Homogenität besagt, dass sich bei Erhöhung der Faktoreinsatzmengen auf das λ-fache die Ausbringungsmenge auf das λ^h-fache erhöht. Hierbei gibt h den Homogenitätsgrad an. Für h > 1 liegen zunehmende, für h = 1 konstante (linear-homogene Funktion)[9] und für h < 1 abnehmende Skalenerträge vor. Es gilt für einen Ausgangszustand, der durch die Indizierung mit a gekennzeichnet ist:

---

[9] Eine typische linear-homogene Produktionsfunktion aus dem Bereich der Volkswirtschaftslehre ist die Cobb-Douglas-Funktion, die für den Fall zweier Einsatzfaktoren folgendes Aussehen hat:

$$x(r_1, r_2) = r_1^\alpha \cdot r_2^{1-\alpha}$$

Steigert man die Einsatzmengen der Faktoren auf das λ-fache, ergibt sich:

$$x(\lambda r_1, \lambda r_2) = (\lambda r_1)^\alpha \cdot (\lambda r_2)^{1-\alpha}$$

Durch die folgenden Umformungen erkennt man die lineare Homogenität an dem Exponenten von λ.

$$x(\lambda r_1, \lambda r_2) = \lambda^\alpha \cdot r_1^\alpha \cdot \lambda^{1-\alpha} \cdot r_2^{1-\alpha}$$
$$= \lambda^1 \cdot (r_1^\alpha \cdot r_2^{1-\alpha})$$
$$= \lambda^1 \cdot x(r_1, r_2)$$

$$f(r_{i,a} \cdot \lambda) = x_a \cdot \lambda^h \quad , \quad i = 1,\dots,n$$

Werden nun durch das Ertragsgebirge (Abbildung II-7) im konstanten Abstand Δx mehrere parallele Schnitte zur Grundfläche (r_1,r_2) gelegt, so ergibt sich folgende auf die Grundfläche projizierte Schar von Isoquanten (Abbildung II-16):

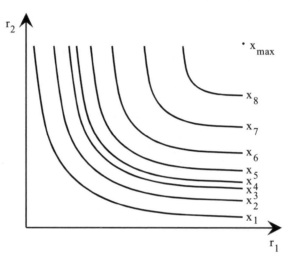

Abbildung II-16: Isoquantenschar bei einer ertragsgesetzlichen Produktionsfunktion

Die einzelnen Isoquanten rücken für ein im konstanten Abstand Δx steigendes Outputniveau zuerst immer näher zusammen, bevor die Abstände wieder größer werden. Dies lässt sich vom Ursprung aus gesehen wie folgt erklären:

Bis x_5 steigt die Produktionsfunktion $x(r_1,r_2)$ progressiv, d.h. um eine zusätzliche Einheit zu produzieren, werden immer weniger zusätzliche Einheiten der Faktoren benötigt. Die Isoquanten rücken daher dichter zusammen. Nach dem Wendepunkt steigt die Funktion nur noch degressiv. Hier werden dementsprechend immer größere Faktormengen gebraucht, um eine zusätzliche Einheit zu produzieren. Die Isoquanten rücken immer weiter auseinander, bis schließlich die maximale Ausbringungsmenge x_{max} erreicht wird.

Folgen die Isoquanten in immer dichteren Abständen, dann handelt es sich um *zunehmende Skalenerträge. Abnehmende Skalenerträge* liegen entsprechend vor, wenn die Abstände immer größer werden. Bleiben die Abstände dagegen immer gleich, dann sind die *Skalenerträge konstant*.

Die Produktionsfunktion vom Typ A weist somit zunächst zunehmende und dann abnehmende Skalenerträge auf.

2.4 Minimalkostenkombination

Bisher wurde lediglich die *technische* Effizienz der Produktion betrachtet, d. h. es wurden die Faktormengenkombinationen gesucht, die die Herstellung einer bestimmten Produktionsmenge ohne Faktorverschwendung ermöglichen.

In diesem Abschnitt sollen die Faktorpreise in die Betrachtung mit einbezogen werden. Je nach Höhe dieser Preise verursachen die verschiedenen Kombinationen unterschiedlich hohe Kosten. Damit muss die kostengünstigste Faktorkombination bei Erstellung einer gegebenen Produktionsmenge gefunden werden (*ökonomische* Effizienz).

Werden die Preise der Faktoren r_1 und r_2 mit q_1 und q_2 bezeichnet und als konstant betrachtet, so lassen sich die Kosten folgendermaßen ausdrücken:

$$K = q_1 \cdot r_1 + q_2 \cdot r_2$$

Die Auflösung der Gleichung nach r_2 für einen gegebenen Kostenbetrag K_A ergibt:

$$r_2 = \frac{K_A}{q_2} - \frac{q_1}{q_2} \cdot r_1$$

In Abbildung II-17 ist dieser Zusammenhang dargestellt.

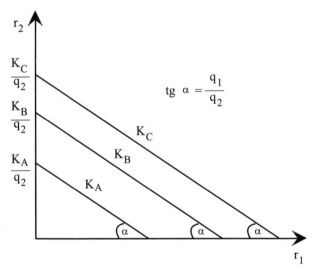

Abbildung II-17: Isokostenlinien

Die Punkte auf den Geraden K_A, K_B und K_C geben jeweils alle Faktormengenkombinationen an, die die gleichen Kosten verursachen. Diese Geraden heißen deshalb *Isokostenkurven*. Bei konstanten Faktorpreisen haben die Isokostenkurven einen linearen Verlauf.

Wird nun von einer bestimmten Isoquante (gegebene Fertigungsmenge $x = x_A$) ausgegangen, so verursacht die Faktormengenkombination die geringsten Kosten, bei der die Isoquante im technisch effizienten Bereich eine Isokostenkurve tangiert (Punkt P, Abbildung II-18).

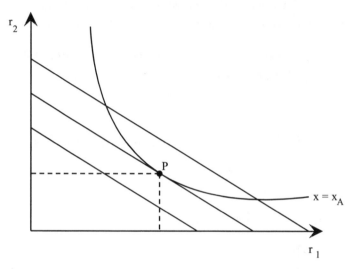

Abbildung II-18: Minimalkostenkombination

In diesem Punkt, der als *Minimalkostenkombination (ökonomisch effiziente Faktoreinsatzmengenkombination)* bezeichnet wird, sind die Steigungen der Isoquante und der Isokostenkurve identisch:

$$\frac{dr_2}{dr_1} = -\frac{q_1}{q_2}$$

Damit gilt:

$$-\frac{q_1}{q_2} = \frac{dr_2}{dr_1} = -\frac{\left(\dfrac{\partial x}{\partial r_1}\right)}{\left(\dfrac{\partial x}{\partial r_2}\right)}$$

d.h. die GRS entspricht dem negativ reziproken Faktorpreisverhältnis. Somit sind gleichzeitig die technische und die ökonomische Effizienz erfüllt.

Im Optimalpunkt, in dem sich bei substitutionalen Produktionsfaktoren Isokostenkurve und Isoquante berühren, gilt somit, dass das Preisverhältnis der Faktoren dem Verhältnis ihrer Grenzproduktivitäten entspricht:

$$\frac{q_1}{q_2} = \frac{\left(\dfrac{\partial x}{\partial r_1}\right)}{\left(\dfrac{\partial x}{\partial r_2}\right)}$$

Ändert sich das Verhältnis der Faktorpreise, so ändert sich die Steigung der Isokosten-kurven und damit die Minimalkostenkombination (Tangentialpunkt P' in Abbildung II-19). Dieser neue Optimalpunkt führt nur in Ausnahmefällen zu identischen Kosten.[10]

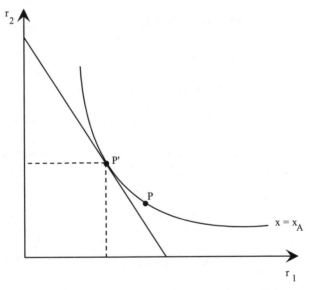

Abbildung II-19: Minimalkostenkombination bei verändertem Faktorpreisverhältnis

Bei der Herleitung der ökonomischen Effizienz wurde von konstanten Faktorpreisen ausgegangen. Liegen allerdings beispielsweise mengenabhängige Faktorpreise mit Rabatten vor[11], so können sogar technisch nicht effiziente Faktormengenkombinationen ökonomisch effizient sein.

---

10   Zur Vertiefung dieser Zusammenhänge vgl. die mikroökonomische Literatur wie z. B. Schumann u. a. (1999).

11   Vgl. hierzu Abschnitt 3.3.2.2. in Teil III.

Beispiel:

Gegeben sei die Produktionsfunktion

$$x = 12\,r_1 - r_1^2 + 8\,r_2 - r_2^2 - 34,$$

die sich für gegebene Outputmengen als Kreisfunktion darstellen lässt. Ermittelt werden soll die Minimalkostenkombination für die Produktionsmenge $x = 9$ und den Fall, dass die Faktorpreise eine Höhe von $q_1 = 10$ bzw. $q_2 = 12$ aufweisen.

Es kann dann das folgende Optimierungsmodell formuliert werden:

$$K(r_1, r_2) = 10\,r_1 + 12\,r_2 \quad \Rightarrow \text{ Min !}$$

unter den Nebenbedingungen:[12]

$$12\,r_1 - r_1^2 + 8\,r_2 - r_2^2 - 34 = 9 \qquad\qquad r_1, r_2 \geq 0$$

Hieraus lässt sich die Lagrangefunktion bestimmen.

$$L(r_1, r_2, \lambda) = 10\,r_1 + 12\,r_2 + \lambda\,(12\,r_1 - r_1^2 + 8\,r_2 - r_2^2 - 43)$$

Durch Nullsetzen der partiellen Ableitungen ergeben sich die notwendigen Bedingungen für den zu ermittelnden Optimalpunkt:

$$\frac{\partial L}{\partial r_1} = 10 + 12\,\lambda - 2\,r_1\,\lambda = 0 \qquad\qquad (1)$$

$$\frac{\partial L}{\partial r_2} = 12 + 8\,\lambda - 2\,r_2\,\lambda = 0 \qquad\qquad (2)$$

$$\frac{\partial L}{\partial \lambda} = 12\,r_1 - r_1^2 + 8\,r_2 - r_2^2 - 43 = 0 \qquad\qquad (3)$$

Nach jeweils einer Umformung ergibt sich:

$$\lambda = 10 / (12 - 2\,r_1) \qquad\qquad (4)$$

$$\lambda = 12 / (8 - 2\,r_2) \qquad\qquad (5)$$

---

[12] Durch Umformung lässt sich die Isooutputkurve $12r_1 - r_1^2 + 8r_2 - r_2^2 - 34 = 9$ in die Gleichung

$$(r_1 - 6)^2 + (r_2 - 4)^2 = 9$$

überführen, wodurch deutlich wird, dass es sich bei dieser Funktion um einen Kreis mit dem Radius 3 und dem Mittelpunkt ($r_1 = 6$; $r_2 = 4$) handelt.

Durch Gleichsetzen von (4) und (5) erhält man nach einigen Umformungen z. B. die Beziehung

$$r_2 = -3,2 + 1,2\, r_1 \tag{6}$$

Wird r_2 in der umgeformten Produktionsfunktion (Gleichung (3)) ersetzt durch $(-3,2 + 1,2\, r_1)$, so ergibt sich

$$r_1^2 - 12\, r_1 + 32,32 = 0$$

Diese Gleichung hat zwei Lösungen, nämlich $r_{1,a} = 4,08$ und $r_{1,b} = 7,92$.

Da nur $r_{1,a} = 4,08$ im technisch effizienten Bereich liegt (vgl. Abbildung II-20)[13], lautet die Minimalkostenkombination (ermittelt durch Einsetzen von $r_{1,a} = 4,08$ in die Gleichung (6)):

$$r_{1,opt} = 4,08; \quad r_{2,opt} = 1,70$$

Die von dieser Faktoreinsatzmengenkombination verursachten (minimalen) Kosten betragen $K_{min} = 61,13$ GE.

Graphisch lässt sich dieser Punkt ermitteln, indem die Produktionsfunktion (hier für x = 9) und eine beliebige Isokostengerade (in Abbildung II-20 für ein Kostenniveau von $K_A = 30$ GE) eingezeichnet werden und die Isokostenkurve so weit verschoben wird, bis sie die Isooutputkurve im technisch effizienten Bereich tangiert (hier bei $r_{1,opt} = 4,08$; $r_{2,opt} = 1,70$).

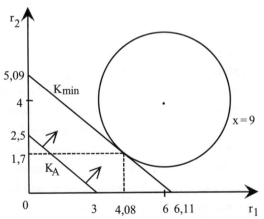

Abbildung II-20: Beispiel zur Ermittlung der Minimalkostenkombination

---

13   Der technisch effiziente Bereich der Produktionsfunktion für x = 9 ist der Rand des Kreises im Bereich von $3 \leq r_1 \leq 6$ und $1 \leq r_2 \leq 4$.

3.   Limitationale Produktionsfaktoren

Im Gegensatz zum bisher betrachteten Fall, dass eine gegebene Produktionsmenge mit
beliebig vielen verschiedenen Einsatzverhältnissen der Faktormengen hergestellt werden kann, ist ein Einsatzverhältnis in der industriellen Produktion häufig fest vorgegeben. So besteht ein Fahrrad gewöhnlich u. a. aus genau zwei Rädern, einem Rahmen,
einer Kette, zwei Pedalen. Wird mindestens eine Faktoreinsatzmenge konstant gesetzt,
ist auch bei Erhöhung der anderen Faktoreinsatzmengen keine Produktionserhöhung
möglich. Die Faktoren gelten als *limitational*. In Abbildung II-21 werden zwei limitationale Faktoren betrachtet.

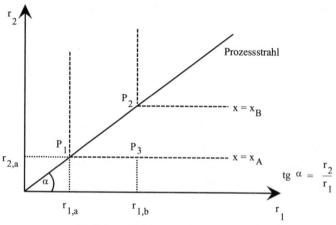

Abbildung II-21: Zwei limitationale Faktoren

Wird z. B. vom Faktor 1 die Menge $r_{1,a}$ und vom Faktor 2 die Menge $r_{2,a}$ eingesetzt, so
lässt sich damit die Menge x_A produzieren (Punkt P_1). Setzt man bei gleichem Einsatz
von Faktor 2 mehr von Faktor 1 ein (z. B. $r_{1,b}$), so wird ebenfalls die Menge x_A hergestellt (P_3), denn für einen größeren Output müssten beide Faktoreinsatzmengen vergrößert werden. Die der Differenz aus $r_{1,b}$ und $r_{1,a}$ entsprechende Menge $r_{1,b} - r_{1,a}$ vom
ersten Faktor würde in diesem Fall nutzlos eingesetzt, da hieraus keine Vergrößerung
des Outputs resultiert. Die durch P_3 repräsentierte Faktoreinsatzmengenkombination ist
daher ineffizient. Werden in dem Diagramm alle Kombinationen von r_1 und r_2 gesucht,
die zum gleichen Output führen, ergeben sich Parallelen zu den Achsen (in Abbildung
II-21 gestrichelt dargestellt), die von den Punkten des Strahls aus dem Ursprung ausgehen.

Bei limitationalen Produktionsfaktoren ist von der Isoquante $x = x_A$ nur der Punkt P_1
effizient, da hier der Ertrag x_A mit den geringst möglichen Mengen $r_{1,a}$ und $r_{2,a}$ hergestellt werden kann.

Wird der Einsatz beider Faktoren im gleichen Verhältnis kontinuierlich vergrößert, er-reicht man den Punkt P_2. Mit den in diesem Punkt geltenden Einsatzmengen der Fakto-ren kann die größere Menge x_B produziert werden. Hieraus resultiert die Isooutputmen-genkurve x_B.

Alle Kombinationen mit dem gleichen Faktoreinsatzverhältnis (tg $\alpha = r_2/r_1$ als sog. Fak-torintensität) liegen auf einem Strahl aus dem Ursprung, dem *Prozessstrahl*. Produk-tionsprozesse mit limitationalen Produktionsfaktoren werden ebenfalls als limitational bezeichnet.

Eine besondere Art einer limitationalen Produktionsfunktion ist die Leontief-Produk-tionsfunktion. Diese geht davon aus, dass die Faktorverbräuche direkt proportional zur Ausbringungsmenge sind, womit diese Funktion einen Homogenitätsgrad von Eins aufweist, also linear-homogen ist (siehe auch die Abschnitte 1.2 und 2.3).

Prozesssubstitution

Es ist denkbar, dass bei limitationalen Produktionsprozessen mehrere Produktionsver-fahren möglich sind, wobei das Faktoreinsatzverhältnis bei jedem einzelnen Prozess konstant ist.

Abbildung II-22 zeigt die Darstellung von zwei Prozessen mit den Prozessstrahlen I und II. Hier lässt sich die Menge $x = x_C$ sowohl durch Prozess I (Punkt A) als auch durch Prozess II (Punkt B) herstellen.

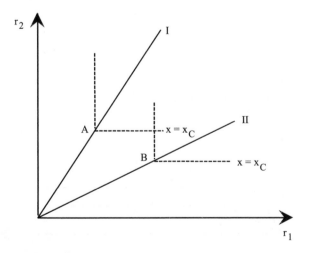

Abbildung II-22: Alternative limitationale Produktionsprozesse

Mit Hilfe des Strahlensatzes kann bewiesen werden, dass bei beliebig variierbaren Faktoren 1 und 2 sowie limitationalen Produktionsprozessen alle Faktorintensitäten, die auf der Strecke AB (Abbildung II-23) liegen, ebenfalls eine Ausbringungsmenge von $x = x_C$ ermöglichen.

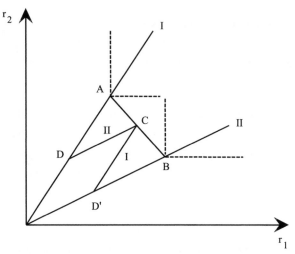

Abbildung II-23: Prozesssubstitution

Beispielsweise lässt sich die Produktion im Punkt C durch Kombination der Prozesse I und II über den Punkt D oder D' erreichen. Die Strecke AB ist dann eine Isoquante.

Unterschiedliche Ausbringungsmengen ergeben eine Schar von Isooutputlinien, die jeweils zwei Eckpunkte aufweisen (Abbildung II-24):

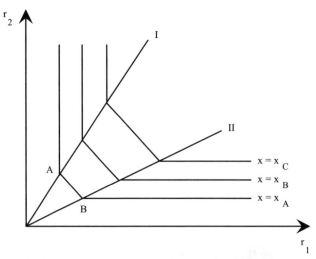

Abbildung II-24: Isoquanten bei Prozesssubstitution

Wird die Anzahl der Verfahren weiter erhöht, wächst die Zahl der Eckpunkte. Ist deren Anzahl unendlich, so verläuft die Isoquante kontinuierlich, d.h. ohne Sprungstellen (Abbildung II-8). "Jede Bewegung auf dieser Isoquante, auch eine sehr kleine, bedeutet einen Übergang zu einem anderen Prozess und nicht eine Änderung der Prozessmischung, wie sie sich bei endlich vielen Prozessen ergibt." (Hesse/Linde (1976a), S. 36). Es wird dann von einer Substituierbarkeit der Faktoren gesprochen (vgl. Abschnitt 2.3).

4. Produktionsfunktion vom Typ B

4.1 Entstehung der Produktionsfunktion vom Typ B

Die Produktionsfunktionen vom Typ A und Typ B (siehe auch Abschnitt 1.2) sind eng mit ERICH GUTENBERG (1897 - 1984) verbunden (Gutenberg 1983). GUTENBERG griff die von TURGOT für die Landwirtschaft entwickelten und durch VON THÜNEN empirisch überprüften ertragsgesetzlichen Zusammenhänge auf, strukturierte sie und untersuchte, inwieweit diese von ihm so bezeichnete Produktionsfunktion vom Typ A industrielle Fertigungsprozesse abbilden könnte. Die hierbei aufgetretenen Schwierigkeiten lassen sich wie folgt zusammenfassen:

-   Es werden die technischen Bedingungen der Produktion vernachlässigt, indem ein direkter funktionaler Zusammenhang zwischen Input und Output unterstellt wird.

-   Der Einfluss der zeitlichen Zusammenhänge auf die Produktion findet keine Berücksichtigung. Dies lässt sich damit begründen, dass die Zeit in der landwirtschaftlichen Produktion eine untergeordnete Rolle spielt, da die Produktionszeit sowie die Zeitpunkte des menschlichen Eingriffs (z. B. Saat, Ernte) weitgehend festliegen und nur begrenzt beeinflusst werden können. In der industriellen Produktion ist die Zeitkomponente ungleich wichtiger, da sich viele Faktoren, wie die Zeitpunkte des Faktoreinsatzes und der Fertigstellung, die Produktions- und Lagerzeiten etc., weitgehend steuern lassen.

-   Die Zurechnung der Outputmengenänderungen zu dem (den) als variabel betrachteten Produktionsfaktor(en) und die Annahme, alle weiteren Faktoren konstant halten zu können, ist bereits für den landwirtschaftlichen Bereich problematisch. Wird z. B. der Saatgut- und/oder der Düngemitteleinsatz intensiviert, so ist davon auch die Qualität des Ackerbodens betroffen. Die Konstanz der übrigen Faktoren bei Variation des betrachteten Faktors kann somit nicht sichergestellt werden. Für den industriellen Bereich ist diese Prämisse noch problematischer, zumal besondere Beziehungen zwischen den Einsatzfaktoren bestehen, wie im folgenden Punkt deutlich wird.

-     Während bei ertragsgesetzlichen Funktionsverläufen die Substituierbarkeit der Produktionsfaktoren vorausgesetzt wird, sind in der industriellen Produktion zumeist limitationale Faktorbeziehungen vorzufinden. Sollen z. B. Stühle hergestellt werden, so müssen die Mengen der Einsatzstoffe Holz, Leim und Schrauben gleichmäßig gesteigert werden, um die Outputmenge erhöhen zu können. Eine alleinige Erhöhung der Leimmenge führt hingegen zu keiner Vergrößerung der Produktionsmenge. Auf der anderen Seite lassen sich z. B. unterschiedliche Mengen von Betriebsstoffen und Arbeitszeiten auf Maschinenarbeitsplätzen in Verbindung mit den in einem festen Einsatzmengenverhältnis stehenden Roh- und Hilfsstoffen zu den geforderten Produktionsmengen kombinieren, so dass hier sowohl substitutionale als auch limitationale Faktoreinsatzbeziehungen vorliegen.[1]

Ausgehend von diesen Kritikpunkten und der Tatsache, dass ertragsgesetzliche Zusammenhänge außer bei chemischen und biologischen Vorgängen in der Industrie kaum beobachtet werden können, entwickelte ERICH GUTENBERG 1951 die Produktionsfunktion vom Typ B für den betrieblichen Bereich, um auch den technischen Bedingungen der industriellen Produktion Rechnung tragen zu können.

Zu diesem Zweck wird der Betrieb in einzelne Aggregate (Potentialfaktoren, Maschinen) eingeteilt, für die jeweils individuelle Produktionsfunktionen aufzustellen sind. Für die einzelnen Aggregate werden die bestehenden technischen Bedingungen als kurzfristig unveränderlich angenommen. Sie werden bei GUTENBERG als Z-Situation bezeichnet. Dieser Z-Vektor $(z_1, z_2, ..., z_r)$ umfasst z. B. für einen Verbrennungsmotor den Hubraum (z_1), die Leistung (z_2), die Zahl der Ventile (z_3), die Hubhöhe (z_4) etc. Langfristig lässt sich die Z-Situation natürlich durch den Austausch der Maschine oder von Maschinenteilen verändern. In Reaktion auf den oben genannten ersten Kritikpunkt werden allerdings keine direkten, sondern nur mittelbare Zusammenhänge zwischen Input und Output hergestellt. Hierfür führte GUTENBERG den Begriff der Verbrauchsfunktion ein.

---

[1]   Vgl. die Abschnitte 2.3. und 3.

4.2 Verbrauchsfunktion

Eine Verbrauchsfunktion drückt die Abhängigkeiten zwischen dem Faktorverbrauch und der Leistung eines Aggregates aus. Die Gesamtverbrauchsmenge r_{ij} des Faktors i bei Aggregat j ist damit eine Funktion in Abhängigkeit von der Leistung d_j (Ausbringungsmenge pro Zeiteinheit), der Betriebszeit t_j und der (konstanten) Z-Situation:

$$r_{ij} = r_{ij} \ (z_1, ..., z_r, d_j, t_j)$$

mit i: Index für die Faktorart

j: Index des betrachteten Aggregates

r_{ij}: Gesamtverbrauchsmenge des Faktors i auf Aggregat j

d_j: Leistungsgrad des Aggregates j

t_j: Betriebszeit des Aggregates j

Diese Funktion gilt nur für einen bestimmten Einsatzfaktor i und nur für das Aggregat j.

Bei der Darstellung der Verbrauchsfunktion für jeden benötigten Faktor eines Aggregates ist es sinnvoll, nicht den Verbrauch in seiner absoluten Höhe zu messen, sondern den Faktoreinsatz auf eine "gute" Outputeinheit zu beziehen. "Gute" Stücke entsprechen den definierten Qualitätsanforderungen, d.h. ihre eventuellen Qualitätsabweichungen liegen innerhalb eines festgelegten Zulässigkeitsbereichs. Dies bedeutet implizit, dass z. B. auch die Erzeugung von Ausschuss die Verbrauchsmenge eines Einsatzfaktors erhöht.

Für den Verbrauch der Faktorart i auf dem Aggregat j gilt:

$$v_{ij} = \frac{r_{ij}}{x},$$

so dass die Dimension lautet: Eingesetzte Mengeneinheiten des Faktors i im Verhältnis zu den Outputmengeneinheiten: $[ME_i/ME_O]$ (also z. B. [Kilogramm/Tonne] oder [Liter/Stück]).

Eine beispielhafte Verbrauchsfunktion für den auf dem Aggregat j eingesetzten Faktor i zeigt Abbildung II-25.

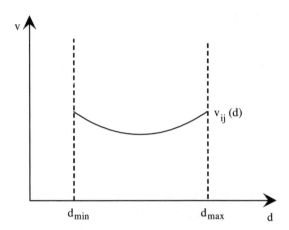

Abbildung II-25: Verbrauchsfunktion bei kontinuierlicher Leistungsvariation

In diesem Fall wird angenommen, dass sich die Leistung *stufenlos* zwischen einer mini-malen Leistung (d_{min}) als Untergrenze und einer maximalen Leistung (d_{max}) als Ober-grenze variieren lässt. Diese Grenzen sind technisch gegeben.

Andererseits sind Fälle denkbar, in denen nur eine stufenweise Schaltung möglich ist, wie Abbildung II-26 verdeutlicht.

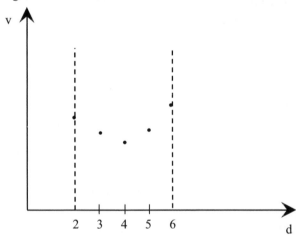

Abbildung II-26: Verbrauchsfunktion bei stufenweiser Leistungsvariation

In diesem Beispiel lässt sich das Aggregat nur mit den Leistungsschaltungen 2, 3, 4, 5 und 6 (z. B. Stück pro Stunde) fahren.

Es können die folgenden charakteristischen Verbrauchsfunktionsverläufe für verschie-dene Faktoreinsätze dargestellt werden:

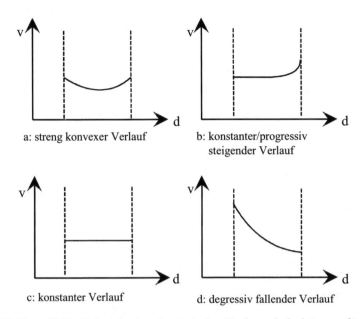

a: streng konvexer Verlauf   b: konstanter/progressiv
                                       steigender Verlauf

c: konstanter Verlauf   d: degressiv fallender Verlauf

Abbildung II-27: Beispiele charakteristischer Verbrauchsfunktionsverläufe

Den in Abbildung II-27 dargestellten charakteristischen Verbrauchsfunktionsverläufen lassen sich z. B. die folgenden Einsatzfaktoren zuordnen:

Für *Betriebsstoffe* (Schmiermittel, Energie) wird häufig ein zuerst fallender und dann steigender Verlauf angenommen (Abbildung II-27a).

Der Verbrauch der in das Produkt eingehenden *Werkstoffe* (Roh- und Hilfsstoffe, Teile und Komponenten) wird häufig bis zu einer bestimmten Leistung als konstant angenommen. Danach steigt der Verbrauch wegen eines größeren Ausschusses leicht an (Abbildung II-27b).

Bei der Gewährung *leistungs-* bzw. *ausbringungsmengenabhängiger Löhne* (Stückakkord) verläuft die Verbrauchsfunktion parallel zur Abszisse. Der Verbrauch pro Stück kann in Geldeinheiten pro Mengeneinheit gemessen werden (Abbildung II-27c).

Dagegen kann z. B. der *Zeitlohn* in Form einer Verbrauchsfunktion mit degressiv fallendem Verlauf dargestellt werden. Hohe Ausbringungsmengen je Zeiteinheit (ZE) führen zu einer Zurechnung von geringen Lohnkosten auf die einzelne Outputeinheit[2] (Abbildung II-27d).

Ist nur ein einzelner Einsatzfaktor relevant, so determiniert das Minimum der Verbrauchsfunktion die stückkostenminimale Produktionsgeschwindigkeit $d_{j,opt}$.

Werden mehrere Einsatzfaktoren zur Produktion eines Gutes an einem Aggregat kombiniert und lassen sich für diese Faktoren Verbrauchsfunktionen ermitteln, so sind diese zur Bestimmung des optimalen Leistungsgrads zu aggregieren. Das ist jedoch i. d. R. aufgrund der unterschiedlichen Dimensionen der Faktorverbräuche nicht ohne weiteres möglich. In diesem Fall sind die Faktorverbräuche mit den Faktorpreisen zu bewerten, wodurch der Übergang von der Produktions- zur Kostentheorie erfolgt.

4.3   Herleitung der Kostenfunktion

4.3.1   Bewertete Verbrauchsfunktionen

Zur Ermöglichung einer Aggregation der einzelnen Verbrauchsfunktionen werden die Verbräuche v_i mit ihren hier als konstant angenommenen Faktorpreisen q_i bewertet, um die gleiche Dimension (Geldeinheiten (GE) pro Ausbringungseinheit (ME_O)) zu erhalten. Durch diese Bewertung der Verbrauchsfunktionen ergeben sich von der Leistung abhängige, faktorbezogene variable Stückkosten für das betrachtete Aggregat.[3]

Die variablen Stückkosten $k_{vi}(d)$ des Faktors i ergeben sich in Abhängigkeit vom Leistungsgrad des betrachteten Aggregates:

$$k_{vi}(d) = v_i(d) \cdot q_i.$$

Die zugehörigen Dimensionen lauten: $[GE/ME_O] = [ME_i/ME_O] \cdot [GE/ME_i]$

---

[2]   Bei der Abbildung des Zeitlohns in einer Verbrauchsfunktion muss davon ausgegangen werden, dass die Arbeitskraft in dem Fall, dass sie nicht die volle Arbeitszeit an dem betrachteten Aggregat beschäftigt wird, für die verbleibende Zeit in anderen Bereichen eingesetzt werden kann. Diesen Bereichen wären dann auch die entsprechenden Lohnkosten zuzurechnen. Ist ein solcher Zusammenhang nicht gegeben, so stellt der Zeitlohn eine typische Fixkostenkomponente bei kurzfristigen Betrachtungen dar.

[3]   In den Abschnitten 4.3 und 4.4 wird lediglich *ein* Aggregat betrachtet, so dass auf den Index j zur Differenzierung unterschiedlicher Aggregatstypen verzichtet wird.

Abbildung II-28 zeigt beispielhaft den Verlauf der Funktionen $v_i(d)$ und $k_{vi}(d)$ für konstante Faktorpreise größer als 1 [GE/ME$_i$]:

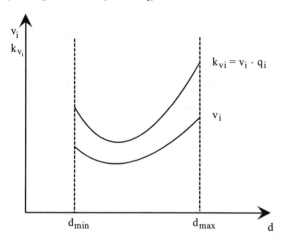

Abbildung II-28: Bewertete Verbrauchsfunktion

Zur Ermittlung der variablen Stückkosten k_v in Abhängigkeit von der Aggregatsleistung d können nun die bewerteten Verbrauchsfunktionen aggregiert werden. Dies wird graphisch in Abbildung II-29 verdeutlicht.

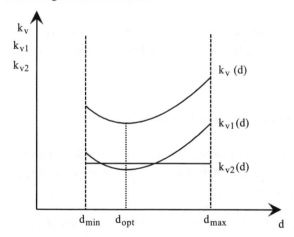

Abbildung II-29: Aggregation bewerteter Verbrauchsfunktionen

Die Funktion der variablen Stückkosten des Aggregates entspricht der Summe der Funktionen der variablen Stückkosten der (n) einbezogenen Faktoren:

$$k_v(d) = \sum_{i=1}^{n} k_{vi}(d)$$

Die in Abbildung II-29 dargestellte Funktion zeigt die Abhängigkeit der variablen Stückkosten von der Produktionsgeschwindigkeit. Mit Hilfe dieser Funktion kann der optimale Leistungsgrad (d_{opt}) bestimmt werden. Er liegt dort, wo die Funktion der variablen Stückkosten ihr globales Minimum im Zulässigkeitsbereich $d_{min} \leq d \leq d_{max}$ aufweist.

Algebraisch lässt sich die optimale Produktionsgeschwindigkeit durch Differenzieren und Nullsetzen der variablen Stückkostenfunktion ermitteln:

$$k_v(d) \Rightarrow \text{Min!}$$

Notwendige Bedingung:

$$\frac{dk_v(d)}{dd} = 0$$

Die hinreichende Bedingung für ein Minimum

$$\frac{d^2\,k_v(d)}{dd^2} > 0$$

kann bei Vorliegen konvexer Funktionen immer als erfüllt betrachtet werden.

Liegt der ermittelte Wert für d_{opt} nicht im Zulässigkeitsbereich ($d_{min} \leq d \leq d_{max}$), so führt der am nächsten zu d_{opt} liegende zulässige Leistungsgrad zu minimalen variablen Stückkosten.

4.3.2 Herleitung der variablen Gesamtkostenfunktion

Zur Ermittlung der variablen Gesamtkostenfunktion K_v in Abhängigkeit von der Ausbringungsmenge x sind zunächst die variablen Stückkosten in Abhängigkeit von der Outputmenge auszudrücken.

Zwischen der Leistung d und der Ausbringungsmenge x besteht die folgende Beziehung:

$$x = d \cdot t \quad \text{bzw.} \quad d = \frac{x}{t}$$

Die Abbildung II-30 zeigt die Outputmenge x bei unterschiedlichen Leistungsgraden in Abhängigkeit von der Einsatzzeit t des Aggregates (Betriebszeit).

Die maximale Ausbringungsmenge x_4 wird hier erreicht, wenn das Aggregat mit der höchstmöglichen Leistung d_4 über die gesamte Betriebszeit (t_{max}) produziert. Soll z. B. die Menge x_2 erstellt werden, so kann dies alternativ mit der Produktionsgeschwindigkeit d_2 unter Ausnutzung der gesamten Betriebszeit, mit d_3 und einer Betriebszeit von t_2 oder mit d_4 und einer Einsatzdauer des Aggregats von t_1 erfolgen.

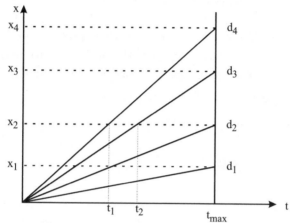

Abbildung II-30: Ausbringungsmengen bei unterschiedlichen Leistungsgraden

Wird der Zusammenhang zwischen Betriebszeit und Leistungsgrad graphisch dargestellt, so ergeben sich für unterschiedliche Ausbringungsmengen konvexe Verläufe (Abbildung II-31). Dabei wird hier (wie auch für die Leistung) eine Ober- (t_{max}) und Untergrenze (t_{min}) für die zur Verfügung stehende Zeit angenommen. Die Ausbringung x_A lässt sich durch verschiedene Kombinationen von Zeit und Leistung produzieren (z. B. d_1 und t_1 in Abbildung II-31).

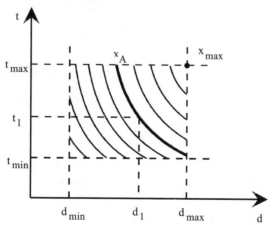

Abbildung II-31: Isoquanten für Zeit-/Leistungskombinationen

Zur Herleitung der variablen Kostenfunktion K_v in Abhängigkeit von der Ausbringungsmenge x soll zunächst eine graphische Vorgehensweise dargestellt werden (siehe Abbildung II-32).

Für die Ausbringungsmenge x = 1 entsprechen sich die variablen Stückkosten $k_v(x)$ und die variablen Gesamtkosten $K_v(x)$. Damit können für x = 1 die Ordinatenwerte der Funktion $k_v(d)$ zur Konstruktion von $K_v(x)$ übernommen werden. Es lässt sich für jeden Leistungsgrad ein Strahl mit dem relevanten Steigungsparameter d_L (z. B. d_{opt}) einzeichnen. Die Endpunkte der Strahlen ergeben sich als Produkt der maximal verfügbaren Betriebszeit t_{max} und des jeweiligen Leistungsgrades d (Abszissenwert) sowie den zugehörigen variablen Kosten (Ordinatenwert):

Abszissenwert: $x_{max}(d_L) = d_L \cdot t_{max}$ Ordinatenwert: $K_v(x_{max}(d_L)) = x_{max}(d_L) \cdot k_v(d_L)$

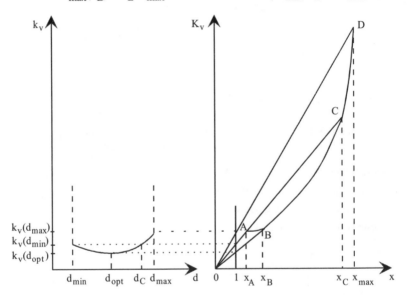

Abbildung II-32: Graphische Herleitung der variablen Gesamtkostenfunktion

Bei der Wahl der minimalen Leistung d_{min} kann unter Ausnutzung der maximalen Betriebszeit t_{max} genau die Menge x_A (= $x_{max}(d_{min})$) produziert werden. Jede Mengeneinheit würde hierbei variable Stückkosten in Höhe von $k_v(d_{min})$ verursachen. Zu diesem variablen Stückkostensatz ließe sich auch bei einer Leistung von d_C fertigen, wobei maximal x_C Mengeneinheiten (Ausnutzung von t_{max}) produzierbar wären.[4]

---

[4]   Die Kurve ABCD verbindet die Endpunkte aller Strahlen, die den möglichen Leistungsgraden d_L zugeordnet sind und eine Ausnutzung der maximalen Betriebszeit repräsentieren.

Die Menge x_A ließe sich bei einem Leistungsgrad von d_{opt} offensichtlich zu niedrigeren variablen Gesamtkosten herstellen als bei jeder anderen Produktionsgeschwindigkeit, da jede Mengeneinheit geringere variable Stückkosten verursacht. Da eine Fertigung mit der Leistung d_{opt} zu minimalen variablen Stückkosten führt, ist nach Möglichkeit für jede geforderte Produktionsmenge dieser Leistungsgrad zu wählen. Dies zeigt sich auch in Abbildung II-32, in der der Ursprungsstrahl für d_{opt} die niedrigste Steigung aufweist und damit die geringsten variablen Gesamtkosten für alternative Fertigungsmengen repräsentiert. Allerdings ist mit d_{opt} nur eine maximale Ausbringungsmenge in Höhe von $x_{max}(d_{opt}) = d_{opt} \cdot t_{max}$ (in Abbildung II-32 ist dies die Menge x_B) möglich. Alle Outputmengen bis einschließlich x_B lassen sich also mit dem optimalen Leistungsgrad produzieren. Somit liegt für diesen Bereich ($0 \le x \le x_B$) bereits die *Niedrigstkostenkurve* vor.

Produktionsmengenvorgaben, die die Menge x_B überschreiten, können nur realisiert werden, wenn zumindest während eines Teils der Gesamtbetriebszeit eine höhere Leistung eingestellt wird.

In diesem Fall wäre es denkbar, einen Teil der Betriebszeit mit dem optimalen Leistungsgrad d_{opt} und die restliche Zeit mit einer höheren Leistung (wie z. B. d_C) zu fertigen. Alternativ könnte mit einer Leistung d_L, die höher als die optimale, aber niedriger als d_C ist ($d_{opt} < d_L < d_C$), über die gesamte Betriebszeit produziert werden, um die geforderte Menge zu fertigen.

Weiterhin besteht die Möglichkeit, die geforderte Menge mit einer hohen Leistung $d_2 > d_C$ zu fertigen und die maximale Betriebszeit nicht auszuschöpfen. Diese letzte Variante ist jedoch offensichtlich nicht wirtschaftlich, da die variablen Stückkosten als nur von der Leistung des Aggregats und nicht von seiner Betriebsdauer abhängig angenommen wurden. Hinter dieser Annahme verbirgt sich die Prämisse, dass während der Stillstandszeiten des Aggregats keine Kosteneinsparungen, z. B. in Form eines Abbaus von Gemeinkosten, realisiert werden können. Damit kann festgestellt werden, dass unter den gegebenen Annahmen vor einer Leistungsgraderhöhung zunächst immer die maximale Betriebszeit auszuschöpfen ist.

Für den Fall einer streng konvexen variablen Stückkostenfunktion ist auch die Produktion mit wechselnden Leistungsgraden nicht sinnvoll. Aufgrund des progressiv steigenden Stückkostenfunktionsverlaufs für zunehmende Leistungsgrade - ausgehend von der optimalen Produktionsgeschwindigkeit - verursacht die Kombination minimaler variabler Stückkosten für einen Teil der Produktionsmenge und hoher variabler Stückkosten für die Restmenge in ihrer Gesamtheit immer höhere Kosten als eine möglichst geringfügige Steigerung der Leistung gegenüber dem Optimum während der gesamten Betriebszeit.

Somit ergibt sich die Niedrigstkostenkurve für den Bereich von Mengen, die mit einem höheren Leistungsgrad $d > d_{opt}$ gefertigt werden müssen ($x > d_{opt} \cdot t_{max}$), durch Verbindung der Endpunkte der Fahrstrahlen aus dem Ursprung für die Leistungsgrade $d_{opt} < d \leq d_{max}$ bei Ausschöpfung von t_{max} (siehe die Kurve von Punkt B bis D in Abbildung II-32).

Für die Fertigungsmengen im Bereich $0 \leq x \leq x_{max}$ (d_{opt}) (x_B in Abbildung II-32) führt eine *zeitliche Anpassung* zu minimalen Kosten, d.h. der Leistungsgrad d_{opt} ist für alle Outputmengen konstant. Die Betriebsdauer des Aggregats ist Steuerungsparameter für die Ausbringungsmenge:

$$x = d_{opt} \cdot t \qquad\qquad \text{mit } t_{min} \leq t \leq t_{max}$$

Die variablen Stückkosten k_v in Abhängigkeit von der Ausbringungsmenge x betragen in diesem Bereich:

$$k_v(x) = k_v(d_{opt}) = k_{v,min} \qquad \text{für } 0 \leq x \leq d_{opt} \cdot t_{max}$$

Die variable Gesamtkostenfunktion K_v in Abhängigkeit von x lautet damit:

$$K_v(x) = k_{v,min} \cdot x \qquad \text{für } 0 \leq x \leq d_{opt} \cdot t_{max}$$

Fertigungsmengen im Bereich $x_{max}(d_{opt}) < x \leq x_{max}(d_{max})$ werden durch *intensitätsmäßige Anpassung* realisiert, d.h. die maximale Betriebsdauer t_{max} wird ausgeschöpft. Der Leistungsgrad des Aggregats ist Steuerungsparameter für die Outputmenge:

$$x = d \cdot t_{max} \qquad\qquad \text{mit } d_{opt} < d \leq d_{max}$$

Die variablen Stückkosten k_v in Abhängigkeit von x ergeben sich aus:

$$k_v(x) = k_v(d) \qquad\qquad \text{für } d_{opt} \cdot t_{max} < x \leq d_{max} \cdot t_{max} \, ,$$

$$\text{mit } d = \frac{x}{t_{max}}$$

Die variable Gesamtkostenfunktion lautet:

$$K_v(x) = k_v(x) \cdot x \qquad\qquad \text{für } x_{max}(d_{opt}) < x \leq x_{max}(d_{max})$$

4.3.3 Gesamtkosten-, Stückkosten- und Grenzkostenfunktionen

Bei der Bereitstellung und dem Einsatz von Aggregaten entstehen auch fixe Kosten K_f. Für Entscheidungen mit längerfristigem Charakter (z. B. Investitionsentscheidungen) sind auch nicht mit der Ausbringungsmenge variierende Kosten des Aggregats zu berücksichtigen (z. B. Anschaffungskosten). Bei kurzfristigen Entscheidungen, z. B. bei der Auswahl eines von mehreren alternativen Aggregaten zur Herstellung einer gegebenen Gütermenge, sind nur die beim tatsächlichen Einsatz des Aggregats anfallenden fixen Kosten (z. B. Inbetriebnahmekosten) entscheidungsrelevant.

Es ergibt sich ein Gesamtkostenverlauf unter Berücksichtigung zeitlicher und intensitätsmäßiger Anpassungsbereiche, wie er im oberen Teil der Abbildung II-33 beispielhaft skizziert wird. Die Gesamtkostenfunktion lautet:

$$K(x) = K_f + k_{v,min} \cdot x \qquad \text{für } 0 \leq x \leq x_{max}(d_{opt})$$

$$K(x) = K_f + k_v(x) \cdot x \qquad \text{für } x_{max}(d_{opt}) < x \leq x_{max}(d_{max})$$

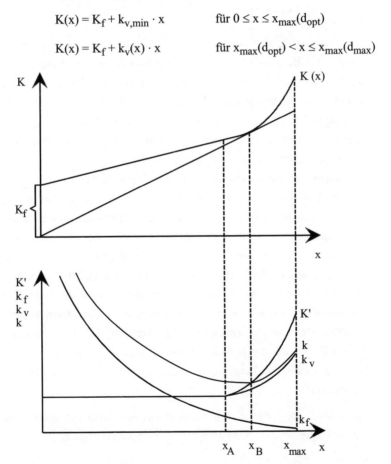

Abbildung II-33: Gesamt-, Stück- und Grenzkostenfunktionen vom Typ B

Ausgehend von der im oberen Teil der Abbildung II-33 dargestellten Gesamtkostenfunktion lassen sich die Funktionen der variablen und totalen Kosten pro Stück sowie
der Stückkosten aus Fixkosten (Durchschnittskostenfunktionen) und die Grenzkostenfunktion herleiten (siehe Abbildung II-33 unten).

-   Die *variablen Stückkosten* $k_v(x)$ sind im Bereich zeitlicher Anpassung (bis x_A)
    konstant, da sie für diesen Bereich den minimalen variablen Stückkosten $k_{v,min}$
    (Fertigung mit d_{opt}) entsprechen. Bei intensitätsmäßiger Anpassung steigen sie
    progressiv an. Der Kurvenverlauf kann durch Messung der Winkel der aus dem
    Ursprung kommenden Fahrstrahle an die variable Gesamtkostenfunktion $K_v(x)$
    konstruiert werden. Algebraisch lässt sich $k_v(x)$ mittels der Division von $K_v(x)$
    durch die Outputmenge x bestimmen:

$$k_v = \frac{K_v(x)}{x}$$

-   Die *Grenzkosten*, also die Kosten, die - ausgehend von einer gegebenen Output-
    menge - bei Herstellung einer zusätzlichen (infinitesimal kleinen) Mengeneinheit
    anfallen, sind für den Bereich zeitlicher Anpassung identisch mit den variablen
    Stückkosten. In diesem Bereich betragen die Kosten jeder zusätzlichen Einheit
    genauso viel wie die minimalen variablen Kosten je Stück. Bei intensitätsmäßiger
    Anpassung verursacht jede zusätzliche Ausbringungseinheit höhere Kosten als die
    vorherige Einheit, d.h. die Grenzkostenfunktion steigt an. Durch die bei einer Pro-
    duktionsmengenausweitung erforderliche Erhöhung des Leistungsgrades steigen
    die variablen Stückkosten für *alle* zu produzierenden Einheiten an, nicht nur für
    die zusätzlich aufgenommene. Diese gesamte durch die zusätzlich zu produzie-
    rende Einheit verursachte Kostenerhöhung wird in den Grenzkosten erfasst. Die
    Steigung der Grenzkostenfunktion ist daher größer als die der Funktion der varia-
    blen Stückkosten, d.h. $K'(x)$ verläuft oberhalb von $k_v(x)$. Bei einem streng konve-
    xen Verlauf der Kurve der variablen Stückkosten nimmt die Steigung der Grenz-
    kostenfunktion zu, d.h. $K'(x)$ verläuft progressiv. Die Grenzkosten einer be-
    stimmten Outputmenge entsprechen der Steigung der Gesamtkostenfunktion in
    diesem Punkt, die durch Anlegen einer Tangente gemessen werden kann. Der
    Steigungswinkel der Tangente ist in diesem Bereich immer größer als der Fahr-
    strahlwinkel.

Algebraisch entspricht die Grenzkostenfunktion $K'(x)$ der ersten Ableitung der
Gesamtkostenfunktion $K(x)$ nach der Ausbringungsmenge x:

$$K' = \frac{dK(x)}{dx}$$

- Die *fixen Kosten pro Stück* $k_f(x)$ verlaufen sowohl im zeitlichen als auch im intensitätsmäßigen Anpassungsbereich degressiv fallend. Wird eine Parallele zur Abszisse in Höhe der fixen Kosten K_f in das Funktionsdiagramm eingezeichnet, so kann der Verlauf von $k_f(x)$ anhand der Steigungswinkel der aus dem Ursprung kommenden Fahrstrahlen an diese Gerade nachvollzogen werden. Algebraisch lässt sich $k_f(x)$ mittels der Division von K_f durch die Menge x bestimmen:

$$k_f(x) = \frac{K_f}{x}$$

Damit nähert sich die Funktion der fixen Kosten pro Stück mit steigendem Output der x-Achse an und erreicht bei $x_{max}(d_{max})$ ihr Minimum im Zulässigkeitsbereich.

- Die *totalen Stückkosten* $k(x)$ ergeben sich aus der Addition von $k_v(x)$ und $k_f(x)$ bzw. aus der Division der Gesamtkosten $K(x)$ durch die Menge x:

$$k(x) = k_v(x) + k_f(x) \qquad \text{bzw.} \qquad k(x) = \frac{K(x)}{x}$$

Dementsprechend kann die graphische Konstruktion des Funktionsverlaufs von $k(x)$ entweder durch vertikale Addition der Funktionen der variablen und fixen Kosten pro Stück oder durch Messung der Fahrstrahlwinkel an die Gesamtkostenfunktion erfolgen. Mit Hilfe der Fahrstrahlmethode lässt sich auf einfache Weise das Minimum von $k(x)$ bestimmen, das bei der Outputmenge x_B liegt, bei der der Fahrstrahl zur Tangente wird, also seine niedrigste Steigung aufweist. Da die Tangentensteigung gleichzeitig die Steigung der Gesamtkostenfunktion und damit die Grenzkosten an dieser Stelle angibt, entsprechen sich in diesem Punkt Grenzkosten und totale Stückkosten. Letztere können nur so lange fallen, wie die Kosten einer zusätzlichen Einheit die durchschnittlichen Kosten weiter verringern. Da bei der betrachteten Menge das Minimum der Stückkosten erreicht wird und diese aufgrund der angenommenen strengen Konvexität anschließend steigen, müssen die Grenzkosten nach diesem Punkt größer und vorher kleiner sein als die Stückkosten. Dies bedeutet, dass die Grenzkostenfunktion die totale Stückkostenfunktion in ihrem Minimum von unten schneidet.

Bei der Berücksichtigung von fixen Kosten ist zu beachten, dass der Kostenverlauf im Bereich der zeitlichen Anpassung auf der Annahme basiert, dass durch die Verkürzung der Betriebszeit keine dem betrachteten Aggregat zugeordneten fixen Kostenbestandteile abgebaut werden.

Einen Sonderfall stellt die Situation dar, dass die Betriebszeit auf jeden Fall auszuschöpfen, d.h. $t = t_{max}$, oder in einer bestimmten Höhe $t < t_{max}$ vorgegeben ist (vgl.

hierzu auch die Diskussion der Isobetriebszeitkurve im nächsten Abschnitt). Die Ausbringungsmenge x kann dann nur über den Leistungsgrad d variiert werden:

$$x = d \cdot t \qquad\qquad \text{mit } d_{min} \leq d \leq d_{max}$$

Diese rein-intensitätsmäßige Anpassungsform ist in Abbildung II-34 skizziert:

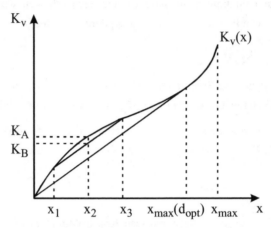

Abbildung II-34: Intensitätssplitting[5]

Der Fahrstrahl mit der geringsten Steigung verdeutlicht den Kostenverlauf unter Ausnutzung der optimalen Leistung. Die damit verbundenen minimalen variablen Stückkosten $k_{v,min}$ gelten im vorliegenden Fall jedoch nur für die Ausbringungsmenge
x_{max} (d_{opt}). Jede andere Menge wird zu höheren variablen Stückkosten gefertigt.

Soll nun z. B. die Menge x_2 gefertigt werden und erfolgt dies mit einer festen Leistung
d_2 bei Ausschöpfung von t_{max}, so ergeben sich variable Kosten in Höhe von
$K_A = K(d_2, t_{max})$. Werden alternativ zwei Leistungsschaltungen linear kombiniert, z. B.
d_1 und d_3, die jeweils die Hälfte der Gesamtbetriebszeit genutzt werden sollen, ergeben
sich durch die Fertigung der gleichen Menge $x_2 = 0,5 (x_1 + x_3)$ geringere Kosten $K_B =$
$K(d_1, t_{max}/2) + K(d_3, t_{max}/2)$, wie Abbildung II-34 verdeutlicht. Somit existiert für jede
Fertigungsmenge im konkaven Bereich der variablen Gesamtkostenfunktion (also für
$0 < x < x_{max}(d_{opt})$) genau eine Linearkombination aus zwei Leistungsgraden (*Intensitätssplitting*), die die Kosten minimiert.[6] Ist - wie im in Abbildung II-34 dargestellten
Fall - die Leistung $d_{min} = 0$, so entspricht die kostenminimale "Linearkombination" von
$x(d_{min}) = 0$ und $x_{max}(d_{opt})$ der zeitlichen Anpassung. Für Outputmengen, die die Menge
$d_{opt} \cdot t_{max}$ überschreiten, ist immer genau ein Leistungsgrad optimal.

---

5   Vgl. Adam (1998), S. 366.

6   Zu detaillierteren Ausführungen zum Intensitätssplitting vgl. Bogaschewsky/Roland (1996).

4.4 Beispiel zur Ermittlung der Kostenfunktionen

Ein Fotolabor, das Aufträge umliegender Annahmestellen bearbeitet, besitzt eine Kostenstelle "Kurierdienst", in der ein Fahrer und ein PKW zur Verfügung stehen. Um die Kostenfunktion in Abhängigkeit von den gefahrenen Tageskilometern zu bestimmen, wurde die Kostenstruktur eingehend untersucht. Hierbei wurden vereinfachend alle Kosten außer denen des

  a) Kraftstoffverbrauchs
  b) des Zeitlohns für den Fahrer
  c) des leistungsabhängigen Lohns für den Fahrer

einem Block "abteilungsfixe Kosten pro Tag" zugerechnet. In dieser Summe (sie beläuft sich auf 50 €/Arbeitstag) sind die Kosten für Abschreibungen, Reparaturen, Steuern, Versicherungen, Betriebsstoffe, das gebundene Kapital etc. enthalten. Bei einer Analyse der näher zu betrachtenden Faktorverbräuche kam man zu folgenden Ergebnissen:

a) Kraftstoffverbrauch

Es wurde festgestellt, dass der PKW bei Geschwindigkeiten von

30 km/h	12 l/100 km
90 km/h	7 l/100 km
150 km/h	12 l/100 km

Kraftstoff verbraucht. Das Minimum des Verbrauches pro 100 km wird bei einer Geschwindigkeit von 90 km/h erreicht. Auf der Basis dieser Daten wurde eine Funktion erstellt, die die Charakteristika der tatsächlichen Verbrauchsfunktion widerspiegelt.

$$v_1 (d) = (1/72.000) \, d^2 - (1/400) \, d + 0,1825 \qquad [\text{l (Kraftstoff)/km}]$$

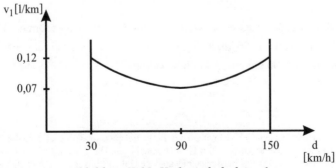

Abbildung II-35: Verbrauchsfunktion 1

Zur Aufstellung der Kostenfunktion wird unrealistischerweise angenommen, dass der Fahrer in der Lage ist, eine festgelegte Geschwindigkeit über die gesamte Tagesstrecke beizubehalten[7]. Für eine derartige Betrachtung sollen nur Geschwindigkeiten zwischen 30 km/h und 150 km/h in Betracht kommen. Der zukünftige Kraftstoffpreis wird mit 1,50 €/l kalkuliert.

b) Zeitlohn für den Fahrer

Der Kostenstelle "Kurierdienst" sollen 6,25 € pro Stunde an Zeitlohn (inkl. Lohnneben-kosten) für den Fahrer zugerechnet werden. Weiterer leistungsunabhängiger Lohn sei Bestandteil der unternehmensfixen Kosten. Arbeitet der Fahrer nicht im Kurierdienst, so kann er in anderen Kostenstellen eingesetzt werden, die für diese Zeit auch den anteili-gen Lohn "übernehmen". Für diesen Fall kann die folgende Verbrauchsfunktion verwen-det werden:

$v_2 (d) = 1/d$ [Arbeitsstunde/km]

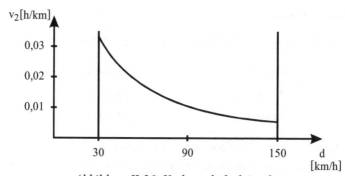

Abbildung II-36: Verbrauchsfunktion 2

Folgende Betrachtung soll deutlich machen, dass bei dieser Verbrauchsfunktion die Entlohnung tatsächlich nur von der Zeit abhängt.

Werden in der gesamten Tagesarbeitszeit (hier mit 8 Stunden angenommen) 720 km mit einer Geschwindigkeit von 90 km/h zurückgelegt, so erhält der Fahrer genauso 50 € wie für den Fall, dass er 400 km mit 50 km/h bewältigt.

---

[7]   Diese Annahme bezieht sich nicht allein auf dieses Beispiel, sondern stellt eine der Prämissen dar, die der Produktionsfunktion vom Typ B zu Grunde liegen. Die Zeit wird lediglich statisch berück-sichtigt, eine Änderung des Leistungsgrades im Zeitablauf (z. B. bei der Anlaufphase) ist im Ge-gensatz zu der in Kapitel 4.8 angesprochenen Produktionsfunktion vom Typ C nicht vorgesehen (vgl. dazu die Kritikpunkte in Abschnitt 4.7).

$(1/90)$ [h/km] $\cdot$ 6,25 [€/h] $\cdot$ 720 [km/Tag] $=$ 50 [€/Tag]

$(1/50)$ [h/km] $\cdot$ 6,25 [€/h] $\cdot$ 400 [km/Tag] $=$ 50 [€/Tag]

$(400$ [km/Tag] $=$ 50 [km/h] $\cdot$ 8 [h/Tag])

Wird der PKW allerdings nur den halben Arbeitstag eingesetzt (er legt beispielsweise mit einer Geschwindigkeit von 150 km/h in 4 Stunden 600 km zurück), so wird der Kostenstelle nur ein Betrag von

$(1/150)$ [h/km] $\cdot$ 6,25 [€/h] $\cdot$ 600 [km/Tag] $=$ 25 [€/Tag]

$(600$ [km/Tag] $=$ 150 [km/h] $\cdot$ 4 [h/Tag])

zugerechnet.

c) Leistungslohn

Für den Fahrer fallen zusätzlich als Kosten 0,10 €/km (wiederum inkl. Lohnnebenkosten) an. Unabhängig vom Faktorpreis (0,10 €/km) lässt sich die zugehörige Verbrauchsfunktion als Konstante darstellen:

$v_3 = 1$ [km/km]

Sie besagt, dass pro gefahrenem Kilometer genau 1 km abgerechnet wird. Der größere Verdienst ergibt sich erst durch die Multiplikation mit den gefahrenen Tageskilometern.

240 km am Tag gefahren: 240 [km/Tag] $\cdot$ 0,10 [€/km] = 24 [€/Tag]

1.200 km am Tag gefahren: 1.200 [km/Tag] $\cdot$ 0,10 [€/km] = 120 [€/Tag]

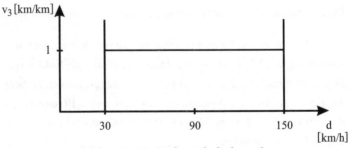

Abbildung II-37: Verbrauchsfunktion 3

Bewertung der Verbrauchsfunktionen

Um ermitteln zu können, welche Leistungsgrade (in diesem Falle also Geschwindigkeiten) bei gegebener Outputmenge (hier: zurückgelegte Tageskilometer) aus Kostenge-
sichtspunkten am günstigsten sind, hilft die Betrachtung einzelner Verbrauchsfunktionen nicht weiter. Diese sind mit den Faktorpreisen zu bewerten und hierdurch vergleichbar zu machen (Dimension der bewerteten Verbrauchsfunktionen in diesem Beispiel: [€/km]). Die "Faktorpreise" lauten in diesem Beispiel:

a) für den Kraftstoff $\quad\quad\quad q_1 = 1{,}50$ [€/l]

b) für den Zeitlohn $\quad\quad\quad q_2 = 6{,}25$ [€/h]

c) für den Leistungslohn $\quad\quad q_3 = 0{,}10$ [€/km][8]

Die Bewertung führt somit zu folgenden Ergebnissen:

$$k_{v1}(d) = v_1(d) \cdot q_1 \quad = ((1/72.000)\ d^2 - (1/400)\ d + 73/400)\ [l/km] \cdot 1{,}5\ [€/l]$$
$$= (1/48.000)\ d^2 - (3/800)\ d + 219/800\ [€/km]$$

$$k_{v2}(d) = v_2(d) \cdot q_2 = (1/d)\ [h/km] \cdot 6{,}25\ [€/h] = 6{,}25/d\ [€/km]$$

$$k_{v3}(d) = v_3(d) \cdot q_3 = 1\ [km/km] \cdot 0{,}10\ [€/km] = 0{,}10\ [€/km]$$

Diese bewerteten Verbrauchsfunktionen $k_{vi}(d)$ lassen sich nun aggregieren.

$$k_{v1}(d) + k_{v2}(d) + k_{v3}(d) = k_v(d) = (1/48.000)\ d^2 - (3/800)\ d + 299/800 + 6{,}25/d\ [€/km]$$

Diese Aggregation kann nicht nur algebraisch, sondern auch graphisch durchgeführt
werden, indem man die Ordinatenabschnitte der k_{vi} (i = 1, 2, 3) für verschiedene Leistungsgrade d addiert und so die Funktion $k_v(d)$ punktweise konstruiert (vgl. Abbildung
II-38). Mit Hilfe der Funktion $k_v(d)$ können nun die als variabel betrachteten Kosten pro
Einheit (hier €/km) für verschiedene Leistungsschaltungen berechnet werden.

In Abbildung II-39 lässt sich für drei Geschwindigkeiten ablesen, nach wie viel Stunden
welche Entfernung zurückgelegt werden kann. In Abbildung II-40 zeigen Isooutputlinien, welche Zeit-/Geschwindigkeitskombinationen bei gegebenen zu fahrenden Entfernungen möglich sind. Es wird deutlich, dass im definierten Bereich ($0 \leq t \leq 8$) und (30
km/h $\leq d \leq$ 150 km/h) für jede zu fahrende Strecke unendlich viele Zeit-/Leistungskom-
binationen zur Verfügung stehen.

---

[8]   Da es sich hier um Löhne (Dimension [€/km]) handelt, ließe sich die Bewertung auch direkt in die
        jeweilige Verbrauchsfunktion einsetzen.

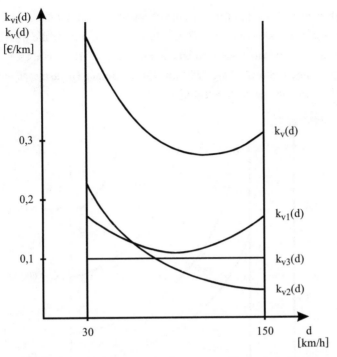

Abbildung II-38: Aggregation der bewerteten Verbrauchsfunktionen

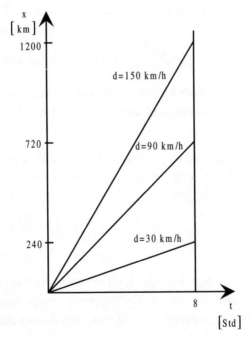

Abbildung II-39: Fahrstrecke bei unterschiedlichen Leistungsgraden

Zur Bewältigung von 300 km kann genauso 2 Stunden mit 150 km/h wie 3 Stunden mit 100 km/h oder 5 Stunden mit 60 km/h gefahren werden, nur für die Strecke von 1200 km steht lediglich eine zulässige Kombination (d = d_{max} = 150 km/h, t = t_{max} = 8 h) zur Verfügung. Längere Strecken als 1200 km sind bei einer Höchstgeschwindigkeit von 150 km/h in 8 Stunden nicht zu bewältigen.

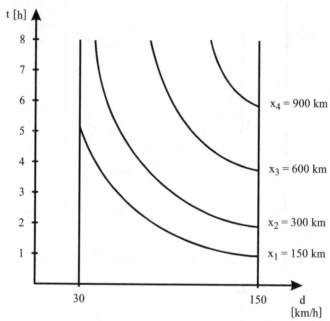

Abbildung II-40: Fahrstrecken bei verschiedenen Zeit-/Geschwindigkeitskombinationen

Die verschiedenen Möglichkeiten, durch eine Zeit/Leistungskombination einen bestimmten Output zu erzielen, führen zu unterschiedlichen Kosten, wie für x = 300 gezeigt wird:

x[km]	d[km/h]	$k_v(d)[€/km]$	$K_v[€/Tag]$	$K_f[€/Tag]$	$K[€/Tag]$
300	60	0,3279	98,37	50	148,37
300	90	0,2744	82,33	50	132,33
300	103,9	0,2692	80,76	50	130,76
300	150	0,3217	96,51	50	146,51

Diese Berechnungen (K = K_f + K_v; K_v = $k_v(d)$ · x) deuten an, dass die minimalen Kosten zur Bewältigung einer Strecke von 300 km erzielt werden, wenn mit d_{opt} = 103,9 km/h gefahren wird (zur Ermittlung der stückkostenminimalen Leistung vergleiche das Beispiel in Abschnitt 4.6).

Diese Strategie führt allerdings nur für Tagesstrecken bis 831,2 km zu minimalen Kosten, da längere Entfernungen mit d = 103,9 km/h in 8 Stunden nicht zu bewältigen sind. Es ist also sinnvoll, bis zu einem Output von 831,2 km jeweils nur die Fahrtdauer, nicht aber die Geschwindigkeit zu variieren, um die gewünschte Entfernung zurückzulegen - ein typischer Fall von zeitlicher Anpassung. Die variablen Kosten steigen hierbei proportional zu der gefahrenen Strecke. Die Niedrigstkostenkurve lautet also im Bereich der zeitlichen Anpassung:

hier:
$$K(x) = K_f + k_v(d_{opt}) \cdot x \qquad \text{für } 0 \leq x \leq d_{opt} \cdot t_{max}$$
$$K(x) = 50 + 0,2692\, x \qquad \text{für } 0 \leq x \leq 831,2$$

Sollen mehr als 831,2 km pro Tag bewältigt werden, so sind höhere Geschwindigkeiten zu wählen, bei denen jedoch auch höhere Stückkosten[9] als 0,2692 €/km anfallen. Da die Stückkosten bei zunehmenden Leistungsgraden (rechts vom Optimum) stets steigen, muss das d gewählt werden, bei dem die gewünschte Tagesstrecke in der Zeit von t_{max} = 8 Stunden gerade erreicht wird. Die Strecke ließe sich natürlich auch mit größeren Geschwindigkeiten (in entsprechend kürzerer Zeit) bewältigen, doch fielen in diesem Falle höhere variable Stückkosten $k_v(x)$ und letztendlich auch höhere Gesamtkosten K(x) an als bei der zuvor beschriebenen Strategie. Dies ist jedoch im Sinne der Kostenminimierung zu vermeiden.

Die zu Outputmengen x > 831,2 km gehörenden kostenminimalen Leistungsgrade lassen sich wiederum über die Beziehung d = x/t berechnen. Sollen z. B. 1.000 km an einem Tag zurückgelegt und - wie oben erläutert - auf die gesamte mögliche Arbeitszeit von t_{max} = 8 Stunden verteilt werden, so ergibt sich eine Geschwindigkeit von d = 1000 km/8 h = 125 km/h.

Nun müssen die Geschwindigkeiten, variablen und totalen Stückkosten für Strecken größer 831,2 Tageskilometer in dem Bereich der intensitätsmäßigen Anpassung (die Gesamtzeit bleibt konstant [hier t_{max}], der Leistungsgrad wird variiert) nicht für jede Outputmenge neu berechnet werden. Es lässt sich vielmehr die Beziehung d = x/t erneut nutzen und mit ihrer Hilfe eine Kostenfunktion K(x) ermitteln. Hierfür wird zunächst in die Gleichung

$$k_v(d) = (1/48.000)\, d^2 - (3/800)\, d + 299/800 + 6,25/d$$

anstelle von d der Quotient x/t eingesetzt, so dass mit

$$k_v(x/t) = (1/48.000)\, (x/t)^2 - (3/800)\, (x/t) + 299/800 + 6,25/(x/t)$$

---

9   In diesem Beispiel entspricht ein "Stück" einem gefahrenen Kilometer.

eine Gleichung entsteht, in der k_v von x und t statt von d abhängig ist. Da bei der nun vorzunehmenden intensitätsmäßigen Anpassung die Zeit mit $t = t_{max} = 8$ h konstant gehalten wird, entsteht durch Einsetzen die Gleichung

$$k_v(x) = (1/48.000) \, (x/8)^2 - (3/800) \, (x/8) + 299/800 + 6{,}25/(x/8)$$

die sich zu

$$k_v(x) = (1/3.072.000) \, x^2 - (3/6.400) \, x + 299/800 + 50/x$$

vereinfachen lässt. Nun wird $K_v(x) = k_v(x) \cdot x$ berechnet.

$$K_v(x) = (1/3.072.000) \, x^3 - (3/6.400) \, x^2 + 299/800 \, x + 50$$

Die Gesamtkostenfunktion im Bereich der intensitätsmäßigen Anpassung ($K(x) = K_f + K_v(x)$) lautet somit:

$$K(x) = (1/3.072.000) \, x^3 - (3/6.400) \, x^2 + 299/800 \, x + 100$$

Sie ist Bestandteil der Niedrigstkostenkurve für den Bereich vom maximalen Output der zeitlichen Anpassung bis zur Kapazitätsgrenze $x_{max} = d_{max} \cdot t_{max}$ (hier 150 km/h · 8 h = 1200 km).

Die Niedrigstkostenfunktion für Tagesentfernungen zwischen 0 und 1.200 km lautet also unter den gegebenen Bedingungen:

$$K(x) = \begin{cases} 50 + 0{,}2692 \, x & \text{für } 0 \le x \le 831{,}2 \\ 100 + (1/3.072.000) \, x^3 - (3/6.400) \, x^2 + (299/800) \, x & \text{für } 831{,}2 < x \le 1.200 \end{cases}$$

Hinter dieser Niedrigstkostenkurve steht zusammengefasst die folgende Produktionsstrategie:

a) Sind Tagesstrecken, die kürzer als 831,2 km sind, zurückzulegen, so bewältige die Distanz mit einer Geschwindigkeit von $d_{opt} = 103{,}9$ km/h. Die benötigte Zeit beträgt $t = x/103{,}9$ h.

b) Sind Tagesstrecken zwischen 831,2 km und 1200 km zurückzulegen[10], so verwende zur Bewältigung der Distanz $t_{max} = 8$ Stunden. Die kostenminimale Geschwindigkeit lässt sich mit Hilfe der Formel $d = x/8$ berechnen.

---

10 Die Strecke von 831,2 km stellt den Übergang von der zeitlichen zur intensitätsmäßigen Anpassung dar. Für beide Kostenfunktionsbereiche ergeben sich für diese Strecke (approximativ) identische Kosten.

Der Graph dieser Funktion hat folgendes Aussehen:

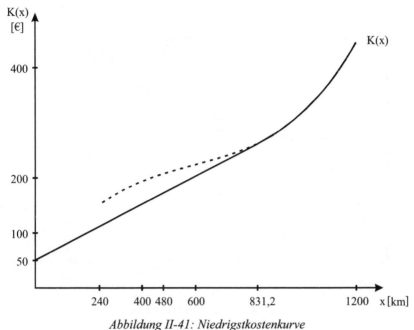

Abbildung II-41: Niedrigstkostenkurve

Die Funktion des intensitätsmäßigen Astes beschreibt gleichzeitig auch die Isobetriebszeitkurve für eine Betriebszeit von $t = t_{max}$ (hier 8 Stunden). Diese verläuft auch im für sie nicht definierten Teil der Niedrigstkostenkurve weiter (gestrichelte Linie).

Eine Isobetriebszeitkurve $K_T(x)$ lässt sich auch für alle übrigen Betriebszeiten $0 \le t \le 8$ berechnen und konstruieren. Für eine Isobetriebszeitkurve mit einer Betriebszeit von z. B. 5 Stunden pro Tag ist lediglich für t der Wert 5 beim Einsetzen von (x/t) für d in die Funktion k_v (d) zu verwenden.

$k_{v,5}(x) = (1/48.000) \, (x/5)^2 - (3/800) \cdot (x/5) + 299/800 + 6,25/(x/5)$

$k_{v,5}(x) = (1/1.200.000) \, x^2 - (3/4.000) \, x + 299/800 + 31,25/x$

$K_{v,5}(x) = (1/1.200.000) \, x^3 - (3/4.000) \, x^2 + 299/800 \, x + 31,25$

$K_5(x) = (1/1.200.000) \, x^3 - (3/4.000) \, x^2 + 299/800 \, x + 81,25$

Die Funktion $K_5(x)$ kann als Isobetriebszeitkurve für eine Betriebszeit von 5 Stunden und für den Bereich 150 km $\le$ x $\le$ 750 km angesehen werden. Die Grenzen dieses zulässigen Intervalls erhält man, indem die Minimal- bzw. Maximalgeschwindigkeit mit t = 5 multipliziert wird. Der Graph der Funktion $K_5(x)$ besitzt folgendes Aussehen (fett gezeichnete nichtlineare Funktion in Abbildung II-42):

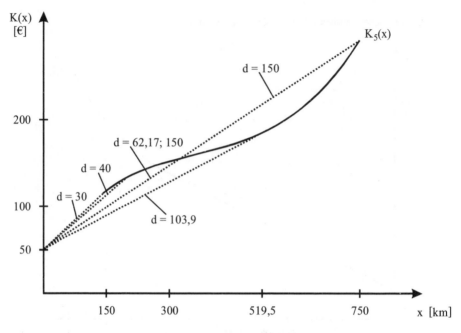

Abbildung II-42: Isobetriebszeitkurve

Die vom Ordinatenabschnitt (hier: Fixkostenbetrag) ausgehenden Fahrstrahlen an den Graphen stellen Kostengeraden dar, die jeweils einem Leistungsgrad zugeordnet sind und an denen abzulesen ist, welche Kosten bei der Wahl der entsprechenden Leistung für eine Outputmenge verursacht werden (zeitliche Anpassung für die einzelnen Geschwindigkeiten). Diese Geraden enden - bei Berücksichtigung der Geschwindigkeit und der zur Verfügung stehenden Zeit (hier 5 Stunden) - auf der Höhe der jeweils unter diesen Bedingungen maximalen Tagesstrecke. Geraden, die die Isobetriebszeitkurve schneiden, repräsentieren bis zu ihrem Schnittpunkt gleichzeitig zwei Leistungsgrade, die jeweils die gleichen variablen Stückkosten verursachen. Hinter diesem Schnittpunkt ist dem Fahrstrahl allerdings allein die höhere Geschwindigkeit zugeordnet, da die dort zu betrachtenden Punkte Distanzen darstellen, die bei der Wahl der geringeren Geschwindigkeit in der gegebenen Zeit nicht zu bewältigen wären.

Die Isobetriebszeitkurve kann somit als Menge der Endpunkte aller den zulässigen Leistungsgraden zugeordneten Kostengeraden verstanden werden.

Ausgehend von der Gesamtkostenfunktion $K(x)$ für $0 \leq t \leq 8$ lassen sich folgende Funktionen der variablen Stückkosten $k_v(x)$, der Stückkosten aus Fixkosten $k_f(x)$, der totalen Stückkosten $k(x)$, der variablen Kosten $K_v(x)$, der fixen Kosten K_f und der Grenzkosten $K'(x)$ bestimmen:

$$K(x) = \begin{cases} 50 + 0{,}2692\,x & \text{für } 0 \le x \le 831{,}2 \\ 100 + (1/3.072.000)\,x^3 - (3/6.400)\,x^2 + (299/800)\,x & \text{für } 831{,}2 < x \le 1.200 \end{cases}$$

$$\frac{dK(x)}{dx} = K'(x) = \begin{cases} 0{,}2692 & \text{für } 0 \le x \le 831{,}2 \\ (1/1.024.000)\,x^2 - (3/3.200)\,x + (299/800) & \text{für } 831{,}2 < x \le 1.200 \end{cases}$$

Eine Aufspaltung der Kostenfunktion in fixe und variable Bestandteile erleichtert die Bestimmung der übrigen Funktionen:

$$K(x) = \begin{cases} 50 + 0{,}2692\,x & \text{für } 0 \le x \le 831{,}2 \\ 50 + 50 + (1/3.072.000)\,x^3 - (3/6.400)\,x^2 + (299/800)\,x & \text{für } 831{,}2 < x \le 1.200 \end{cases}$$

Somit betragen die fixen und variablen Kosten:

$$K_f = 50 \qquad\qquad \text{für } 0 \le x \le 1.200$$

$$K_v(x) = \begin{cases} 0{,}2692\,x & \text{für } 0 \le x \le 831{,}2 \\ (1/3.072.000)\,x^3 - (3/6.400)\,x^2 + (299/800)\,x + 50 & \text{für } 831{,}2 < x \le 1.200 \end{cases}$$

Die Stückkostenfunktionen lauten:

$$\frac{K(x)}{x} = k(x) = \begin{cases} 50/x + 0{,}2692 & \text{für } 0 \le x \le 831{,}2 \\ (1/3.072.000)\,x^2 - (3/6.400)\,x + (299/800) + 100/x \\ \qquad\qquad\qquad\qquad\qquad \text{für } 831{,}2 < x \le 1.200 \end{cases}$$

$$\frac{K_f}{x} = k_f(x) = 50/x \qquad\qquad \text{für } 0 < x \le 1.200$$

$$\frac{K_v(x)}{x} = k_v(x) = \begin{cases} 0{,}2692 & \text{für } 0 \le x \le 831{,}2 \\ (1/3.072.000)\,x^2 - (3/6.400)\,x + (299/800) + 50/x \\ \qquad\qquad\qquad\qquad\qquad \text{für } 831{,}2 < x \le 1.200 \end{cases}$$

Abschließend sind die Funktionen der Grenzkosten und der Stückkosten für das gegebene Beispiel graphisch dargestellt:

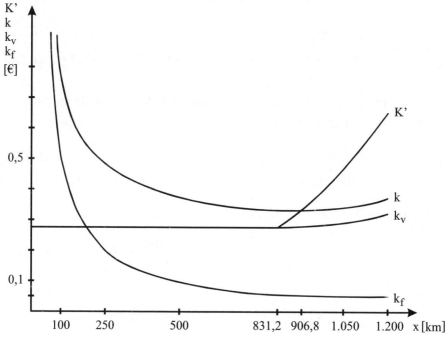

Abbildung II-43: Grenz- und Stückkostenfunktionen

4.5   Anpassungsformen

4.5.1   Überblick

Der Produktionsbereich eines Betriebes hat verschiedene Möglichkeiten, auf Mengenvorgaben (z. B. durch die Absatzabteilung) zu reagieren. Ein Ziel besteht hierbei darin, die Art und Anzahl der Maschinen sowie deren Produktionsgeschwindigkeit(en) und Einsatzzeit(en) so zu wählen, dass der zu produzierende Output möglichst kostengünstig hergestellt wird. Insofern werden die genannten Produktionsparameter den Ausbringungsmengen angepasst. Die in diesem Zusammenhang verwendeten Begriffe wie z. B. *quantitative*, *selektive*, *multiple* und *mutative Anpassung* werden von den einzelnen Autoren (z. B. Gutenberg (1983), Lücke (1973), Ellinger/Haupt (1996), Schneeweiß (2002) und Kahle (1996a)) teilweise unterschiedlich verwendet. Die folgenden Begriffsauslegungen für die unterschiedlichen Anpassungsformen sind somit nicht die einzig möglichen. Sie sollen in Abhängigkeit vom Zeitpunkt der Wirkung der eingeleiteten Maßnahme in *kurzfristige* und *langfristige Anpassungsformen* unterteilt werden.

Während im Rahmen der langfristigen Planung das zur Verfügung stehende Potential an Aggregaten bzw. Maschinen variabel ist, erfolgt bei der kurzfristigen Planung eine Anpassung auf der Basis der zur Verfügung stehenden Produktionsmittel.

Kurzfristige Anpassungsformen

Kurzfristige Anpassungsformen zeichnen sich dadurch aus, dass sie sich ausschließlich auf im Betrieb vorhandene Aggregate beziehen und somit sofort realisierbar sind. Zu ihnen gehören die *zeitliche Anpassung*, bei der die Outputmenge bei konstantem Leistungsgrad je Maschine durch die Produktionsdauer reguliert wird, sowie die *intensitätsmäßige (leistungsmäßige) Anpassung*, bei der die Leistung in Abhängigkeit von der zu produzierenden Menge bei gegebenem Zeiteinsatz eingestellt wird. Beide Formen wurden bereits in Abschnitt 4.3 erläutert.

Die *quantitative Anpassung* ist dadurch gekennzeichnet, dass im Betrieb vorhandene homogene (kosten- und funktionsgleiche[11]) Aggregate einbezogen (stillgelegt) werden, um eine höhere (geringere) Outputmenge erreichen zu können.

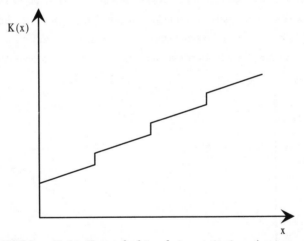

Abbildung II-44: Kostenfunktion bei quantitativer Anpassung

Abbildung II-44 zeigt eine mögliche Kostenfunktion für die quantitative Anpassung, wobei in diesem Fall jeweils ein weiteres Aggregat am Ende eines Bereiches zeitlicher

---

[11] Aggregate werden hier als *funktionsgleich* bezeichnet, wenn mit ihnen das gleiche Fertigungsergebnis im Hinblick auf die Be- bzw. Verarbeitung eines Werkstoffes erreicht werden kann. Dabei ist durchaus die Möglichkeit gegeben, dass unterschiedliche Technologien eingesetzt werden (z. B. Bearbeitung von Blechen mit Schneidegeräten oder Lasern) oder dass einige Aggregate mehrere verschiedene Funktionen ausführen können (z. B. Flexible Bearbeitungszentren).

Anpassung in Betrieb genommen wird. Die Fixkostensprünge resultieren ausschließlich aus Maßnahmen der Einrichtung, Probeläufen, der Betriebsstofferstausstattung etc. Die übrigen Fixkosten (zeitliche Abschreibung, kalkulatorische Zinskosten etc.) sind als abteilungs- bzw. unternehmensfix zu betrachten und somit unabhängig von der Inbetriebnahme eines Aggregates.

Diese Fixkostenzuordnung gilt auch für die *selektive Anpassung*, bei der im Betrieb vorhandene heterogene (funktionsgleiche aber kostenverschiedene) Aggregate zur Erzielung einer höheren Outputmenge eingesetzt werden. Hierbei werden Maschinen

- mit unterschiedlichen Fixkosten,

- mit unterschiedlichen variablen Kosten,

- mit unterschiedlichen Kapazitäten und/oder

- unterschiedlichen Alters

miteinander kombiniert. Meist ändert sich die Kostenstruktur beim Zukauf moderner Aggregate dahingehend, dass die fixen Kosten größer, die variablen Kosten aber kleiner sind. Z. B. können höhere Anschaffungskosten mit daraus folgenden hohen Abschreibungen als Grund für den Fixkostenanstieg, ein geringerer Anteil menschlicher Arbeit in Folge zunehmender Automatisation als Ursache des sinkenden Anteils variabler Kosten genannt werden.

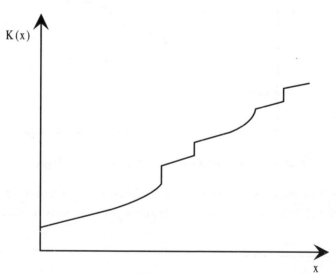

Abbildung II-45: Kostenfunktion bei selektiver Anpassung

In Abbildung II-45 ist ein Beispiel einer Kostenfunktion mit Intervallen von zeitlicher und leistungsmäßiger Anpassung für den Fall selektiver Anpassung gegeben.

Langfristige Anpassungsformen

Bei langfristiger Anpassung erfolgt die Kapazitätsveränderung durch den Zukauf/Verkauf von Aggregaten. Die Wirkung einer derartigen Entscheidung kann somit erst nach Abschluss der Beschaffungs- bzw. Verkaufsmaßnahme eintreten.

In diesem Zusammenhang wird unter der *multiplen Anpassung* eine Betriebsvergrößerung/-verkleinerung durch den Zukauf/Verkauf homogener Aggregate verstanden. Als Beispiel für diese Anpassungsform kann hier ein Crêpes-Bäcker angeführt werden, der aufgrund der hohen Nachfrage ein zweites, identisches Eisen hinzukauft. Bei der *mutativen Anpassung* erfolgt ein Zukauf/Verkauf unterschiedlicher Aggregate. Sinnvoll könnte dies z. B. im Fall des technischen Fortschritts aufgrund größerer Automatisation (modernere Maschinen), eines neuen Produktionsverfahrens etc. oder einer notwendigen Kapazitätsveränderung sein. Die Gestalt der Kostenfunktion bei langfristiger Anpassung entspricht der bei quantitativer bzw. selektiver Anpassung für eine Kapazitätserweiterung. Bei einer Kapazitätsverminderung durch Verkauf oder im Falle eines Austausches von Aggregaten kann die Kostenfunktion z. B. durch zusätzliche oder remanente (kurzfristig nicht abbaubare) Kostenbestandteile einen grundsätzlich anderen Verlauf haben.

Der Unterschied zur kurzfristigen Anpassung liegt bezüglich der Erweiterung vor allem darin, dass bei der langfristigen Anpassung die Kosten des Aufbaus und der Erhaltung der Betriebsbereitschaft zu denen der Inbetriebnahme hinzuzuaddieren sind.[12]

4.5.2 Auswahl des kostengünstigeren Aggregats bei alternativen Maschinen

Besteht die Möglichkeit, eines von mehreren alternativen Aggregaten auszuwählen, so sind die durch die geplante Fertigungsmenge x auf der jeweiligen Maschine verursachten Kosten ausschlaggebend für diese Entscheidung. Bei identischen - die gleiche Kostenfunktion aufweisenden - Aggregaten entfällt dieses Entscheidungsproblem. Differieren die Kostenfunktionen jedoch für die fixen und/oder variablen Kostenbestandteile

---

[12] In diesem Fall sollte möglichst eine Investitionsrechnung an die Stelle eines Anschaffungskostenvergleichs treten (vgl. Lücke (1991)).

zweier Aggregate, so ist die kritische Menge x_A zu bestimmen, ab der die Produktion auf einem alternativen Aggregat kostengünstiger wäre.

Gegeben seien die Kostenfunktionen zweier Aggregate A_j:

$$K_j(x_j) = K_{fj} + K_{vj}(x_j) \; ; \; j = 1, 2.$$

Beispielhaft sei angenommen:

$$K_{f1} > K_{f2} \text{ und } k_{v1}(d_{1,opt}) < k_{v2}(d_{2,opt})$$

Die Abbildung II-46 zeigt solche Kostenfunktionen zweier funktionsgleicher kostenverschiedener Aggregate.

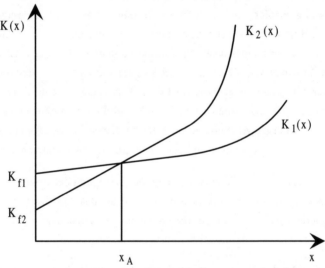

Abbildung II-46: Vorteilhaftigkeitsvergleich bei zwei kostenverschiedenen Aggregaten

Ist die geplante Produktionsmenge x kleiner als x_A, wird auf Aggregat 2, andernfalls auf Aggregat 1 gefertigt. Für $x = x_A$ sind die Kosten bei beiden Aggregaten gleich hoch.

Bei der Berechnung des Schnittpunktes der Kostenfunktionen ist darauf zu achten, dass diesem der jeweils relevante Abschnitt (zeitlicher oder intensitätsmäßiger Anpassung) der Funktion zugrunde gelegt wird.

Stehen mehrere Aggregate zur Auswahl, so ist die Vorgehensweise entsprechend zu modifizieren.

4.5.3   Kurzfristige Anpassung mehrerer Aggregate

Ermittlung "kritischer" Mengen

Der Einsatz alternativer Aggregate ist abhängig von der auf allen Maschinen insgesamt herzustellenden Menge des Produktes. Fallen *keine Inbetriebnahmekosten* an, so wird in den Bereichen zeitlicher Anpassung immer auf dem Aggregat gefertigt, das die niedrigsten variablen Stückkosten aufweist. Kann die geforderte Produktionsmenge nicht mit dem optimalen Leistungsgrad eines Aggregates gefertigt werden, so steigen die Kosten für jedes zusätzliche Stück (Grenzkosten) aufgrund der notwendig werdenden Erhöhung des Leistungsgrades. Der Einsatz eines weiteren Aggregates wird dann wirtschaftlich, wenn die Kosten für die Produktion einer zusätzlichen Einheit auf dem/den eingesetzten Aggregat(en) gerade denen der ersten Einheit auf der zusätzlich einsetzbaren Maschine entsprechen und diese anschließend übersteigen. Es wird also die Menge gesucht, bei der die Grenzkosten der produzierenden Maschine(n) denen der zusätzlich einzusetzenden Maschine entsprechen und diese anschließend übersteigen. Dieser Sachverhalt soll als *Grenzkostenkriterium* bezeichnet werden.

Abbildung II-47 zeigt diese Situation beispielhaft für zwei Aggregate:

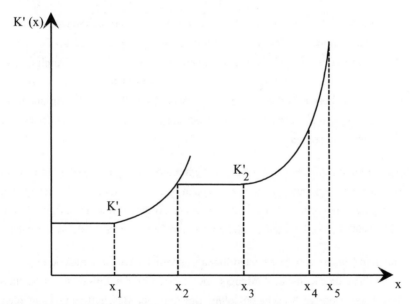

Abbildung II-47: Grenzkostenkriterium für die optimale Auswahl alternativer Maschinen

Für Ausbringungsmengen bis einschließlich x_1 wird das erste Aggregat zeitlich angepasst, für größere Mengen bis einschließlich x_2 intensitätsmäßig. Bei größeren Mengen
als x_2 wäre der zusätzliche Einsatz des zweiten Aggregates lohnend. Dieses würde für
Gesamtproduktionsmengen kleiner oder gleich x_3 zeitlich angepasst. Bei einer höheren
Beschäftigung sind beide Aggregate im Verhältnis gleicher Grenzkosten intensitätsmäßig anzupassen, bis - in diesem Beispiel - das erste Aggregat seine Maximalkapazität
erreicht hat (x_4). Die Gesamtkapazität x_5 kann durch die kontinuierliche Erhöhung der
Leistung des zweiten Aggregates erreicht werden.

Die Fertigungsmenge, ab der die gleichzeitige Nutzung beider Aggregate wirtschaftlich
ist, wäre also die Menge x_2. Die verbleibende Kapazität des ersten Aggregates würde
bei geplanten Fertigungsmengen größer x_3 genutzt, bei denen beide Aggregate intensitätsmäßig angepasst werden müssten.

Formal lautet das Grenzkostenkriterium für die Wirtschaftlichkeit des zusätzlichen Einsatzes von Aggregat 2:

$$\left.\frac{dK_1(x)}{dx}\right|_{x_G} = k_{v2,min} \qquad \text{mit: } k_{v2,min} = \left.\frac{dK_2(x)}{dx}\right|_{x=0}$$

An der Stelle x_G (Menge x_2 in Abbildung II-47) entsprechen die Grenzkosten des Aggregates 1 den minimalen variablen Stückkosten des Aggregats 2, die im Bereich zeitlicher Anpassung konstant und mit den Grenzkosten identisch sind.[13] Durch den streng
konvexen Verlauf der Grenzkostenfunktionen bei intensitätsmäßiger Anpassung übersteigen die Grenzkosten von Maschine 1 bei Mengen größer x_G die variablen Stückkosten des zusätzlich einsetzbaren Aggregates. Bei mehreren Aggregaten ist in entsprechender Weise vorzugehen.

Sollen zwei identische, also kostengleiche Aggregate kombiniert werden, so ist der Ein-
satz des zweiten Aggregates parallel zum ersten oder alternativ nach Ausschöpfung der
Gesamtkapazität bei optimaler Leistung des ersten Aggregates wirtschaftlich. In diesem
Bereich entsprechen sich variable Stückkosten und Grenzkosten beider Aggregate.

Sind bei dem Einsatz von Aggregaten Inbetriebnahmekosten zu berücksichtigen, so beeinflussen diese die "kritischen" Mengen, bei denen sich der Einsatz eines bestimmten
Aggregates oder beider Maschinen lohnt. Bei geringer Beschäftigung kann dies zur

---

[13]   In der Formel könnte somit statt x = 0 auch jeder andere Punkt im Bereich zeitlicher Anpassung
        von A_2 angegeben werden.

Folge haben, dass sich aufgrund der Unterschiede bei den Inbetriebnahmekosten der ausschließliche Einsatz des Aggregates mit den höheren variablen Stückkosten bei optimaler Produktionsgeschwindigkeit (aber den geringeren Inbetriebnahmekosten) als kosten-minimal erweist (vgl. Abschnitt 4.5.2).

Der Einsatz beider Aggregate wird erst bei Produktionsmengen sinnvoll, bei denen die geringeren variablen Kosten (bei Einsatz beider Aggregate) die zu berücksichtigenden fixen Kosten der zusätzlich einzusetzenden Maschine überkompensieren.

Ermittlung der Niedrigstkostenkurve mehrerer Aggregate

Durch den Einsatz mehrerer Aggregate ergibt sich jeweils eine neue Kostenfunktion für die Produktionsmengen, die unter Einsatz dieser Aggregate hergestellt werden können. Für den Bereich zeitlicher Anpassung eines zum Einsatz kommenden Aggregates 2 lässt sich die gemeinsame Kostenfunktion (*ohne Berücksichtigung von Inbetriebnahmekosten*) bei einer bereits für die Fertigung vorgesehenen Maschine 1 folgendermaßen ermitteln:

$$K_{v(1+2)}(x) = K_{v1}(x_G) + K_{v2}(x-x_G) \qquad \text{für } x_G \leq x \leq x_G + x_Z$$

$$\text{mit } x_Z = d_{2,opt} \cdot t_{2,max}$$

Die Kosten für die auf der ersten Maschine produzierten x_G Einheiten gehen also als feste Größe in die Funktion ein, während für Aggregat 2 nur die Kosten der Differenzmenge $x-x_G$ anzusetzen sind.

$$\begin{aligned} K_{v(1+2)}(x) &= k_{v1}(x_G) \cdot x_G + k_{v2,min} \cdot (x-x_G) \\ &= k_{v1}(x_G) \cdot x_G - k_{v2,min} \cdot x_G + k_{v2,min} \cdot x \end{aligned}$$

Hierfür lässt sich auch schreiben:

$$K_{v(1+2)}(x) = K_{v2,min}(x) - (k_{v2,min} - k_{v1}(x_G)) \cdot x_G \qquad \text{mit: } K_{v2,min}(x) = k_{v2,min} \cdot x$$

Der letzte, zu subtrahierende Term der Gleichung kann als "Korrekturfaktor" aufgefasst werden, der die in K_{v2} angenommenen Stückkosten um die günstiger auf Aggregat 1 produzierten x_G Einheiten korrigiert. Handelt es sich bei Aggregat 2 um ein mit Aggregat 1 identisches, so wird diese Differenz Null.

Abbildung II-48 zeigt die Kostenkurve bei *Einbeziehung eines identischen Aggregats* (ohne Berücksichtigung von Inbetriebnahmekosten):

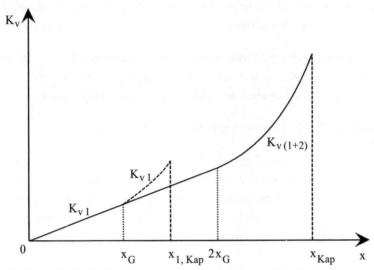

Abbildung II-48: Niedrigstkostenkurve für zwei kostenidentische Aggregate

Bis x_G wird Aggregat 1 zeitlich angepasst. Da das Grenzkostenkriterium hier erfüllt ist, wird Maschine 2 einbezogen und bis zur Menge $2x_G$ zeitlich angepasst. Anschließend werden beide Aggregate intensitätsmäßig im Verhältnis gleicher Grenzkosten, in diesem Fall also gleichmäßig, bis x_{Kap} ($x_{Kap} = 2 \cdot x_{1,Kap}$) angepasst. Die Grenzkosten entsprechen in diesem Bereich denen bei Produktion der halben Menge auf nur einem Aggregat. Entsprechend einfach ist die Ermittlung der gemeinsamen Kostenfunktion in diesem Bereich. Bei intensitätsmäßiger Anpassung gilt bekanntlich $x = d \cdot t_{max}$. Da hier zwei identische Maschinen bei gleichem Leistungsgrad eingesetzt werden, gilt $x = d \cdot 2 \cdot t_{max}$ und $d = x/(2 \cdot t_{max})$. Setzt man diesen Ausdruck für d in die Funktion der variablen Stückkosten in Abhängigkeit von der Leistung $k_v(d)$ ein, erhält man $k_v(x)$ für zwei identische Aggregate, aus dem sich durch Multiplikation mit x die Kostenfunktion $K_v(x)$ ermitteln lässt.

Unter *Berücksichtigung von Inbetriebnahmekosten* ist die gemeinsame Funktion variabler Kosten *zweier unterschiedlicher Aggregate* um die fixen Kostenbestandteile zu ergänzen:

$$K_{(1+2)}(x) = K_{f1} + K_{f2} + k_{v1}(x_G) \cdot x_G - k_{v2,min} \cdot x_G + k_{v2,min} \cdot x$$

oder

$$K_{(1+2)}(x) = K_{f1} + K_{f2} + K_{v2,min}(x) - (k_{v2,min} - k_{v1}(x_G)) \cdot x_G$$

Dieser Kostenfunktion liegt die gleiche Produktionsstrategie wie im Falle der Vernachlässigung fixer Kostenbestandteile zugrunde:

$$d_1 = \frac{x_G}{t_{1,max}} \qquad\qquad t_1 = t_{1,max}$$

$$d_2 = d_{2,opt} \qquad\qquad t_2 = \frac{x - x_G}{d_{2,opt}}$$

Die mit dieser Strategie maximal produzierbare Menge beträgt:

$$x = x_G + d_{2,opt} \cdot t_{2,max}$$

Zur Niedrigstkostenkurve gehört die Funktion $K_{(1+2)}(x)$ - im Gegensatz zum Fall ohne
Inbetriebnahmekosten - jedoch nicht bei allen Produktionsmengen größer x_G (Punkt
gleicher Grenzkosten), sondern erst ab dem relevanten Schnittpunkt von $K_{(1+2)}(x)$ mit
dem intensitätsmäßigen Ast von Aggregat 1. Dieser Schnittpunkt lässt sich durch Auflösen der folgenden Gleichung bestimmen:

$$K_{f1} + K_{f2} + K_{v2,min}(x) - (k_{v2,min} - k_{v1}(x_G)) \cdot x_G = K_{f1} + k_{v1}(x) \cdot x \quad \text{mit } x > x_G$$

Die Berechnung der Funktionsabschnitte der Niedrigstkostenkurve sowie der Grenzen
der Abschnitte soll im Folgenden anhand eines Beispiels verdeutlicht werden.

4.6 Rechenbeispiel zur zeitlich-intensitätsmäßigen Anpassung unter Berücksichtigung von Inbetriebnahmekosten

Zur Fertigung eines Produktes stehen zwei Aggregate zur Verfügung. Die Faktorverbräuche bei Aggregat 1 (A_1) lauten in Abhängigkeit vom Leistungsgrad d_1, gemessen in
[Mengeneinheiten Inputfaktor/Mengeneinheit Output]:

$$v_1(d_1) = 20\,d_1^2 - 180\,d_1 + 445 \qquad \text{[kWh/Stück]}$$
$$v_2(d_1) = 13{,}75 \qquad\qquad\qquad\quad \text{[m}^2\text{/Stück]}$$
$$v_3(d_1) = 2\,d_1 - 5 \qquad\qquad\qquad \text{[€/Stück]}$$
$$v_4(d_1) = 5{,}5 \qquad\qquad\qquad\qquad \text{[€/Stück]}$$

Die Verbrauchsfunktion $v_1(d_1)$ stellt den Energieverbrauch pro produziertem Stück, v_2
(d_1) den Materialverbrauch dar. In diesem Beispiel wird von einem von der Produktionsgeschwindigkeit unabhängigen Materialverbrauch ausgegangen (abweichend von
Abschnitt 4.2, wo der Materialverbrauch pro „gutem Stück" durch eine bei höheren

Produktionsgeschwindigkeiten steigende Ausschussrate ansteigt). Die Verbrauchsfunktion v_3 (d_1) repräsentiert die den verwertbaren Outputeinheiten zuzuordnenden leistungsbezogenen Abschreibungen, die in diesem Beispiel durch die bei größeren Leistungsgraden höhere Beanspruchung der Maschine ansteigt. Schließlich bildet v_4 (d_1) einen Stückakkordlohn in Höhe von 5,50 € pro gutem Stück ab. In Abbildung II-49 werden die Verläufe der Verbrauchsfunktionen von A_1 dargestellt.

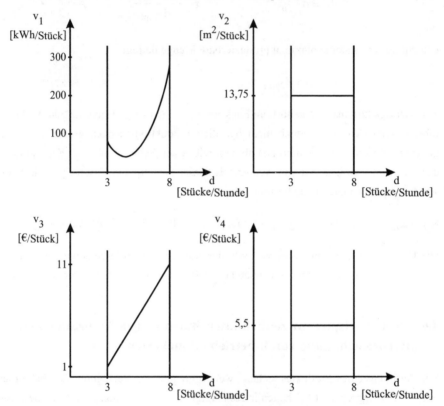

Abbildung II-49: Verläufe der Verbrauchsfunktionen von Aggregat 1

Die Inbetriebnahmekosten für A_1 betragen 600 €. Bei Produktion auf Aggregat 2 (A_2) fallen Inbetriebnahmekosten von 500 € sowie folgende Faktorverbräuche an:

$$v_1\ (d_2) = 20\ d_2{}^2 - 210\ d_2 + 600 \qquad \text{[kWh/Stück]}$$
$$v_2\ (d_2) = 15 \qquad \text{[m}^2\text{/Stück]}$$
$$v_3\ (d_2) = d_2 - 2 \qquad \text{[€/Stück]}$$
$$v_4\ (d_2) = 10 \qquad \text{[€/Stück]}$$

Die Faktorpreise für Energie und Material betragen $q_1 = 0{,}1$ [€/kWh] bzw. $q_2 = 4$ [€/m^2]. Die Verbrauchsfunktionen v_3 und v_4 besitzen bereits die Dimension der Stückkostenfunktionen [€/Stück], so dass für die zugehörigen Produktionsfaktoren keine Faktorpreise benötigt werden. Betriebsfixe Kosten bleiben unberücksichtigt. Die maximale Betriebszeit beträgt für beide Aggregate 8 [Stunden/Tag], wobei die Leistungsgrade von A_1 in den Grenzen von $d_{1,min} = 3$ und $d_{1,max} = 8$ [Stücke/Stunde], von A_2 in dem Intervall $3 \le d_2 \le 6$ [Stücke/Stunde] stufenlos variiert werden können.

In diesem Beispiel ergibt die Aggregation der bewerteten Verbrauchsfunktionen folgende Funktionen der variablen Stückkosten:

$$k_{v1}(d_1) = 2\, d_1^2 - 16\, d_1 + 100 \; [\text{€/Stück}]$$

$$k_{v2}(d_2) = 2\, d_2^2 - 20\, d_2 + 128 \; [\text{€/Stück}]$$

Die Ermittlung der optimalen Leistungsgrade führt zu folgenden Ergebnissen:

$$\frac{dk_{v1}}{dd_1} = 4d_1 - 16 = 0 \qquad \Rightarrow \quad d_{1,opt} = 4 \; [\text{Stücke/Stunde}]$$

$$\frac{dk_{v2}}{dd_2} = 4d_2 - 20 = 0 \qquad \Rightarrow \quad d_{2,opt} = 5 \; [\text{Stücke/Stunde}]$$

Die variablen Stückkosten für die optimalen Leistungsgrade betragen

$$k_{v1}(d_{1,opt} = 4) = 68; \qquad k_{v2}(d_{2,opt} = 5) = 78.$$

Durch Ausnutzen der Beziehung $d = x/8$ lassen sich die Funktionen

$$k_{v1}(x_1) = 2\,(x_1/8)^2 - 16\,(x_1/8) + 100$$

$$k_{v1}(x_1) = (1/32)\, x_1^2 - 2\, x_1 + 100$$

und somit

$$K_{v1}(x_1) = (1/32)\, x_1^3 - 2\, x_1^2 + 100\, x_1$$

sowie

$$k_{v2}(x_2) = 2\,(x_2/8)^2 - 20\,(x_2/8) + 128$$

$$k_{v2}(x_2) = (1/32)\, x_2^2 - (5/2)\, x_2 + 128$$

und somit

$$K_{v2}(x_2) = (1/32)\, x_2^3 - (5/2)\, x_2^2 + 128\, x_2$$

bestimmen, mit deren Hilfe man zu den isolierten Kostenfunktionen für die Aggregate 1 bzw. 2 gelangt.[14]

---

[14] Hier wie im Folgenden steht x_1 für die auf A_1, x_2 für die auf A_2 und x für die insgesamt gefertigte Menge.

$$K_1(x_1) = \begin{cases} 600 + 68x_1 & \text{für } 0 \le x_1 \le 32 \\ 600 + (1/32) x_1^3 - 2x_1^2 + 100x_1 & \text{für } 32 < x_1 \le 64 \end{cases}$$

$$K_2(x_2) = \begin{cases} 500 + 78x_2 & \text{für } 0 \le x_2 \le 40 \\ 500 + (1/32) x_2^3 - (5/2) x_2^2 + 128x_2 & \text{für } 40 < x_2 \le 48 \end{cases}$$

Zur Bestimmung der gemeinsamen Niedrigstkostenkurve $K(x)$ für beide Aggregate ist zunächst zu ermitteln, bis zu welcher Tagesproduktionshöchstmenge das Aggregat 2 allein im Einsatz sein sollte, da es die geringeren Inbetriebnahmekosten verursacht:[15]

$$500 + 78x = 600 + 68x$$

$$x = 10$$

Bis zu einer Tagesproduktion von $x = 10$ [Stück/Tag] wird A_2, bei einer Tagesproduktion von $x \in$ [$10 < x \le 32$ [Stück/Tag]] A_1 -jeweils allein- zeitlich angepasst (das Ende der zeitlichen Anpassung von A_1 liegt bei $d_{1,opt} \cdot t_{max} = 32$).

$$K(x) = 500 + 78x \qquad\qquad \text{für } 0 \le x \le 10$$

$$K(x) = 600 + 68x \qquad\qquad \text{für } 10 < x \le 32$$

Für Tagesproduktionsmengen ab 32 Stück wird eine intensitätsmäßige Anpassung von Aggregat 1 notwendig, wobei zu bestimmen ist, von welcher Produktionsmenge an eine Kombination von intensitätsmäßiger Anpassung von A_1 und zeitlicher Anpassung von A_2 (mit $d_{2,opt} = 5$) zu minimalen Kosten führt.

Zu dem Zweck wird zunächst die Menge gleicher Grenzkosten für diese Kombination von A_1 und A_2 bestimmt (siehe Abbildung II-50).

$$K'_{1,int}(x_1) = (3/32) x_1^2 - 4x_1 + 100 = 78 = K'_{2,zeit}(x_2)$$

Die Werte $x_1 = 36,18$ und $x_1 = 6,49$ erfüllen diese Gleichung, wobei lediglich der erste der beiden Werte für das weitere Vorgehen relevant ist, da der $x_1 = 6,49$ zuzuordnende Leistungsgrad links von $d_{1,opt}$ und somit im unwirtschaftlichen Bereich liegt (siehe auch oben den Definitionsbereich für $K_{1,int}(x_1)$).

---

15 Dem Aufstellen dieser Gleichung liegt die Tatsache zugrunde, dass bei alleiniger Produktion auf A_1 bzw. A_2 die gesamte Produktionsmenge x jeweils mit den Einzelmengen x_1 bzw. x_2 übereinstimmt.

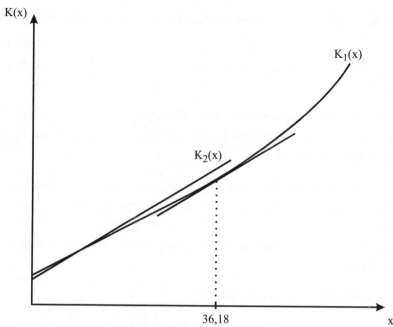

Abbildung II-50: Ermittlung des Punktes gleicher Grenzkosten

Produktionsmengen x im Bereich $x \in [36,18 < x \leq 76,18]$ ließen sich im Verhältnis gleicher Grenzkosten herstellen, indem 36,18 Stück auf A_1 mit $d_1 = 4,5225$ ($t_1 = 8$), die restlichen Einheiten auf A_2 mit $d_{2,opt} = 5$ ($t_2 = x_2/5$) gefertigt würden (Strategie α). Das Ende dieses Abschnittes (76,18) ergibt sich, da neben $x_1 = 36,18$ höchstens 40 Mengeneinheiten von x_2 ($d_{2,opt} \cdot t_{max}$) mit dieser Strategie gefertigt werden können.

Für den Fall, dass bei A_2 keine Inbetriebnahmekosten zu berücksichtigen wären, führte diese Strategie α für den gesamten beschriebenen Abschnitt zu minimalen Kosten.

Da jedoch Inbetriebnahmekosten für A_2 in Höhe von $K_{f2} = 500$ € anfallen, ist es kostengünstiger, Mengen wie z. B. $x = 40$ Stücke ausschließlich auf A_1 zu fertigen (intensitätsmäßige Anpassung, Strategie β), um K_{f2} bei derartigen Tagesproduktionsmengen gar nicht erst berücksichtigen zu müssen. Dies zeigt der nachfolgende Vergleich.

Kosten für $x = 40$ bei Anwendung von Strategie α:

$$
\begin{aligned}
K_f &= K_{f1} + K_{f2} & &= 1.100 \text{ €} \\
K_{v1} &= k_{v1}(d_1 = 4,52) \cdot x_1 = 68,55 \cdot 36,18 & &= 2.480 \text{ €} \\
K_{v2} &= k_{v2}(d_2 = 5) \cdot x_2 = 78 \cdot 3,82 & &= \underline{\ \ 298 \text{ €}} \\
& & &\underline{3.878 \text{ €}}
\end{aligned}
$$

Kosten für x = 40 bei alleiniger intensitätsmäßiger Anpassung von A1 (Strategie β)

$$K_f = K_{f1} \qquad\qquad\qquad\qquad\qquad\qquad = \quad 600 \text{ €}$$
$$K_v = K_{v1} = k_{v1}(d_1 = 5) \cdot x_1 = 70 \cdot 40 \qquad = \underline{2.800 \text{ €}}$$
$$\underline{3.400 \text{ €}}$$

Der Vergleich macht deutlich, dass zwar die variablen Kosten K_v von Strategie α (2.778 €) niedriger als bei β (2.800 €) sind, dieser Vorteil aber durch die Fixkostenunterschiede überkompensiert wird.

Bei der Betrachtung größerer Produktionsmengen als x = 40 bleiben die Grenzkosten von Strategie α jedoch konstant, während die der Strategie β steigen, so dass sich eine kritische Menge errechnen lässt, ab der die Vorteile von α (geringere variable Kosten) überwiegen und eine Produktion im Verhältnis gleicher Grenzkosten zu minimalen Gesamtkosten führt.

Die Kostenfunktion bei Strategie α lautet:

$$K(x) \quad = K_{f1} + K_{f2} + K_{v1} (x_1 = 36{,}18) + k_{v2} (d_{2,opt} = 5) \cdot x_2,$$

wobei $x_2 = x - x_1$ und $x_1 = 36{,}18$

$$K(x) \quad = 600 + 500 + 2.480{,}0 + 78 (x - 36{,}18)$$

$$= 758 + 78 x$$

Die Kostenfunktion von Strategie β heißt:

$K(x) = 600 + (1/32) x^3 - 2 x^2 + 100 x$ (intensitätsmäßige Anpassung von A_1)

Die kritische Menge, ab der Strategie α zu niedrigeren Kosten führt, lässt sich nach Gleichsetzen der beiden Kostenfunktionen bestimmen:

$$758 + 78 x \quad = \quad 600 + (1/32) x^3 - 2 x^2 + 100 x$$

$$0 \quad = \quad (1/32) x^3 - 2 x^2 + 22 x - 158$$

Die relevante Lösung[16] dieser Gleichungen liegt bei x = 52,4.

---

16   Die Nullstelle lässt sich mit der Hilfe von Iterationsverfahren (z. B. dem Newton'schen Verfahren) bestimmen. Hierbei wird zunächst ein beliebiger sinnvoller Wert für x in die betrachtete Gleichung und deren Ableitung eingesetzt. Diejenige Zahl, die sich durch das Einsetzen in die Ausgangsgleichung ergeben hat, wird dann durch den konkreten Wert der Ableitung dividiert. Dieser Quotient wird schließlich von dem eingangs gewählten x-Wert abgezogen. Das Ergebnis dient als verbesserter Ausgangswert für ein wiederholtes Anwenden des Newtonschen Iterationsverfahrens, mit dessen Hilfe man sich der Lösung beliebig genau nähern kann.

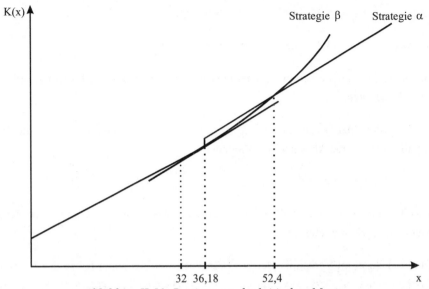

Abbildung II-51: Bestimmung der kritischen Menge

Somit steht fest, dass Strategie β in den Grenzen von x = 32 bis x = 52,4, die Anpassung im Verhältnis gleicher Grenzkosten (Strategie α) in den Grenzen von x = 52,4 bis x = 76,2 Bestandteil der Niedrigstkostenfunktion ist.

$$K(x)=\begin{cases}600 + (1/32)x^3 - 2x^2 + 100x & \text{für } 32 \leq x \leq 52,4 \\ 758 + 78x & \text{für } 52,4 < x \leq 76,2\end{cases}$$

Größere Tagesproduktionsmengen als 76,2 Einheiten können nur wirtschaftlich herge-stellt werden, indem beide Aggregate intensitätsmäßig im Verhältnis gleicher Grenz-kosten angepasst werden. Die zugehörige Funktion lässt sich mit Hilfe des Grenzkosten-kriteriums bestimmen; sie lautet für dieses Beispiel[17]

$$K(x) = (1/128) x^3 - (9/8) x^2 + (340/3) x + (3.428/3) - 8/((3/16) x - 9)$$

Die Anpassung im Verhältnis gleicher Grenzkosten kann nur erfolgen, solange die Ka-pazitätsgrenze jedes der beiden Aggregate noch nicht erreicht wurde. Um die Gesamt-produktionsmenge x_{GK}, die im Verhältnis gleicher Grenzkosten produziert werden kann, ermitteln zu können, sind zunächst die Grenzkosten an der Kapazitätsgrenze eines jeden der beiden Aggregate zu bestimmen.

---

[17] Die recht komplexe Herleitung dieser Funktion erfolgt mit Hilfe des Grenzkostenkriteriums und soll hier nicht näher erläutert werden.

$K'_1(x_{1,Kap} = 64) = (3/32) \cdot 64^2 - 4 \cdot 64 + 100 = 228$

$K'_2(x_{2,Kap} = 48) = (3/32) \cdot 48^2 - 5 \cdot 48 + 128 = 104$

Die Anpassung im Verhältnis gleicher Grenzkosten kann somit nur bis zu Grenzkosten von 104 erfolgen.

Zur Ermittlung der Gesamtmenge x_{GK} ist zu berechnen, bei welcher Menge x_1 der Produktion auf A_1 Grenzkosten von 104 anfallen.

$K'_1 = (3/32) x_1^2 - 4 x_1 + 100 = 104$

$x_1 = 43,6$ und $x_1 = -1,0$ erfüllen diese Gleichung, wobei nur der positive Wert für die weitere Betrachtung relevant ist.

Die Produktion im Verhältnis gleicher Grenzkosten erfolgt somit bis zu der Tagesproduktionsmenge $x_{GK} = x_1 + x_2$ mit $x_1 = 43,6$ und $x_2 = d_{2,max} \cdot t_{max} = 48$; x_{GK} ist also 91,6. Damit gilt:

$$K(x) = (1/128) x^3 - (9/8) x^2 + (340/3) x + (3.428/3) - 8/((3/16) x - 9)$$

$$\text{für } 76,2 < x \le 91,6$$

Größere Tagesproduktionsmengen können nur hergestellt werden, wenn A_1 mehr als 43,6 , also mit $d_1 > 5,45$ produziert, da sich die auf A_2 produzierte Menge nicht mehr steigern lässt.

Die Niedrigstkostenkurve setzt sich für Mengen $x > 91,6$ aus den Fixkosten, den variablen Kosten der 48 produzierten Stücke auf A_2 sowie den variablen Kosten für die übrigen auf A_1 im Bereich intensitätsmäßiger Anpassung herzustellenden Einheiten zusammen:

$$K(x) = K_{f1} + K_{f2} + K_{v2}(x_2 = 48) + K_{v1}(x_1) \quad \text{mit } x_1 = x - 48$$

$$K(x) = 600 + 500 + 3.840 + (1/32) (x - 48)^3 - 2 (x - 48)^2 + 100 (x - 48)$$

Diese Funktion gilt für Produktionsmengen bis zur Kapazitätsgrenze

$$x_{Kap} = x_{1,Kap} + x_{2,Kap} = d_{1,max} \cdot t_{max} + d_{2,max} \cdot t_{max} = 64 + 48 = 112.$$

Sie lässt sich wie folgt vereinfachen:

$$K(x) = (1/32) x^3 - (13/2) x^2 + 508 x - 7.924 \qquad\qquad \text{für } 91,6 < x \le 112$$

Die Niedrigstkostenkurve lautet zusammengefasst:

$$K(x)=\begin{cases} 500 + 78x & \text{für } 0 \le x \le 10 \\ 600 + 68x & \text{für } 10 < x \le 32 \\ 600 + (1/32)x^3 - 2x^2 + 100x & \text{für } 32 < x \le 52,4 \\ 758 + 78x & \text{für } 52,4 < x \le 76,2 \\ (1/128)x^3 - (9/8)x^2 + (340/3)x + (3.428/3) - 8/((3/16)x - 9) & \text{für } 76,2 < x \le 91,6 \\ (1/32)x^3 - (13/2)x^2 + 508x - 7.924 & \text{für } 91,6 < x \le 112 \end{cases}$$

Der Verlauf der Niedrigstkostenkurve ist in Abbildung II-52 zu sehen.

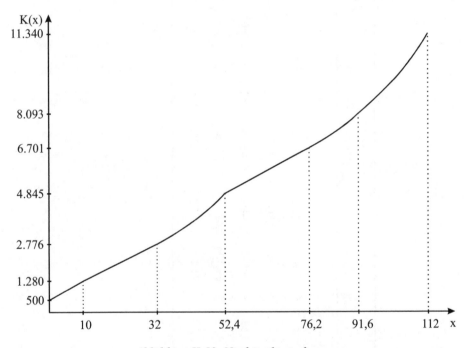

Abbildung II-52: Niedrigstkostenkurve

Für jeweils eine beispielhafte Produktionsmenge je Abschnitt der Niedrigstkostenkurve werden in Tabelle II-4 die den betreffenden Kosten zugrundeliegenden Mengen x_1, x_2, Leistungsgrade d_1, d_2, Produktionszeiten t_1, t_2, variablen Stückkosten k_{v1}, k_{v2}, gesamten variablen Kosten K_{v1}, K_{v2} und Kosten pro Aggregat K_1, K_2 zusammengefasst.

x	x_1	d_1	t_1	k_{v1}	K_{V1}	K_1	x_2	d_2	t_2	k_{v2}	K_{v2}	K_2	K
5	-	-	-	-	-	-	5	5	1	78	390	890	890
20	20	4	5	68	1.360	1.960	-	-	-	-	-	-	1.960
40	40	5	8	70	2.800	3.400	-	-	-	-	-	-	3.400
60	36,18	4,52	8	68,55	2.480	3.080	23,82	5	4,764	78	1.858	2.358	5.438
80	38	4,75	8	69,125	2.626,75	3.226,75	42	5,25	8	78,125	3.281,25	3.781,25	7.008
90	42	5,25	8	71,125	2.987,25	3.587,25	48	6	8	80	3.840	4.340	7.927,25

Tabelle II-4: Zusammensetzung der Kosten bei unterschiedlichen Ausbringungsmengen

Die Ermittlung der Zahlen für Tabelle II-4 kann für den Bereich $76,2 < x \leq 91,6$ mit Hilfe eines Lagrangeansatzes vorgenommen werden:

Die Gesamtkosten für den Bereich $76,2 < x \leq 91,6$ setzen sich aus den - den intensitätsmäßigen Abschnitten zugeordneten - Kostenfunktionen zusammen:

$$K(x) = K_1(x_1) + K_2(x_2) = 600 + (1/32)\, x_1^3 - 2\, x_1^2 + 100\, x_1 + 500$$
$$+ (1/32)\, x_2^3 - (5/2)\, x_2^2 + 128\, x_2$$

Das der Lagrange-Funktion zugrunde liegende Modell für eine Produktionsmenge von $x = 80$ lautet:

$$K(x) = 1.100 + (1/32)\, x_1^3 - 2\, x_1^2 + 100\, x_1 + (1/32)\, x_2^3 - (5/2)\, x_2^2 + 128\, x_2 \quad \Rightarrow \quad \text{Min}$$

unter den Nebenbedingungen

$$x_1 + x_2 = 80 \quad ; \quad x_1, x_2 \geq 0$$

Hieraus lässt sich die Lagrangefunktion

$$L(x_1, x_2, \lambda) = 1.100 + (1/32)\, x_1^3 - 2\, x_1^2 + 100\, x_1$$
$$+ (1/32)\, x_2^3 - (5/2)\, x_2^2 + 128\, x_2 + \lambda\,(80 - x_1 - x_2)$$

mit den über partielle Ableitungen formulierten, notwendigen Bedingungen für das Optimum herleiten:

$$\frac{\partial L}{\partial x_1} = (3/32)x_1^2 - 4x_1 + 100 - \lambda = 0$$

$$\frac{\partial L}{\partial x_2} = (3/32)x_2^2 - 5x_2 + 128 - \lambda = 0$$

$$\frac{\partial L}{\partial \lambda} = 80 - x_1 - x_2 = 0$$

Die Lösung dieses Gleichungssystems lautet:

$$x_1 = 38 \quad x_2 = 42 \quad \lambda = 83,375$$

Mit Hilfe der ermittelten Werte für x_1 und x_2 können - wie auch für die anderen Teilabschnitte der Funktion, in denen diese Bestimmung einfacher ist - die übrigen Zahlen von Tabelle II-4 errechnet werden.

Der Lagrangesche Multiplikator λ sagt aus, dass eine infinitesimal größere (kleinere) Produktionsmenge, also eine Variation um dx, eine Kostensteigerung (-verminderung) in der Höhe von $83{,}375 \cdot$ dx zur Folge hat.

Für den Fall, dass keine Inbetriebnahmekosten zu berücksichtigen wären, änderte sich die Struktur der Funktion nur an zwei Stellen:

Da die variablen Stückkosten im Bereich zeitlicher Anpassung bei Aggregat 1 geringer sind, entfällt der erste Funktionsabschnitt, so dass $K(x) = 68$ x für den gesamten Bereich $0 \le x \le 32$ gilt. Außerdem markiert der Punkt gleicher Grenzkosten (x = 36,18) bereits den Übergang zur gemeinsamen Kostenfunktion von A_1 und A_2, so dass sich folgende Niedrigstkostenfunktion ergibt:

$$
K(x) = \begin{cases}
68\,x & \text{für } 0 \le x \le 32 \\
(1/32)\,x^3 - 2\,x^2 + 100\,x & \text{für } 32 < x \le 36{,}18 \\
-342 + 78\,x & \text{für } 36{,}18 < x \le 76{,}2 \\
(1/128)\,x^3 - (9/8)\,x^2 + (340/3)\,x + (3.428/3) - 8/((3/16)\,x - 9) & \text{für } 76{,}2 < x \le 91{,}6 \\
(1/32)\,x^3 - (13/2)\,x^2 + 508\,x - 7.924 & \text{für } 91{,}6 < x \le 112
\end{cases}
$$

4.7   Einordnung der Produktionsfunktion vom Typ B

Mit der Entwicklung der Produktionsfunktion vom Typ B gelang ERICH GUTENBERG ein bedeutender Schritt für die betriebswirtschaftliche Produktions- und Kostentheorie. Es wurde eine der ersten Produktionsfunktionen auf der Grundlage von Gegebenheiten der industriellen Fertigung formuliert.[18]

Die Produktionsfunktion vom Typ B diente trotz der Tatsache, dass versucht wurde, die Realität möglichst getreu abzubilden, kaum als Vorlage für Analysen in den Produktionsbereichen industrieller Unternehmungen. Dies mag unter anderem daran liegen, dass für jede Maschine ein sehr großer Erhebungsaufwand betrieben werden müsste, um die Verbrauchsfunktionen und schließlich die Kostenfunktion exakt ermitteln zu können. Außerdem schränken die im Folgenden zusammengefassten Kritikpunkte die Anwendbarkeit in der Praxis ein.

---

[18]   Daneben entwickelte z. B. CHENERY (1949) eine "Engineering Production Function", in der der Verbrauch von Produktionsfaktoren in Abhängigkeit von verschiedenen technischen Einflussgrößen eines Aggregates beschrieben wird.

Die Annahme, dass bei einer konstanten Z-Situation lediglich die Leistungsgrade variabel sind, ist wenig handhabbar. Schon ein Kraftfahrzeug, welches ja mehrere Gänge besitzt, für die jeweils im Prinzip separate Verbrauchsfunktionen bestimmt werden müssten, lässt sich nur schwer abbilden. Hinzu kommt, dass geringe technische Veränderungen, die sich sowohl im Laufe der Zeit ergeben (z. B. veränderte Motoreinstellungen) als auch gewollt durch Reparaturen oder Modifikationen entstehen, die Z-Situation verändern - eine erneute Analyse der Situation wird notwendig.

Bei der Produktionsfunktion vom Typ B beziehen sich die Faktorverbräuche ausschließlich auf konstant zu haltende Leistungsgrade. Diese sind jedoch nicht als Durchschnittsleistungen zu verstehen, da - bezogen auf das Beispiel in Abschnitt 4.4 - beispielsweise durchaus unterschiedliche Kosten entstehen, wenn

a) je eine halbe Stunde mit $d_1 = 120$ km/h und $d_2 = 20$ km/h gefahren oder

b) die ganze Stunde $d = 70$ km/h als Leistungsgrad verwendet

wird.

Da jedoch bei kaum einem Aggregat durchgehend konstante Leistungen "gefahren" werden können, sondern z. B. durch zu berücksichtigende Anlauf-, Brems-, Leer- und Stillstandsphasen[19] die Leistungsgrade und somit auch die variablen Stückkosten im Zeitverlauf schwanken,[20] ist die Anwendbarkeit des theoretischen Konzeptes auf reale Produktionsanlagen eingeschränkt.[21]

In Verbindung mit dieser Argumentation steht die Tatsache, dass die Zeit in die Überlegungen zwar einbezogen wurde, diese jedoch nur im Rahmen einer statischen Betrachtung Berücksichtigung findet. So lässt sich zwar die produzierte Menge als Produkt von Leistungsgrad und Produktionszeit berechnen, doch wird der Leistungsgrad - wie oben bereits angesprochen - als über die gesamte Produktionszeit konstant angenommen, eine Berücksichtigung wechselnder Momentanleistungsgrade ist dagegen nicht möglich.

---

[19]   Vereinfachend ließen sich diese Phasen auch im Rahmen der Inbetriebnahmekosten erfassen.

[20]   Hinzu kommt, dass die Konstanz der variablen Stückkosten selbst bei gegebenen Leistungsgraden nicht garantiert werden kann, da diese von Bedingungen abhängen, die - im Gegensatz zu den Parametern des Z-Vektors - nicht konstant gehalten werden können. So ist es möglich, dass z. B. Umweltbedingungen (Luftfeuchtigkeit etc.) gewisse Faktorverbräuche für gegebene Leistungsgrade beeinflussen.

[21]   In diesem Zusammenhang wurden die Begriffe "technische Leistung" und "ökonomische Leistung" geprägt. Eine technische Leistung wird bereits erbracht, wenn ein Aggregat im Leerlauf betrieben wird; die Erbringung einer "ökonomischen Leistung" ist dagegen mit der Erstellung des gewünschten Produktes verbunden.

Als Kritik an der Integration in die Produktionsplanung kann festgestellt werden, dass Ergebnisse der Ablaufplanung wie Losgrößen, Auftragsreihenfolgen etc. unberücksichtigt bleiben.

Auf einige der oben angeführten Punkte wurde im Laufe der Zeit reagiert, indem auf der Basis der Produktionsfunktion vom Typ B weitere Produktionsfunktionen entwickelt wurden, die die genannten Einschränkungen bei der Anwendbarkeit überwinden sollten.

Im Rahmen dieses Buches wird ein Schwerpunkt auf die Behandlung der Produktionsfunktion vom Typ B gelegt. Im Gegensatz zum Abschnitt 4, in dem die Betrachtungen den für eine Einführung notwendigen Umfang übersteigen, wird im folgenden lediglich ein Überblick über weitere betriebswirtschaftliche Produktionsfunktionen gegeben.

4.8 Weitere betriebswirtschaftliche Produktionsfunktionen

Die von EDMUND HEINEN (1957) entwickelte Produktionsfunktion vom Typ C greift einige der in Abschnitt 4.7 angesprochenen Kritikpunkte auf.

HEINEN berücksichtigt die - sich im Laufe der Zeit verändernden - Produktionsbedingungen dahingehend, dass er den Gutenberg'schen Z-Vektor aufgliedert; der Faktorverbrauch r_i unterliegt hierbei dem Funktionszusammenhang:

$$r_i = f_i(z_1,z_2,z_3,...,u_1,u_2,u_3,...,l_1,l_2,l_3,...),$$

wobei die Z-Situation $z_1,z_2,z_3,...$ technisch kurzfristig unveränderbare Bedingungen (z. B. die Maximalleistung beim PKW), die U-Situation technisch durchaus kurzfristig veränderbare Bedingungen (z. B. die Gänge beim PKW) und die L-Situation ständig wechselnde Bedingungen (z. B. die Leistung, aber auch Umfeldbedingungen wie die Windrichtung und -geschwindigkeit) umfassen. In diesem Zusammenhang ist die Leistung der bedeutendste Faktor l_i, der durch Konstanthalten der übrigen Bedingungen auch in den Mittelpunkt der Betrachtung gerückt wird. Die Leistungsgrade verändern sich hierbei im Zeitverlauf, wobei HEINEN Anlauf-, Leerlauf-, Bearbeitungs-, Brems- und Stillstandsphasen unterscheidet.

Das Problem des bei der Produktionsfunktion vom Typ B nicht berücksichtigten Unterschiedes zwischen der technischen und der ökonomischen Leistung löst HEINEN dadurch, dass er zunächst die technischen Bedingungen berücksichtigt, indem ein Zeitbelastungsbild (Darstellung der Momentanbelastung im Zeitverlauf) mit der technischen

Verbrauchsfunktion (Momentanverbrauch in Abhängigkeit von der Momentanbelastung) kombiniert wird, wodurch sich ein Zeitverbrauchsbild (Momentanverbrauch im Zeitablauf) konstruieren lässt (Abbildung II-53). In diesem Diagramm stellt die Fläche zwischen der Kurve und der t-Achse den Gesamtverbrauch im Zeitablauf dar.

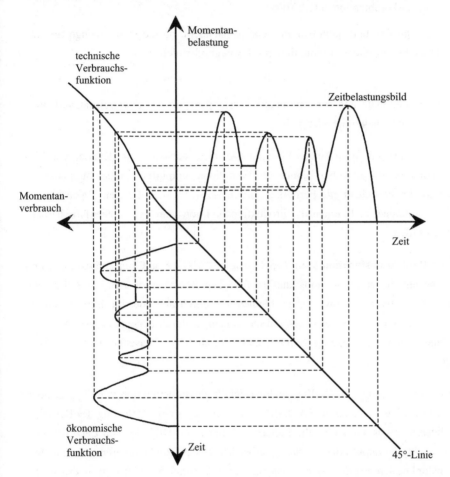

Abbildung II-53: Herleitung des Zeitverbrauchsbildes aus dem Zeitbelastungsbild

Den technischen Leistungen ordnet HEINEN für unterschiedliche Phasen verschiedene Outputmengen zu. Diese Beziehungen zwischen technischer und ökonomischer Leistung werden als "Elementarkombinationen" bezeichnet. Durch Berücksichtigung der Dauer einer Phase (Elementarkombinationszeit) lassen sich die Outputmengen bestimmen, die natürlich auch von der Zahl der Wiederholungen der Phasen abhängen. Hierbei unterscheidet Heinen zwischen der primären Wiederholung (direktes Verhältnis von der Zahl der -als gleichlang angenommenen- Bearbeitungsphasen und der Outputmenge), der sekundären Wiederholung (Zahl der Anlauf- und Rüstvorgänge, abhängig auch von den jeweiligen Losgrößen) und der tertiären Wiederholung (Zahl der Phasen, die keinen Bezug zur Ausbringungsmenge haben (z.B. Wartung)).

Die Elementarkombinationen teilt HEINEN

-    in outputfixe und outputvariable ein, je nachdem, ob die Outputmenge für eine Phase bei gegebener Produktionszeit festliegt oder nicht

und

-    in limitationale und substitutionale, je nachdem, ob das Faktoreinsatzverhältnis konstant zu halten ist oder nicht.

Durch Kombination dieser beiden Einteilungskriterien entstehen vier Klassen von Elementarkombinationen, wobei Heinen die limitational outputfixen Elementarkombinationen als für die industrielle Fertigung typisch bezeichnet; die übrigen Typen können bei Betrachtungen im Rahmen der Produktionsfunktion vom Typ C ebenfalls berücksichtigt werden.

Mit der Produktionsfunktion vom Typ C reagierte HEINEN auf Einschränkungen und Kritik bezüglich der Produktionsfunktion vom Typ B. So wurde z.B. die Z-Situation differenzierter betrachtet und den Problemen, die durch den über die Betriebszeit als konstant angenommenen Leistungsgrad entstanden, dadurch begegnet, dass ökonomische und technische Leistung getrennt und zusätzlich ein Phasenkonzept eingeführt wurde.

KLOOCK (1969) ging mit der Entwicklung der Produktionsfunktion vom Typ D noch weiter. Er schlug - wie bereits GUTENBERG und HEINEN - eine Zerlegung des Betriebes in Teilbereiche vor und stellte die Lieferbeziehungen mit Hilfe der von LEONTIEF entwickelten Input/Output-Analyse dar. Hierbei berücksichtigte er nichtlineare Transformationsfunktionen auf der Basis Gutenberg'scher Verbrauchsfunktionen innerhalb der Teilbereiche. Durch Anwendung dieser Technik wurde es möglich, die gesamte Produktionsstruktur (Mehrstufigkeit, Eingangs-, Zwischen- und Endlagerung) mit ihren Beziehungen in Form einer Produktionsfunktion abzubilden.

Zur Entwicklung der Produktionsfunktion vom Typ E wurde von KÜPPER (1978) die Funktion vom Typ D aufgegriffen und durch Berücksichtigung der zeitlichen Beziehungen der Produktion in den verschiedenen Teilbereichen dynamisiert. Hierbei fanden insbesondere Lagerbestandsveränderungen und Verweilzeiten Berücksichtigung.

Bei der von MATTHES (1979) entwickelten Produktionsfunktion vom Typ F werden neben ablauforganisatorischen Gesichtspunkten (Anpassungsformen, Losgrößen, Reihenfolgen), die bereits bei Typ E angesprochen wurden, auch finanzwirtschaftliche Tatbestände in die Betrachtung einbezogen. Darüber hinaus dient dieses Modell auch zur Darstellung von Fertigungsstrukturen bei Projektrealisationen (Einteilung des Gesamtprojektes in Teilbereiche etc.).

Anzumerken ist, dass sämtliche früher entwickelten Produktionsfunktionen jeweils als Spezialfall der später entwickelten Konzepte betrachtet werden können. Neben den hier angesprochenen Produktionsfunktionen vom Typ A bis F existieren eine Reihe weiterer Konzepte zur Abbildung produktions- und kostentheoretischer Zusammenhänge.

Mit Hilfe von Input-Output-Modellen (vgl. hierzu auch Matthes (1993), Sp. 1318ff., und Dyckhoff (2003), S. 83ff.) lassen sich die Beziehungen zwischen mehreren Produktionsstellen im Rahmen einer *mehrstufigen* Produktion darstellen. Hierdurch wird die Fertigung eines marktfähigen Endproduktes durch die Analyse der nötigen Bearbeitungsschritte, die sukzessive oder parallel erfolgen können, und der hierbei entstehenden Zwischenprodukte abgebildet (vgl. Ellinger/Haupt, (1996), S. 13ff.). Die Produktionsstrukturen können graphisch in Form von Netzplänen, algebraisch mit Hilfe von Gleichungssystemen und als Matrizen dargestellt werden. Auf der Basis von Input-Output-Modellen lassen sich auch eine Reihe produktionswirtschaftlicher Aspekte, wie z.B. unterschiedliche Produktionsstrukturen, Stücklisten, Mischungsprobleme, Transportprobleme und Verschnittprobleme, darstellen und analysieren.[22]

Das Konzept steht in direktem Zusammenhang mit den beschriebenen Produktionsfunktionen. So liegen den Produktionsfunktionen vom Typ D, E und F Input-Output-Modelle zugrunde. Vorteile der Input-Output-Modelle sieht MÜLLER-MERBACH (1981, S. 22f.) vor allem in der simultanen Integration von Mengenrechnungen, Kalkulationen und Optimierungsrechnungen im Rahmen der Produktions- und Kostentheorie.

Weitere produktions- und kostentheoretische Ansätze[23] werden z.T. in der genannten Literatur beschrieben, oder es wird dort auf sie weiterverwiesen (vgl. hierzu insbesondere Busse v. Colbe/Laßmann (1991), Ellinger/Haupt (1996), S. 237ff., sowie Dyckhoff (2003)).

---

22   Zur Klassifikation von Input-Output-Prozessen vgl. Müller-Merbach (1981).

23   So wurden für verschiedene weitere Denkrichtungen Konzepte entwickelt, wie z.B. die Einbeziehung des technischen Fortschritts durch LÜCKE (1990b).

Literatur

Adam, D. (1972): Quantitative und intensitätsmäßige Anpassung mit Intensitäts-Splitting bei mehreren funktionsgleichen, kostenverschiedenen Aggregaten, in: ZfB, 42. Jg., S. 381 - 400

Adam, D. (1977): Produktions- und Kostentheorie, 2. Aufl., Tübingen, Düsseldorf

Adam, D. (1981): Zur Berücksichtigung nutzungsabhängiger Abschreibungen in kombinierten Anpassungsprozessen, in: ZfB, 51. Jg., S. 405 - 411

Adam, D. (1998): Produktions-Management, 9. Aufl., Wiesbaden

Agthe, K./Blohm, H./Schnaufer, E. (Hrsg.) (1967): Industrielle Produktion, Baden-Baden

Albach, H. (1962): Produktionsplanung auf der Grundlage technischer Verbrauchsfunktionen, in: Veröffentlichungen der Arbeitsgemeinschaft für Forschung des Landes NRW, Heft 105, Köln, Opladen, S. 45 - 98

Bea, F.X./Kötzle, A. (1975a): Grundkonzeptionen der betriebswirtschaftlichen Produktionstheorie, in: WiSt, 4. Jg., S. 509 - 513

Bea, F.X./Kötzle, A. (1975b): Ansätze für eine Weiterentwicklung der betriebswirtschaftlichen Produktionstheorie, in: WiSt, 4. Jg., S. 565 - 570

Bloech, J./Bogaschewsky, R./Schulze, M. (1987): Vom Kauffmann zum Betriebswirt, Göttingen

Bloech, J./Lücke, W. (1982): Produktionswirtschaft, Stuttgart, New York

Blohm, H./Beer, T./Seidenberg, U./Silber, H. (1997): Produktionswirtschaft, 3. Aufl., Berlin

Bogaschewsky, R./Roland, F. (1996): Anpassungsprozesse mit Intensitätssplitting bei Gutenberg-Produktionsfunktionen, in: ZfB, 66. Jg., S. 49 - 75

Bogaschewsky, R./Roland, F. (2000): Intensitätssplitting bei Produktionsfunktionen vom Typ B, in: Burchert, H./Hering, T./Rollberg, R. (Hrsg.): Produktionswirtschaft - Aufgaben und Lösungen, München, Wien, S. 162 - 168

Bogaschewsky, R./Sierke, B. (1987): Optimale Aggregatkombination bei zeitlich-intensitätsmäßiger Anpassung und bei Kosten der Inbetriebnahme, in: ZfB, 57. Jg., S. 978 - 1000

Bohr, K. (1982): Produktions- und Kostenfunktion. Bemerkungen zu den beiden Grundbegriffen der neoklassischen Produktions- und Kostentheorie, in: WiSt, 11. Jg., S. 456 - 462

Botta, V. (1986): Betriebswirtschaftliche Produktionsfunktionen. Ein Überblick, in: WiSt, 15. Jg., S. 113 - 119

Busse v. Colbe, W./Laßmann, G. (1991): Betriebswirtschaftstheorie, Band 1 : Grundlagen, Produktions- und Kostentheorie, 5. Aufl., Berlin u.a.

Chenery, H.B. (1949): Engineering production functions, in: Quarterly Journal of Economics, 63. Jg., S. 507 - 531

Dellmann, K. (1980): Betriebswirtschaftliche Produktions- und Kostentheorie, Wiesbaden

Dellmann, L./Nastanski, L. (1969): Kostenminimale Produktionsplanung bei rein-intensitätsmäßiger Anpassung mit differenzierten Intensitätsgraden, in: ZfB, 39. Jg., S. 239 - 268

Dyckhoff, H. (1994): Betriebliche Produktion, 2. Aufl., Berlin u.a.

Dyckhoff, H. (2003): Grundzüge der Produktionswirtschaft, 4. Aufl., Berlin u.a.

Ellinger, T./Haupt, R. (1996): Produktions- und Kostentheorie, 3. Aufl., Stuttgart

Förstner, K. (1962): Betriebs- und volkswirtschaftliche Produktionsfunktionen, in: ZfB, 32. Jg., S. 264 - 282

Förstner, K./Henn, R. (1970): Dynamische Produktionstheorie und Lineare Programmierung, 2. Aufl., Meisenheim

Gälweiler, A. (1960): Produktionskosten und Produktionsgeschwindigkeit, Wiesbaden

Gutenberg, E. (1983): Grundlagen der Betriebswirtschaftslehre, Band 1: Die Produktion, 24. Aufl., Berlin, Heidelberg, New York

Haberbeck, R. (1967): Zur wirtschaftlichen Ermittlung von Verbrauchsfunktionen, Diss., Köln

Haupt, R./Knobloch, Th. (1989): Kostentheoretische Anpassungsprozesse bei zeitvariablen Faktoreinsätzen, in: ZfB, 59. Jg., S. 504 - 520

Heinen, E. (1957): Anpassungsprozesse und ihre kostenmäßigen Konsequenzen, dargestellt am Beispiel des Kokereibetriebes, Köln

Heinen, E. (Hrsg.) (1991): Industriebetriebslehre, 9. Aufl., Wiesbaden

Hesse, H./Linde R. (1976a): Gesamtwirtschaftliche Produktionstheorie, Teil I, Würzburg, Wien

Hesse, H./Linde R. (1976b): Gesamtwirtschaftliche Produktionstheorie, Teil II, Würzburg, Wien

Hettich, G.O./Küpper, H.-U. (1976): Produktions- und Kostentheorie der Unternehmung. Eine Literaturübersicht, in: WiSt, 5. Jg., S. 35 - 40

Jacob, H. (1962): Produktionsplanung und Kostentheorie, in: Koch, H. (Hrsg.): Zur Theorie der Unternehmung, Festschrift zum 65. Geburtstag von Erich Gutenberg, Wiesbaden, S. 204 - 268

Jacob, H. (Hrsg.) (1990): Industriebetriebslehre, 4. Aufl., Wiesbaden

Kahle, E. (1996a): Produktion, 4. Aufl., München, Wien

Karrenberg, R./Scheer, A.W. (1970): Ableitung des kostenminimalen Einsatzes von Aggregaten zur Vorbereitung der Optimierung simultaner Planungssysteme, in: ZfB, 40. Jg., S. 689 - 706

Kern, W. (1992): Industrielle Produktionswirtschaft, 5. Aufl., Stuttgart

Kern, W./Fallaschinski, K. (1978/1979): Betriebswirtschaftliche Produktionsfaktoren, in: WISU, 6. Jg., S. 580 - 584, und 7. Jg., S. 15 - 18

Kilger, W. (1972): Produktions- und Kostentheorie, Wiesbaden

Kilger, W. (1973): Optimale Produktions- und Absatzplanung, Opladen

Kilger, W. (1986): Industriebetriebslehre, Band 1, Wiesbaden

Kistner, K.-P. (1993): Produktions- und Kostentheorie, 2. Aufl., Würzburg, Wien

Kistner, K.-P. (1996): Produktionstheorie, aktivitätsanalytische, in: Kern, W. u.a. (Hrsg.): Handwörterbuch der Produktionswirtschaft, 2. Aufl., Stuttgart, Sp. 1546 - 1569

Kloock, J. (1969): Betriebswirtschaftliche Input-Output-Modelle. Ein Beitrag zur Produktionstheorie, Wiesbaden

Kloock, J. (1975): Input-Output-Analyse, in: Grochla, E./Wittmann, W. (Hrsg.): HWB, 4. Aufl., Stuttgart, Sp. 1953 - 1966

Knobloch, Th. (1990): Simultananpassung der Produktion, Wiesbaden

Koch, H. (1980): Zum Verfahren der Analyse von Kostenverläufen, in: ZfB, 50. Jg., S. 957 - 996

Koch, H. (1981): Zur Diskussion über Ableitung von Kostenfunktionen, in: ZfB, 51. Jg., S. 418 - 422

Kreikebaum, H./Liesegang G./Schaible, S./Wildemann, H. (Hrsg.) (1985): Industriebetriebslehre in Wissenschaft und Praxis, Festschrift zum 65. Geburtstag von Theodor Ellinger, Berlin

Krycha, K.T. (1978): Produktionswirtschaft, Bielefeld, Köln

Küpper, H.-U. (1976): Produktionsfunktionen, in : WiSt, 5. Jg., S. 129 - 134

Küpper, H.-U. (1978): Struktur einer dynamischen Produktionsfunktion der Unternehmung (Produktionsfunktion vom Typ E). Arbeitsbericht Nr. 10 (Wirtschaftswissenschaftliches Seminar), Tübingen

Küpper, H.-U. (1979): Dynamische Produktionsfunktion der Unternehmung auf der Basis des Input-Output-Ansatzes, in: ZfB, 49. Jg., S. 93 - 106

Lambrecht, H.W. (1977): Die Optimierung intensitätsmäßiger Anpassungsprozesse, Göttingen

Leontief, W.W. (1955): Input-Output Analysis and the General Equilibrium Theory, in: Barna, T. (Hrsg.): The Structural Interdependence of the Economy, New York

Lücke, W. (1973): Produktions- und Kostentheorie, 3. Aufl., Würzburg, Wien

Lücke, W. (1979): Produktionstheorie, in: Kern, W. (Hrsg.): Handwörterbuch der Produktionswirtschaft, Stuttgart, Sp. 1619 - 1636

Lücke, W. (1990b): Long-Run-Produktions- und Kostentheorie unter Berücksichtigung des technischen Fortschritts, in: Lücke, W./Dietz, J.-D. (Hrsg.): Problemorientiertes Management, Wiesbaden, S. 203 - 256

Lücke, W. (Hrsg.) (1991): Investitionslexikon, 2. Aufl., München, Wien

Matthes, W. (1979): Dynamische Einzelproduktionsfunktion der Unternehmung (Produktionsfunktion vom Typ F), Betriebswirtschaftliches Arbeitspapier Nr. 2, Köln

Matthes, W. (1993): Input-Output-Analyse, betriebswirtschaftliche, in: Wittmann, W. u.a. (Hrsg.): HWB, 5. Aufl., Stuttgart, Sp. 1813 - 1826

Matthes, W. (1996): Produktionstheorie, funktionalistische, in: Kern, W. u.a. (Hrsg.): Handwörterbuch der Produktionswirtschaft, 2. Aufl., Stuttgart, Sp. 1569 - 1583

Mellerowicz, K. (1973): Kosten und Kostenrechnung, Band 1: Theorie der Kosten, 5. Aufl., Berlin, New York

Mellerowicz, K. (1981): Betriebswirtschaftslehre der Industrie, 7. Aufl., Freiburg

Mitscherlich, E. A. (1956): Die Ertragsgesetze, Berlin

Müller-Merbach, H. (1981): Die Konstruktion von Input-Output-Modellen, in: Bergner, H. (Hrsg.): Planung und Rechnungswesen in der Betriebswirtschaftslehre, Berlin, S. 19 - 113

Pack, L. (1966): Die Elastizität der Kosten, Wiesbaden

Pressmar, D. B. (1971): Kosten- und Leistungsanalyse im Industriebetrieb, Wiesbaden

Pressmar, D. B. (1979): Verbrauchsfunktionen, in: Kern, W. (Hrsg.): Handwörterbuch der Produktionswirtschaft, Stuttgart, Sp. 2067 - 2077

Roland, F. (1997a): Anpassungsformen, in: Bloech, J./Ihde, G.B. (Hrsg.): Vahlens Großes Logistiklexikon, München, S. 31 - 32

Roland, F. (2000b): Selektive Anpassungsprozesse bei Inbetriebnahmekosten und Überstunden, in: Burchert, H./Hering, T./Rollberg, R. (Hrsg.): Produktionswirtschaft - Aufgaben und Lösungen, München, Wien, S. 133 - 144

Schmalenbach, E. (1963): Kostenrechnung und Preispolitik, 8. Aufl. (bearbeitet von R. Bauer), Köln, Opladen

Schneeweiß, Ch. (2002): Einführung in die Produktionswirtschaft, 8. Aufl., Berlin u.a.

Schneider, E. (1934): Theorie der Produktion, Wien

Schumann, J./Meyer, U./Ströbele, W. (1999): Grundzüge der mikroökonomischen Theorie, 7. Aufl., Berlin u.a.

Schweitzer, M. (1973): Einführung in die Industriebetriebslehre, Berlin, New York

Schweitzer, M./Küpper, H.-U. (1997): Produktions- und Kostentheorie. Grundlagen – Anwendungen, 2. Aufl., Wiesbaden

Schweitzer, M. (1979): Produktionsfunktionen, in: Kern, W. (Hrsg.): Handwörterbuch der Produktionswirtschaft, Stuttgart, Sp. 1494 - 1512

Serra, A. (1803): Breve trattato delle Cause che possono far abbondara li regni d'oro e d'argento dove non sono miniere, in: Scritti classici italiani di economia politica, parte antica, tomo 1, Milano

Steffen, R. (2002): Produktions- und Kostentheorie, 4. Aufl., Stuttgart, Berlin, Köln

Steven, M. (1998): Produktionstheorie, Wiesbaden

Turgot, A.R.J. (1844): Observations sur le mémoire de M. de Saint-Peravy en faveur de l'impot indirect, in: Oeuvres, Ausg. Daire, Paris, Bd. I

von Liebig, J. (1862): Einleitung in die Naturgesetze des Feldbaus, Braunschweig

von Stackelberg, H. (1932): Grundlagen einer reinen Kostentheorie, Wien

von Thünen, J.M. (1826): Der isolierte Staat in Beziehung auf Landwirthschaft und Nationalökonomie, oder Untersuchungen über den Einfluß, den die Getreidepreise, der Reichthum des Bodens und die Abgaben auf den Ackerbau ausüben, Hamburg

Weber, H. K. (1999): Industriebetriebslehre, 3. Aufl., Berlin, Heidelberg

Witte, Th. (1988): Produktionsfunktionen und ihre betriebswirtschaftliche Bedeutung, in: WISU, 17. Jg., S. 457 - 462

Wittmann, W. (1968): Produktionstheorie, Berlin, Heidelberg, New York

Wittmann, W. (1987): Praxisbezug in der Produktionstheorie, in: Bartels, H.G. u.a. (Hrsg.): Praxisorientierte Betriebswirtschaft, Berlin

Zäpfel, G. (1982): Produktionswirtschaft, Operatives Produktions-Management, Berlin, New York

Aufgaben zu Teil II

Aufgabe II-1

Gegeben ist eine Produktionsfunktion vom Typ A:

$$x \quad = \quad -0,5\,r^3 + 5\,r^2 + 2\,r$$

a) Bestimmen Sie die folgenden Funktionen:

   a1) Die Durchschnittsertragskurve e

   a2) Die Grenzertragskurve x'

b) Bestimmen Sie die Schwellenwerte für das ertragsgesetzliche 4-Phasenschema.

c) Bestimmen Sie einen Näherungswert für die Ertragsänderung an der Stelle $r = 4$ für $\Delta r = 0,2$.

d) Bestimmen Sie Produktivität und Grenzproduktivität im Maximum des Durch-schnittsertrages.

Aufgabe II-2

Gegeben ist die folgende Produktionsfunktion vom Typ A:

$$x \quad = \quad -(1/4)\,r^3 + 2\,r^2 + 4\,r$$

a) Ermitteln Sie die Funktion des Grenzertrages.

b) Ermitteln Sie die Funktion des Durchschnittsertrages.

c) Ermitteln Sie die Endpunkte der einzelnen Phasen des Vierphasenschemas.

d) Skizzieren Sie die Gesamtertragskurve x, die Durchschnittsertragskurve e und die Grenzertragskurve x'.

e) Weisen Sie algebraisch *allgemein* nach, dass im Maximum der Durchschnittsertrags-kurve diese von der Grenzertragskurve geschnitten wird.

Aufgabe II-3

Gegeben sei die Gesamtkostenfunktion

$$K(x) \quad = \quad (1/100)\,x^3 - (1/8)\,x^2 + (3/4)\,x + 2$$

a) Leiten Sie aus dieser Funktion die Grenzkostenfunktion ab!

b) Leiten Sie aus dieser Funktion die Durchschnittskostenfunktionen ab!

c) Bestimmen Sie die Schwellenwerte des 4-Phasenschemas!

d) Zeigen Sie, dass die Grenzkostenkurve die Kurve der gesamten Stückkosten und der variablen Stückkosten in deren Minimum schneidet!

e) Sind bei einem linearen Verlauf der Gesamtkostenfunktion die durchschnittlichen Gesamtkosten und die Grenzkosten grundsätzlich identisch?

Aufgabe II-4

Gegeben sei die Gesamtkostenfunktion

$$K(x) = 1 + (3/2)\,x - (1/2)\,x^2 + (1/12)\,x^3$$

a) Bestimmen Sie die Funktionen der Grenzkosten, der totalen und variablen Stückkosten sowie der Stückkosten aus Fixkosten.

b) Bestimmen Sie die Schwellenwerte des 4-Phasenschemas.

c) Skizzieren Sie den Verlauf der angegebenen Funktionen.

Aufgabe II-5

Gegeben sei die Produktionsfunktion

$$x = \frac{5 \cdot r_1 \cdot r_2}{r_1 + r_2}$$

a) Bestimmen Sie im r_1, r_2 - Diagramm das Funktionsbild der Isoquante für die Menge $x_a = 10$.

b) Wie groß ist die Grenzrate der Substitution an der Stelle $r_1 = 3$?

Aufgabe II-6

Für die Herstellung von Gartenzwergen stehen zwei linear-limitationale Produktionsverfahren zur Verfügung.
Verfahren 1 erfordert den Einsatz von $r_{1,A} = 2$ Einheiten Arbeit und $r_{1,K} = 0{,}5$ Einheiten Kapital pro Gartenzwerg.
Verfahren 2 erfordert den Einsatz von $r_{2,A} = 1$ Einheit Arbeit und $r_{2,K} = 1$ Einheit Kapital pro Gartenzwerg.

a) Zeichnen Sie die Isooutputkurve für die Produktionsmenge x = 1.

b) Wie viel Einheiten Kapital muss der Unternehmer mindestens einsetzen, wenn er x = 100 mit einem Arbeitseinsatz von r_A = 120 produzieren will?

c) Wie viele Gartenzwerge kann der Unternehmer höchstens produzieren, wenn er r_A = 500 Arbeitseinheiten einsetzt?

Aufgabe II-7

Gegeben sei die Produktionsfunktion

$$x = 12\,r_1 - 4\,r_1^2 + 4\,r_1\,r_2 - 4\,r_2^2\,,$$

die für Produktionsmengen $9 \le x \le 12$ gelte.

Die (konstanten) Faktorpreise q_1, q_2 der Produktionsfaktoren lauten $q_1 = q_2 = 1$ GE/ME.

a) Stellen Sie die Lagrangefunktion auf, und ermitteln Sie die Optimalitätsbedingungen für eine Produktionsmenge von x = 11 ME.

b) Bestimmen Sie die Grenzen des ökonomischen Bereichs (Ridge Lines).

c) Ermitteln Sie die Minimalkostenkombination für eine Produktionsmenge von x = 11 ME und weisen Sie ihre Optimalität nach. Wie groß sind in diesem Fall die Kosten und der Lagrangesche Multiplikator?

d) Welche Produktmenge kann maximal bei einem Kostenbudget von K = 3 hergestellt werden?

Aufgabe II-8

Für ein Aggregat gelten die Verbrauchsfunktionen

$$v_1(d) \;=\; 4/d + 3$$
$$v_2(d) \;=\; d/2 + 2$$

Es sind drei Leistungsschaltungen möglich:

$$d_1 = 2\,; \quad d_2 = 4\,; \quad d_3 = 6\,.$$

Die Faktorpreise lauten $q_1 = 3$ und $q_2 = 6$. Es fallen fixe Kosten in Höhe von $K_f = 100$ an, und die maximal verfügbare Zeit beträgt $t_{max} = 8$ Stunden.

a) Für welche Leistung entscheiden Sie sich, wenn 20 Einheiten des Produktes kostenminimal hergestellt werden sollen? Es darf nur mit *einer* Leistungsschaltung produziert werden.

b) Für welche Leistungsschaltung entscheiden Sie sich, wenn 20 Einheiten des Produktes hergestellt werden sollen und *mehrere* Leistungsschaltungen kombiniert werden dürfen.

Aufgabe II-9

Ein Industriebetrieb fertigt auf einem Aggregat ein Produkt. Es fallen fixe Kosten in Höhe von 5.000 (GE) an. Die Faktorverbräuche der Faktorart i in Abhängigkeit vom Leistungsgrad d sind gegeben durch:

$$v_1(d) = d^2 - 7\,d + 12,5$$
$$v_2(d) = 2d^2 - 18\,d + 45.$$

Die Faktoren können zu folgenden Preisen q_i in (GE/ME) bereitgestellt werden:

$$q_1 = 4,- \qquad q_2 = 2,-.$$

Die Produktionsgeschwindigkeit kann in den Grenzen $d_{min} = 4$ und $d_{max} = 10$ stufenlos variiert werden, die maximale Betriebszeit beträgt 8 (Std./Tag).

a) Ermitteln Sie die Gesamtkostenfunktion für Produktionsmengen von $0 \le x \le 80$ pro Tag.

b) Geben Sie die zugehörigen Funktionen der variablen Stückkosten und der Stückkosten aus Fixkosten, der totalen Stückkosten sowie der Grenzkosten an. Zeigen Sie analytisch, dass die Produktionsmenge, bei der die totalen Stückkosten minimiert werden, nicht mit dem optimalen Leistungsgrad hergestellt wird.

c) Skizzieren Sie folgende Funktionen:

- Gesamtkosten $K(x)$,
- Stückkosten $k(x)$,
- variable Stückkosten $k_v(x)$,
- fixe Kosten pro Stück $k_f(x)$,
- Grenzkosten $K'(x)$.

d) Es kann ein identisches Aggregat zusätzlich eingesetzt werden. Ermitteln Sie die Gesamtkostenfunktion für den Bereich $0 \le x \le 160$ für den Fall, dass keine Inbetriebnahmekosten zu berücksichtigen sind.

e) Anstelle des identischen Aggregats aus d) kann eine zur ersten kostenverschiedene Maschine in Betrieb genommen werden.

Diese weist die folgenden Faktorverbräuche auf:

$$v_1(d) = 2 d^2 - 12 d + 20$$
$$v_2(d) = d^2 - 6 d + 12,5.$$

Alle weiteren planungsrelevanten Größen dieses Aggregats entsprechen denen der ersten Maschine. Ermitteln Sie die Gesamtkostenfunktion (wiederum ohne Berücksichtigung von Inbetriebnahmekosten) für den Bereich $0 \le x \le 60$.

Aufgabe II-10

Einem Industriebetrieb stehen zur Fertigung eines Produktes zwei Aggregate zur Verfügung. Die Faktorverbräuche der Faktorart i bei Aggregat 1 in Abhängigkeit vom Leistungsgrad d_1 lauten:

$$v_1(d_1) = - 10 d_1 + 90$$
$$v_2(d_1) = 2 d_1{}^2 - 11 d_1 + 37.$$

Die Inbetriebnahmekosten für Aggregat 1 betragen 800 [GE]. Bei Produktion auf Aggregat 2 fallen Inbetriebnahmekosten von 1.000 [GE] sowie die folgenden Faktorverbräuche an:

$$v_1(d_2) = d_2{}^2 - 10 d_2 + 91$$
$$v_2(d_2) = d_2{}^2 - 10 d_2 + 32.$$

Die Faktoren können zu folgenden Preisen q_i in [GE/ME] bereitgestellt werden:

$$q_1 = 1,- \quad \text{und} \quad q_2 = 2,-$$

Es sind keine betriebsfixen Kosten zu berücksichtigen. Beide Aggregattypen können in den Grenzen $d_{min} = 3$ und $d_{max} = 8$ stufenlos variiert werden und maximal 8 [Std./Tag] laufen.

a) Ermitteln Sie die Gesamtkostenfunktion für tägliche Produktionsmengen von 0 bis zur Kapazitätsgrenze.

b) Bestimmen Sie für Produktionsmengen von $x_1 = 5$ ME, $x_2 = 20$ ME, $x_3 = 40$ ME, $x_4 = 60$ ME, $x_5 = 70$ ME, $x_6 = 90$ ME, $x_7 = 120$ ME die kostenminimalen Mengen, die auf den beiden Aggregaten produziert werden (x_1, x_2), sowie die zugehörigen Produktionszeiten (t_1, t_2), Leistungsgrade (d_1, d_2), variablen Stückkosten ($k_{v1}(x)$, $k_{v2}(x)$), variablen Kosten ($K_{v1}(x)$, $K_{v2}(x)$) und minimalen Gesamtkosten $K(x)$.

c) Bestimmen Sie die Gesamtkostenfunktion für den Fall, dass bei beiden Aggregaten *keine* Inbetriebnahmekosten zu berücksichtigen wären.

Aufgabe II-11

Ein Unternehmen besitzt 2 Aggregate, die es wahlweise einzeln oder gleichzeitig zur Produktion eines Gutes einsetzen kann. Während eines Praktikums ermittelt ein Göttinger Betriebswirtschaftsstudent die folgende Gesamtkostenfunktion für den Bereich $0 \le x \le 55$.

$$K(x) = \begin{cases} 50 + 20x & \text{für } 0 \le x \le 5 \\ 100 + 10x & \text{für } 5 < x \le 30 \\ 100 + (1/100)x^3 - (3/5)x^2 + 19x & \text{für } 30 < x \le 49{,}2 \\ -210{,}41 + 20x & \text{für } 49{,}2 < x \le 55 \end{cases}$$

Die Inbetriebnahmekosten für die Aggregate A_1 und A_2 lassen sich der Kostenfunktion entnehmen, Fixkosten des Gesamtbetriebes bleiben unberücksichtigt.

Die Betriebszeit pro Tag beträgt für beide Aggregate (A_1, A_2) jeweils 10 Stunden. Die Funktion der variablen Stückkosten von A_2 lautet:

$$k_{v2}(d_2) \quad = \quad 2\,d_2{}^2 - 16\,d_2 + 52.$$

Kontinuierliche Leistungsvariationen sind bei A_1 und A_2 möglich.

Bestimmen Sie Mengen x_1 bzw. x_2 (auf A_1 bzw. A_2 produzierte Mengen der Tagesproduktion), Produktionsgeschwindigkeiten d_1 (Leistungsgrad von A_1) bzw. d_2 (Leistungsgrad von A_2) sowie die Betriebszeiten t_1 (von A_1) bzw. t_2 (von A_2) für Tagesproduktionen von:

$$x = 4 \; ; \qquad x = 10 \; ; \qquad x = 45 \quad \text{und} \quad x = 50.$$

Teil III

Produktionsplanung und -steuerung

Überblick

Gegenstand dieses Teils sind die Problemstellungen und Lösungsansätze der Produktionsplanung und -steuerung (PPS). Eingangs werden die grundsätzlichen Ansätze der Produktionsplanung und -steuerung sowie die Planungs- und Steuerungssystematik von (EDV-gestützten) PPS-Systemen erläutert. Sodann wird ausführlich auf die wesentlichen Planungsbereiche der Produktionsplanung und -steuerung eingegangen. Dies sind die

- Produktionsprogrammplanung,

- Bereitstellungsplanung und

- Durchführungsplanung.

Eine Dreigliederung der Produktionsplanung in die entsprechenden Bereiche ist in der Literatur relativ häufig zu finden (z. B. bei Gutenberg (1983), S. 151ff.; Koffler (1987), S. 4; Jacob (1990)).[1] Sie spiegelt sich auch in den Stufen der Produktionsplanung in EDV-gestützten PPS-Systemen wider. Bei der Erörterung der Planungsbereiche werden allerdings die jeweils aus inhaltlicher Sicht als sinnvoll erachteten Themengebiete behandelt, ohne dabei auf den Funktionsumfang in der Unternehmenspraxis eingesetzter PPS-Systeme Bezug zu nehmen.

Die Fragestellungen der drei Bereiche werden im Folgenden in der oben genannten Reihenfolge erörtert. Diese erscheint zumindest in bezug auf die Einordnung der Produktionsprogrammplanung schlüssig, da aus dem Produktionsprogramm bedeutende Vorgaben für die anderen Bereiche resultieren. Zudem gehen (konventionelle) PPS-Systeme ebenfalls weitgehend von einer entsprechenden Reihenfolge aus.

Angemerkt werden soll schließlich, dass eine eindeutige Abgrenzung zwischen den Planungsbereichen in einigen Fällen Schwierigkeiten bereitet.[2]

---

[1]   Es werden allerdings für die verschiedenen Bereiche zum Teil abweichende Bezeichnungen gebraucht. So benutzen GUTENBERG und KOFFLER den Ausdruck „Prozessplanung" anstelle von „Durchführungsplanung" (Gutenberg (1983), S. 199; Koffler (1987), S. 4). KERN (1992) verwendet die Begriffe „Produkt- und Programmgestaltung", „Potentialgestaltung" sowie „Prozessgestaltung und -steuerung".

[2]   Dies gilt zum Beispiel hinsichtlich der Losgrößenplanung, die hier der Durchführungsplanung zugeordnet ist, aber in bezug auf Halbfabrikate auch der Bereitstellungsplanung zugerechnet werden könnte. In ähnlicher Form berührt die Eigenfertigung von Halbfabrikaten sowohl die Programm- als auch die Bereitstellungsplanung.

1. Produktionsplanung und -steuerung in Theorie und Praxis

1.1 Planungsbereiche und deren Interdependenz

Die Planung und Steuerung realer Produktionssysteme ist bis auf triviale Ausnahmefälle eine äußerst komplexe Aufgabenstellung. Wie bei jedem Planungsproblem muss auch hier von *Unsicherheit* bezüglich der zu berücksichtigenden Daten ausgegangen werden, so dass das Planungsergebnis bestenfalls nur so gut sein kann wie die - erst ex post feststellbare - Güte der Schätzwerte für die entscheidenden Modellparameter. Aber selbst im Fall einer - lediglich theoretisch unterstellbaren - Planungssicherheit gestaltet sich die Produktionsplanung und -steuerung (PPS) schwierig, da mehrere, *gegenseitig voneinander abhängende Bereiche* bzw. Teilprobleme zu integrieren sind.

Die PPS nimmt die strategischen *Absatzpläne* als Datum hin, so dass sich die Optimierungsbemühungen auf ein grundsätzlich determiniertes (strategisches) Produktprogramm und zumindest grob definierte Ausbringungsmengen beziehen. Ebenso auf strategischer Ebene sind Entscheidungen über die Selbsterstellung bzw. den Fremdbezug (*Make-or-Buy*) der verschiedenen Leistungen sowie über die *Kapazitätsausstattung* zu treffen. Hierauf aufbauend sind dann im Rahmen der *operativ-taktischen Produktionsprogrammplanung* konkrete Mengen zu fertigender Produktarten, die in bestimmten Zeiträumen bereitzustellen sind, festzulegen. Hier liegt eine Interdependenz mit der *Produktionsaufteilungsplanung* vor, bei der die einzusetzenden Aggregate und die für die Fertigung zu nutzenden Intensitäten sowie die Produktionsdauern zu bestimmen sind (vgl. Abschnitt II-4-5).

Im Zuge der *Durchführungsplanung* sind *Fertigungslosgrößen* zu bestimmen, also die Mengen der jeweiligen Produktart, die ohne Unterbrechung auf den einzelnen Aggregaten herzustellen sind. Werden die Aufträge von externen Kunden oder die Marktnachfrage als Datum angesehen, muss sich die Produktion unter Minimierung der Kosten an diese Vorgaben anpassen. Da eine *Synchronisation mit der Nachfrage* nur bei Einzelaufträgen und sonst nur in Ausnahmefällen (nahezu konstante Nachfrageraten) möglich ist, erfolgt bei Fertigung für den anonymen Markt eine Vorproduktion auf Lager (*„Emanzipation" der Produktion vom Absatz*)[3]. Durch diese Maßnahmen werden die Fertigungskosten (insgesamt und je Mengeneinheit) beeinflusst, was wiederum in der Programmplanung zu berücksichtigen wäre.

Die *zeitliche Ablaufplanung* legt die Reihenfolge fest, in der die internen Aufträge bzw. Lose die Maschinen durchlaufen, wobei gegebenenfalls mehrere alternativ nutzbare Fertigungseinrichtungen zu berücksichtigen sind. Da durch die festgelegte Reihenfolge

---

[3] Zu diesbezüglichen Modellen siehe u. a. Bloech/Lücke (1982), S. 144ff.

über die Rüstzeiten der Maschinen auch ihre verfügbaren Kapazitäten beeinflusst werden, liegt hier wiederum - zumindest für die (vorab nicht bekannten) Engpässe - eine Interdependenz zur Programmplanung vor. Die Länge der etwaigen Warteschlangen vor den Produktionsstufen hat Auswirkungen auf die Durchlaufzeiten und die Lagerhaltungskosten und wird selbst durch die Größe der einzelnen Fertigungslose beeinflusst, so dass hier weitere Abhängigkeiten auftreten.

In ähnlicher Weise können Zusammenhänge zwischen der *Beschaffungs-* bzw. *Bereitstellungsplanung* und der Ablaufplanung konstatiert werden. Die Determinierung konkreter Bereitstellungszeitpunkte und -mengen für das benötigte, extern zu beschaffende Material ist nur möglich unter Kenntnis der - möglichst exakten - zeitlichen und mengenmäßigen Bedarfsanforderungen, die letztlich erst nach Fixierung der Auftragsreihenfolgen und damit der Fertigungstermine bekannt sind. Zeitlich und mengenmäßig variable Preise (bspw. saisonale Einflüsse und Mengenrabatte) wären eigentlich bei der Bestimmung des Produktionsprogramms zu berücksichtigen.

1.2   Methodische Ansätze zur Produktionsplanung und -steuerung

Aus den obigen Ausführungen wird deutlich, dass eine optimale Planung und Steuerung der Produktion des Einsatzes von *„Totalmodellen"* mit *Simultanplanungscharakter* bedarf. Tatsächlich müsste das PPS-„Totalmodell" im Sinne einer integrierten Unternehmensplanung mit den weiteren wesentlichen Planungsbereichen Absatz, Investition und Finanzierung sowie darüber hinaus kombiniert werden, um das theoretische Gesamtoptimum ermitteln zu können.[4] Es bedarf sicher keiner weiteren Erläuterung, dass dies für realistische Problemstellungen illusorisch sein dürfte. Bereits der Aufwand zur Beschaffung der - als unsicher einzustufenden - Daten wirkt sich hier neben dem komplexitätsbedingten Anspruch prohibitiv aus. Es versteht sich außerdem von selbst, dass Vorgaben aus einem derartig intransparenten zentralistischen Planungsmodell keine motivationsfördernde Wirkung auf der umsetzenden und ausführenden Ebene entfalten, so dass auch hinsichtlich der Mitarbeiterführung und -motivation Vorbehalte anzumelden sind.

Einige Nachteile des obigen zentralistischen Ansatzes könnten durch *dezentrale Bereichsplanungen* (siehe auch Koch (1982)), die auf effektive Weise koordiniert werden, vermieden werden. Fraglich ist jedoch, ob es geeignete und möglichst zugleich effiziente *Koordinationsmechanismen* gibt. Bekannte Hilfsmittel sind hier die Budgetsteuerung, die Lenkpreissteuerung[5] bzw. die Steuerung über Verrechnungspreise[6] (siehe auch

---

4   Siehe hierzu vertiefend Rollberg (2001).

5   Zu Lenkpreistheorie und Schmalenbachscher „pretialer Lenkung" vgl. Schmalenbach (1947; 1948).

6   Zu Steuerung über Verrechnungspreise siehe u. a. Buscher (1997).

Adam (1996), S. 359ff.). Im Idealfall sollten die Bereiche zu Planungsergebnissen kommen, die in ihrer Gesamtheit das Optimierungsproblem als Ganzes lösen. Damit müssten die Bereichslösungen von ihren isolierten Optima abweichen, was beispielsweise durch Vorgabe entsprechender Kostensätze oder Preise erreicht werden kann. Diese optimal vorzugebenden Lenkkosten oder -preise können allerdings i.d.R. erst nach Lösung des Totalmodells ermittelt werden (Dilemma der Lenkpreistheorie[7]), so dass lediglich ein iteratives Herantasten an das Optimum möglich erscheint. Dies ist leider zumeist mit einem nicht akzeptablen Aufwand verbunden. In ähnlicher Weise ist eine ex ante Zuteilung optimaler Budgets faktisch ausgeschlossen, so dass mit der dezentralen, koordinierten Planung im Zweifelsfall nur kleine Verbesserungen - oder sogar Verschlechterungen - gegenüber einer völlig isolierten Optimierung möglich sind.

Einer gewissen Kombination zentraler und dezentraler Planungsphilosophie sowie einer auf bestimmte Weise kombinierten totalen und partiellen Planung bedient sich die *Hierarchische Planung*[8]. Hierbei wird das Gesamtproblem in nacheinander zu lösende Teilprobleme auf unterschiedlichem Aggregations- und Abstraktionsniveau dekomponiert, wobei gemäß der vorgenommenen Hierarchisierung die zuerst zu lösenden Probleme Vorgaben für die nachfolgenden definieren. Die *vertikale Dekomposition* orientiert sich an der strategischen Bedeutung und damit verbunden an der Langfristigkeit der Entscheidungen, so dass die unteren (operativen) Ebenen Vorgaben seitens der oberen (strategischen und taktischen) Ebenen im Sinne von Rahmenplänen und -bedingungen erhalten. Entsprechend dem Organisationsprinzip der betreffenden Unternehmung wird eine *horizontale Dekomposition* vorgenommen, wodurch Funktional-, Divisional- und Prozessorganisationen[9] abbildbar sind und die zu isoliert zu lösenden Partialmodellen führt. Die horizontal getrennten Teilprobleme sind so zu koordinieren, dass zulässige Lösungen entstehen. Im Zuge einer vertikalen Koordination wird versucht, die Lösungsgüte des Gesamtproblems auf ein hohes Niveau zu bringen. Insgesamt stellt die Hierarchische Planung damit einen Kompromiss dar, der die Anforderungen an eine integrierte Planung[10] zu einem gewissen Grade, kein Kriterium jedoch vollständig erfüllt.

In der Praxis dominiert eine weitgehend rückkopplungsfreie *Sukzessivplanung*, die durch die gängigen Konzepte der verfügbaren *PPS-Systeme* unterstützt wird (siehe Abschnitt III-1.3). Anspruchsvollere Methoden werden mittlerweise in Ergänzungspake-

---

7   Siehe hierzu u. a. Hax (1985); Kruschwitz (2007); Adam (2000).

8   Zur Hierarchischen Produktionsplanung siehe insbesondere Hax/Meal (1975); Stadtler (1988); Kistner/Switalski (1989), Kistner (1992); Kistner/Steven (2001), S. 209ff. und Steven (1994).

9   Zu diesen Organisationsprinzipien vgl. Bogaschewsky/Rollberg (1998), S. 190ff.

10   Die allgemeinen Anforderungen an eine integrierte Unternehmensplanung sind nach KOCH (1982) die Langfristigkeit, die Datenkonformität, die Planungselastizität und die Planungsstimulanz.

ten wie dem Advanced Planner and Organizer der SAP AG angeboten (siehe Knol-mayer/Mertens/Zeier (2000)).

1.3 Planungs- und Steuerungssystematik von PPS-Systemen

Die Produktionsplanung und -steuerung (PPS) wird in der Praxis durch EDV-basierte PPS-Systeme unterstützt. Vielfach sind die hiermit verbundenen Funktionalitäten in größere Systemumgebungen zur Unternehmensplanung und -verwaltung eingebunden, so dass von Enterprise Resource Planning- (ERP-) Systemen gesprochen wird. Diese Systeme übernehmen meist die Grunddatenverwaltung und können für Planungs-rechnungen sowie für die Unterstützung der administrativen Abwicklung eingesetzt werden[11].

Die *Grunddatenverwaltung* wird i.d.R. von einem dem PPS-System unterlegten Daten-banksystem übernommen. Hier werden Kunden-, Lieferanten- und Teilestammdaten so-wie Stücklisten und Arbeitspläne verwaltet, wobei in der Praxis mehrere 10.000 Daten-sätze vorhanden sein können. Wie eine solche Grunddatenverwaltung auszugestalten ist, ist Thema der Informatik bzw. Wirtschaftsinformatik und soll daher an dieser Stelle nicht näher betrachtet werden.[12] PPS-Systeme stellen i.d.R. Bildschirmmasken für die Datenerfassung, Abfragesprachen zur Extraktion von Daten, Ausgabeformate für Re-ports bzw. Programmiersprachen zur Erstellung dieser Servicefunktionen zur Verfügung.

Im Vergleich zur Grunddatenverwaltung sind die Funktionen zur Unterstützung der *Pla-nung und Steuerung* der Produktion häufig weniger ausführlich in PPS-Systemen reali-siert. Je nach Umfang und Preis des Systems zeigen sich in diesem Bereich z.T. erhebli-che Unterschiede. Grundsätzlich können folgende Gründe für die teilweise mangelnde Unterstützung der Planungsfunktionen durch PPS-Systeme genannt werden:

- PPS-Systeme sind häufig historisch aus Datenbanksystemen zur Grunddaten-verwaltung „gewachsen". Planungsfunktionen wurden somit nachträglich, ohne ein bereits zu Beginn der Systementwicklung vorliegendes geschlossenes Gesamt-konzept installiert.

- Es herrschte bisher ein Mangel an qualifizierten Wirtschaftsinformatikern, die bei der Entwicklung bzw. Erweiterung von PPS-Systemen beteiligt werden konnten. Auf diese Weise erfolgte eine zu informatikspezifische Systemrealisierung.

---

[11] Im angelsächsischen Sprachraum wird PPS - teilweise ergänzt um weitere Bereiche - als Manu-facturing Resource Planning (MRP II) bezeichnet (vgl. u. a. Wight (1979)).

[12] Siehe hierzu z. B. Glaser/Geiger/Rohde (1992), Busch (1990).

- Die Anwender von PPS-Systemen sind häufig nicht mit spezifischen Planungsverfahren vertraut. Unter diesen Bedingungen ist eine Installation solcher Verfahren von relativ geringem Nutzen, bzw. es besteht die Gefahr eines fehlerhaften Einsatzes der Verfahren, was zu Planungsergebnissen von (sehr) geringer Qualität führen könnte.

- Die Vielzahl der in der betrieblichen Praxis zu disponierenden Produkte und Teile sowie der damit verbundenen Planungsaufgaben verbietet den Einsatz aufwendiger Planungsverfahren für eine größere Anzahl Güter.

Neben der Tatsache, dass in PPS-Systemen i.d.R. relativ „einfache", d.h. mit geringem Rechenaufwand verbundene Verfahren zum Einsatz kommen, erfordern sie auch eine veränderte Planungsphilosophie im Vergleich zu theoretischen betriebswirtschaftlichen Modellen. So arbeiten PPS-Systeme nach dem Sukzessivplanungsprinzip, während die Theorie (auch) Simultanansätze verfolgt (siehe Abschnitt III-1.2).

Die mengen- und zeitbezogene *Planung der Produktionsmengen* kann anhand des Stufenkonzepts für PPS-Systeme, wie in der Abbildung III-1 dargestellt, nachvollzogen werden (vgl. Adam (1988a), S. 8ff.).

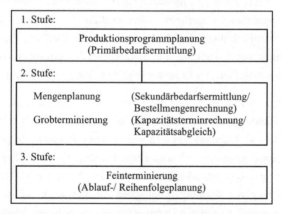

Abbildung III-1: Stufen der Produktionsplanung in PPS-Systemen

Zunächst erfolgt die *Planung des Produktionsprogramms* auf der Basis vorliegender Kundenaufträge und/oder Prognosen über erwartete Absatzmengen je Produktart im Planungszeitraum (*Primärbedarf*). In dieser ersten Planungsstufe wird in der Regel gleichzeitig eine mengen- und terminorientierte Grobplanung, zumeist ohne detaillierte Berücksichtigung der verfügbaren Kapazitäten, durchgeführt, da schon hier frühestmögliche Liefertermine abgeschätzt und entsprechende Vorlaufzeiten eingeplant werden müssen. Dies geschieht auf der Grundlage festzulegender *Fertigungslosgrößen* (siehe auch Abschnitt III-4.3), d.h. einer mengen- und zeitbezogenen Planung von Teilaufträgen mit der Zielsetzung der Kostenminimierung.

Die Ermittlung des Produktionsprogramms nach Erfolgskriterien und unter Berücksichtigung von Kapazitäten sowie die Berechnung von Fertigungslosgrößen wird i.d.R. von PPS-Systemen gar nicht oder nur mangelhaft unterstützt. Häufig wird nur eine Erfassung und Zusammenstellung von Aufträgen nach Produktarten/-varianten durch das System ermöglicht.

Auf der Basis des Primärbedarfs und der Losgrößen wird in der zweiten Stufe des Produktionsplanungsprozesses der *Sekundärbedarf* ermittelt, also die für die Erstellung des Primärbedarfs benötigten Materialarten und -mengen (siehe auch Abschnitt III-3.2). Hierzu werden Stücklisten, Rezepturen u. ä. herangezogen, die angeben, wie sich die Erzeugnisse zusammensetzen. Desweiteren sind im Rahmen der Mengenplanung die optimalen *Bestellmengen, -häufigkeiten* und *-zeitpunkte* festzulegen (siehe Abschnitt III-3.3). Diese Planungen werden im angelsächsischen Sprachraum als „Materials Requirement Planning (MRP)" bezeichnet (vgl. u. a. Krajewski/Ritzman (1993), S. 645ff.).

Nach dieser, der Materialwirtschaft zuzuordnenden Mengenplanung erfolgt im Rahmen der Zeitwirtschaft eine *Kapazitätsterminierung*. Hier werden den Aufträgen auf der Grundlage der Arbeitspläne für die Erzeugnisse Arbeitsgänge zugeordnet. Sollten nach Abschluss dieser ersten Auftragszuordnung Betriebsmittel überlastet sein (Engpass), so wird ein *Kapazitätsabgleich* angestrebt. Dabei wird durch Verlagern von Arbeitsgängen auf andere Betriebsmittel, durch Erhöhung der Leistungsschaltung dieser Anlagen oder durch das Einplanen von Überstunden u. ä. versucht, die termingerechte Fertigstellung der Aufträge sicherzustellen. Als Ergebnis liegt dann ein grober Terminplan vor.

Die dritte und letzte Planungsstufe ist die *Feinterminierung*; sie umfasst die Festlegung der Fertigungsreihenfolge der Aufträge auf den verschiedenen Betriebsmitteln (siehe auch Abschnitt III-4.4). Dabei stehen sich konkurrierende Zielsetzungen bei der Durchführung der Planung gegenüber. Kurze Durchlaufzeiten und niedrige Lagerbestände führen zu geringeren Kapitalbindungskosten bei gleichzeitig erhöhter Flexibilität und größerer terminbezogener Planungsgenauigkeit im Vergleich zu Ansätzen, die eine möglichst hohe Kapazitätsauslastung verbunden mit einer hohen Produktivität des einzelnen Betriebsmittels verfolgen.

Neben den Planungstätigkeiten sind die *Steuerungsaufgaben*, die in dem hier dargestellten Zusammenhang in erster Linie organisatorische und administrative Tätigkeiten umfassen, in der Produktion wahrzunehmen.

Nach Festlegung der Bestellmengen und -termine hat die *Bestellschreibung* und die *Freigabe der Bestellaufträge* zu erfolgen. Diese Aufträge sind auf ihre korrekte Erledigung hin zu überwachen, was die Erstellung von Mahnungen, Erinnerungsschreiben, die Durchführung eventuell notwendiger Notbeschaffungen und die Lagereingangskontrolle beinhaltet.

Für den ordnungsgemäßen Ablauf der Produktion sind Fertigungsbelege auf der Basis der *Arbeitspläne* zu erstellen, die *Aufträge* nach vorheriger Verfügbarkeitsprüfung benötigter Betriebsmittel und Materialien *freizugeben* und der Auftragsfortschritt sowie die Kapazitäten zu überwachen. Bei Störungen sind entsprechende Gegenmaßnahmen zu treffen und gegebenenfalls Umdispositionen in bezug auf die Fertigungsreihenfolge und/oder -losgröße, die Zuordnung von Aufträgen auf Betriebsmittel und die Bereitstellung von Material vorzunehmen. Somit erfolgt hier eine Rückkopplung zur Produktionsplanung. Die Stufen der Produktionssteuerung sind in der Abbildung III-2 dargestellt. Diese kommen weitgehend parallel zu den Planungsstufen, wie sie in der Abbildung III-1 skizziert sind, zur Ausführung.

Entgegen der oben vorgenommenen Trennung von Produktions*planung* und *-steuerung* wird der Begriff Produktions- bzw. Fertigungssteuerung in theoretischen Abhandlungen häufig für alle Planungs-, Steuerungs- und Kontrollaufgaben, die im Bereich der Fertigungsdurchführung anfallen, verwendet. Oben wurde der Begriff Fertigungssteuerung - wie bereits angemerkt - vor allem auf organisatorische und administrative Tätigkeiten bezogen.

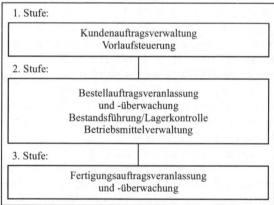

Abbildung III-2: Stufen der Produktionssteuerung in PPS-Systemen

Der aufgezeigte sukzessive Prozess der Produktionsplanung und -steuerung, wie er auch von konventionellen PPS-Systemen übernommen wurde, bringt einige Probleme mit sich. So werden z. B. weitgehend deterministische Daten in bezug auf Bearbeitungs- und Durchlaufzeiten vorausgesetzt und vorhandene Engpässe nur unzureichend berücksichtigt, insbesondere was deren Wirkung auf die Durchlaufzeiten und Auftragsfreigabetermine angeht. Das weitgehend sequentielle Konzept zeigt dabei einen Mangel an Flexibilität bezüglich Störungen oder kurzfristigen Änderungen der Auftragslage. Neuere Fertigungskonzepte, wie sie z. B. Flexible Fertigungssysteme erfordern, werden nicht adäquat abgedeckt. Wie bereits oben angemerkt, versuchen neuere Ergänzungspakete diese Mängel zu beseitigen.

Literatur

Adam, D. (1996): Planung und Entscheidung, 4. Aufl., Wiesbaden

Adam, D. (Hrsg.) (1988a): Fertigungssteuerung I, Wiesbaden

Adam, D. (2000): Investitionscontrolling, 3. Aufl., Wiesbaden

Bloech, J./Lücke, W. (1982): Produktionswirtschaft, Stuttgart, New York

Bogaschewsky, R./Rollberg, R. (1998): Prozeßorientiertes Management, Berlin u. a.

Busch, U. (1990): Entwicklung eines PPS-Systems, 3. Aufl., Berlin, Bielefeld, München

Buscher, U. (1997): Verrechnungspreise aus organisations- und agencytheoretischer Sicht, Wiesbaden

Glaser, H./Geiger, W./Rohde, V. (1992): PPS - Produktionsplanung und -steuerung, 2. Aufl., Wiesbaden

Gutenberg, E. (1983): Grundlagen der Betriebswirtschaftslehre, Bd. 1: Die Produktion, 24. Aufl., Berlin u. a.

Hax, A.C./Meal, H.C. (1975): Hierarchical Integration of Production Planning and Scheduling, in: Geisler, M.A. (Hrsg.): Logistics, Amsterdam, S. 53 - 69

Hax, H. (1985): Investitionstheorie, 5. Aufl., Würzburg, Wien

Jacob, H. (1990): Die Planung des Produktions- und Absatzprogramms, in: Jacob, H. (Hrsg.): Industriebetriebslehre, 4. Aufl., Wiesbaden, S. 401 - 590.

Kern, W. (1992): Industrielle Produktionswirtschaft, 5. Aufl., Stuttgart

Kistner, K.-P. (1992): Koordinationsmechanismen in der hierarchischen Planung, in: ZfB, 62. Jg., Nr. 10, S. 1125 - 1146

Kistner, K.-P./Switalski, M. (1989): Hierarchische Produktionsplanung, in: ZfB, 59. Jg., Nr. 5, S. 477 - 503

Kistner, K.-P./Steven, M. (2001): Produktionsplanung, 3. Aufl., Heidelberg

Knolmayer, G./Mertens, P./Zeier, A. (2000): Supply Chain Management auf Basis von SAP-Systemen, Berlin u. a.

Koch, H. (1982): Integrierte Unternehmensplanung, Wiesbaden

Koffler, J.R. (1987): Neuere Systeme zur Produktionsplanung und -steuerung, München

Krajewski, L.J./Ritzman, L.P. (1993): Operations Management, 3. Aufl., Reading

Kruschwitz, L. (2007): Investitionsrechnung, 11. Aufl., München, Wien

Rollberg, R. (2001): Integrierte Unternehmensplanung, Wiesbaden

Schmalenbach, E. (1947; 1948): Pretiale Wirtschaftslenkung, Band 1 - Die optimale Geltungszahl, Bremen

Schmalenbach, E. (1947; 1948): Pretiale Wirtschaftslenkung, Band 2 - Pretiale Lenkung des Betriebes, Bremen

Stadtler, H. (1988): Hierarchische Produktionsplanung bei losweiser Fertigung, Heidelberg

Steven, M. (1994): Hierarchische Produktionsplanung, 2. Aufl., Heidelberg

Wight, O.W. (1979): MRP II - Manufacturing Resource Planning, in: Modern Materials Handling, Sept.

2. Produktionsprogrammplanung

2.1 Überblick

Das Produktionsprogramm eines Industriebetriebs legt fest, welche Produktarten in welchen Mengen in bestimmten Perioden hergestellt werden können bzw. sollen (vgl. Kern (1979), Sp. 1566). Die Planung des Produktionsprogramms hat sehr hohe Bedeutung für Unternehmen, da diese in einer Marktwirtschaft nur mit marktgerechten Produkten auf Dauer erfolgreich existieren können. Diese Aussage deutet bereits auf die enge Verbindung zwischen dem Produktions- und dem Absatzprogramm und damit dem Absatzbereich von Unternehmen hin. Die Herstellung von Produkten ist nur dann sinnvoll, wenn diese auch abgesetzt werden können. Die Programmplanung stellt eine wesentliche Schnittstelle zwischen den Bereichen Produktion und Absatz bzw. Marketing dar. Dies lässt sich auch durch die Tatsache belegen, dass die Produktpolitik als ein Instrument des Marketings angesehen wird. Der Grad der Übereinstimmung zwischen Produktions- und Absatzprogramm ist abhängig von der Fristigkeit der Planungen. Während in langfristiger Sicht Absatz- und Produktionsprogramm weitgehend übereinstimmen, kann es kurzfristig zu erheblichen Abweichungen zwischen beiden kommen.

Unterschiede zwischen Absatz- und Produktionsprogramm können aus der Fertigung von Halbfabrikaten, die nicht im Absatzprogramm enthalten sind, sowie aus dem Fremdbezug der zu verkaufenden Fertigprodukte resultieren. Auch für Halbfabrikate ist häufig ein Fremdbezug denkbar. Die Wahl zwischen Eigenfertigung und Fremdbezug ist ebenfalls im Rahmen der Produktionsprogrammplanung zu treffen. Damit wirkt sich die Programmplanung auf die Fertigungstiefe aus.

Damit das Produktionsprogramm eine Erfolgssicherung für das Unternehmen ermöglichen kann, ist es an Veränderungen im Marktgeschehen (Bedarfswandel, Konkurrenzeinflüsse, gesetzliche Regelungen) anzupassen (vgl. Kern (1979), Sp. 1571). Dies erfordert im Hinblick auf die Unternehmensumwelt eine effiziente Sammlung und Auswertung von Informationen über gegenwärtige und zukünftige Entwicklungen. Zudem muss unternehmensintern die Grundlage für die Modifikation vorhandener und die Einführung neuer Produkte geschaffen werden, vor allem durch Aktivitäten im Bereich Forschung und Entwicklung. Die Planung des Produktionsprogramms wird von Gegebenheiten in verschiedenen Bereichen des Unternehmens beeinflusst. So können beispielsweise das Know-how, die finanziellen Kapazitäten des Unternehmens und dessen Kos-

tenposition im Vergleich zur Konkurrenz Einfluss auf die Überlegungen zur Programmplanung nehmen.

Auf der anderen Seite resultieren aus der Programmplanung Vorgaben für andere Teilbereiche der Unternehmensplanung, wie z. B.

-   die Finanzplanung (welche Finanzmittel sind für die Einführung und Fertigung
    neuer Produkte zu welchen Zeitpunkten erforderlich?)

-   die Bereitstellungsplanung (welches Personal, welche Anlagekapazitäten[1] und
    welche Materialien sind zur Fertigung bestimmter Produkte in welchen Perioden
    notwendig?)

-   die Durchführungsplanung (welcher Fertigungstyp sollte bei einem bestimmten
    Produktionsprogramm gewählt werden? Wie kann der Fertigungsablauf bei einem
    spezifischen Produktionsprogramm sinnvoll gestaltet werden?)

Auf die beiden letztgenannten Bereiche und deren Verflechtungen mit der Programmplanung wird in den nachfolgenden Abschnitten noch eingegangen.

Die Planung des Produktionsprogramms kann in drei Ebenen untergliedert werden (vgl.
Jacob (1996), Sp. 1468f.):

-   strategische Produktionsprogrammplanung,

-   taktische Produktionsprogrammplanung und

-   operative Produktionsprogrammplanung.[2]

Die Planungen auf den einzelnen Ebenen unterscheiden sich hinsichtlich verschiedener
Merkmale, wie Abbildung III-3 für die Planung allgemein zeigt.

Weitere Unterschiede zwischen den Planungen auf den verschiedenen Ebenen zeigen
sich bei den verfolgten Zielgrößen. Während in der operativen Ebene eher kurzfristige
monetäre Ziele wie Gewinn- oder Rentabilitätsmaximierung verfolgt werden, bestehen
die Zielgrößen der strategischen Planung entweder in der Sicherung von Erfolgspotentialen oder in dem Streben nach langfristigen monetären Erfolgen (z. B. Steigerung des
Unternehmenswerts).

---

[1]   ZÄPFEL rechnet die Kapazitätsbereitstellung der Programmplanung zu und nicht - wie es hier
      geschieht - der Bereitstellungsplanung (vgl. Zäpfel (1979), Sp. 1700).

[2]   In der Literatur werden entweder die Begriffe "langfristig", "mittelfristig" und "kurzfristig" oder
      die Ausdrücke "strategisch", "taktisch" sowie "operativ" verwendet. Im Folgenden werden die
      letztgenannten Begriffe genutzt, da die zugrundeliegende Differenzierung sich in der Planungs-
      literatur gegenüber der Unterscheidung nach Fristigkeiten durchgesetzt hat.

Ebene der Planung Merkmale von Planungsproblemen	strategisch	taktisch	operativ
Differenziertheitsgrad (Aufgliederung in Teilpläne)	wenig differenziert (Gesamtplan)	◄─────►	stark differenziert (viele Teilpläne)
Detailliertheitsgrad (Erfassung von Einzelheiten)	globale Größen (Problemfelder)	◄─────►	detaillierte Größen (Detailprobleme)
Präzision (Informationen über die zu erfassenden Größen)	grobe Informationen über die Größen	◄─────►	feine ("exakte") Informationen über die Größen
Bezugszeitraum (Planungshorizont/ Prognosereichweite)	langfristig	◄─────►	kurzfristig
Problemstruktur (Abgrenzung des Such- raums für zulässige Lösungen)	schlecht- strukturierte Probleme	◄─────►	wohl- strukturierte Probleme

Abbildung III-3: Merkmale strategischer, taktischer und operativer Planung[3]

Die verschiedenen Ebenen der Produktionsprogrammplanung sollen im Folgenden erörtert werden, wobei der Schwerpunkt auf Fragestellungen und Lösungsansätzen der operativen Ebene liegen wird.

---

3   Vgl. Schweitzer (2005), S. 36, vgl. dazu auch Pfohl/Stölzle (1997), S. 87.

2.2 Strategische Produktionsprogrammplanung

Ziel der strategischen Planung ist die Sicherung der Überlebensfähigkeit des Unternehmens. Eine daraus abgeleitete Zielsetzung besteht darin, für das Unternehmen und dessen Geschäfts- und Funktionsbereiche Erfolgspotentiale aufzubauen und zu halten.[4]

Im Rahmen der Programmplanung kann die Sicherung von Erfolgspotentialen erfolgen, indem geeignete Produktfelder gewählt werden. Ein Produktfeld ist die Gesamtheit der Erzeugnisse, die sich auf ein Grundprodukt zurückführen lassen (vgl. Jacob (1990), S. 409).[5] Das Produktfeld kann mehrere Produktgruppen bzw. -linien beinhalten.

Bei der Wahl der Produktfelder ist der Gesamtzusammenhang der Unternehmensstrategien zu berücksichtigen. Eng verknüpft ist die Bestimmung der Produktionsprogrammstrategie mit der Festlegung der Wettbewerbsstrategie. Als Wettbewerbsstrategien werden gemäß PORTER die Differenzierung und die Kostenführerschaft aufgefasst. Die Erlangung einer Kostenführerschaft besteht darin, dass ein Unternehmen der kostengünstigste Anbieter der Branche wird. Differenzierung liegt vor, wenn ein Unternehmen sich von den anderen Anbietern bei einigen von den Abnehmern als bedeutend eingestuften Merkmalen der Produkte und der Wettbewerbsinstrumente positiv abhebt und den Status der Einzigartigkeit gewinnt. Die Kostenführerschaft und die Differenzierung können sich entweder auf den gesamten Markt oder auf Marktsegmente beziehen (vgl. Porter (1980), S. 70ff., Porter (2000), S. 37ff.).[6]

Desweiteren ist für die Bestimmung der Produktionsprogrammstrategie von Bedeutung, ob das Unternehmen insgesamt und in Teilbereichen Wachstums-, Stabilisierungs- oder Schrumpfungsstrategien verfolgt. Gemäß ANSOFF können im Hinblick auf Märkte sowie Produkte bzw. Produktfelder[7] vier Arten von Wachstumsstrategien unterschieden werden, wie Abbildung III-4 zeigt.

---

[4] Vgl. zu dieser Zielsetzung und zu anderen möglichen Zielgrößen des strategischen Management, wie dem bereits angesprochenen Unternehmenswert, Welge/Al-Laham (2004), S. 111ff., Götze/Mikus (1999), S. 16ff.

[5] Zu einer abweichenden Definition vgl. Kern (1992), S. 125.

[6] Es wird kontrovers diskutiert, ob es möglich ist, mittels sogenannter hybrider Strategien sowohl Kostenführerschaft als auch Differenzierung zu realisieren. Zu hybriden Strategien vgl. Fleck (1995), Götze/Mikus (1999), S. 169ff. und die dort angegebene Literatur.

[7] Während ANSOFF den Begriff "Produkte" verwendet, wird hier aufgrund der geringen Konkretisierung der strategischen Planungen der Terminus "Produktfelder" präferiert.

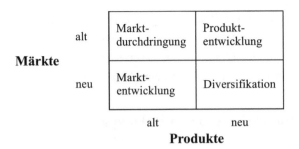

Abbildung III-4: Produkt-Markt-Matrix[8]

Die Wahl einer Wachstumsstrategie ist Basis für die strategische Produktionspro-grammplanung und für eine Reihe weiterer Überlegungen, z. B. im Hinblick auf For-schung und Entwicklung. Bei der Bestimmung konkreter Produktfelder ist eine Reihe von Faktoren zu berücksichtigen, zum Beispiel rechtliche und technologische Gegeben-heiten, die Nachfragesituation, die Konkurrenzsituation, die finanzielle Situation des Unternehmens sowie dessen technologische Stärke. Diese Faktoren wirken sich auch auf das Risiko aus, welches mit der Wahl von Produktfeldern verbunden ist. Zum Aus-gleich von Risiken ist es für ein Unternehmen möglicherweise angebracht, sich in ver-schiedenen Produktfeldern zu engagieren.[9]

Zur Vorbereitung der Wahl von Produktfeldern kann eine Gewinnvorschaurechnung durchgeführt werden. Bei dieser werden die in einem Produktfeld durchschnittlich zu erwartenden Gewinne unter Berücksichtigung der Unsicherheit ermittelt (vgl. Jacob (1990), S. 415ff.).[10]

Ansonsten lassen sich bei der strategischen Produktionsprogrammplanung die Instru-mente nutzen, die generell in der strategischen Planung Verwendung finden (vgl. Cors-ten (2000), S. 206ff.). Dazu zählen vor allem die Portfolio-Analyse, die PIMS-Studie, das Erfahrungskurvenkonzept und das Lebenszykluskonzept. Auf diese Instrumente soll hier nicht gesondert eingegangen werden, es sei dazu auf die - am Ende dieses Kapitels angegebene - Literatur zur strategischen Planung verwiesen.

---

8   Quelle: Ansoff (1957), S. 114.

9   Auch für die Betätigung eines Unternehmens in zwei oder mehreren Produktfeldern wird der Be-griff "Diversifikation" verwendet (vgl. Jacob (1990), S. 421).

10   Zu einem komplexeren Modell für mehrere strategische Geschäftseinheiten, die Produktfeldern vergleichbar sind, vgl. Felzmann (1982).

Die im Rahmen der strategischen Produktionsprogrammplanung bestimmten Strategien müssen in den nachfolgenden taktischen und operativen Planungsebenen konkretisiert werden. Auf die taktische Ebene soll im Folgenden eingegangen werden, wobei anzumerken ist, dass die Übergänge zwischen den einzelnen Ebenen fließend sind.

2.3 Taktische Produktionsprogrammplanung

Die Konkretisierung des strategischen Absatz- und Produktionsprogramms in der taktischen Planungsebene umfasst die folgenden Überlegungen (vgl. Zäpfel (2000b), S. 75):

- Welche neuen Produkte sollen eingeführt werden?

- Welche der bisherigen Produkte sollen modifiziert werden?

- Welche der bisherigen Produkte sollen eliminiert werden?

In bezug auf diese Maßnahmen ist zudem der Zeitpunkt ihrer Durchführung zu erwägen. Außerdem sollte eine grobe Mengenplanung für die einzelnen Produkte erfolgen (vgl. Sabel (1979), Sp. 1688).

Das Ergebnis dieser Überlegungen führt zu Aussagen über die Breite (Zahl der angebotenen Basisprodukte) sowie die Tiefe (Zahl der angebotenen Ausführungsformen der Basisprodukte) des Absatzsortiments eines Unternehmens. Das Produktionssortiment ergibt sich zum einen aus dem Absatzsortiment, zum anderen aus der Festlegung, inwieweit die Produkte eigengefertigt oder fremdbezogen werden sollen.

Auf die Bestimmung des Absatz- sowie des Produktionssortiments wirken sich unter anderem die folgenden Einflussgrößen aus (vgl. Zäpfel (2000b), S. 76f., Zäpfel (1979), Sp. 1702):

- Absatzverbundenheit der Produkte (konkurrieren die Produkte miteinander oder unterstützen sie sich gegenseitig in ihren Absatzverläufen?),

- Fertigungsverwandtschaft der Produkte (können durch Nutzung gleichartiger Produktionsanlagen und/oder -verfahren Kostenersparnisse erzielt werden?) sowie

- Materialverwandtschaft der Produkte (bestehen die Produkte eines Programms aus gleichen oder ähnlichen Materialien?).[11]

---

[11] In ähnlicher Form wie die Fertigungs- und Materialverwandtschaft kann auch eine Verwandtschaft von Produkten in bezug auf die Forschung und Entwicklung vorliegen.

Von der Breite und Tiefe des Produktionsprogramms hängen die Produktionskosten sowie die Anforderungen an die Produktionsplanung und -steuerung ab. In der Regel steigen beide mit zunehmender Zahl der Produkte, wobei sich die Fertigungs- und Materialverwandtschaft auf die Höhe der Steigerung auswirkt. Die Kostensteigerung kann durch Standardisierung von Einzelteilen (Normung), Verwendung von Baukastensystemen oder Aktivitäten der Produktgestaltung begrenzt werden.

Im Rahmen der taktischen Produktionsprogrammplanung lassen sich unter anderem die folgenden Instrumente verwenden (vgl. auch Jacob (1990), S. 448ff.):

-   Kreativitätstechniken zum Finden von Produktideen,

-   die Wertanalyse zur Identifikation von Ansatzpunkten für eine Verbesserung der Produktgestaltung im Hinblick auf die Produktionsdurchführung,

-   das Lebenszykluskonzept als Grundlage für die Modifikation oder Elimination von Produkten,

-   das Target Costing (marktorientierte Zielkostenmanagement), um insbesondere die Eigenschaften und Komponenten neuer Produkte kunden- und kostenorientiert zu gestalten (vgl. Seidenschwarz (1993)),

-   lebenszyklusbezogene Modellrechnungen zur Beurteilung der Wirtschaftlichkeit einzelner Produktarten oder zur Fundierung von Markteintritts- oder Marktaustrittsentscheidungen (zu derartigen Modellen bzw. Verfahren des "Life Cycle Costing" vgl. Götze (2000), S. 275ff.) sowie

-   Optimierungsrechnungen mit linearen Modellen, deren Ergebnisse Vorteilhaftigkeitsaussagen unter anderem bezüglich der Einführung neuer und der Eliminierung bestehender Produkte unter Berücksichtigung der zwischen diesen existierenden Beziehungen zulassen (vgl. dazu auch Zäpfel (2000b), S. 77ff.).

Mit dem taktischen Produktionsprogramm wird festgelegt, welche Produktarten ein Unternehmen zu bestimmten Zeitpunkten herstellen kann. Die konkreten Fertigungsmengen spezifischer Perioden sind in der operativen Produktionsprogrammplanung zu ermitteln.

2.4   Operative Produktionsprogrammplanung

2.4.1   Einführung

Im Rahmen der operativen Produktionsprogrammplanung können in Abhängigkeit von der Absatz- und der Produktionsstruktur sehr unterschiedliche Problemstellungen auftreten, die spezifische Planungen erfordern.

In vielen Fällen ist unter anderem die zeitliche Abstimmung zwischen Produktions- und Absatzmengen zu regeln. Dafür existiert eine große Vielfalt von Möglichkeiten, deren extreme Ausprägungen im Folgenden aufgeführt werden sollen. Wenn die Produktionsmengen so festgelegt werden, dass sie in allen Teilperioden mit den Absatzmengen übereinstimmen, liegt Synchronisation vor. Bei einer totalen Emanzipation werden bei schwankenden Absatzmengen die Produktionsmengen in den Teilperioden konstant gehalten (vgl. Kern (1992), S. 139f., Kilger (1973), S. 33f.). Eine totale Emanzipation führt ebenso wie Zwischenformen zur Lagerhaltung von Fertigprodukten. Damit werden von der Gestaltung des Produktionsprogramms neben Produktions- auch Lagerhaltungskosten beeinflusst. Eine Anpassung des Produktions- an das Absatzprogramm sollte derart erfolgen, dass die Summe aus Lagerhaltungs- und Produktionskosten minimal wird (vgl. Kern (1992), S. 139).[12]

Problematisch ist die Ermittlung konkreter Fertigungsmengen bestimmter Produktarten in einer kurzfristigen Sicht vor allem dann, wenn konkurrierende Beziehungen zwischen den verschiedenen Produktarten herrschen. Dies ist bei bestimmten Produktionsstrukturen der Fall, die in Abbildung III-5 durch eine Umrandung kenntlich gemacht sind.

---

[12]   Zu Überlegungen hinsichtlich einer sinnvollen Anpassung der Produktion an den Absatz vgl. auch Schneider (1938).

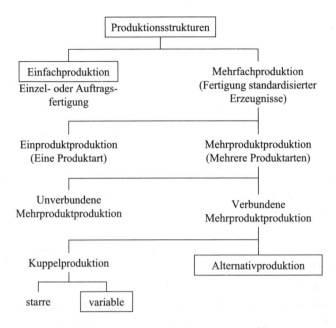

Abbildung III-5: Produktionsstrukturen[13]

Von den in der Abbildung aufgeführten Produktionsstrukturen wird im Folgenden vor allem die Alternativproduktion betrachtet.

Bei der Alternativproduktion - und auch bei anderen Produktionsstrukturen - kann in bezug auf die der Programmplanung zugrundeliegenden Produktions- und Absatzstrukturen eine Vielzahl unterschiedlicher Fälle auftreten. Unterschiede sind unter anderem hinsichtlich

- der Existenz von Engpässen im Fertigungsbereich,

- des Verlaufs der relevanten Stückkosten in Abhängigkeit von der Fertigungsmenge,[14]

- der Existenz von Absatzmengenhöchstgrenzen und

- der Abhängigkeitsbeziehungen zwischen Absatzmenge und Preis (Marktformen des Monopols, des Oligopols oder der vollkommenen Konkurrenz)

denkbar.

---

13 Vgl. Sabel (1979), Sp. 1687.

14 Zu möglichen Verläufen der Stückkosten in Abhängigkeit von der Produktionsmenge vgl. Abschnitt II-2.2, zu Verfahren und Systemen der Kostenrechnung, die sich zur Bestimmung der (variablen) Stückkosten eignen, vgl. Schweitzer/Küpper (2003), S. 46ff., Freidank (2001), S. 94ff., Götze (2007), S. 27ff.

Neben den Produktions- und Absatzstrukturen ist für das Vorgehen bei der Produktionsprogrammplanung auch die verfolgte Zielsetzung von Bedeutung. Zielgrößen, deren
Maximierung im Rahmen einer operativen Produktionsprogrammplanung angestrebt
werden kann, sind unter anderem "Gewinn", "Umsatzrentabilität" und "Gesamtkapital-
rentabilität".[15]

In den verschiedenen Fällen, die in bezug auf Produktions- und Absatzstrukturen sowie
die Zielsetzung auftreten können, sind unterschiedliche Vorgehensweisen zur Bestimmung eines optimalen operativen Produktionsprogramms anzuwenden. Es kann hier
nicht auf alle Fälle eingegangen werden, dazu sei auf die Literatur verwiesen (vgl. Hilke
(1988), Adam (1998), S. 215ff.).

Bevor die Programmplanung bei Alternativproduktion erörtert wird, sollen drei Produk-
tions- und Absatzsituationen bei der Einproduktproduktion beispielhaft betrachtet werden. Diese ist aufgrund ihrer einfachen Struktur besonders geeignet, bestimmte Produk-
tions- und Absatzsituationen sowie das jeweilige Vorgehen bei der zielgerechten Festlegung von Produktionsmengen zu veranschaulichen. Als Zielsetzung wird im folgenden
jeweils Gewinnmaximierung unterstellt.

In Fall 1 wird für den Absatzmarkt unterstellt, dass eine Monopolsituation vorliegt. Der
Monopolist kann dann den Absatzpreis festlegen. Da angenommen wird, dass bei jedem
Absatzpreis eine bestimmte Menge abgesetzt werden kann, wird über die Preisfestle-
gung auch die Absatzmenge determiniert. Der Zusammenhang zwischen Preis p und
Absatzmenge x soll sich mit Hilfe der folgenden linearen Preis-Absatz-Funktion be-
schreiben lassen:

$$p(x) = p_{max} - a \cdot x, \qquad \text{mit } a > 0$$

In dieser Formel stellt p_{max} den Höchstpreis dar, d.h. den Preis, bei dem gerade kein
Absatz mehr erfolgen würde (x = 0). Wie Abbildung III-6 zeigt, existiert auch eine maximale Absatzmenge x_{max} (Sättigungsmenge). Eine größere Menge kann auch bei
einem Preis von Null nicht abgesetzt werden.

Für die Umsatzfunktion U sowie die Grenzumsatzfunktion U' gilt bei dieser Absatzsituation:

$$U(x) = x \cdot p(x) = x \cdot (p_{max} - a \cdot x) = x \cdot p_{max} - a \cdot x^2$$

$$U'(x) = dU(x)/dx = p_{max} - 2 \cdot a \cdot x$$

---

15   Zu diesen Zielsetzungen vgl. Abschnitt I-4.

Wie in Abbildung III-6 dargestellt, handelt es sich bei der Umsatzfunktion um eine Parabel; der Grenzumsatz wird durch eine Gerade beschrieben, deren Steigung doppelt so groß ist wie die der Preis-Absatz-Funktion. Aus diesem Grund und weil beide Funktionen den gleichen Ordinatenabschnitt aufweisen, liegt der Schnittpunkt zwischen der Grenzumsatzfunktion und der Abszisse bei der Hälfte der Sättigungsmenge. Dieser Schnittpunkt gibt die Absatzmenge x_{Umax} an, die zu einem maximalen Umsatz führt, da an dieser Stelle gilt: $U'(x) = 0$.

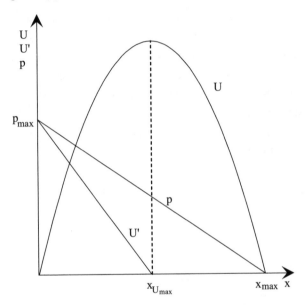

Abbildung III-6: Preis-Absatz-Funktion und Umsatzfunktionen eines Monopolisten

Für die Kostensituation soll in Fall 1 angenommen werden, dass ein ertragsgesetzlicher Kostenverlauf vorliegt. Der Gewinn soll sich hier und bei den folgenden Fällen als Differenz aus Umsatz und Kosten ergeben.[16] Die Gewinnfunktion lautet dann:

$$G(x) = U(x) - K(x)$$

Die gewinnmaximale Produktions- und Absatzmenge x_{opt} lässt sich bestimmen, indem die erste Ableitung gebildet und gleich Null gesetzt wird (notwendige Bedingung für ein Gewinnmaximum).

$$dG(x)/dx = dU/dx - dK/dx = 0$$

---

16   Es wird damit unter anderem unterstellt, dass die Produktions- gleich der Absatzmenge ist und dadurch keine Lagerbestandsveränderungen auftreten, die sich auf die Gewinnhöhe auswirken.

Daraus resultiert:

$$dU / dx = dK / dx$$

Bei der gewinnmaximalen Menge ist der Grenzumsatz gleich den Grenzkosten. Um zu sichern, dass es sich auch um ein Gewinnmaximum handelt, ist die zweite Ableitung zu überprüfen. Es muss gelten (hinreichende Bedingung für ein Gewinnmaximum):

$$d^2G / dx^2 < 0$$

Abbildung III-7 zeigt den Umsatz-, Kosten-, Grenzumsatz- und Grenzkostenverlauf für Fall 1.[17] Die Bestimmung der gewinnmaximalen Menge x_{opt} kann auch auf graphischem Wege vorgenommen werden. Da im Optimum die Grenzkosten gleich dem Grenzumsatz sind, liegt die gewinnmaximale Menge beim Schnittpunkt von Grenzumsatz- und Grenzkostenfunktion. Dort sind die Steigungen von Umsatz- und Kostenfunktion gleich. Dies heißt, dass in diesem Punkt die Tangente an die Umsatzfunktion, da deren Steigung gleich der der Umsatzfunktion ist, parallel zu einer entsprechenden Tangente an die Kostenfunktion verläuft.

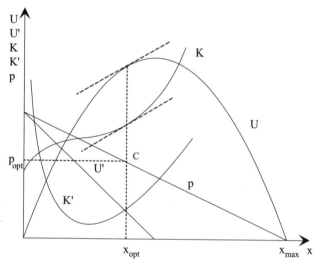

Abbildung III-7:   *Gewinnmaximierung eines Monopolisten bei ertragsgesetzlichem Kostenverlauf*

In Abbildung III-7 ist auch die Preis-Absatz-Funktion dargestellt. Der gewinnmaximalen Absatzmenge x_{opt} ist ein bestimmter Preis p_{opt} zugeordnet. Der entsprechende Punkt auf der Preis-Absatz-Funktion wird als COURNOT'scher Punkt (C) bezeichnet.

---

[17]   Zum Kosten- und Grenzkostenverlauf bei einer ertragsgesetzlichen Kostenfunktion vgl. Abschnitt II-2.2.

Wie Abbildung III-8 zeigt, kann auch die Gewinnfunktion graphisch bestimmt werden. Sie ergibt sich als vertikale Differenz aus der Umsatz- und der Kostenfunktion. Die gewinnmaximale Menge x_{opt} liegt dort, wo der Abstand zwischen beiden Funktionen maximal ist. Sie ist geringer als die umsatzmaximale Menge x_{Umax}.

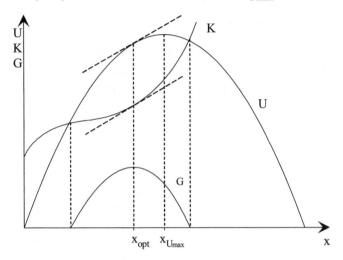

Abbildung III-8: Gewinnfunktion eines Monopolisten bei ertragsgesetzlichem Kosten-verlauf

Als Fall 2 wird eine Situation betrachtet, bei der die Stückkosten eines Monopolisten von der Ausbringungsmenge unabhängig sind, so dass ein linearer Kostenverlauf K vorliegt. Für die Kostenfunktion gilt dann:

$$K(x) = K_f + k_v \cdot x, \quad \text{mit } k_v = \text{const.}$$

Für die Gewinnfunktion ergibt sich:

$$G(x) = U(x) - K(x) = x \cdot p_{max} - a \cdot x^2 - K_f - k_v \cdot x$$

Die erste Ableitung lautet:

$$dG / dx = p_{max} - 2 \cdot a \cdot x - k_v$$

Aus der Forderung, dass die erste Ableitung im Gewinnmaximum gleich Null ist, resultiert:

$$p_{max} - 2 \cdot a \cdot x = k_v$$

bzw.

$$p_{max} - k_v = 2 \cdot a \cdot x$$

sowie

$$x_{opt} = (p_{max} - k_v)/2 \cdot a$$

Zur Überprüfung der hinreichenden Bedingung ist wiederum die zweite Ableitung zu bilden:

$$d^2G/dx^2 = -2 \cdot a < 0$$

Da die zweite Ableitung kleiner Null ist, handelt es sich in jedem Fall um ein Maximum. Die gewinnmaximale Menge x_{opt} liegt in diesem Fall dort, wo der Grenzumsatz $(p_{max} - 2 \cdot a \cdot x)$ gleich den variablen Stückkosten k_v ist. Dies zeigt auch Abbildung III-9.

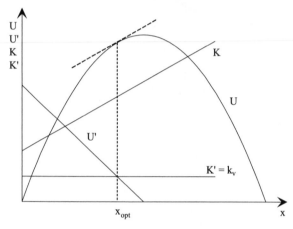

Abbildung III-9: Gewinnmaximierung eines Monopolisten bei linearem Kostenverlauf

In Abbildung III-9 sind die Bedingungen für ein Gewinnmaximum ebenfalls ersichtlich. Für die gewinnmaximale Menge gilt, dass sich dort Grenzumsatz- und Grenzkostenfunktion (hier gleich der Funktion der variablen Stückkosten) schneiden und damit die Steigungen von Umsatz- und Kostenfunktion gleich sind. Dies heißt, dass die Tangente an die Umsatzfunktion, die deren Steigung angibt, parallel zur (linearen) Kostenfunktion verläuft.

Analog zu den Fällen 1 und 2 lässt sich eine rechnerische oder graphische Bestimmung der gewinnmaximalen Menge in allen Situationen vornehmen, in denen die Umsatz- und die Kostenfunktion stetig sind und zumindest eine von ihnen einen nichtlinearen Verlauf aufweist. Es kann eine Vielzahl derartiger Fälle unterschieden werden (z. B. könnte eine Kostenfunktion der Produktionsfunktion vom Typ B angenommen werden[18], und es ließen sich nichtlineare Kostenverläufe mit einem linearen Umsatzverlauf

---

18   Zur Kostenfunktion der Produktionsfunktion vom Typ B vgl. Abschnitt II-4.3.3.

verknüpfen). Auf diese Fälle soll hier nicht näher eingegangen werden. Es wird vielmehr im Folgenden die Situation eines linearen Umsatz- und Kostenverlaufs betrachtet.

In Fall 3 wird demgemäß unterstellt, dass von der Ausbringungsmenge unabhängige, konstante Stückkosten vorliegen. Der Preis wird ebenfalls als konstant angenommen. Damit verlaufen die Kostenfunktion K und die Umsatzfunktion U linear (vgl. Abbildung III-10).

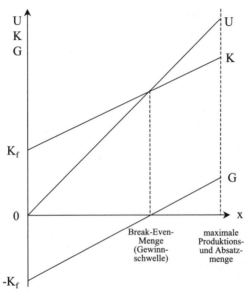

Abbildung III-10: Gewinnanalyse bei linearem Umsatz- und Kostenverlauf

In Abbildung III-10 ist unterstellt worden, dass der Preis des Produkts höher ist als dessen variable Stückkosten. In diesem Fall steigt der Gewinn mit zunehmender Produktionsmenge x. Aus dieser Erkenntnis lässt sich das optimale kurzfristige Produktionsprogramm ableiten.[19] Die Produktions- und Absatzmenge sollte derjenigen Menge entsprechen, die in Anbetracht von Produktions- oder Absatzbeschränkungen maximal realisierbar ist. Es ist allerdings nicht sichergestellt, dass mit dieser Menge auch ein positiver Gewinn erzielt wird. Dies gilt nur, wenn die Menge, die zu einem Gewinn von Null führen würde (Break-Even-Menge, Gewinnschwelle), wie im Beispiel der Abbildung III-10 kleiner ist als die maximale Produktionsmenge.

---

19   Eine rechnerische Bestimmung durch Nullsetzen der ersten Ableitung kann nicht zur optimalen Menge führen, da die entsprechende Variable nicht in der Ableitung enthalten ist. Die erste Ableitung gibt aber die Differenz aus Preis und variablen Stückkosten an, die für die Entscheidung bezüglich der Produktions- und Absatzmenge eine wesentliche Bedeutung hat.

Die Aussage, dass die Produktionsmenge so weit wie möglich ausgedehnt werden sollte, falls die Differenz aus Preis und variablen Stückkosten, der sogenannte Stückdeckungsbeitrag, positiv ist, gilt allerdings nur unter den oben getroffenen Annahmen und im Fall der operativen Planung bei Einproduktproduktion.

Bei Alternativproduktion kann es auch bei einem positiven Stückdeckungsbeitrag und bei einer operativen Planung sinnvoll sein, auf Produktion und Absatz zu verzichten. Dies gilt zum einen, falls durch einen relativ geringen Preis des betrachteten Produkts die Preise anderer Produkte des Unternehmens negativ beeinflusst werden. Zum anderen kann diese Situation auftreten, falls für mehrere Produkte in bezug auf Absatzmengen und/oder Produktionskapazitäten ein gemeinsamer Engpass vorliegt oder mehrere gemeinsame Engpässe auftreten. Im Folgenden wird zunächst auf die Planung bei einem gemeinsamen Engpass eingegangen.

2.4.2 Operative Produktionsprogrammplanung bei einem Engpass

In diesem Abschnitt wird erörtert, in welcher Weise eine operative Produktionsprogrammplanung durchgeführt werden kann, wenn

-      eine Alternativproduktion vorliegt,

-      die Zielsetzung "Gewinnmaximierung" verfolgt wird,

-      der Gewinn sich als Differenz aus Umsatz und Kosten zusammensetzt,

-      Preise und variable Stückkosten unabhängig von der Verkaufs- bzw. Ausbringungsmenge konstant sind[20] und

-      ein gemeinsamer Engpass für zwei oder mehrere Produkte gegeben ist.

Zur Veranschaulichung des Vorgehens wird ein Fallbeispiel eingeführt. In diesem stehen nur zwei Produktarten zur Wahl.[21] Die erste Produktart erzielt einen positiven Stückdeckungsbeitrag von 10 €, der Stückdeckungsbeitrag der zweiten Produktart beträgt 20 €.[22] Da die Stückdeckungsbeiträge positiv sind, würden beide Produkte in einer Situation ohne gemeinsamen Engpass bis zur jeweiligen, durch Absatz- oder Pro-

---

[20]   Zur Bestimmung des optimalen Produktionsprogramms bei einem Engpass und nichtlinearen Umsatz- und/oder Kostenverläufen vgl. Götze (2007), S. 183ff.

[21]   Die nachfolgenden Ausführungen lassen sich auf den Fall übertragen, dass mehr als zwei Produktarten gefertigt und verkauft werden können.

[22]   Fixe Kosten werden vernachlässigt, da sie keinerlei Einfluss auf die Zusammensetzung des optimalen operativen Produktionsprogramms haben.

duktionssachverhalte bestimmten Höchstgrenze gefertigt und verkauft. Dies ist nicht möglich, falls ein gemeinsamer Engpass im Absatz- oder Produktionsbereich besteht.

Zunächst wird unterstellt, dass ein *gemeinsamer Engpass im Absatzbereich* vorliegt. Im Beispiel sollen maximal 100 Mengeneinheiten beider Produktarten abgesetzt werden können. Es ist nun zu überlegen, wie dieser Engpass bestmöglich ausgenutzt wird. Die Güte der Ausnutzung lässt sich am Stückdeckungsbeitrag messen, er gibt an, zu welcher Gewinnerhöhung die Nutzung einer Einheit des Engpasses "gemeinsame Absatzmenge" durch die beiden Produktarten führt. Es kann damit nach der Höhe der Stückdeckungsbeiträge eine Rangfolge in bezug auf die Vorteilhaftigkeit der Produkte gebildet werden. Entsprechend der Rangfolge lässt sich das optimale Produktions- und Absatzprogramm zusammensetzen (vgl. Wedell (2004), S. 229f.).

Im Beispiel ist die zweite Produktart der ersten vorzuziehen. Wenn unterstellt wird, dass für die zweite Produktart kein produktartspezifischer Engpass im relevanten Bereich besteht, sollten 100 Mengeneinheiten dieser Produktart gefertigt und verkauft werden.

Das geschilderte Vorgehen ist abzuwandeln, falls der *gemeinsame Engpass im Produktionsbereich* vorliegt. Es wird nun davon ausgegangen, dass die beiden Produktarten auf dem gleichen Aggregat gefertigt werden. Dieses weist eine Periodenkapazität von 480 Stunden auf. Die Fertigung einer Einheit der ersten Produktart dauert eine Stunde, für die Herstellung einer Einheit der zweiten Produktart sind vier Stunden erforderlich. Eine gemeinsame Absatzrestriktion besteht nicht.

Zur Bildung einer Rangfolge bezüglich der Produktarten ist wiederum nach der bestmöglichen Ausnutzung des Engpasses zu fragen. Diese wird durch sogenannte *engpassbezogene* oder *relative Deckungsbeiträge* angegeben (vgl. Wedell (2004), S. 230ff.). Ein engpassbezogener Deckungsbeitrag lässt sich berechnen, indem der Stückdeckungsbeitrag einer Produktart durch die Zeit dividiert wird, mit der eine Einheit der Produktart den Engpass beansprucht. Dieser Wert sagt aus, welcher Deckungsbeitrag pro Engpasseinheit mit einer bestimmten Produktart erzielt werden kann.

Im Beispiel ergibt sich: - für Produktart 1: $10 : 1 = 10$

                   - für Produktart 2: $20 : 4 = 5$

Die erste Produktart ist nun gegenüber der zweiten zu präferieren. Sie sollte im maximalen Umfang hergestellt und verkauft werden. Falls keine weiteren Restriktionen bestehen, können hier 480 Einheiten der ersten Produktart gefertigt werden. Der Gesamtdeckungsbeitrag beträgt dann 10 [€/Stück] · 480 [Stück] = 4.800 [€]. Für die Produktart 2 ergäbe sich dagegen nur ein Gesamtdeckungsbeitrag in Höhe von 20,- [€/Stück] · 120 [Stück] = 2.400 [€].

An die Bestimmung des optimalen Programms kann sich eine Analyse des Einflusses von Preisveränderungen anschließen. Es lässt sich unter der Annahme, dass die Preise anderer Produktarten unverändert bleiben, eine Preisuntergrenze für jede Produktart bestimmen. Dies wird im Folgenden für den Fall des gemeinsamen Engpasses im Produktionsbereich gezeigt.

Die Preisuntergrenze für die zweite Produktart resultiert aus der Überlegung, dass deren relativer Deckungsbeitrag mindestens 10 betragen muss, damit eine Fertigung erfolgt. Aufgrund der zeitlichen Kapazitätsbeanspruchung von 4 Stunden/Stück wird diese Grenze bei einem Stückdeckungsbeitrag von 40 € erreicht. Wenn dieser Mindeststückdeckungsbeitrag zu den variablen Stückkosten addiert wird - im Beispiel mögen sie 120 € betragen - ergibt sich die Preisuntergrenze für die zweite Produktart, hier 160 €.

Entsprechend kann ausgehend vom relativen Deckungsbeitrag der zweiten Produktart eine Preisuntergrenze für die erste Produktart berechnet werden. In gleicher Weise lassen sich Preisuntergrenzen für eine Produktart auch bei mehr als zwei relevanten Produktarten ermitteln, falls durch die Aufnahme einer Produktart in das Produktions- und Absatzprogramm oder deren Eliminierung lediglich die Menge einer anderen Produktart verändert wird. Werden die Mengen mehrerer Produktarten durch einen Auftrag beeinflusst, dann sind deren Stückdeckungsbeiträge sämtlich in die Preisuntergrenzenbestimmung einzubeziehen.[23]

Abschließend ist darauf hinzuweisen, dass bei einem Engpass auch die Entscheidung zwischen Eigenfertigung und Fremdbezug im Rahmen der operativen Programmplanung mit Hilfe analoger Berechnungen gefällt werden kann.[24]

Die beschriebenen Vorgehensweisen lassen sich nur anwenden, falls *ein* gemeinsamer Engpass vorliegt. Auf die operative Produktionsprogrammplanung bei mehreren Engpässen wird im Folgenden eingegangen.

---

[23]   Vgl. dazu Götze (2007), S. 181.

[24]   Die Stückkostendifferenz zwischen Fremdbezug und Eigenfertigung ist dabei wie ein Stückdeckungsbeitrag zu interpretieren (vgl. Wedell (2004), S. 232ff.).

2.4.3 Operative Produktionsprogrammplanung bei mehreren Engpässen

Bei Vorliegen mehrerer betrieblicher Engpässe kann ein optimales Produktionsprogramm in der Regel nicht mehr mit Hilfe relativer Deckungsbeiträge ermittelt werden. Bei Gültigkeit bestimmter Annahmen kann dann ein lineares Optimierungsmodell formuliert werden, dessen Optimallösung das optimale Produktionsprogramm angibt. Die Form dieses Modells, des sogenannten Grundmodells der Produktionsprogrammplanung, soll im Folgenden entwickelt werden. Dazu wird das im vorigen Abschnitt zuletzt diskutierte Beispiel modifiziert.

Wie im Ausgangsbeispiel stehen bei der operativen Produktionsprogrammplanung zwei Produktarten zur Wahl. Die Produktionsmengen dieser Produktarten sind unter Berücksichtigung betrieblicher Beschränkungen so festzulegen, dass die Zielsetzung "Gewinnmaximierung" erfüllt wird. Beschränkungen (Restriktionen, Nebenbedingungen) ergeben sich allein aus den im Produktionsbereich vorhandenen Kapazitäten. Restriktionen aus anderen Bereichen, wie z. B. dem Absatz- oder Beschaffungsbereich, existieren nicht. So gilt beispielsweise die Annahme, dass beliebige Stückzahlen der Produkte abgesetzt werden können.

Die Produktionsstruktur wird durch die folgende Abbildung verdeutlicht:

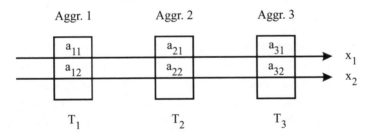

Abbildung III-11: Produktionsstruktur im Beispiel

In dieser Abbildung werden die folgenden Symbole verwendet:

x_i = Menge der Produktart i (i = 1, 2)

T_j = Kapazität des Aggregats j (j = 1, 2, 3)

a_{ji} = Kapazitätsbedarf für die Fertigung einer Einheit
der Produktart i auf Aggregat j (i = 1, 2; j = 1, 2, 3)

Wie aus der Abbildung hervorgeht, durchlaufen die Produkte drei Aggregate (Maschinen),[25] wobei bei jedem Aggregat für die Produktion einer Einheit eines bestimmten Produktes ein spezifischer, konstanter Kapazitätsbedarf auftritt. Dieser stückbezogene Kapazitätsbedarf wird ebenso wie die vorhandene Kapazität der Aggregate in Zeiteinheiten angegeben. Der Zeitbedarf für die Fertigung einer Einheit einer Produktart auf einem Aggregat wird auch als Produktionskoeffizient bezeichnet, er stellt den reziproken Wert der Aggregatsleistung dar.

Für das Beispiel soll von folgenden Werten für den stückbezogenen Zeitbedarf a_{ji} und die Kapazitäten T_j (jeweils angegeben in Stunden) ausgegangen werden:

Aggregat	Zeitbedarf für eine Einheit der Produktart 1	Zeitbedarf für eine Einheit der Produktart 2	Aggregatskapazität
I	6	2	480
II	10	10	1000
III	1	4	280

Tabelle III-1: Produktionskoeffizienten und Kapazitäten im Beispiel

Dies bedeutet beispielsweise für Aggregat 1, dass eine Kapazität von 480 Stunden vorliegt und die Fertigung der ersten Produktart 6 Stunden/Stück, die der zweiten Produktart 2 Stunden/Stück erfordert.

Die betrieblichen Beschränkungen resultieren aus dem Zeitbedarf für die Produktion und den gegebenen Kapazitäten der Aggregate: Die Zeit, die für die Fertigung der - noch zu bestimmenden - Produktionsmengen der beiden Produktarten erforderlich ist, darf bei jedem Aggregat die vorhandene Kapazität nicht überschreiten. Die formale Struktur dieser Beschränkungen soll nun am Beispiel des ersten Aggregats hergeleitet werden.

Wird jeweils *eine* Einheit der Produktart 1 und der Produktart 2 gefertigt, dann müssen von Aggregat 1

$$a_{11} \cdot 1 + a_{12} \cdot 1$$

Fertigungsstunden eingesetzt werden.

---

[25]   Die Aussagen, die nachfolgend für Aggregate getroffen werden, lassen sich weitestgehend auch auf Fertigungsstufen oder -abteilungen übertragen.

Für die Fertigung von x_1 Einheiten der Produktart 1 und x_2 Einheiten der Produktart 2 sind von Aggregat 1

$$a_{11} \cdot x_1 + a_{12} \cdot x_2$$

Fertigungsstunden erforderlich.

Die Gesamtzahl der eingesetzten Fertigungsstunden ($a_{11} \cdot x_1 + a_{12} \cdot x_2$) darf nicht größer sein als die vorhandene Kapazität (T_1). Also gilt:

$$a_{11} \cdot x_1 + a_{12} \cdot x_2 \leq T_1$$

beanspruchte Kapazität $\leq$ vorhandene Kapazität

Für die vorliegenden Zahlen ($a_{11} = 6$; $a_{12} = 2$; $T_1 = 480$) ergibt sich dementsprechend

$$6x_1 + 2x_2 \leq 480$$

Entsprechende Nebenbedingungen lassen sich für die weiteren Aggregate formulieren. Für das zweite Aggregat gilt:

$$a_{21} \cdot x_1 + a_{22} \cdot x_2 \leq T_2 \quad \text{sowie konkret}$$
$$10\,x_1 + 10\,x_2 \leq 1000$$

Für das dritte Aggregat gilt:

$$a_{31} \cdot x_1 + a_{32} \cdot x_2 \leq T_3 \quad \text{bzw.}$$
$$x_1 + 4x_2 \leq 280$$

Neben diesen Beschränkungen ist zu berücksichtigen, dass die Produktionsmengen i.d.R. größer oder gleich Null sein müssen. Es gelten daher die Nichtnegativitätsbedingungen:

$$x_1 \geq 0 \text{ und } x_2 \geq 0$$

Werden nun alle Beschränkungen zusammengestellt, so ergibt sich für das Zahlenbeispiel:

$$
\begin{aligned}
6x_1 + 2x_2 &\leq 480 \\
10x_1 + 10x_2 &\leq 1000 \\
x_1 + 4x_2 &\leq 280 \\
x_1, x_2 &\geq 0
\end{aligned}
$$

In allgemeiner Form lauten die Nebenbedingungen bei I Produktarten und J Aggregaten:

$$\sum_{i=1}^{I} a_{ji} \cdot x_i \leq T_j, \qquad \text{für } j = 1, ..., J$$

$$x_i \geq 0, \qquad \text{für } i = 1, ..., I$$

Bei Problemen der Produktionsprogrammplanung sind auch andere Beschränkungen denkbar, in denen beispielsweise minimale oder maximale Absatzmengen, Mindestauslastungen von Aggregatskapazitäten, bestimmte Mengenverhältnisse zwischen den Produktarten oder maximale Rohstoffmengen berücksichtigt werden (vgl. Bloech/Lücke (1982), S. 29f.).

Die Nebenbedingungen des vorliegenden Beschränkungssystems müssen sämtlich erfüllt sein. Ihre Gesamtheit bestimmt eine Menge zulässiger Lösungen. Aus dieser Menge ist gemäß der bei der operativen Produktionsprogrammplanung verfolgten Zielsetzung die optimale Lösung zu ermitteln. In der Regel existiert nur ein einziges optimales Produktionsprogramm, in Sonderfällen liegen mehrere optimale Produktionsprogramme vor, die zum gleichen Zielfunktionswert führen. Eine Zielfunktion für die hier verfolgte Zielsetzung "Gewinnmaximierung" soll im Folgenden hergeleitet werden.

Es wird dabei wiederum unterstellt, dass konstante Preise p und konstante variable Stückkosten k_v vorliegen. Lagerbestandsveränderungen bleiben unberücksichtigt, der Gewinn ergibt sich als Differenz von Umsatz und Kosten. Eine Zielfunktion lässt sich dann für den Zwei-Produktarten-Fall spezifizieren, indem auf die folgenden Erklärungsfunktionen zurückgegriffen wird.

Gewinn:	$G = U - K$
Umsatz:	$U = p_1 \cdot x_1 + p_2 \cdot x_2$
Kosten:	$K = K_v + K_f$
Variable Kosten:	$K_v = k_{v1} \cdot x_1 + k_{v2} \cdot x_2$

Es ergibt sich die nachstehend aufgeführte Gewinnfunktion, die durch entsprechende Wahl der Werte der Variablen x_1 und x_2 zu maximieren ist.

$$G = p_1 \cdot x_1 + p_2 \cdot x_2 - k_{v1} \cdot x_1 - k_{v2} \cdot x_2 - K_f \Rightarrow \text{Max!} \qquad \text{bzw.}$$

$$G = (p_1 - k_{v1}) \cdot x_1 + (p_2 - k_{v2}) \cdot x_2 - K_f \Rightarrow \text{Max!}$$

Da die fixen Kosten (K_f) stets in gleicher Höhe anfallen, haben sie keinerlei Einfluss auf die Zusammensetzung des optimalen Produktionsprogramms. Anstelle des Gewinns G kann daher auch der Bruttogewinn $G_B = G + K_f$ maximiert werden.

$$G_B = (p_1\text{-}k_{v1}) \cdot x_1 + (p_2\text{-}k_{v2}) \cdot x_2 \Rightarrow \text{Max!}$$

Die Differenzen ($p_1\text{-}k_{v1}$) und ($p_2\text{-}k_{v2}$) stellen - wie erwähnt - Stückdeckungsbeiträge (Bruttostückgewinne, Deckungsspannen) dar. Wird das Symbol g_i (= p_i - k_{vi}) für den Stückdeckungsbeitrag der Produktart i eingeführt, dann ergibt sich der gesamte Bruttogewinn G_B zu:

$$G_B = g_1 \cdot x_1 + g_2 \cdot x_2 \qquad \text{bzw.}$$

$$G_B = \sum_{i=1}^{I} g_i \cdot x_i$$

Wie im Ausgangsbeispiel seien die Werte für die Stückdeckungsbeiträge in folgender Höhe gegeben:

$$g_1 = 10 \ \text{€/Stück}; \quad g_2 = 20 \ \text{€/Stück}$$

Der zu maximierende Bruttogewinn ist dann:

$$G_B = 10x_1 + 20x_2$$

Insgesamt lautet das zu lösende Optimierungsproblem für das Beispiel:

Zielfunktion:

$$G_B = 10x_1 + 20x_2 \ \Rightarrow \text{Max!}$$

unter den Nebenbedingungen:

$$6x_1 + \ \ 2x_2 \ \le 480$$
$$10x_1 + 10x_2 \ \le 1000$$
$$x_1 + \ \ 4x_2 \ \le 280$$
$$x_1, x_2 \ \ge 0$$

In allgemeiner Form gilt bei zwei Produktarten und drei Beschränkungen:

$$G_B = g_1 \cdot x_1 + g_2 \cdot x_2 \Rightarrow \text{Max!}$$

unter den Nebenbedingungen

$$a_{11} \cdot x_1 + a_{12} \cdot x_2 \le T_1$$

$$a_{21} \cdot x_1 + a_{22} \cdot x_2 \le T_2$$

$$a_{31} \cdot x_1 + a_{32} \cdot x_2 \le T_3 \quad \text{und}$$

$$x_1, x_2 \ge 0$$

Eine Lösung dieses Optimierungsproblems ist im speziellen Fall von nur zwei Produktarten auf graphischem Wege möglich. Generell anwenden lässt sich die Simplexmethode. Die optimale Lösung enthält die gewinnmaximalen Produktionsmengen der zur Wahl stehenden Produktarten. Zusätzlich gibt sie Hinweise auf den Grad der Auslastung der einzelnen Restriktionen sowie die Vorteilhaftigkeit von Kapazitätserweiterungen. Bevor auf die genannten Lösungsmethoden eingegangen wird, sollen die Annahmen, die dem hier beschriebenen Modell zugrundeliegen, erörtert und mögliche Modellerweiterungen angesprochen werden.

Modellannahmen bzw. -prämissen sind Voraussetzungen, deren Vorliegen im Modell unterstellt wird. Nur wenn diese Voraussetzungen erfüllt sind, können Modellergebnisse uneingeschränkt auf die Realität übertragen werden. Für das Grundmodell der Produktionsprogrammplanung gelten unter anderem die folgenden Annahmen (vgl. Kistner/ Steven (2001), S. 192ff., Zäpfel (1982), S. 92ff., Hahn/Laßmann (1999), S. 313, Zahn/ Schmid (1996), S. 289f.):

- alle Daten sind sicher,

- es wird nur das Ziel "Gewinnmaximierung" verfolgt,

- es ist nur eine Planungsperiode relevant,

- es liegt eine gegebene Anzahl und Art von Produkten vor,

- die Kapazitäten sind gegeben,

- die produzierten Mengen sind zum einen beliebig teilbar und werden zum anderen auch abgesetzt,

- die Preise, die variablen Stückkosten und die Produktionskoeffizienten sind gegeben und - unabhängig von der Produktionsmenge - konstant.

Diese Annahmen führen dazu, dass weder eine Neuproduktplanung noch eine Veränderung der Kapazitäten durch Überstunden oder Investitionen im Modell berücksichtigt wird. Die Konstanz der Preise erfordert unter anderem eine homogene Qualität der Produkteinheiten. Voraussetzung für konstante variable Stückkosten ist unter anderem, dass die Beschaffungspreise für Material unabhängig von den zu beschaffenden Mengen sind. Im Hinblick auf die variablen Stückkosten und die Produktionskoeffizienten werden für den Produktionsablauf gleichbleibende Bedingungen unterstellt; in der Realität dürfte die Durchführung der Produktion hingegen vom Produktionsprogramm abhängig sein. Auch Leistungsvariationen bleiben unberücksichtigt. Die Anzahl der gefertigten Produktarten hat direkt keinen Einfluss auf die Kostenhöhe, Umstellungskosten werden vernachlässigt.

Die hier aufgeführten Annahmen führen dazu, dass das Grundmodell der Produktionsprogrammplanung auf Problemstellungen der Unternehmenspraxis kaum anwendbar ist. Einige der Annahmen lassen sich durch Erweiterungen des Modells aufheben. Diese sind denkbar unter anderem in bezug auf die Berücksichtigung von Investitionen, von neuen Produkten,[26] der Maschinenbelegungsplanung, der Werbung, der Lagerhaltung und der Losgrößenplanung sowie nichtlinearer Beziehungen (vgl. Kistner/Steven (2001), S. 194ff.). Auch eine mehrperiodige Variante des Modells lässt sich formulieren. Allerdings vergrößern sich mit zunehmender Modellkomplexität auch die Probleme der Datenermittlung und der Modelllösung.

2.4.4 Graphische Optimierung bei zwei Produktarten

Das Vorgehen bei der graphischen Optimierung (vgl. unter anderem Kilger (1973), S. 100ff., Hahn/Laßmann (1999), S. 313ff.) soll im Folgenden anhand des Beispiels aus dem vorherigen Abschnitt beschrieben werden. Die graphische Optimierung wird in einem x_1/x_2-Diagramm durchgeführt. In diesem sind sowohl die Zielfunktion als auch die aus dem Beschränkungssystem resultierende Menge zulässiger Lösungen zu erfassen. Da für alle Produktionsmengen die Nichtnegativitätsbedingung gilt, braucht nur der erste Quadrant eines Koordinatensystems berücksichtigt zu werden.

Für die Darstellung der Beschränkungen wird davon ausgegangen, dass die Kapazitäten vollkommen ausgeschöpft und die Beschränkungen damit als Gleichungen erfüllt sind. Die Gleichung, die sich für die Restriktion bezüglich des ersten Aggregats im obigen Beispiel ergibt, lautet dann:

$$6x_1 + 2x_2 = 480$$

---

[26] Die bei dieser Modifikation entstehenden Modelle sind allerdings eher im Rahmen der taktischen Produktionsprogrammplanung anzuwenden.

Diese Gleichung stellt - wie in Abbildung III-12 gezeigt - eine Gerade im x_1/x_2-Koordinatenkreuz dar.

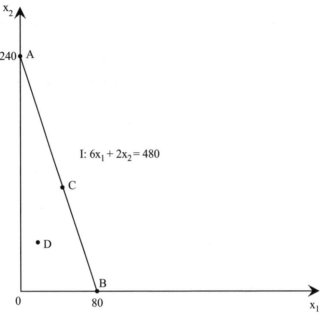

Abbildung III-12: Erste Restriktion im Beispiel

Zur Bestimmung der Geraden genügen zwei Punkte, z. B. die Schnittpunkte mit Ordinate und Abszisse. Den Ordinatenschnittpunkt erhält man, indem x_1 gleich Null gesetzt wird. Für x_2 ergibt sich dann der Wert 240 (Punkt A). Dieser Wert gibt gleichzeitig an, welche Menge in Anbetracht der knappen Kapazität des ersten Aggregats maximal von der zweiten Produktart gefertigt werden kann. Der Abszissenschnittpunkt lässt sich berechnen, indem x_2 gleich Null gesetzt wird; es folgt dann $x_1 = 80$ (Punkt B). Dieser Wert ist die in bezug auf das erste Aggregat maximale Produktionsmenge der ersten Produktart. Auf der Geraden durch A und B liegen die Punkte, die diejenigen Produktmengenkombinationen darstellen, welche Aggregat 1 gerade vollständig auslasten.

So ist beispielsweise für das Produktionsprogramm im Punkt B ($x_1 = 80$; $x_2 = 0$) die Gleichung $6x_1 + 2x_2 = 480$ gerade erfüllt. Auch im Punkt C ($x_1 = 40$, $x_2 = 120$) gilt die Gleichung.

Zulässig sind neben den Punkten auf der Geraden durch A und B auch alle Punkte, die im ersten Quadranten links unterhalb dieser Geraden liegen. Diese Punkte repräsentieren zulässige Produktionsprogramme, welche das erste Aggregat nicht vollständig auslasten. Dies gilt beispielsweise für Punkt D ($x_1 = 20$, $x_2 = 60$).

Insgesamt stellen die Randpunkte und die inneren Punkte des Dreiecks OAB (Abbildung III-12) die Menge der Lösungen dar, die bezüglich des ersten Aggregats zulässig sind.

Auch für die anderen Beschränkungen kann jeweils eine Gerade gezeichnet werden; jede Gerade begrenzt im x_1/x_2-Diagramm zusammen mit den Achsen ein Dreieck (vgl. Abbildung III-13).

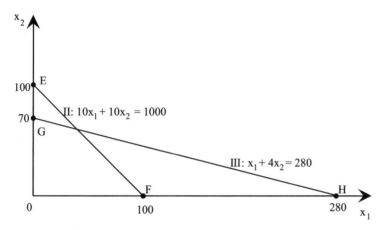

Abbildung III-13: Zweite und dritte Restriktion im Beispiel

In bezug auf das zweite Aggregat sind alle Produktmengenkombinationen zulässig, die im Dreieck OEF (Abbildung III-13) oder auf dessen Rändern liegen. Entsprechendes gilt für das dritte Aggregat (Dreieck OGH).

Für die betriebliche Produktionsprogrammplanung müssen - wie erwähnt - die Kapazitätsbeschränkungen aller Aggregate gleichzeitig beachtet werden. Die zulässige Menge von Produktmengenkombinationen lässt sich darstellen, indem alle Restriktionen in einem Koordinatenkreuz erfasst werden (Abbildung III-14).

Es sind nur diejenigen Produktmengenkombinationen zulässig, die *keine* der drei Kapazitätsrestriktionen verletzen. In der graphischen Darstellung sind diese zulässigen Kombinationen, die sich als Schnittmenge der bezüglich der jeweiligen Restriktionen zulässigen Bereiche ergeben, durch den schraffierten Bereich OABCD dargestellt (Abbildung III-14). Jeder Punkt außerhalb dieses Beschränkungspolyeders OABCD verletzt mindestens eine Restriktion. Beispielsweise verstößt die Produktmengenkombination $x_1 = 20$, $x_2 = 120$ (Punkt E in Abbildung III-14) gegen die zweite und die dritte Beschränkung; die Kombination $x_1 = 105$, $x_2 = 20$ (Punkt F) verletzt die erste und die zweite

Beschränkung. Zulässig sind nur Produktmengenkombinationen, die durch Punkte innerhalb des Zulässigkeitsbereichs OABCD oder auf dessen Grenzen repräsentiert werden.

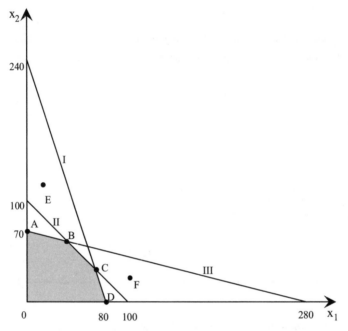

Abbildung III-14: Beschränkungspolyeder im Beispiel

Aus dem Polyeder der zulässigen Produktmengenkombinationen lässt sich auch ableiten, wie viel Einheiten bei Beachtung aller Restriktionen jeweils höchstens von den beiden Produktarten gefertigt werden können. Im Beispiel lassen sich von der ersten Produktart maximal 80 Einheiten, von der zweiten Produktart maximal 70 Einheiten herstellen. Auf die Fertigung der anderen Produktart muss bei diesen Mengen jeweils völlig
verzichtet werden.

Zur graphischen Optimierung ist nun auch die Zielfunktion graphisch zu erfassen. Die
Zielfunktion des Beispiels soll hier noch einmal aufgeführt werden. Sie lautet:

$$G_B = 10x_1 + 20x_2 \Rightarrow \text{Max!}$$

Diese Gleichung, die den Bruttogewinn in Abhängigkeit von den Produktionsmengen x_1
und x_2 angibt, lässt sich im zweidimensionalen Raum in der vorliegenden Form nicht
darstellen, da sie drei veränderliche Größen (G_B, x_1, x_2) enthält. Eine dieser Größen
muss in der Gleichung substituiert werden, um eine zweidimensionale Darstellung zu
ermöglichen. Da die Menge zulässiger Lösungen in einem x_1/x_2-Diagramm erfasst ist,
bietet es sich an, eine Substitution des Bruttogewinns (G_B) vorzunehmen. Diese erfolgt,

indem für den Bruttogewinn ein konkreter Wert vorgegeben und in die Gleichung eingesetzt wird. Die Gleichung enthält dann als veränderliche Größen nur noch x_1 und x_2 und lässt sich in einem x_1/x_2-Diagramm darstellen.

Bei einem Bruttogewinn in Höhe von 600 € beispielsweise ergibt sich die Gleichung:

$$600 = 10x_1 + 20x_2$$

Diese stellt eine Gerade im x_1/x_2-Diagramm dar. Abbildung III-15 zeigt diese Gerade, die durch die Punkte A und B verläuft.

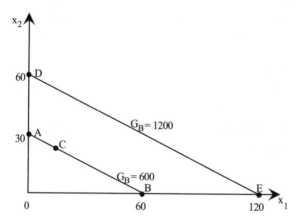

Abbildung III-15: Isogewinnlinien im Beispiel

Alle Punkte dieser Geraden zeigen unterschiedliche Produktmengenkombinationen von x_1 und x_2, welche zu einem Bruttogewinn von 600 € führen. Beispielhaft sei Punkt C herausgegriffen. Es gilt:

$$x_1 = 20; \; x_2 = 20 \quad \Rightarrow \quad G_B = 20 \cdot 10 + 20 \cdot 20 = 600$$

Bei einem Bruttogewinn G_B = 1200 € erhält man im x_1/x_2-Diagramm eine Gerade durch die Punkte D und E (vgl. Abbildung III-15). Diese Gerade verläuft parallel zu der Gewinngeraden durch A und B. Jeder Punkt der Geraden durch D und E charakterisiert einen bestimmten Produktionsmengenplan, dem der Gewinn G_B = 1200 zugeordnet ist. So lässt sich für beliebige Bruttogewinnniveaus jeweils eine Gerade einzeichnen, die alle Produktmengenkombinationen darstellt, die zu einem spezifischen Bruttogewinn führen. Diese Geraden werden auch als Isogewinnlinien oder Geraden gleichen (Brutto-) Gewinns bezeichnet. Für die Isogewinnlinien gelten bei Annahme konstanter Stückdeckungsbeiträge zwei Gesetzmäßigkeiten:

-    die Geraden verlaufen parallel zueinander,

-    je weiter rechts oben eine Gerade verläuft, desto höher ist der Bruttogewinn.

Diese Gesetzmäßigkeiten lassen sich nutzen, wenn bei gegebenem Beschränkungspolyeder und gegebener Zielfunktion das optimale Produktionsprogramm bestimmt werden soll. Dazu sind der Beschränkungspolyeder und eine Isogewinnlinie mit beliebigem Bruttogewinnniveau im gleichen Diagramm darzustellen. Dabei könnte auf eine der in Abbildung III-15 dargestellten Isogewinnlinien zurückgegriffen werden. Im Folgenden sollen zur Darstellung einer Isogewinnlinie die Stückdeckungsbeiträge genutzt werden. Indem g_1 an der Ordinate und g_2 an der Abszisse abgetragen und die daraus resultierenden Punkte verbunden werden, lässt sich eine Isogewinnlinie recht einfach ermitteln. Im Beispiel erhält man damit, wie in Abbildung III-16 dargestellt, eine Gerade durch die Punkte E und F, die alle Produktmengenkombinationen repräsentiert, die zu einem Bruttogewinn von 200 € führen.

Alle Punkte auf dieser Gewinngeraden sind auch zulässige Punkte in dem Beschränkungspolyeder. Es existieren jedoch zulässige Punkte, die rechts oberhalb dieser Geraden liegen und damit einen höheren Bruttogewinn bewirken. Die Gewinngerade wird nun parallel so weit nach rechts oben verschoben, bis der Polyeder gerade noch berührt wird. Der Tangentialpunkt (B in Abbildung III-16) repräsentiert die optimale Lösung.

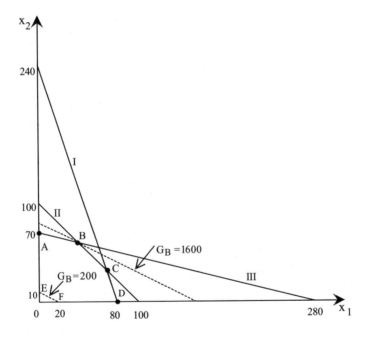

Abbildung III-16: Graphische Optimierung im Beispiel

Die Werte dieser Lösung ($x_1 = 40$; $x_2 = 60$) lassen sich zum einen aus der Graphik ablesen. Zum anderen können sie auch rechnerisch bestimmt werden. Dazu ist aus den Gleichungen, die den Geraden zugeordnet sind, die sich in B schneiden, ein Gleichungssystem zu formulieren und die Lösung dieses Systems zu bestimmen. Da der Punkt auf den zur zweiten und zur dritten Restriktion gehörenden Geraden liegt, sind die zugehörigen Restriktionen als Gleichungen erfüllt. Es gilt:

$$10x_1 + 10x_2 = 1000 \quad \text{und}$$
$$x_1 + \ 4x_2 = 280$$

Die Lösung dieses Gleichungssystems entspricht dem optimalen Produktionsprogramm:

$$x_1 = 40; x_2 = 60$$

Der maximale Bruttogewinn, der sich bei diesem Produktionsprogramm ergibt, beträgt 1600 €.

$$G_B = 10 \cdot 40 + 20 \cdot 60 = 1600$$

Ein höherer Bruttogewinn lässt sich bei den vorliegenden Beschränkungen nicht realisieren.

Beim gewinnmaximalen Produktionsprogramm werden die Kapazitäten des zweiten und des dritten Aggregats vollständig ausgelastet, da die entsprechenden Restriktionen als Gleichungen erfüllt sind. Das erste Aggregat ist nicht vollständig ausgelastet, es verbleibt eine nicht genutzte Kapazität (Leerkapazität) von 120 Stunden:

$$480 - (6 \cdot 40 + 2 \cdot 60) = 120$$

Zusammenfassend lässt sich feststellen, dass die optimale Lösung des Grundmodells der Produktionsprogrammplanung bei zwei Produktarten durch ein graphisches Verfahren ermittelt werden kann. Bei mehr als zwei Produktarten lässt sich das graphische Verfahren nicht oder nur sehr schwer zur Problemlösung heranziehen. Hier kann - ebenso wie im Zwei-Produktarten-Fall - die nachfolgend beschriebene Simplexmethode angewendet werden.

2.4.5   Simplexmethode

2.4.5.1 Einführung

Das Grundmodell der Produktionsprogrammplanung stellt ein lineares Optimierungsmodell dar. Zur Bestimmung der optimalen Lösung von linearen Optimierungsproblemen und damit auch zur Berechnung gewinnmaximaler Produktionsmengen bei Vorliegen dieses Modells ist die von DANTZIG entwickelte Simplexmethode geeignet (vgl.
Dantzig (1956)). Die grundsätzliche Vorgehensweise und die Tableauberechnungen der
Simplexmethode sollen im Folgenden anhand des in den vorherigen Abschnitten diskutierten Beispiels dargestellt werden.[27] Der Erörterung wird die Modellstruktur des
Grundmodells der Produktionsprogrammplanung zugrundegelegt. Es ist darauf hinzuweisen, dass die Simplexmethode - ggf. in modifizierter Form - auch für anders strukturierte Problemstellungen (Größer-Gleich-Bedingungen, Gleichheitsbedingungen, Mini-
mierungszielsetzung) anwendbar ist.

Das Modell, das als Basis für die folgenden Erörterungen dient, soll hier in allgemeiner
Form und mit den konkreten Beispielwerten noch einmal aufgeführt werden:

Allgemeine Form:

Zielfunktion:

$$G_B = (p_1 - k_{v1}) \cdot x_1 + (p_2 - k_{v2}) \cdot x_2 \quad \Rightarrow \text{Max!}$$

Beschränkungen:

$$\sum_{i=1}^{I} a_{ji} \cdot x_i \leq T_j \,, \qquad \text{für } j = 1, ..., J$$

$$x_i \geq 0 \,, \qquad \text{für } i = 1, ..., I$$

---

[27]   Zur nachfolgenden Beschreibung und zu Erweiterungen bzw. speziellen Anwendungen der
Simplexmethode vgl. unter anderem Bloech (1974), Kistner (2003), Ellinger u. a. (2003), S. 25ff.,
Hillier/Lieberman (1997), S. 25ff.

Im Beispiel:

Zielfunktion:

$G_B = 10x_1 + 20x_2 \Rightarrow$ Max!

Beschränkungen:

$$6x_1 + \ 2x_2 \ \leq \ 480$$
$$10x_1 + 10x_2 \ \leq 1000$$
$$x_1 + \ 4x_2 \ \leq \ 280$$
$$x_1, x_2 \ \geq 0$$

Im Rahmen der Darstellung der Simplexmethode soll zunächst auf deren grundsätzliche Vorgehensweise eingegangen werden, bevor die Tableauberechnungen und dabei auch die Interpretation der Optimallösung zu erörtern sind.

2.4.5.2   Grundsätzliche Vorgehensweise der Simplexmethode

Charakteristisch für das Vorgehen der Simplexmethode sind vor allem die Einführung von Schlupfvariablen zur Darstellung der Nebenbedingungen als Gleichheitsrestriktionen sowie die sukzessive Untersuchung benachbarter Eckpunkte des Beschränkungspolyeders bis zur Identifikation der Optimallösung. Diese beiden Aspekte sollen im folgenden veranschaulicht werden.

Einführung von Schlupfvariablen zur Darstellung der Nebenbedingungen als Gleichheitsbedingungen

Die Rechenschritte der Simplexmethode werden in einem Gleichungssystem vollzogen. Das Beschränkungssystem aus Ungleichungen, hier Kleiner-Gleich-Bedingungen, muss daher in ein Gleichungssystem umgewandelt werden. Für diese Umwandlung werden sogenannte *Schlupfvariablen* eingeführt. Deren Wert ist jeweils so hoch, dass die ursprünglichen Kleiner-Gleich-Bedingungen als Gleichungen erfüllt sind. Die Schlupfvariablen geben damit im vorliegenden Modell die in Zeiteinheiten gemessene Differenz zwischen der vorhandenen Kapazität und der Kapazitätsbeanspruchung durch die jeweiligen Produktionsmengen, die durch die Problemvariablen x_1 und x_2 repräsentiert werden, an.

In der ersten Beschränkung beschreibt die Schlupfvariable y_1 die zeitliche Differenz zwischen der Kapazität des ersten Aggregats und der Auslastung (jeweils gemessen in

Stunden) durch die Fertigung der Produkte. Die Schlupfvariable y_1 stellt also die Leer-zeit, d.h. die nicht genutzte Kapazität, des ersten Aggregats dar. Es gilt:

$$6x_1 + 2x_2 + y_1 = 480$$

In entsprechender Weise geben die Schlupfvariablen y_2 bzw. y_3 die Leerzeiten des zweiten bzw. des dritten Aggregats an. Für jedes Aggregat j wird eine Schlupfvariable y_j eingeführt, so dass sich generell und im Beispiel die folgenden Gleichungssysteme für die Kapazitätsrestriktionen ergeben:

Allgemein:

$$a_{11} \cdot x_1 + a_{12} \cdot x_2 + \ldots + a_{1I} \cdot x_I + y_1 = T_1$$
$$a_{21} \cdot x_1 + a_{22} \cdot x_2 + \ldots + a_{2I} \cdot x_I + y_2 = T_2$$
$$\cdot \qquad \cdot \qquad \cdot$$
$$\cdot \qquad \cdot \qquad \cdot$$
$$a_{J1} \cdot x_1 + a_{J2} \cdot x_2 + \ldots + a_{JI} \cdot x_I + y_J = T_J$$

Im Beispiel:

$$6x_1 + 2x_2 + y_1 = 480$$
$$10x_1 + 10x_2 + y_2 = 1000$$
$$x_1 + 4x_2 + y_3 = 280$$

Zusätzlich zu den Nichtnegativitätsbedingungen für die Produktionsmengen ($x_1 \geq 0$, $x_2 \geq 0$) sind nun auch Nichtnegativitätsbedingungen für die Schlupfvariablen einzufüh-ren:

$$y_1 \geq 0; \, y_2 \geq 0; \, y_3 \geq 0 \qquad\qquad \text{bzw.}$$
$$y_j \geq 0, \qquad\qquad\qquad\qquad \text{für alle } j$$

Dies ist erforderlich, da ein negativer Wert der Schlupfvariablen bedeuten würde, dass die beanspruchte Kapazität höher ist als die vorhandene. Die ursprünglichen Kleiner-Gleich-Bedingungen sind nur bei Nichtnegativität der Schlupfvariablen erfüllt.

Die Simplexmethode geht von nichtnegativen Variablen aus und gewährleistet in ihren Rechenschritten die Nichtnegativität aller Variablen.

Die Schlupfvariablen geben eine in Zeiteinheiten gemessene Nichtausnutzung der vor-handenen Kapazität an. Sie sind nicht direkt mit Umsätzen oder Kosten verbunden, so dass sie in der Zielfunktion "Gewinnmaximierung" mit dem Wert Null berücksichtigt werden müssen.

Die um die Schlupfvariablen erweiterte Zielfunktion lautet nun im Beispiel:

$$G_B = 10x_1 + 20x_2 + 0y_1 + 0y_2 + 0y_3 \Rightarrow \text{Max!}$$

Nach Einführung der Schlupfvariablen stellen die Kapazitätsrestriktionen wie erwähnt ein Gleichungssystem dar. Die Zahl der Gleichungen entspricht der der Kapazitätsrestriktionen (und damit auch der der Schlupfvariablen):

allgemein: J;   im Beispiel: 3

Die Anzahl der Unbekannten ist die Summe aus der Anzahl der Kapazitätsrestriktionen und der der Problemvariablen:

allgemein: J + I;   im Beispiel: 3 + 2 = 5

Die Zahl der Unbekannten ist größer als die der Gleichungen, es handelt sich daher um ein unterbestimmtes Gleichungssystem. Für dieses Gleichungssystem existiert keine eindeutige Lösung, es sind vielmehr verschiedene Lösungen zulässig. Neben anderen Punkten stellen die Eckpunkte des Beschränkungspolyeders derartige zulässige Lösungen dar.

Sukzessive Untersuchung von Eckpunkten des Beschränkungspolyeders

Bei den Berechnungen der Simplexmethode wird ausgenutzt, dass bei einem linearen Beschränkungspolyeder und einer linearen Zielfunktion der Optimalpunkt oder einer von mehreren optimalen Punkten in einem Eckpunkt liegen muss (vgl. Kahle (1996a), S. 79). Die Berechnungen der Simplexmethode beginnen immer in einem Eckpunkt bei einer zulässigen Ausgangslösung. Bei einer Problemstellung mit lediglich Kleiner-Gleich-Bedingungen kann dies der Nullpunkt eines Koordinatensystems sein. Im Nullpunkt eines Koordinatensystems, dessen Achsen Produktionsmengen darstellen, weisen diese Produktionsmengen den Wert Null auf. Positive Werte nehmen hingegen die Schlupfvariablen an und zwar jeweils in Höhe der vorhandenen Kapazität. Die Werte der Schlupfvariablen lassen sich daher im Nullpunkt direkt aus den Beschränkungen ableiten. Im Beispiel betragen sie:

$$y_1 = 480; \quad y_2 = 1000; \quad y_3 = 280$$

Variablen, die bei einer Lösung einen positiven Wert annehmen, werden im Rahmen der Simplexmethode als Basisvariablen bezeichnet. Variablen mit dem Wert Null hingegen sind Nichtbasisvariablen.[28] Im Nullpunkt stellen demgemäß die Schlupfvariablen Basisvariablen dar. Die Problemvariablen sind Nichtbasisvariablen. Die Anzahl der Nichtbasisvariablen bleibt ebenso wie die der Basisvariablen während der Simplexberechnun-

---

[28] Im Ausnahmefall der Degeneration weisen allerdings auch Basisvariablen den Wert Null auf. Vgl. Abschnitt 2.4.5.3.

gen unverändert. Die Anzahl der Basisvariablen entspricht der Zahl der Kapazitätsrestriktionen, die der Nichtbasisvariablen der Zahl der Problemvariablen.

Die zulässige Ausgangslösung, die durch einen Eckpunkt des Beschränkungspolyeders
repräsentiert wird, ist nun auf Optimalität zu überprüfen. Liegt Optimalität vor, kann die
Rechnung beendet werden. Bei Nicht-Optimalität wird ein weiterer Eckpunkt des Beschränkungspolyeders ermittelt, für den gilt, dass er dem Ausgangspunkt benachbart ist
und einen höheren Zielfunktionswert aufweist. Die Bewegung von einem Eckpunkt zu
einem benachbarten Eckpunkt des Beschränkungspolyeders wird vollzogen, indem eine
Basisvariable in eine Nichtbasisvariable und eine Nichtbasisvariable in eine Basisvariable umgewandelt und eine damit einhergehende veränderte Lösung für das Gleichungssystem bestimmt wird.

Im vorliegenden Beispiel, dessen Beschränkungspolyeder in Abbildung III-17 noch
einmal dargestellt ist, ist eine Bewegung zu den Eckpunkten A oder D möglich. Im folgenden wird beispielhaft davon ausgegangen, dass der Eckpunkt A ausgewählt wird. In
A liegt eine andere Lösung des Gleichungssystems vor als im Nullpunkt. Nun sind y_1,
y_2 und x_2 Basisvariable und weisen positive Werte auf. y_3 und x_1 hingegen sind Nichtbasisvariable. Es ist also bei diesem Schritt vom Nullpunkt zum Punkt A die Nichtbasisvariable x_2 in eine Basisvariable umgewandelt worden; die Basisvariable y_3 ist in
eine Nichtbasisvariable transformiert worden.

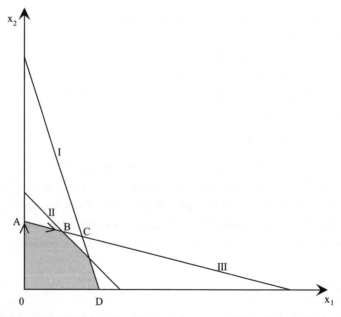

Abbildung III-17: Sukzessive Untersuchung von Eckpunkten im Beispiel

Der neu bestimmte Punkt (hier A) wird wiederum auf Optimalität überprüft. Falls Optimalität vorliegt, können die Rechnungen beendet werden. Bei Nicht-Optimalität ist das beschriebene Vorgehen - Bestimmung eines benachbarten Eckpunkts mit höherem Zielfunktionswert, Prüfung auf Optimalität - fortzusetzen, bis der Optimalpunkt erreicht ist. Im Beispiel ist A nicht der Optimalpunkt, es erfolgt daher eine Bewegung zum Punkt B, dem benachbarten Eckpunkt mit höherem Zielfunktionswert. Diese Bewegung impliziert wiederum einen Austausch jeweils einer Basis- und Nichtbasisvariablen. In Punkt B sind y_1, x_1 und x_2 Basisvariablen, y_2 und y_3 stellen Nichtbasisvariablen dar.

Wie im vorherigen Abschnitt auf graphischem Wege ermittelt wurde, liegt in B die optimale Lösung vor, es ist keine Zielfunktionswerterhöhung mehr möglich. Die Berechnungen können daher abgebrochen werden. Hervorzuheben ist, dass im Rahmen der Berechnungen nur zulässige Punkte analysiert werden.

Zusammenfassend lässt sich feststellen, dass mittels der Simplexmethode von einer zulässigen Ausgangslösung ausgehend in Richtung besserer Zielfunktionswerte solange benachbarte Eckpunkte des Beschränkungspolyeders untersucht werden, bis der Optimalpunkt erreicht ist. Dies kann mit Hilfe von Tableauberechnungen erfolgen, bei denen für jeden untersuchten Eckpunkt ein Tableau ermittelt wird. Bestimmte Rechenregeln gewährleisten die Einhaltung aller Beschränkungen, die Bewegung in Richtung besserer Zielfunktionswerte sowie die Identifikation der optimalen Lösung. Auf diese Tableauberechnungen soll im Folgenden eingegangen werden.

2.4.5.3 Tableauberechnungen mit der Simplexmethode

In diesem Abschnitt sollen die Tableauberechnungen, die im Rahmen der Simplexmethode durchgeführt werden können, unter Verwendung des Beispiels erläutert werden. Dazu wird zunächst auf die Struktur von Simplextableaus eingegangen.

Struktur von Simplextableaus

Simplextableaus weisen eine spezifische Struktur auf, wie sie in Abbildung III-18 dargestellt ist.

Die erste Zeile eines Simplextableaus enthält Bezeichnungen für die in den einzelnen Spalten aufgeführten Werte bzw. Variablen. Das restliche Tableau ist in zwei Abschnitte gegliedert.

g_i	BV	Problemvariablen/ Schlupfvariablen	T	
Stück-deckungs-beiträge	Basis-varia-blen	Koeffizienten	Lösungs-werte der BV	1.Tableau-abschnitt
k_i		Gewinnverdrängungswerte	Brutto-gewinn	2.Tableau-abschnitt
g_i		Stückdeckungsbeiträge	Null	
$k_i - g_i$		Zielfunktionswertverringerungen bzw. Opportunitätskosten	Brutto-gewinn	

Abbildung III-18: Struktur von Simplextableaus

Der erste Tableauabschnitt enthält:

- in der ersten Spalte unter dem Symbol "g_i" die Stückdeckungsbeiträge der Basisvariablen,

- in der zweiten Spalte unter der Bezeichnung "BV" die aktuellen Basisvariablen,

- in der dritten bis vorletzten Spalte unter jeweils einer Problem- oder Schlupfvariablen Koeffizienten, die - ggf. in transformierter Form - Elemente der linken Seite von Kapazitätsrestriktionen aus dem Beschränkungssystem sind,

- in der letzten Spalte unter der Bezeichnung "T" die Lösungswerte der Basisvariablen, die gleichzeitig die - ggf. modifizierte - rechte Seite einer Kapazitätsrestriktion darstellen.

In jeder Zeile ist von der dritten bis zur letzten Spalte eine Kapazitätsrestriktion in Gleichungsform abgebildet. Die Anzahl der Zeilen entspricht der Zahl der Basisvariablen und damit auch der Zahl der Kapazitätsrestriktionen. Die Koeffizienten, die in der dritten bis vorletzten Spalte aufgeführt sind, lassen sich als "Verdrängungswerte" interpretieren. Die Werte, die in der Spalte einer Nichtbasisvariablen aufgeführt sind, geben die mengenmäßige Verdrängung der Basisvariablen, die der jeweiligen Zeile zugeordnet ist, durch eine Einheit dieser Nichtbasisvariablen an.

Der zweite Tableauabschnitt enthält

-   in der Zeile "k_i" in der dritten bis vorletzten Spalte Gewinnverdrängungswerte und in der letzten Spalte den Bruttogewinn,

-   in der Zeile "g_i" in der dritten bis vorletzten Spalte Stückdeckungsbeiträge und in der letzten Spalte den Wert Null,

-   in der Zeile "k_i - g_i" in der dritten bis vorletzten Spalte die Differenz aus Gewinnverdrängungswert und Stückdeckungsbeitrag, die einen Hinweis auf mögliche Zielfunktionswertveränderungen gibt, und in der letzten Spalte den Bruttogewinn.

Die in Zeile "k_i" erfassten Werte geben die durch die mengenmäßige Verdrängung bewirkte Gewinnveränderung an. Diese lässt sich berechnen, indem die mengenmäßigen Verdrängungen mit den Stückdeckungsbeiträgen der jeweiligen Basisvariablen multipliziert werden und die Summe der Produkte gebildet wird. Die entsprechenden Summen lassen sich als Gewinnverdrängung durch die Hereinnahme einer Nichtbasisvariablen in die Lösung interpretieren.

Die Differenzen "k_i - g_i" stellen eine Zielfunktionswertverringerung pro Einheit einer Variablen dar, die auch als Opportunitätskostenwert interpretiert werden kann. Sie ermöglichen die Optimalitätsprüfung bei der Simplexmethode. Eine Lösung ist dann optimal, wenn alle "k_i - g_i"-Werte nichtnegativ sind.

Die erste Spalte "g_i" sowie die Zeilen "k_i" und "g_i" im zweiten Tableauabschnitt können bei Tableauberechnungen auch vernachlässigt werden. Ihre Kenntnis ist vor allem zum Verständnis des Verfahrens erforderlich.

Formulierung eines Ausgangstableaus

Im Rahmen der Simplextableauberechnungen ist der zulässigen Ausgangslösung ein Ausgangstableau zugeordnet. Im Folgenden wird wie bisher davon ausgegangen, dass der Nullpunkt die Ausgangslösung darstellt. Das zugehörige Ausgangstableau ist - unter Berücksichtigung der Spalte "g_i" sowie der Zeilen "k_i" und "g_i" - im Folgenden dargestellt.

Ausgangstableau:

g_i	BV	x_1	x_2	y_1	y_2	y_3	T
0	y_1	6	2	1	0	0	480
0	y_2	10	10	0	1	0	1000
0	y_3	1	4	0	0	1	280
	k_i	0	0	0	0	0	0
	g_i	10	20	0	0	0	0
	$k_i - g_i$	-10	-20	0	0	0	0

Das Ausgangstableau ist entsprechend der oben erläuterten Struktur von Simplextableaus aufgestellt worden. So lässt sich nachvollziehen, dass in den Zeilen der Basisvariablen in der dritten bis letzten Spalte jeweils eine Kapazitätsrestriktion abgebildet wird. Für die Basisvariable y_1 beispielsweise ergeben sich die Koeffizienten unter x_1 (6), x_2 (2), y_1 (1), y_2 (0) und y_3 (0) sowie der Wert unter T (480) aus der zugehörigen ersten Restriktion, die sich auch wie folgt darstellen lässt:

$$6x_1 + 2x_2 + 1y_1 + 0y_2 + 0y_3 = 480$$

Falls auf die Zeilen "k_i" und "g_i" verzichtet wird, lassen sich die Werte in der "$k_i - g_i$"-Zeile für das Ausgangstableau auch bestimmen, indem die negativen Stückdeckungsbeiträge der Variablen und in der letzten Spalte eine 0 eingesetzt werden.

Bestimmung weiterer Tableaus

Falls sich bei einer Optimalitätsprüfung herausstellt, dass die optimale Lösung noch nicht vorliegt, ist die Bestimmung eines weiteren Tableaus erforderlich. Dies gilt hier für die Ausgangslösung, da diese negative Werte in der "$k_i - g_i$"-Zeile aufweist. Die Bestimmung eines weiteren Tableaus läuft jeweils in der Form ab, dass zunächst eine *Auswahlspalte* und eine *Auswahlzeile* bestimmt werden. Dann erfolgt eine *Tableauumformung* und schließlich eine erneute *Optimalitätsprüfung*.

Die Ermittlung eines neuen Tableaus beginnt mit der Bestimmung einer Auswahlspalte.[29] Als Auswahlspalte können alle Spalten dienen, die in der "$k_i - g_i$"-Zeile einen negativen Wert aufweisen, da eine entsprechende Wahl zu einer Zielfunktionswerterhöhung führt.

---

[29] Die Festlegung der Auswahlspalte entspricht der Auswahl einer Nichtbasisvariablen, die in eine Basisvariable umgewandelt wird.

Die Bestimmung der Auswahlspalte kann gemäß der Regel "steepest unit ascent" erfolgen. Bei dieser wird diejenige Spalte ausgewählt, die den negativen "k_i - g_i"-Wert mit dem höchsten absoluten Betrag aufweist (hier x_2). Dies entspricht der Auswahl der Nichtbasisvariablen, deren Aufnahme die größte Zielfunktionswerterhöhung pro Einheit mit sich bringt. Graphisch betrachtet erfolgt damit im Rahmen der Bestimmung eines neuen Tableaus eine Bewegung vom Nullpunkt in Richtung höherer x_2-Werte.

Die Festlegung einer Auswahlzeile erfolgt im Anschluss an die Wahl einer Auswahlspalte.[30] Die Auswahlzeile ist zu ermitteln, indem zunächst für jede Zeile mit einem positiven Wert in der Auswahlspalte die folgende Division durchgeführt wird:

Wert in der T-Spalte : Wert in der Auswahlspalte

Der kleinste Wert, hier 70, gibt die Auswahlzeile an (y_3). Dies sagt aus, dass die dritte Restriktion bei einer Ausweitung von x_2 als erste begrenzend wirkt.

Die Auswahlspalte und -zeile werden auch als Pivotspalte und -zeile bezeichnet. Ihr Kreuzungselement ist das sogenannte Pivotelement.

Das Ausgangstableau wird nun in ein zweites Simplextableau umgeformt. Die Umformung ist so durchzuführen, dass in der Spalte der neuen Basisvariablen x_2 ein Einheitsvektor erzeugt und das Gleichungssystem nicht substantiell verändert wird. Dazu lassen sich zwei Rechenoperationen verwenden, die auf GAUSS zurückgehen.

Zunächst wird die Auswahlzeile derart mit einer Zahl multipliziert bzw. durch eine Zahl dividiert, dass das Pivotelement den Wert Eins annimmt. Im Fallbeispiel muss demgemäß die Auswahlzeile durch Vier dividiert werden. Es ergibt sich als neue Zeile $(x_2)^*$:

	x_1	x_2	y_1	y_2	y_3	T
(y_3)	1	4	0	0	1	280 / : 4
$(x_2)^*$:	1/4	1	0	0	1/4	70

---

30 Die Bestimmung einer Auswahlzeile entspricht der Auswahl einer Basisvariablen, die in eine Nichtbasisvariable transformiert wird. Hier erhält eine Schlupfvariable den Wert Null; es wird damit eine Beschränkung voll ausgeschöpft, und zwar diejenige, die bei der Ausweitung von x_2 als erste begrenzend wirkt.

Eine weitere Zeile des neuen Tableaus wird jeweils berechnet, indem von der entsprechenden Zeile des alten Tableaus ein Vielfaches der neu ermittelten Auswahlzeile (hier $(x_2)^*$) subtrahiert wird. Der Faktor, mit dem die neue Zeile $(x_2)^*$ multipliziert wird, ist so zu wählen, dass als Ergebnis der Subtraktion in der Auswahlspalte eine Null erscheint. Da die neue Zeile $(x_2)^*$ in der Auswahlspalte immer eine Eins aufweist, entspricht der Faktor dem Kreuzungselement der zu transformierenden Zeile und der Auswahlspalte im alten Tableau. Von der Zeile (y_1) muss hier demgemäß das Zweifache der neuen Auswahlzeile $(x_2)^*$ subtrahiert werden. Es ergibt sich:

(y_1):	6	2	1	0	0	480	
$2\,(x_2)^*$:	1/2	2	0	0	1/2	140	/ -
$(y_1)^*$:	11/2	0	1	0	-1/2	340	

Analog lassen sich die weiteren Zeilen des nachfolgend dargestellten neuen Tableaus berechnen.

BV	x_1	x_2	y_1	y_2	y_3	T
y_1	5,5	0	1	0	-0,5	340
y_2	7,5	0	0	1	-2,5	300
x_2	0,25	1	0	0	0,25	70
$k_i - g_i$	-5	0	0	0	5	1400

Das neue Simplextableau enthält in der T-Spalte die aktuelle Lösung, d.h. die Werte der Basisvariablen:

$$y_1 = 340; \quad y_2 = 300; \quad x_2 = 70$$

Diese Lösung korrespondiert mit dem Eckpunkt A des Beschränkungspolyeders, wie Abbildung III-17 zeigt. Die Lösung im zweiten Simplextableau ist nun auf Optimalität zu überprüfen. Da ein negatives Element in der "$k_i - g_i$"-Zeile vorliegt, ist die Lösung nicht optimal, und es muss ein weiteres Tableau bestimmt werden.

Auswahlspalte ist nun die Spalte (x_1), Auswahlzeile die Zeile (y_2). Nach Durchführung der Tableauumformungen ergibt sich das nachfolgend dargestellte dritte Simplextableau. Da dieses Tableau in der ("$k_i - g_i$")-Zeile keine negativen Werte aufweist, handelt es sich um das Optimaltableau. Dieses soll im Folgenden interpretiert werden.

BV	x_1	x_2	y_1	y_2	y_3	T
y_1	0	0	1	-0,733	1,33	120
x_1	1	0	0	0,133	-0,33	40
x_2	0	1	0	-0,033	0,33	60
$k_i - g_i$	0	0	0	0,67	3,33	1600

Interpretation des Optimaltableaus

Die ersten drei Werte der T-Spalte geben die optimalen Werte der Basisvariablen und damit auch das optimale Produktionsprogramm an:

$$x_1 = 40; \quad x_2 = 60; \quad y_1 = 120$$

Damit wurde die graphische Lösung bestätigt, der Eckpunkt B (vgl. Abb. III-17) ist optimal. Restriktion 1 weist eine nicht genutzte Kapazität von 120 Stunden auf, die anderen Kapazitätsrestriktionen sind vollständig ausgelastet.

Der letzte Wert der T-Spalte stellt den maximalen Bruttogewinn dar: $G_B = 1600$ €. Damit wurde der Bruttogewinn gegenüber dem Eckpunkt A um 200 € erhöht. Diese Erhöhung kommt zustande, da 40 Einheiten der ersten Produktart aufgenommen wurden, die jeweils eine Zielfunktionswerterhöhung von 5 € bewirkten (vgl. zweites Simplextableau).

Bei den Elementen der ("$k_i - g_i$")-Zeile handelt es sich - mit Ausnahme des letzten Elements - um sog. Opportunitätskostenwerte (Schattenpreise). Durch diese Werte wird die Höhe der Gewinneinbuße angegeben, die entsteht, wenn eine Einheit der betroffenen Nichtbasisvariablen in die Lösung aufgenommen wird. In bezug auf die hier betrachteten Kapazitätsrestriktionen entspricht die Aufnahme einer Nichtbasisvariablen y_j mit einer Einheit in die Lösung dem Verzicht auf die Nutzung einer Stunde der Aggregatskapazität. Daher bedeutet beispielsweise 0,67 in der y_2-Spalte, dass jede Stunde der Nichtnutzung der knappen Kapazität der zweiten Restriktion zu einer Gewinneinbuße von 0,67 € führen würde. Eine zusätzlich für die Produktion genutzte Stunde der Kapazität des Aggregats 2 hingegen, die zum Beispiel durch einen Zukauf von Kapazität, Überstunden etc. ermöglicht werden könnte, steigert den Bruttogewinn des Produktionsprogramms um 0,67 €. Diese Opportunitätskostenwerte lassen sich als Basis für wirtschaftliche Entscheidungen nutzen. So gibt der Wert 0,67 € an

- wie viel € pro Kapazitätseinheit für Kapazitätserweiterungen maximal bezahlt werden sollte und

- wie viel € pro Kapazitätseinheit eine anderweitige Verwendung der Kapazität mindestens erbringen sollte.

Diese Interpretationen der Opportunitätskostenwerte sind allerdings nur in dem Bereich gültig, in dem sich die Zusammensetzung der Basisvariablen gegenüber der Optimallösung nicht verändert. Für die erste Restriktion ist der Opportunitätskostenwert Null, da diese Restriktion nicht vollständig ausgeschöpft ist.

Der Bruttogewinn setzt sich auch aus der Summe der mit den Opportunitätskosten bewerteten Kapazitäten zusammen:

$$G_B = 0 \cdot 480 + 0{,}67 \cdot 1000 + 3{,}33 \cdot 280 = 1600$$

Die Spaltenvektoren der Nichtbasisvariablen geben - wie erwähnt - mengenmäßige Verdrängungen an. So bedeutet 0,133 als Kreuzungselement der Spalte (y_2) und Zeile (x_1): Bei Aufnahme einer Einheit der Nichtbasisvariablen y_2 in die Lösung wird die Menge der Produktart 1 um 0,133 Einheiten verringert. Dagegen sagt der Wert -0,033 in Spalte (y_2) und Zeile (x_2) aus, dass die Aufnahme einer Einheit von y_2 die Menge der zweiten Produktart um 0,033 Einheiten erhöht. Der Wert aller durch eine Nichtbasisvariable bewirkten mengenmäßigen Verdrängungen setzt sich aus der Summe der Produkte aus Spaltenelementen und dazugehörigen Stückdeckungsbeiträgen zusammen. Dieser Wert der mengenmäßigen Verdrängung (Wert der ("k_i")-Zeile) entspricht in bezug auf Schlupfvariablen, die Nichtbasisvariablen sind, dem Opportunitätskostenwert, wie am Beispiel der Spalte (y_2) gezeigt werden kann:[31]

$$(-0{,}733) \cdot 0 + 0{,}133 \cdot 10 + (-0{,}033) \cdot 20 = 0{,}67$$

Abschließend ist darauf hinzuweisen, dass auch bei Problemen mit mehreren Engpässen und bei Nutzung der Simplexmethode Preisuntergrenzen bestimmt werden können. Dazu sind Sensitivitätsanalysen durchzuführen (vgl. Ellinger u. a. (2003), S. 99ff.).

Sonderfälle

Bei der Lösung von linearen Optimierungsproblemen mit der Simplexmethode können Sonderfälle auftreten, von denen einige im Folgenden angesprochen werden sollen.

---

[31]   Dies gilt, weil die Stückdeckungsbeiträge der Schlupfvariablen Null sind.

Von *Degeneration* in einer Lösung wird dann gesprochen, wenn eine oder mehrere Basisvariable den Wert Null aufweisen. In einem Problem, das sich graphisch im x_1/x_2-Diagramm darstellen lässt, ist die Degeneration dadurch gekennzeichnet, dass sich in der zur degenerierten Lösung gehörenden Ecke mehr als zwei Beschränkungsgeraden schneiden.

Mehrdeutigkeit der Lösung liegt dann vor, wenn der maximale Gewinn durch mehr als eine Kombination der Produktionsmengen erreicht werden kann. In diesem Fall verläuft die Zielfunktion parallel zu einer Beschränkung. Im Optimaltableau zeigt sich die Mehrdeutigkeit daran, dass in der Zeile "$k_i - g_i$" in einer Spalte, die einer Nichtbasisvariablen zugeordnet ist, eine Null auftritt.

Eine *unbeschränkte Lösung* liegt bei einem linearen Optimierungsproblem vor, wenn der Beschränkungspolyeder so gestaltet ist, dass der Zielfunktionswert unendlich ausgedehnt werden kann.

Redundanz bedeutet, dass mindestens eine Restriktion überflüssig ist, da sie durch andere Restriktionen dominiert wird, d.h. dass andere Beschränkungen eine (oder mehrere) Restriktion(en) mit abdecken, so dass diese bedeutungslos für die Lösung ist (sind).

Es können im Rahmen der linearen Optimierung weitere Abweichungen vom hier behandelten Standardfall auftreten:

- Unzulässigkeit des Nullpunkts und damit die Notwendigkeit, eine andere Ausgangslösung zu bestimmen (z. B. bei Vorliegen von Untergrenzen für Variablen),

- Minimierungsvorschrift in der Zielfunktion,

- Nebenbedingungen in Form von Gleichungen,

- vorzeichenunbeschränkte Variablen sowie

- Ganzzahligkeit von Variablen.

Zur Behandlung dieser Fälle sei auf die oben angegebene Literatur zur linearen Optimierung verwiesen. Dies gilt auch für Abwandlungen der Simplexmethode im Hinblick auf die Lösung von linearen Optimierungsproblemen mit besonderer Problemstruktur (z. B. Zuordnungs- oder Transportprobleme) oder spezifische Formen der Durchführung der Simplexmethode.

Literatur

Adam, D. (1998): Produktions-Management, 9. Aufl., Wiesbaden

Ansoff, H.I. (1957): Strategies for Diversification, in: HBR, Vol. 35, S. 113 - 124

Bloech, J. (1974): Lineare Optimierung für Wirtschaftswissenschaftler, Opladen

Bloech, J./Lücke, W. (1982): Produktionswirtschaft, Stuttgart, New York

Blohm, H./Beer, T./Seidenberg, U./Silber, H. (1997): Produktionswirtschaft, 3. Aufl., Herne, Berlin

Dantzig, G.B. (1956): Recent Advances in Linear Programming, in: Management Science, Vol. 2, S. 131 - 144

Domschke, W./Drexl, A. (2007): Einführung in Operations Research, 7. Aufl., Berlin u. a.

Dürr, W./Kleibohm, K. (1992): Operations Research, 3. Aufl., München, Wien

Ellinger, T./Beuermann, G./Leisten, R. (2003): Operations Research, 6. Aufl., Berlin u. a.

Felzmann, H. (1982): Ein Modell zur Unterstützung der strategischen Planung auf der Ebene strategischer Geschäftseinheiten, Gelsenkirchen

Fleck, A. (1995): Hybride Wettbewerbsstrategien. Zur Synthese von Kosten- und Differenzierungsvorteilen, Wiesbaden

Freidank, C.-C. (2001): Kostenrechnung, 7. Aufl., München

Götze, U. (1993): Szenario-Technik in der strategischen Unternehmensplanung, Diss., 2. Aufl., Wiesbaden

Götze, U. (2000): Lebenszykluskosten, in: Fischer, T.M. (Hrsg.): Kosten-Controlling: neue Methoden und Inhalte, Stuttgart, S. 265 - 289

Götze, U. (2007): Kostenrechnung und Kostenmanagement, 4. Aufl., Chemnitz

Götze, U./Mikus, B. (1999): Strategisches Management, Chemnitz

Hahn, D./Laßmann, G. (1999): Produktionswirtschaft - Controlling industrieller Produktion, Band 1+2, 3. Aufl., Heidelberg

Haupt, P./Lohse, D. (1975): Grundlagen und Anwendungen der linearen Optimierung, Essen (mit Arbeitsbuch)

Haupt, P./Wegener, H. (1973): Wirtschaftlicher Inhalt eines ausgewählten Optimierungsverfahrens, in: WiSt, 2. Jg., S. 8 - 14

Hilke, W. (1988): Zielorientierte Produktions- und Programmplanung, 3. Aufl., Neuwied

Hillier, F.S./Lieberman, G.J. (1997): Operations Research: Einführung, 5. Aufl., München, Wien

Hinterhuber, H.H. (2004): Strategische Unternehmensführung, Band I: Strategisches Denken: Vision, Unternehmenspolitik, Strategie, 7. Aufl., Berlin, New York

Hinterhuber, H.H. (2004): Strategische Unternehmungsführung, Band II: Strategisches Handeln, 7. Aufl., Berlin, New York

Jacob, H. (1990): Die Planung des Produktions- und Absatzprogramms, in: Jacob, H. (Hrsg.): Industriebetriebslehre, 4. Aufl., Wiesbaden, S. 401 - 590

Jacob, H. (1996): Produktions- und Absatzprogrammplanung, in: Kern, W. et al. (Hrsg.): Handwörterbuch der Produktionswirtschaft, 2. Aufl., Stuttgart, Sp. 1468 - 1483

Käschel, J./ Teich, T. (2007): Produktionswirtschaft, Band 1: Grundlagen, Produktionsplanung und -steuerung, 2. Aufl., Chemnitz

Kahle, E. (1996a): Produktion, 4. Aufl., München, Wien

Kern, W. (1979): Produktionsprogramm, in: Kern, W. (Hrsg.): Handwörterbuch der Produktionswirtschaft, Stuttgart, Sp. 1563 - 1572

Kern, W. (1992): Industrielle Produktionswirtschaft, 5. Aufl., Stuttgart

Kilger, W. (1973): Optimale Produktions- und Absatzplanung, Opladen

Kistner, K.-P. (2003): Optimierungsmethoden, 3. Aufl., Heidelberg

Kistner, K.-P./Steven, M. (2001): Produktionsplanung, 3. Aufl., Heidelberg

Lücke, W. (1973): Produktions- und Kostentheorie, 3. Aufl., Würzburg, Wien

Müller-Merbach, H. (1973): Operations Research, 3. Aufl., München

Pfohl, H.-C./Stölzle, W. (1997): Planung und Kontrolle, 2. Aufl., München

Porter, M.E. (1980): Competitive Strategy. Techniques for Analyzing Industries and Competitors, New York, London

Porter, M.E. (2000): Wettbewerbsvorteile, 6. Aufl., Frankfurt/M., New York

Sabel, H. (1979): Programmplanung, kurzfristige, in: Kern, W. (Hrsg.): Handwörterbuch der Produktionswirtschaft, Stuttgart, Sp. 1686 - 1700

Schneider, E. (1938): Absatz, Produktion und Lagerhaltung bei einfacher Produktion, in: Archiv für mathematische Wirtschafts- und Sozialforschung, S. 99 - 113

Schweitzer, M. (2005): Planung und Steuerung, in: Bea, F.X., et al. (Hrsg.): Allgemeine Betriebswirtschaftslehre, Band 2: Führung, 9. Aufl., Stuttgart, New York, S. 16 - 139

Schweitzer, M./Küpper, H.-U. (2003): Systeme der Kosten- und Erlösrechnung, 8. Aufl., München

Seidenschwarz, W. (1993): Target Costing. Marktorientiertes Zielkostenmanagement, München

Wedell, H. (2004): Grundlagen des Rechnungswesens. Band 2: Kosten- und Leistungsrechnung, 9. Aufl., Herne, Berlin

Welge, M.K./Al-Laham, A. (2004): Strategisches Management: Grundlagen - Prozess - Implementierung, 4. Aufl., Wiesbaden

Zäpfel, G. (1979): Programmplanung, mittelfristige, in: Kern, W./Schröder, H.-H./Weber, J. (Hrsg.): Handwörterbuch der Produktionswirtschaft, Stuttgart, Sp. 1700 - 1713

Zäpfel, G. (1982): Produktionswirtschaft. Operatives Produktions-Management, Berlin, New York

Zäpfel, G. (2000a): Strategisches Produktions-Management, 2. Aufl., München, Wien

Zäpfel, G. (2000b): Taktisches Produktions-Management, 2. Aufl., München, Wien

Zahn, E./Schmid, U. (1996): Produktionswirtschaft I. Grundlagen und operatives Produktionsmanagement, Stuttgart

Aufgaben zu Teil III, Abschnitt 2

Aufgabe III-1

Ein Unternehmen fertigt auf einer Maschine mit einer Gesamtkapazität von 720 ZE pro Periode 4 verschiedene Produkte. Für die nächste Periode sind folgende Werte bekannt:

Produktart	Maximale Absatzmenge	Absatzpreis (€/Stck.)	variable Stückkosten (€/Stck.)	Fertigungszeit (ZE/Stck.)
A	80	28,0	14,0	4,0
B	40	9,9	8,3	2,0
C	150	17,9	10,9	1,4
D	80	9,9	6,9	1,0

Der Preis für ein fremdbezogenes Zwischenprodukt E wird vom Anbieter für die nächste Periode um 5 € auf 20 € heraufgesetzt. Dieses Produkt kann auch im Unternehmen hergestellt werden, wobei pro Stück 1 ZE der Maschinenkapazität in Anspruch genommen werden. Die variablen Stückkosten hierfür betragen 16 €. Der Bedarf der nächsten Periode wird auf 120 Stück geschätzt.

a) Bestimmen Sie das optimale Fertigungs- und Absatzprogramm der nächsten Periode.

b) Ermitteln Sie die Preisuntergrenzen der Absatzprodukte A - D.

c) Führen Sie eine differenzierte Beschaffungspreisanalyse für das Produkt E durch. Gehen Sie dabei davon aus, dass der Bedarf des Zwischenprodukts E unsicher ist, und ermitteln Sie für Bedarfsmengen zwischen 0 und 120 Stück die Preisobergrenze. Unterscheiden Sie dabei zwischen den folgenden Fällen:

   c1) Es ist möglich, den Bedarf teilweise durch Eigenfertigung und teilweise durch Fremdbezug zu decken.

   c2) Der vorhandene Bedarf ist vollständig durch Eigenfertigung oder vollständig durch Fremdbezug zu decken.

d) Berechnen Sie, zu welcher Gewinnveränderung die Eigenfertigung des Zwischenprodukts E im Vergleich zum Fremdbezug führt.

Aufgabe III-2

Ein Unternehmen fertigt zwei Produktarten auf zwei Anlagen A_1 und A_2. Durch zielgerechte Bestimmung der Produktmengen x_1 (Produktart 1) und x_2 (Produktart 2) soll der Bruttogewinn G_B maximiert werden.

Für Produktart 1 kann ein Preis von 28 €/ME bei variablen Stückkosten von 25 €/ME erzielt werden. Der Preis der Produktart 2 beträgt 12 €/ME, die variablen Stückkosten dieser Produktart 10 €/ME.

Die Anlagenkapazitäten belaufen sich auf 600 ZE (Anlage A_1) und 500 ZE (Anlage A_2). Die Anlage A_1 fertigt beide Produktarten mit der Leistung 1/3 (ME/ZE); auf der Anlage 2 beansprucht die Fertigung der ersten Produktart 2 ZE/ME, die der zweiten Produktart 5 ZE/ME.

a) Formulieren Sie das Optimierungsproblem.

b) Lösen Sie das Optimierungsproblem graphisch.

c) Bestimmen Sie die Optimallösung mit Hilfe der Simplexmethode.

d) An das Unternehmen tritt ein anderes Unternehmen mit dem Angebot heran, die Anlage A_1 für 30 Stunden (Kapazitätseinheiten) zu mieten. Wieviel € sollte das Unternehmen insgesamt mindestens für die Vermietung verlangen?

Aufgabe III-3

Die "Saftladen"-GmbH produziert die Säfte Apfelsaft-Naturrein und Traubensaft. Zur Produktion des Saftes steht ein Entsafter zur Verfügung, der täglich maximal 4.800 kg Obst verarbeiten kann. Aus einem kg Äpfel können 0,4 l Saft, aus einem kg Trauben 0,8 l gewonnen werden. Um den Entsaftungsprozess zu verbessern und die Endprodukte genießbar zu machen, muss dem Obst Zucker zugesetzt werden. Insgesamt stehen täglich 0,9 t Zucker zur Verfügung. Die Rezeptur verlangt einen Einsatz von 0,1 kg Zucker je kg Äpfel und 0,6 kg Zucker je kg Trauben. Am Markt können täglich 1.500 l Apfelsaft und 2.600 l Traubensaft abgesetzt werden.

Der Betrieb des Entsafters verursacht Kosten in Höhe von 0,4 €/kg Obst; der Zucker kostet 1 €/kg. An fixen Kosten sind täglich 750 € zu veranschlagen. Je kg Apfel bzw. Trauben sind 0,1 bzw. 0,2 € zu zahlen.

Der Marktpreis liegt für den naturtrüben Apfelsaft bei 1,7 €/l, für den Traubensaft bei 2 €/l.

a) Stellen Sie ein Modell mit der Zielsetzung auf, den Gesamtdeckungsbeitrag zu maximieren.

b) Bestimmen Sie graphisch das Optimum.

c) Lösen Sie das Modell mit Hilfe der Simplex-Methode.

d) Wie wirkt sich eine Änderung der fixen Kosten auf die Optimallösung aus?

Aufgabe III-4

In einem großen Nahrungsmittelkonzern soll die Produktionsplanung für drei Produkte aus dem Sortiment Backwaren optimiert werden.

Folgende Daten sind bekannt:

Lediglich zwei Aggregate, Rührmaschine (Aggregat I) und Tunnelbackofen (Aggregat II), werden von den drei Produkten beansprucht. So muss der Marmorkuchen (x_1) 2 ZE gerührt werden und 4 ZE gebacken werden, der Tortenboden (x_2) beansprucht 3 ZE auf Aggregat I und 1 ZE auf Aggregat II, und für die Streuselschnitten (x_3) sind 1 ZE auf Aggregat I und 3 ZE auf Aggregat II vorgegeben.

Dabei erwirtschaftet der Marmorkuchen einen Stückdeckungsbeitrag von 4 €, der Tortenboden 5 € und die Streuselschnitte 6 €.

Weiterhin ist zu beachten, dass die Rührmaschine maximal 30 ZE und der Tunnelbackofen höchstens 12 ZE in Anspruch genommen werden können.

Da die Qualität der Produkte dieses Konzerns bekannt ist, bestehen keinerlei Absatzrestriktionen.

Stellen sie ein lineares Optimierungsmodell auf, und lösen Sie es mit Hilfe der Simplexmethode!

Aufgabe III-5

Es liegt ein lineares Optimierungsproblem mit zwei Problemvariablen x_1 und x_2 sowie zwei Schlupfvariablen y_1 und y_2 vor. Die Schlupfvariablen sind den beiden Problemrestriktionen zugeordnet. Das Optimierungsproblem wird mit Hilfe der Simplexmethode analysiert. Ausgangspunkt ist der Nullpunkt. Nach einem Rechenschritt ergibt sich das folgende Tableau:

BV	x_1	x_2	y_1	y_2	T
x_1	1	1/2	1/4	0	50
y_2	0	1	-1/2	1	60
k_i-g_i	0	-1	1	0	200

a) Leiten Sie aus diesem Tableau das Ausgangstableau ab.

b) Nach einem weiteren Rechenschritt ergibt sich das folgende Optimaltableau:

BV	x_1	x_2	y_1	y_2	T
x_1	1	0	$1/2^{*1}$	-1/2	20^{*2}
x_2	0	1	-1/2	1	60
k_i-g_i	0	0	1/2	1^{*3}	260^{*4}

Nehmen Sie eine wirtschaftliche Interpretation der mit * gekennzeichneten Tableau-elemente vor.

3.   Bereitstellungsplanung

3.1   Überblick und Abgrenzung von Bereichsaufgaben

Der Bereitstellungsplanung obliegt die Aufgabe festzulegen, wie die für die Fertigung des Produktionsprogramms erforderlichen Produktionsfaktoren in der benötigten Menge und Qualität zur rechten Zeit am rechten Ort mit möglichst geringen Kosten verfügbar gemacht werden sollen. In produktionstheoretischer Einteilung umfassen die bereit zu stellenden Faktoren:[1] menschliche Arbeit, Betriebsmittel, Werkstoffe sowie Zusatzfaktoren.

Die Fragestellungen und Lösungsansätze, die hinsichtlich der Bereitstellungsplanung für diese Produktionsfaktoren existieren, unterscheiden sich aufgrund des spezifischen Charakters der Faktoren zum Teil erheblich voneinander. Entsprechend wurden Bereitstellungsaufgaben für einige Faktoren (z. B. menschliche Arbeit, bestimmte Zusatzfaktoren) spezifischen Unternehmensbereichen (z. B. Personalwirtschaft, Investitionscontrolling, Rechtsabteilung) zugeordnet. Die organisatorische Eingliederung dieser Abteilungen und deren Beziehungen zum Produktionsbereich werden unterschiedlich geregelt. Die Abstimmung mit diesen Abteilungen ist bei der Produktionsplanung in der Unternehmenspraxis zu berücksichtigen.

Gegenstand der Planungen zur Bereitstellung des Faktors *„menschliche Arbeit"* sind unter anderem die Personalbedarfsermittlung, die Personalbeschaffung, die Personalentwicklung, der Personaleinsatz, die Personalführung und die Personalverwaltung (vgl. Kern (1992), S. 164ff.). Bei der Personalplanung sind rechtliche Bestimmungen ebenso zu berücksichtigen wie die entstehenden Personalkosten und die Motivation der Arbeitnehmer durch die Ausgestaltung geeigneter Anreiz- und Be- bzw. Entlohnungssysteme sowie eine als fair empfundene und transparente Personalbeurteilung. Motivationsfördernd wirkt sich i.d.R. auch die Delegation von Entscheidungskompetenzen im Sinne eines „Job Enrichment" aus (vgl. Bogaschewsky/Rollberg (1998), S. 34ff.).

Hinsichtlich der *Betriebsmittel* ist zum einen die Beschaffung von Grundstücken zu planen. In diesem Zusammenhang stellt sich die Frage der Standortwahl für die Produktionsbereiche von Unternehmen.[2] Zum anderen erfolgen Planungen hinsichtlich der An-

---

[1]   Vgl. Abschnitt I-3.

[2]   Zur Standortwahl von Unternehmen vgl. unter anderem Bloech (1970), Lüder (1990), Götze (1995).

schaffung und des Einsatzes von Aggregaten, Fahrzeugen etc. Die Anschaffung von Aggregaten kann mit Hilfe von Verfahren der Investitionsrechnung analysiert werden[3] und obliegt i.d.R. dem Investitionscontrolling. Bezüglich des Einsatzes der Aggregate ist auch die Instandhaltungspolitik festzulegen.[4]

Den *Zusatzfaktoren* sind unter anderem Immaterialgüterrechte sowie Dienstleistungen zugeordnet. Die Beschaffung von Immaterialgüterrechten dürfte - zumindest in größeren Unternehmen - einer Rechtsabteilung obliegen. Dienstleistungen werden zumeist von der Einkaufsabteilung kontraktiert.

Die Materialbereitstellung zählt - neben Reststoffverwertung und Entsorgung - zum Aufgabenbereich der *Materialwirtschaft*.[5] Dabei sollen unter Material *Werkstoffe* (für die Fertigung benötigte Rohstoffe, Hilfsstoffe, Halb- und Fertigfabrikate) sowie Betriebsstoffe verstanden werden.[6] Mit der Planung der Bestellmengen und -termine ist die *Materialdisposition* befasst. Sie muss dabei auf Daten aus der *Lagerwirtschaft* zurückgreifen, um nach Abzug der verfügbaren Bestände vom Bruttobedarf den Nettobedarf ermitteln zu können. Beide Tätigkeitsfelder können der Materialwirtschaft subsumiert werden.

Zwecks physischer Verfügbarmachung des benötigten Materials sind logistische Tätigkeiten zu planen und durchzuführen. Neben den generischen (physischen) Aktivitäten der *Logistik* (Transportieren, Umschlagen, Lagern) sind diese in vielerlei Hinsicht (Kapazitäten, Termine, Kosten) zu planen, zu kontrollieren und zu steuern. Die bereitstellungsrelevanten Aktivitäten konzentrieren sich auf die *Beschaffungslogistik*, die den Bezug des Materials von den Lieferanten sichern soll, und auf die *innerbetriebliche Logistik*, die das Material an den einzelnen Verbrauchsorten bereitstellt. Nicht betroffen ist damit die Distributionslogistik, die die Bereitstellung der Güter für die externen Abnehmer sicherstellen muss. Aufgrund der vielfältigen Berührungspunkte der Logistik mit wesentlichen Phasen des Wertschöpfungs- bzw. Leistungserstellungsprozesses werden der Logistik in der Praxis gelegentlich auch kurzfristige Planungs- und Steuerungsauf-

---

3   Zu Verfahren der Investitionsrechnung vgl. unter anderem Lücke (1991), Blohm/Lüder (2006), Götze (2006), Kruschwitz (2007).

4   Zum Instandhaltungsmanagement vgl. bspw. Warnecke/Sihn (1996).

5   Der innerbetriebliche Materialtransport lässt sich sowohl der Bereitstellungs- als auch der Durchführungsplanung zuordnen.

6   Vgl. dazu auch Abschnitt I-3.

gaben der Prozesse selbst (Losgrößenplanung, Ablaufplanung) zugeordnet (vgl. Bogaschewsky (2000)).

Für die strategisch orientierte Auswahl von Lieferanten, den Aufbau intensiverer Beziehungen zu diesen, für Vertragsverhandlungen und -abschlüsse, die Beobachtung, Analyse und u.U. aktive Gestaltung des Beschaffungsmarktes ist der *Einkauf* zuständig. Des weiteren wird auch die *operative Abwicklung der Beschaffungsprozesse* dem Einkauf überantwortet, was Tätigkeiten beinhaltet wie operative Lieferantenauswahl, Budgetprüfung des Bedarfsträgers (Verbrauchers), Erstellen und Übermitteln der Bestellung sowie deren Überwachung während der Lieferzeit und teilweise auch der Verbuchung und Rechnungsabwicklung nach Lieferung sowie die Übernahme etwaiger Mahn- und Reklamationsfunktionen. In zunehmendem Maße werden Teile dieser Aktivitäten durch rechnergestützte Systeme unterstützt, insbesondere durch Electronic Procurement-Systeme, die sich der Internet-Technologie bedienen (vgl. Bogaschewsky (1999a; 1999b)). Wesentlich sind in diesem Zusammenhang auch Einkaufsinformationssysteme, die Auskunft über beschaffte Güter unterschiedlicher Abteilungen, Geschäftsbereiche oder Werke und der jeweils realisierten Preise und Konditionen geben und die weitere wichtige Beschaffungsmarktinformationen bereitstellen (vgl. Roland (1993)). Dabei können heute zahlreiche der externen Informationen über das Internet bzw. das World Wide Web (WWW) recherchiert werden.

Die *Beschaffung* kann als Oberbegriff aller beschaffungsrelevanten Aktivitäten angesehen werden und subsumiert damit Einkauf, Materialwirtschaft und Beschaffungslogistik. Auch der Begriff *Integrierte Materialwirtschaft* (Fieten (1984)) nimmt dies in Anspruch und schließt die innerbetriebliche Logistik ein. Das *Versorgungsmanagement* deckt dies ebenfalls ab. Mit *Supply Chain Management* (SCM) bzw. *Supply Network Management* wird dagegen ein Konzept bezeichnet, das die Integration der Wertschöpfungskette über die Unternehmensgrenzen hinaus betont (siehe auch Kapitel IV.5).[7]

Die folgenden Ausführungen konzentrieren sich auf die Bereitstellung von Material. Dabei wird zunächst auf die Bedarfsermittlung für Verbrauchsfaktoren eingegangen. Anschließend werden die Aufgaben der betrieblichen Lagerhaltung sowie statische und dynamische Modelle zur deterministischen Bestellmengenplanung erörtert. Im Anschluss werden kurz stochastische Lagerhaltungsmodelle und Bestellregeln sowie Fehlmengenmodelle angesprochen.

---

[7]   Für eine differenzierte Begriffsdiskussion vgl. Bogaschewsky (2003, S. 26ff.)

3.2 Bedarfsermittlung für Verbrauchsfaktoren

3.2.1 Verbrauchsfaktoren und Bedarfskategorien

Verbrauchsfaktoren werden im Zuge des Produktionsprozesses oder im Rahmen von Maßnahmen zur Aufrechterhaltung der Betriebsbereitschaft verbraucht. Sie werden unter dem Begriff Material subsumiert und stellen Roh-, Hilfs- und Betriebsstoffe dar. Ergänzend können zugekaufte Werkstoffe und Bauteile bzw. Baugruppen zum Einsatz kommen, die ebenfalls zum Materialverbrauch zählen.

Der Verbrauch an Rohstoffen, als weitgehend unbearbeitete Naturgüter, weist ebenso wie der der bereits bearbeiteten Werkstoffe (z. B. Textil-, Kunststoffe, Holzbalken) und vorgefertigten Bauteile (Einzelteile) sowie von Baugruppen (vormontierte Einzelteile) bzw. Modulen einen engen Zusammenhang mit den zu fertigenden Produktmengen auf, der oft rechnerisch ermittelt werden kann.

Verbräuche an Hilfsstoffen (z. B. Kleber, Leim, Schrauben, Nieten) sowie Betriebsstoffen (z. B. Schmierstoffe, Energie) lassen einen oft nur weniger gut ermittelbaren, häufig zu schätzenden, indirekten Zusammenhang zu den zu erstellenden Gütermengen erkennen.

Je exakter die Zusammensetzung einer Produktart aus verschiedenen Verbrauchsfaktoren ermittelt wurde, desto genauer kann der Materialbedarf je Produkteinheit und damit für das gesamte Produktionsprogramm festgestellt werden. In die Enderzeugnisse (Fertigprodukte) können dabei in der eigenen Fertigung erstellte Zwischenprodukte (Halbfabrikate) sowie (zugekaufte) nicht weiter bearbeitete Materialien, die durchaus komplexe Produkte sein können, eingehen.

Gegenstand des Verkaufsprogramms können neben den Fertigungsmengen unterschiedlicher Produktarten auch Halbfertigerzeugnisse und Verbrauchsmaterial sein. Die Gesamtheit dieser verkaufsbestimmten Mengen stellt den *Primärbedarf X* dar:

$$X = (r_1, r_2, ..., r_N, z_1, z_2, ..., z_L, x_1, x_2, ..., x_I)$$

mit X := Primärbedarfsvektor

r_n := Verkaufsbestimmte Menge der Grundstoffart n $\quad$ (n=1,2,...,N)

z_l := Verkaufsbestimmte Menge des Halbfabrikats l $\quad$ (l=1,2,...,L)

x_i := Menge der Enderzeugnisart i $\quad$ (i=1,2,...,I)

Reichen die Lagerbestände zur Deckung des Primärbedarfs nicht aus, so sind durch Subtraktion der verfügbaren bzw. disponiblen (nicht reservierten) Lagerbestände der jeweiligen Faktor-, Zwischenprodukt- und Fertigerzeugnisarten vom Primärbedarf die Nettoprimärbedarfe zu ermitteln. Andernfalls sind sie null. Die Materialmengen, die zur Bereitstellung bzw. Produktion des Nettobedarfs benötigt werden, bezeichnet man als *Sekundärbedarf*. Hierin sind vor allem die direkt den Produkten zurechenbaren Verbräuche zusammengefasst. Der Bedarf an nicht eindeutig dem Produkt zurechenbaren Hilfs- und Betriebsstoffen wird als *Tertiärbedarf* bezeichnet.

3.2.2   Verfahren der Bedarfsermittlung

3.2.2.1   Verbrauchsorientierte Bedarfsermittlung

Bei der verbrauchsorientierten Bedarfsermittlung wird der zukünftige Materialbedarf auf der Basis von Verbrauchszahlen vergangener Zeiträume geschätzt, wobei gegebenenfalls Schätzungen über zukünftige Bedarfsänderungen durch die Berücksichtigung von Trends, Saisonschwankungen o.ä. in die Betrachtung einbezogen werden. Ursachen für den Einsatz dieser Methoden können das Fehlen eines eindeutig messbaren oder der Fall eines nur schwer feststellbaren Zusammenhangs zwischen Produktionsmenge und Materialeinsatz sein (z. B. Betriebsstoffe, die nicht für jede Produktart oder -einheit gesondert verrechnet werden). Weiterhin erfordern exakte Bedarfsermittlungsverfahren (siehe Abschnitt III-3.2.2.2) einen höheren Rechenaufwand, der sich nicht immer rechtfertigen lässt. Bei nicht im Voraus festzulegenden - und daher unsicheren - zukünftigen Produktionsmengen sind ebenfalls die Bedarfsmengen zu prognostizieren. In diesen Fällen werden stochastische Verfahren zur Schätzung des zukünftigen Bedarfs herangezogen.

Für konstante Zeitreihen (kein Trend, keine Saisonschwankungen) sind vor allem die Mittelwertbildung und die exponentielle Glättung erster Ordnung im praktischen Einsatz. Zunächst sollen Varianten der *Mittelwertbildung* beschrieben werden:

Der geschätzte Bedarfswert ("Erwartungswert") E_{T+1} der Periode $T+1$ ergibt sich aus dem Mittelwert der letzten T Periodenbedarfswerte B_t:

$$E_{T+1} = \frac{B_1 + B_2 + \ldots + B_T}{T} = \frac{1}{T} \cdot \sum_{t=1}^{T} B_t$$

Eine Reduzierung des Rechenaufwandes wird durch Verwendung der folgenden Berechnungsvorschrift, die zum gleichen Ergebnis führt, erzielt:

$$E_{T+1} = \frac{B_T + (T-1) \cdot E_T}{T} = E_T + \frac{1}{T} \cdot (B_T - E_T)$$

Werden alle bisherigen Perioden berücksichtigt, so nehmen sehr weit in der Vergangenheit liegende Bedarfswerte weiterhin Einfluss auf den Schätzwert für die nächste Periode. Wird dagegen ein fester Zeitraum von k Perioden, der sich mit jeder neuen Periode weiterschiebt, betrachtet, liegt eine *gleitende Mittelwertbildung* vor:

$$E_{T+1} = E_T + \frac{1}{k} \cdot (B_T - B_{T-k})$$

Sollen die Vergangenheitswerte einen unterschiedlich starken Einfluss auf den Prognosewert nehmen, kann jeder Periodenbedarfswert mit einem entsprechenden Faktor g_t gewichtet werden. Auf diese Weise können z. B. die Bedarfswerte der letzten Perioden stärker gewichtet werden als zeitlich weiter zurückliegende Bedarfsmengen. Der *gewogene gleitende Mittelwert* - ebenfalls für k Perioden - ergibt sich aus:

$$E_{T+1} = \frac{\displaystyle\sum_{t=0}^{k-1} B_{T-t} \cdot g_{T-t}}{\displaystyle\sum_{t=1}^{k} g_t}$$

Bei der *exponentiellen Glättung* (exponential smoothing) erster Ordnung wird der Schätzwert E_{T+1} für den Bedarf in Periode T+1 durch Gewichtung des tatsächlichen Bedarfs B_T in der Periode T mit dem Glättungsfaktor G und Addition des mit 1–G gewichteten Schätzwertes E_T für diese Periode errechnet:

$$E_{T+1} = G \cdot B_T + (1-G) \cdot E_T$$

Über den Glättungsfaktor G wird damit festgelegt, wie stark die Schätzwerte auf die letzten tatsächlich eingetretenen Bedarfswerte reagieren. Hohe Werte für G bewirken eine starke Reaktion, was jedoch bei "Ausreißerwerten" für B_T unerwünscht ist. Gegebenenfalls ist eine Anpassung von G im Zeitablauf sinnvoll, insbesondere wenn sich Trends abzeichnen.

Das Adjektiv "exponentiell" bei dieser Methode begründet sich durch die Gewichtung der Vergangenheitswerte B_t bei wiederholter Berechnung im Zeitablauf mit dem Faktor $G \cdot (1-G)^j$, wobei j dem Summationsindex über die Perioden T–j mit j=0 bis k–1 - falls alle Perioden einbezogen werden, ist k=T - entspricht:

$$E_{T+1} = G \cdot \sum_{j=0}^{k-1} (1-G)^j \cdot B_{T-j} + (1-G)^k \cdot E_{T-k+1}$$

Für den Fall, dass sich die Bedarfsverläufe durch einen linearen Trend auszeichnen, kann zur Prognose auf die exponentielle Glättung zweiter Ordnung[8] sowie auf die einfache lineare Regression zurückgegriffen werden.[9] Der Einsatz des Verfahrens von WINTERS bietet sich an, wenn die Zeitreihe einem linearen Trend folgt, der von *saisonalen Schwankungen* überlagert wird.[10] Zur Initialisierung dieses ebenfalls auf der exponentiellen Glättung basierenden Verfahrens kann die Zeitreihendekomposition eingesetzt werden. Auf die Vorstellung dieser Modelle soll an dieser Stelle verzichtet werden.[11]

Der Einsatz von Schätzverfahren bringt naturgemäß das Auftreten von *Prognosefehlern* (F) mit sich. Diese ergeben sich jeweils aus der Differenz von Schätzwert E_t und tatsächlichem Bedarf B_t für eine Periode t:

$$F_t = E_t - B_t$$

Der *mittlere absolute Fehler* (MAF) bzw. die mittlere absolute Abweichung vom Prognosewert (medium absolute deviation - MAD) für die Periode T lautet:

$$MAF_T = \frac{1}{T} \cdot \sum_{t=1}^{T} |B_t - E_t|$$

Er entspricht dem Mittelwert aller absoluten Prognosefehler der letzten T Perioden und kann als Schätzwert für die Folgeperiode dienen. Auch hier könnten z. B. nur die letzten k Perioden berücksichtigt werden, womit sich ein gleitender MAF (GMAF) ergibt:

$$GMAF_T = \frac{1}{k} \cdot \sum_{t=0}^{k-1} |B_{T-t} - E_{T-t}|$$

---

[8]   Die exponentielle Glättung zweiter Ordnung wird z. B. bei Trendmodellen eingesetzt. Bei diesen Verfahren werden die bereits geglätteten Prognosewerte aus den Vorperioden erneut einer Glättung unterzogen. Zu diesem Verfahren siehe z. B. Schneeweiß (1981), S. 94.

[9]   Zu Prognosemodellen mit trendförmigem Verlauf vgl. bspw. Thonemann (2005), S. 61ff. und Tempelmeier (2006), S. 50ff.

[10]   Vgl. hierzu ausführlicher Buscher/Buscher (2000), S. 64ff.

[11]   Zu Zeitreihen mit Trend sowie mit Saisonkomponente vgl. den Überblick bei Bogaschewsky (1988), S. 246ff. und die dort angegebene Literatur.

Desweiteren ist die exponentielle Fortschreibung des MAF (EMAF) möglich:

$$EMAF_{T+1} = G \cdot |B_T - E_T| + (1 - G) \cdot EMAF_T$$

$EMAF_{T+1}$ ist der Schätzwert für den absoluten Prognosefehler in der Periode T+1.

Unterschätzungen des Bedarfs führen zu Unterdeckungen mit entsprechenden Folgen für die Fertigung bzw. den Absatz. Überdeckungen stellen dagegen ungeplante Lagerbestände dar, die die Lagerhaltungskosten erhöhen. Da der Erfüllung der Bedarfsanforderungen an das Lager durch die Produktions- oder Absatzabteilung in der Regel eine hohe Priorität eingeräumt wird, liegt es nahe, mögliche Unterdeckungen durch das Halten von Sicherheitsbeständen zumindest teilweise abzudecken.

Zielsetzung ist häufig das Erreichen eines wirtschaftlichen *Servicegrades*. Es existiert eine Reihe von verschiedenen Servicegraddefinitionen. An dieser Stelle sollen lediglich die auch in der Praxis weit verbreiteten Servicegraddefinitionen aufgegriffen werden. Insbesondere kann der α-Servicegrad von dem β-Servicegrad unterschieden werden. Der α-Servicegrad gibt die Wahrscheinlichkeit dafür an, dass während der Lieferzeit die Nachfrage befriedigt wird.[12] Damit wird lediglich eine Aussage darüber getroffen, mit welcher Häufigkeit mit dem Eintreten eines Fehlmengenereignisses zu rechnen ist. Er gibt dagegen keine Auskunft über das Ausmaß der Fehlmenge. Eine diesbezügliche Aussage kann hingegen mit dem β-Servicegrad getroffen werden:

$$\beta\text{-Servicegrad} = \frac{\text{Sofort befriedigte Nachfrage in einer Periode}}{\text{Gesamtnachfrage in einer Periode}}$$

Der optimale Servicegrad wird in der Praxis häufig auf der Basis von Erfahrungswerten zu schätzen versucht. Zur Ermittlung der optimalen Bedarfsdeckungsquote müssten die Kosten nicht erfüllter Anforderungen bzw. die dadurch entgehenden Erträge den Kosten für das Halten eines Sicherheitsbestandes gegenübergestellt werden. Dadurch stellt sich die Frage nach der optimalen Höhe des Sicherheitsbestandes, für den Lagerhaltungskosten zu verrechnen sind.

Bei Verfolgen der absoluten Werte des Prognosefehlers im Zeitablauf können Rückschlüsse auf die Standardabweichung gezogen und es kann auf diese Weise eine wirtschaftliche Sicherheitsbestandshöhe abgeschätzt werden. Für den Fall, dass die Progno-

---

[12] Vgl. bspw. Neumann (1996), S. 73.

sefehler normalverteilt sind, ist die Standardabweichung σ mit Hilfe des MAF wie folgt zu schätzen:[13]

$$\sigma = \sqrt{\frac{\pi}{2}} \cdot MAF \approx 1,25 \cdot MAF$$

Mit dieser Standardabweichung (bzw. indirekt auch mit dem MAF) liegt ein Anhaltspunkt für die zu wählende Sicherheitsbestandshöhe vor. Der Sicherheitsbestand SB_B, der aufgrund von Prognosefehlern des Bedarfs gehalten werden sollte, kann ein beliebiges Vielfaches der Standardabweichung betragen. Wird dieser Multiplikator als Sicherheitsfaktor SF_B bezeichnet, so ergibt sich:

$$SB_B = SF_B \cdot \sigma_B \approx SF_B \cdot 1,25 \cdot MAF$$

Bei unterstellter Normalverteilung liegt folgende Beziehung zwischen dem α-Servicegrad und dem Sicherheitsfaktor SF vor:

α-Servicegrad	SF		SF	α-Servicegrad
50,00	0,00		0,00	50,00
90,00	1,28		1,00	84,13
95,00	1,65		1,25	98,43
97,00	1,88		1,50	93,32
98,00	2,05		2,00	97,72
99,00	2,33		2,50	99,38
99,80	2,88		3,00	99,86

Tabelle III-2: Relation von α-Servicegrad zu Sicherheitsfaktor[14]

Aus dem linken Teil der Tabelle III-2 wird deutlich, dass eine gewünschte Erhöhung des α-Servicegrades mit einer überproportionalen Erhöhung des Sicherheitsfaktors einhergeht. Damit ist zugleich eine überproportionale Erhöhung des Sicherheitsbestandes und der für diesen anfallenden Kapitalbindungskosten verbunden. Entsprechend zeigt der rechte Teil der Tabelle III-2, dass konstante Erhöhungen des Sicherheitsfaktors den α-Servicegrad nur degressiv erhöhen.

---

[13] Vgl. Silver/Pyke/Peterson (1998), S. 112. Mit $\pi = 3,1415...$

[14] Vgl. zu einer modifizierten Darstellung Hartmann (2002), S. 435.

Stellt sich hingegen nur die Lieferzeit für fremdbezogene Materialien als unsichere Größe dar, können auch hierfür die Abweichungen im Zeitablauf verfolgt und zur Bestimmung eines durch Lieferzeitabweichungen bedingten Sicherheitsbestandes SB_{LZ} verwendet werden:

$$SB_{LZ} = SF_{LZ} \cdot \sigma_{LZ}$$

Realistischerweise sind aber die Nachfrage während der Lieferzeit und die Lieferzeit selbst *gleichzeitig* als Zufallsvariablen aufzufassen. In diesem Fall kann eine kombinierte Nachfrage- und Lieferzeitstandardabweichung σ_K ermittelt werden. Als Berechnungsgrundlage dienen hierfür zum einen die Mittelwerte für die Nachfrage bzw. Lieferzeit ($\overline{B}$ bzw. $\overline{t}_{LZ}$) und zum anderen die korrespondierenden Varianzen:[15]

$$\sigma_K = \sqrt{\overline{t}_{LZ} \cdot \sigma_B^2 + \overline{B}^2 \cdot \sigma_{LZ}^2}$$

Der Sicherheitsbestand kann dann wiederum durch Multiplikation von σ_K mit dem Sicherheitsfaktor SF_K berechnet werden:

$$SB_K = SF_K \cdot \sigma_K$$

3.2.2.2 Programmgesteuerte Bedarfsermittlung

Die programmgesteuerte Bedarfsermittlung führt durch das Auflösen von Stücklisten[16], Rezepturen u. ä. zur Bestimmung des exakten Materialbedarfs für ein gegebenes Produktionsprogramm. Der Einsatz von entsprechenden Methoden ist nur bei Vorliegen ausreichend sicherer oder sogar deterministischer Werte für den Primärbedarf sinnvoll.

In Stücklisten und Rezepturen sind die für die Herstellung eines Fertigprodukts erforderlichen Materialeinsatzmengen und Baugruppen unter Berücksichtigung der jeweiligen Produktionsstufen festgelegt (vgl. Bloech/Lücke (1982), S. 83ff.).

Diese Zusammenhänge können in einer *Direktbedarfsmatrix D* (siehe das folgende Beispiel zum Verfahren von Vazsonyi) dargestellt werden. Es ist sinnvoll, die Matrix in der Reihenfolge der Fertigungsstufen zu ordnen. Sofern kein Erzeugnis einer Stufe in eine vorgelagerte Stufe des Produktionsprozesses und keine Materialart bzw. kein Produkt in sich selbst eingeht, sind die Werte der Hauptdiagonalen und die Werte links von der

---

[15] Vgl. Bowersox/Closs (1996), S. 274f. sowie zur Herleitung des Ausdrucks Bogaschewsky (1995), S. 28ff.

[16] Zu verschiedenen Stücklistentypen vgl. z. B. Hahn/Laßmann (1999), S. 425ff.

Diagonalen null (keine „Rückkopplungen"). Es liegt eine „obere Dreiecksmatrix" vor. Weiterhin sind alle Direktbedarfsmengen für reine, nicht aus anderen Faktoren zu kombinierende, Verbrauchsfaktoren gleich null. Die Direktbedarfsmatrix kann durch einen gerichteten Graph aus Knoten und Pfeilen, den *Gozintograph*[17], (vgl. das Beispiel in Abbildung III-20) optisch verdeutlicht werden.

Material kann theoretisch in allen Produktionsstufen eingesetzt werden. Halberzeugnisse können gleichzeitig zur Herstellung weiterer Zwischenprodukte und von Fertigprodukten dienen. Die Komplexität dieser Beziehungen erfordert eine methodische Vorgehensweise bei der Ermittlung des Gesamtbedarfs für einen gegebenen Primärbedarf. Im Folgenden werden drei entsprechende Verfahren vorgestellt.

Verfahren von VAZSONYI

Der Bruttogesamtbedarf R (in Vektorschreibweise), ohne Berücksichtigung von Lagerbeständen, ergibt sich aus dem für seine Herstellung – also für die Fertigung der erforderlichen Zwischenprodukte - benötigten Eigenverbrauch $D \cdot R$ zuzüglich des Primärbedarfs X:[18]

$$R = D \cdot R + X$$

Unter Berücksichtigung der Regeln für Matrizenrechnungen kann diese Gleichung umgeformt werden in:

$$R - D \cdot R = X$$
$$(E - D) \cdot R = X$$
$$R = (E - D)^{-1} \cdot X$$
$$R = B \cdot X$$

Durch Subtraktion der Direktbedarfsmatrix D von der Einheitsmatrix E und anschließende Invertierung der Ergebnismatrix ergibt sich die *Bruttogesamtbedarfsmatrix B*. Sie gibt die Gesamtbedarfsmengen aller Einsatzfaktoren an, die zur Herstellung einer Einheit der jeweiligen Zwischen- und Fertigprodukte (d.h. einer Einheit des Primärbedarfs)

---

[17]   „Zeparzat Gozinto" steht für die Verballhornung von „the part that goes into" - eine verbale Beschreibung des graphenorientierten Ansatzes - und soll den Namen eines erfundenen italienischen Mathematikers darstellen.

[18]   Da bei der Bestimmung eines jeden Elementes von $D \cdot R$ nur die Bedarfe zur Fertigung von Produkten der jeweiligen Folgestufe(n) berücksichtigt werden ($d_{ii} = 0, \forall\ i$), muss der Primärbedarf X zu dem Ergebnisvektor hinzuaddiert werden, um wieder den Bruttogesamtbedarf R zu erhalten. Dies kann mit Hilfe der Aufgaben zu diesem Abschnitt nachvollzogen werden.

notwendig sind. Somit muss diese Matrix für eine gegebene Stückliste nur einmal berechnet werden und kann dann wiederholt zur Berechnung des Bruttogesamtbedarfs bei beliebigen Primärbedarfswerten dienen.

Die einzelnen Elemente b_{ij} (i=Zeile, j=Spalte) der Matrix B ergeben sich nach dem Verfahren von VAZSONYI (1962) in folgender Weise:

a) $b_{ij} = 0$ für $i > j$

Bei Sortierung der Matrix in aufsteigender Reihenfolge der Produktionsstufen ist der Bedarf einer Stufe für vorgelagerte Arbeitsgänge gleich null.

b) $b_{ij} = 1$ für $i = j$

Die Elemente der Hauptdiagonalen sind eins, was die Einbeziehung des Primärbedarfs bei der Ermittlung der Bedarfsmengen sicherstellt.

c) $b_{ij} = d_{ij}$ für $j > i$ und $j \leq s_1$ mit $s_1 :=$ unterste Fertigungsstufe

Für diese Elemente entspricht der Bruttogesamtbedarf dem Direktbedarf, da keine Zwischenprodukte in die erste Stufe eingehen.

d)
$$b_{ij} = \sum_{k=1}^{j-1} d_{kj} \cdot b_{ik} \qquad \text{sonst}$$

Der Bruttogesamtbedarf je Einheit ergibt sich aus der Summe der Produkte des Direktbedarfs für eine Einheit k und des Bruttogesamtbedarfs des in die Einheit k eingehenden Faktors i. Es handelt sich dabei um eine gewöhnliche Matrizenmultiplikation, in der bei der Direktbedarfsmatrix D jeweils die Spalte j und in der Bruttogesamtbedarfsmatrix B jeweils die Zeile i für den neu zu berechnenden Wert b_{ij} feststehen. Aufgrund der Sortierreihenfolge innerhalb der Matrix kann die Summation bei j-1 abgebrochen werden, da die folgenden d_{kj} gleich null sind.

Rechenbeispiel:

Gegeben sei die folgende Produktionsstruktur, in der die Faktorarten n in den Mengen $r_{j,n}$ zur Herstellung einer Einheit der Zwischenprodukte bzw. des Endprodukts in den jeweiligen Abteilungen j eingesetzt werden: Abteilung 1 und 2 stellen jeweils ein Zwischenprodukt (Z_1, Z_2) her, das zur Fertigung des Endprodukts (X) in der angegebenen Menge benötigt wird.

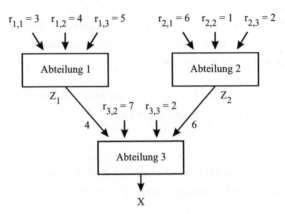

Abbildung III-19: Produktionsstruktur des Beispiels

Aus dieser Struktur lässt sich der folgende Gozintograph ermitteln:

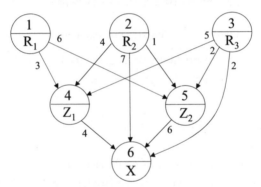

Abbildung III-20: Gozintograph des Beispiels

Die Umsetzung der Beziehungen zwischen den Knoten - dargestellt durch die bewerteten Pfeile - in eine tabellarische Form ergibt die folgende Direktbedarfsmatrix:

einzusetzende Faktormengen	herzustellende Faktor-, Zwischenprodukt- und Produktart					
	R_1	R_2	R_3	Z_1	Z_2	X
r_1	0	0	0	3	6	0
r_2	0	0	0	4	1	7
r_3	0	0	0	5	2	2
z_1	0	0	0	0	0	4
z_2	0	0	0	0	0	6
x	0	0	0	0	0	0

Zur Ermittlung der Bruttogesamtbedarfsmatrix B können zunächst die Hauptdiagonale auf 1 und das untere Dreieck der Matrix auf null gesetzt sowie die Werte bis einschließlich der Z_2-Spalte aus der Direktbedarfsmatrix übertragen (Z_1 und Z_2 sind in diesem Beispiel beide auf der untersten Stufe angesiedelt) werden:

$$B = \begin{pmatrix} 1 & 0 & 0 & 3 & 6 & b_{16} \\ 0 & 1 & 0 & 4 & 1 & b_{26} \\ 0 & 0 & 1 & 5 & 2 & b_{36} \\ 0 & 0 & 0 & 1 & 0 & b_{46} \\ 0 & 0 & 0 & 0 & 1 & b_{56} \\ 0 & 0 & 0 & 0 & 0 & 1 \end{pmatrix}$$

Die restlichen Elemente b_{ij}, $j > 5$ ergeben sich entsprechend der Vorschrift

$$b_{ij} = \sum_{k=1}^{j-1} d_{kj} \cdot b_{ik}:$$

$$b_{16} = d_{16} \cdot b_{11} + d_{26} \cdot b_{12} + d_{36} \cdot b_{13} + d_{46} \cdot b_{14} + d_{56} \cdot b_{15}$$

$$= 0 \cdot 1 + 7 \cdot 0 + 2 \cdot 0 + 4 \cdot 3 + 6 \cdot 6 = 48$$

$$b_{26} = 7 \cdot 1 + 2 \cdot 0 + 4 \cdot 4 + 6 \cdot 1 = 29$$

$$b_{36} = 2 \cdot 1 + 4 \cdot 5 + 6 \cdot 2 = 34$$

Die Elemente b_{46} und b_{56} können wiederum aus der Direktbedarfsmatrix übernommen werden, da Z_1 und Z_2 nur direkt in das Endprodukt eingehen. Somit lautet B:

$$B = \begin{pmatrix} 1 & 0 & 0 & 3 & 6 & 48 \\ 0 & 1 & 0 & 4 & 1 & 29 \\ 0 & 0 & 1 & 5 & 2 & 34 \\ 0 & 0 & 0 & 1 & 0 & 4 \\ 0 & 0 & 0 & 0 & 1 & 6 \\ 0 & 0 & 0 & 0 & 0 & 1 \end{pmatrix}$$

Die Werte der Matrix B können in diesem kleinen Beispiel direkt anhand des Gozintographen nachvollzogen werden. Der Gesamtbedarf eines Faktors zur Herstellung eines Zwischen- oder Fertigprodukts ergibt sich aus der Bewertung des direkt in das Produkt eingehenden Pfeils zuzüglich der in Zwischenstufen eingehenden Pfeilwerte multipliziert mit der Anzahl Einheiten des jeweiligen Zwischenprodukts, die in das betrachtete Produkt eingehen. Für die dritte Faktorart ergibt sich im Beispiel ein direkter Bedarf für die Produktion von X in Höhe von 2. Über das Zwischenprodukt 2, in das jeweils 2 Einheiten des Faktors 3 eingehen und das mit 6 Einheiten in jedes X eingeht, ergibt sich ein weiterer Bedarf von $2 \cdot 6 = 12$ Einheiten des Faktors 3. Entsprechend ergibt sich über Z_1 ein Bedarf von $5 \cdot 4 = 20$ Einheiten, so dass sich der Gesamtbedarf an Faktor 3 auf 34 Einheiten summiert. Diese Werte können offensichtlich auch mittels einer Rückrechnung ermittelt werden:

$$X = 6 Z_2 + 4 Z_1 + 2 R_3 + 7 R_2$$

Substituiert man die Zwischenprodukte durch die entsprechenden Faktoreinsatzmengen

$$Z_2 = 2 R_3 + 1 R_2 + 6 R_1$$

$$Z_1 = 5 R_3 + 4 R_2 + 3 R_1 \quad ,$$

so ergibt sich der gesamte Faktorbedarf je Einheit X:

$$X = 6 (2 R_3 + 1 R_2 + 6 R_1) + 4 (5 R_3 + 4 R_2 + 3 R_1) + 2 R_3 + 7 R_2$$

$$X = 12 R_3 + 6 R_2 + 36 R_1 + 20 R_3 + 16 R_2 + 12 R_1 + 2 R_3 + 7 R_2$$

$$X = 34 R_3 + 29 R_2 + 48 R_1$$

Angenommen sei nun der folgende Primärbedarf: $X = 600$, $Z_2 = 200$, $Z_1 = 400$; Rohstoffe werden nicht veräußert. Der Bruttogesamtbedarf R ergibt sich aus dem Produkt von Bruttogesamtbedarfsmatrix B und dem Primärbedarfsvektor X:

$$
\begin{array}{ccccc}
B & \cdot & X & = & R
\end{array}
$$

$$
\begin{pmatrix}
1 & 0 & 0 & 3 & 6 & 48 \\
0 & 1 & 0 & 4 & 1 & 29 \\
0 & 0 & 1 & 5 & 2 & 34 \\
0 & 0 & 0 & 1 & 0 & 4 \\
0 & 0 & 0 & 0 & 1 & 6 \\
0 & 0 & 0 & 0 & 0 & 1
\end{pmatrix}
\cdot
\begin{pmatrix}
0 \\ 0 \\ 0 \\ 400 \\ 200 \\ 600
\end{pmatrix}
=
\begin{pmatrix}
31.200 \\ 19.200 \\ 22.800 \\ 2.800 \\ 3.800 \\ 600
\end{pmatrix}
$$

Verfahren von TISCHER

TISCHER (1968) errechnet nicht explizit die Bruttogesamtbedarfsmatrix, sondern macht sich in seinem Verfahren die Eigenschaft zunutze, dass die Bruttogesamtbedarfsmatrix B als Inverse der oberen Dreiecksmatrix (E-D) durch die Potenzreihe $E + D + D^2 + ... + D^m$

ermittelt werden kann, sofern die Matrixelemente in aufsteigender Reihenfolge des Produktionsprozesses angeordnet werden. D^{m+1} entspräche der Nullmatrix. Bei S Fertigungsstufen gilt:

$$(E-D)^{-1} = E + D + D^2 +...+D^{S-1}$$

Multipliziert mit dem Primärbedarfsvektor X ergibt sich der Gesamtbedarf R aus:

$$R = X + D \cdot X + D^2 \cdot X +...+ D^{S-1} \cdot X$$

Durch Umbenennen der sich ergebenden Vektoren kann man schreiben:

$$R = V_0 + V_1 + V_2 +...+V_{S-1}$$

wobei

$$V_0 = X \quad \text{und} \quad V_s = D \cdot V_{s-1} \quad \text{für } s = 1,2,...,S-1$$

Mithin ergibt sich der Gesamtbedarf R aus:

$$R = V_0 + \sum_{s=1}^{S-1} D \cdot V_{s-1}$$

Für das Beispiel gilt also:

$$V_0 = X = \begin{pmatrix} 0 \\ 0 \\ 0 \\ 400 \\ 200 \\ 600 \end{pmatrix}$$

$$\begin{array}{ccc} D & \cdot \quad V_0 & = \quad V_1 \end{array}$$

$$\begin{pmatrix} 0 & 0 & 0 & 3 & 6 & 0 \\ 0 & 0 & 0 & 4 & 1 & 7 \\ 0 & 0 & 0 & 5 & 2 & 2 \\ 0 & 0 & 0 & 0 & 0 & 4 \\ 0 & 0 & 0 & 0 & 0 & 6 \\ 0 & 0 & 0 & 0 & 0 & 0 \end{pmatrix} \cdot \begin{pmatrix} 0 \\ 0 \\ 0 \\ 400 \\ 200 \\ 600 \end{pmatrix} = \begin{pmatrix} 2.400 \\ 6.000 \\ 3.600 \\ 2.400 \\ 3.600 \\ 0 \end{pmatrix}$$

V_1 gibt die direkten Bedarfsmengen zur Erstellung des Primärbedarfs an.

$$D \quad \cdot \quad V_1 \quad = \quad V_2$$

$$D \quad \cdot \quad \begin{pmatrix} 2.400 \\ 6.000 \\ 3.600 \\ 2.400 \\ 3.600 \\ 0 \end{pmatrix} = \begin{pmatrix} 28.800 \\ 13.200 \\ 19.200 \\ 0 \\ 0 \\ 0 \end{pmatrix}$$

V_2 enthält die direkten Bedarfsmengen zur Erstellung der in V_1 aufgeführten Bedarfe. $V_3 = D \cdot V_2$ ergibt den Nullvektor, da alle Stufen abgearbeitet wurden. Der Gesamtbedarf beträgt:

$$V_0 \quad + \quad V_1 \quad + \quad V_2 \quad = \quad R$$

$$\begin{pmatrix} 0 \\ 0 \\ 0 \\ 400 \\ 200 \\ 600 \end{pmatrix} + \begin{pmatrix} 2.400 \\ 6.000 \\ 3.600 \\ 2.400 \\ 3.600 \\ 0 \end{pmatrix} + \begin{pmatrix} 28.800 \\ 13.200 \\ 19.200 \\ 0 \\ 0 \\ 0 \end{pmatrix} = \begin{pmatrix} 31.200 \\ 19.200 \\ 22.800 \\ 2.800 \\ 3.800 \\ 600 \end{pmatrix}$$

Nachteilig wirkt sich bei diesem Verfahren aus, dass die gesamte Multiplikationsfolge für veränderte Primärbedarfe erneut durchgeführt werden muss.

Gozinto - Listen - Verfahren

Das *Gozinto-Listen-Verfahren* (Müller-Merbach (1969)) ordnet die durch die Pfeile gekennzeichneten Beziehungen im Gozintographen in einer Liste. Hierbei werden zunächst die Zielknoten j, in die Pfeile einmünden, in aufsteigender Reihenfolge der Produktionsstufen in die Liste eingetragen. Zu jedem Zielknoten j werden für jeden einmündenden Pfeil der zugehörige Startknoten i, von dem der Pfeil ausgeht, und die zugehörige Pfeilbewertung d_{ij} eingetragen. Da nur Pfeilbewertungen größer null aufgeführt werden, ergibt sich eine besonders effiziente Speicherungs- und Berechnungsweise. Die Berechnung der Bedarfswerte erfolgt in einer mit dieser Liste verknüpften Tabelle (siehe Tabelle III-3). Hier werden die Knoten des Gozintographen ihrer Reihenfolge im Produktionsprozess entsprechend durchnummeriert abgetragen (Spalte i), wobei zur (manuellen) Kontrolle die Anzahl der von jedem Knoten ausgehenden Pfeile (Ausgangsvalenzen) in der Tabelle in einer Spalte mitgeführt werden kann (Spalte v^1). Weiterhin wird der Primärbedarf der den Knoten entsprechenden Material- bzw. Produktarten in der Liste verzeichnet (Spalte N^1). Im Anschluss daran werden durch sukzessives Abarbeiten der in einen Knoten einmündenden Pfeile die Bedarfswerte für die einzelnen Produktionsstufen - beginnend mit der Endstufe - berechnet (Spalten N^2, N^3, N^4 im Beispiel). Zu dem errechneten Bedarfswert sind die vorher ermittelten Mengen der nachgelagerten Stufen bzw. der Primärbedarf selbst zu addieren. Die jeweils abgearbeiteten Knoten werden markiert (*) und scheiden aus der Rechnung aus. Zur (manuellen) Kontrolle können die Ausgangsvalenzen - jeweils um die Zahl der abgearbeiteten Pfeile verringert - mitgeführt werden (Spalten v^2, v^3, v^4).

Im ersten Schritt entspricht der kumulierte Bedarfsmengenvektor N^1 mit den Elementen N_1^1, N_2^1,...,N_I^1 dem Primärbedarfsvektor X. Die jeweils neuen Vektoren N^{j+1} ergeben sich durch elementweises Berechnen der N_i^{j+1}:

$$N_i^{j+1} = N_i^j + N_k^j \cdot d_{i,k} \quad \text{mit } i = k\text{-}1, k\text{-}2,...,1$$

und k := aktuelle Produktionsstufe bzw. Knoten.

Aufgrund der stufenweisen Berechnungsweise der Bedarfe bei diesem Verfahren (vgl. Tabelle III-3) können auf besonders einfache Weise Lagerbestände berücksichtigt werden. Der Vektor N^1 ergibt sich dann aus dem Primärbedarfsvektor X abzüglich des Lagerbestandsvektors L. Es ist jedoch bei der Rechnung darauf zu achten, dass verbleibende Lagerbestände (N_i ist dann negativ) ausgebucht werden, sobald die betreffende Stufe abgearbeitet wird. Der entsprechende Bedarf wird für die weitere Rechnung dann auf null gesetzt.

Für unser Beispiel (siehe Abbildung III-20) ergibt sich die folgende Tabelle:

j	i	d_{ij}	i	v^1	N^1	v^2	N^2	v^3	N^3	v^4	N^4
4	1	3	1	2	0	2	0	1	22.800	-	31.200
4	2	4	2	3	0	2	4.200	1	8.000	-	19.200
4	3	5	3	3	0	2	1.200	1	8.800	-	22.800
5	1	6	4	1	400	-	2.800	-	2.800*		
5	2	1	5	1	200	-	3.800*				
5	3	2	6	-	600*						
6	2	7									
6	3	2									
6	4	4									
6	5	6									

Tabelle III-3: Lösungsweg des Gozinto-Listen-Verfahrens

3.3   Beschaffungsplanung im Rahmen von Lagerhaltungsmodellen

3.3.1   Aufgaben der betrieblichen Lagerhaltung

Die für den Produktionsprozess in Industriebetrieben notwendigen Materialien, also Roh-, Hilfs- und Betriebsstoffe sowie Zwischenprodukte und in das Endprodukt zu integrierende oder dieses ergänzende Komponenten, sind in der benötigten Menge und Qualität zum Bedarfszeitpunkt am Verbrauchsort bereitzustellen. Da nicht immer eine einsatzsynchrone Lieferung des Materials möglich und aus wirtschaftlichen Gründen auch nicht zwangsläufig sinnvoll ist, bieten Läger die Möglichkeit eines Puffers zwischen den nicht abgestimmten ein- und ausfließenden Güterströmen. Neben dieser zeitlichen und mengenmäßigen Ausgleichsfunktion des Lagers können Lagerbestände auch aus Spekulationsmotiven, z. B. in Erwartung von Preissteigerungen, und aus Sicherheitsmotiven, z. B. bei politisch instabilen Lagen in Zulieferländern oder aus der Erwartung von Streiks, resultieren. Weitere Gründe können z. B. eine notwendige Veredlungs- oder Reifelagerung, gesetzliche Bestimmungen oder der zumindest kurzfristig zwangsläufige Aufenthalt im „Lager" zur Zusammenstellung der bedarfsgerechten Materialkombinationen (Kommissionierung) sein.

Die benötigten Materialmengen und der Zeitpunkt ihres Bedarfs werden durch den Produktionsprozess bzw. die zeitliche Reihenfolge alternativer Prozesse determiniert. Da die Beschaffungszeiten für das Material in der Realität größer als null sind, ist genau zu planen, wann und in welchen Mengen das Material beschafft bzw. geliefert werden soll. Grundlage dieser Planung ist die zu erstellende Produktionsmenge (Primärbedarf). Der zugehörige (Sekundär-)Bedarf an Produktionsfaktoren (Materialien) kann bei einer programmgesteuerten Bedarfsermittlung über Verfahren der Stücklisten- bzw. Rezepturauflösung ermittelt werden. Geringwertige Materialverbräuche können mit geringerem Aufwand verbrauchsgesteuert, also an vergangenheitsbezogenen Durchschnittswerten orientiert, disponiert werden (vgl. Abschnitt III-3.2.2.1).

Die Minimierung der mit der Beschaffung des benötigten Materials verbundenen Kosten ist Aufgabe der operativen Beschaffungsplanung. Die mengenmäßig und zeitlich gezielte Materialbeschaffung erfordert Planungsaktivitäten, in deren Rahmen auch Modelle zur Lagerhaltung unterstützend eingesetzt werden können. In der betriebswirtschaftlichen Theorie wurden zahlreiche Lagerhaltungsmodelle erarbeitet, die in ihren unterschiedlichen Ausprägungen verschiedene Annahmen über die Planungssituation beinhalten und somit eine breite Palette möglicher Problemstellungen abbilden. Die Modelle gehen i.d.R. davon aus, dass Aktivitäten wie die (strategische) Lieferantenauswahl, Verhandlungen über Preise und Konditionen u. ä. bereits durch den Einkauf erfolgt sind bzw. dass die Materialien zu feststehenden (Markt-)Preisen und Konditionen bezogen werden. Im folgenden werden statische und dynamische sowie deterministische und stochastische Lagerhaltungsmodelle unterschieden. Statische Modelle berücksichtigen im Gegensatz zu den dynamischen Ansätzen die Möglichkeit sich im Zeitablauf ändernder Parameterwerte nicht. Deterministische Modelle gehen von Planungssicherheit aus, wohingegen stochastische Modelle die bestehende Unsicherheit über Wahrscheinlichkeitsverteilungen abzubilden versuchen. Alle im Weiteren betrachteten Modelle sind kostenbasiert. Alternativ lassen sich auch zahlungsstromorientierte Modelle (siehe die Übersicht bei Hofmann (1995), S. 20ff.) formulieren.

3.3.2   Statische Lagerhaltungsmodelle

3.3.2.1   Grundmodell der optimalen Bestellmenge

Das Grundmodell der optimalen Bestellmenge wurde von HARRIS (1915) vorgestellt und von STEFANIC-ALLMAYER (1927) und ANDLER (1929) in Deutschland eingeführt. Es bezieht sich auf eine ganz bestimmte Planungssituation:

-     Der Lagerabgang (Verbrauch) erfolgt kontinuierlich und linear im Zeitablauf, d.h. der Bedarf je Zeiteinheit ist konstant. Damit ist auch der Gesamtbedarf innerhalb eines beliebig definierten Planungszeitraums konstant.

-     Die Lagerbestände zu Beginn und zum Ende des Planungszeitraums sind null.

-     Die Beschaffung bzw. Lagerauffüllung erfolgt ohne Zeitverzug und bei einem Lagerbestand von null, da weder Sicherheitsbestände noch (geplante) Bedarfsunterdeckungen zugelassen sind.

-     Die Bestellmenge ist im Falle mehrfacher Bestellungen innerhalb des Planungszeitraums konstant. Die angelieferte Menge ist mit der bestellten Menge identisch.

-     Es existieren keine Restriktionen wie z. B. eine maximale Lagerkapazität.

-     Alle relevanten Planungsparameter sind bekannt; es herrscht keine Unsicherheit (deterministisches Modell).

Auf weitere Modellprämissen wird im Zusammenhang mit der Diskussion der Zielfunktion hingewiesen.

Der gegebene Bedarf der Materialart kann z. B. durch viele Bestellungen kleiner Mengen oder durch wenige Bestellungen großer Mengen gedeckt werden. Die durch die Bestell- politik im Grundmodell berührten Kostenkategorien Lagerhaltungskosten und Kosten des Bestell- und Bereitstellungsvorgangs verlaufen in Abhängigkeit von Bestellmenge bzw. Bestellhäufigkeit gegensätzlich. Im Fall einer großen (kleinen) Anzahl von Bestellungen werden die mit den Bestellvorgängen verbundenen Kosten relativ hoch (niedrig), die Kosten der Lagerhaltung durch die geringen (hohen) Bestände dagegen relativ niedrig (hoch) sein. Es gilt, zwischen diesen gegenläufigen Tendenzen einen Ausgleich zu schaffen und Bestellmenge und -häufigkeit auf den optimalen Wert einzustellen.

Zur modellmäßigen Abbildung der Zusammenhänge sollen zunächst die Lagerbestands- verläufe und die sich daraus ergebenden Lagerhaltungskosten in Abhängigkeit von Be- stellmenge und -häufigkeit betrachtet werden.

Der Gesamtbedarf im Planungszeitraum ist annahmegemäß durch n Bestellungen in gleicher Höhe r zu decken. Daher gilt die Beziehung:

$$B = r \cdot n$$

mit   B = Gesamtbedarf im Planungszeitraum (von t = 0 bis t = T)

        r = Bestellmenge

        n = Anzahl der Bestellungen

Bei einmaliger Bestellung im Planungszeitraum entspricht damit die Bestellmenge r dem Gesamtbedarf B; bei zweimaliger (n-maliger) Bestellung beträgt sie 1/2 (1/n) von B. Aufgrund des kontinuierlichen Lagerabgangs ist der durchschnittliche Lagerbestand (L_d) die Hälfte der Bestellmenge r (vgl. Abbildung III-21 und Abbildung III-22).

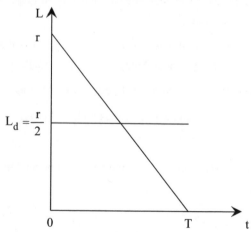

Abbildung III-21: Lagerbestandsverlauf bei einer Bestellung im Planungszeitraum

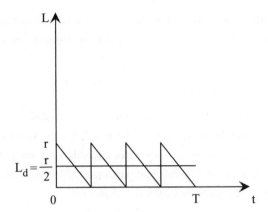

Abbildung III-22: Lagerbestandsverlauf bei vier Bestellungen im Planungszeitraum

Für die *Lagerhaltungskosten* K_L im Planungszeitraum wird angenommen, dass sie sich proportional zum durchschnittlichen mengen- bzw. wertmäßigen Lagerbestand verhalten. Hauptbestandteil sind die Kosten des im Lager gebundenen Kapitals, die je gelagerter Mengeneinheit durch Multiplikation des zur Ermittlung der Kapitalbindungskosten gewählten und auf den Gesamtplanungszeitraum bezogenen Zinssatzes z mit dem Wert je Einheit (hier vereinfachend die als konstant angenommenen Beschaffungsstückkosten q_c) errechnet werden. Hier können auch kalkulatorische Kosten für Schwund eingerechnet werden. Hinzu kommen je gelagerter Einheit mengenabhängige Kosten der Lagerung k_{Lm} im Planungszeitraum, die - sofern entscheidungsrelevant - durch logistische Aktivitäten verursacht werden (z. B. Energie zur individuellen Temperierung), aber auch Kosten für Versicherungen o.ä. enthalten können. Damit ergibt sich der *Lagerhaltungskostensatz* aus:

$$k_L = z \cdot q_c + k_{Lm}$$

Die Lagerhaltungskosten K_L ergeben sich demnach als Produkt aus dem Lagerhaltungskostensatz pro Stück k_L bezogen auf den Planungszeitraum und dem durchschnittlichen Lagerbestand $L_d = r/2$:

$$K_L(r) = k_L \cdot L_d = k_L \cdot \frac{r}{2}$$

Es seien nun die entscheidungsrelevanten *Kosten der Bestell- und Liefervorgänge* betrachtet. Entscheidungsrelevant sind hier nicht die mengenbezogenen Kosten, sofern sie – wie hier vereinfachend angenommen – für jede gelieferte Einheit konstant sind. Zu berücksichtigen sind lediglich die mengenunabhängigen, fixen Kosten je Bestell- und Liefervorgang. Diese werden im Folgenden, der Literatur folgend, als *Bestellkosten* K_B bezeichnet. Für diese wird eine proportionale Beziehung zur Bestellhäufigkeit n angenommen. Sie ergeben sich daher als Produkt aus dem fixen Bestellkostensatz k_B und der Bestellhäufigkeit n.

$$K_B(n) = k_B \cdot n$$

Eine sehr große Bedeutung für die Wirtschaftlichkeit einer Bestell- und Einkaufspolitik haben die für die einzelnen Materialien zu zahlenden Preise. Im Grundmodell der optimalen Bestellmenge wird angenommen, dass der zu zahlende Preis je Stück q_c, unabhängig von der Bestellmenge und -häufigkeit, konstant ist. Die *Kosten des Einkaufsvolumens* K_{EV} im Planungszeitraum belaufen sich damit auf

$$K_{EV} = q_c \cdot B$$

Da K_{EV} nicht von der Bestellmenge r, sondern vom vorgegebenen Bedarf B abhängig ist, kann dieser Kostenbestandteil bei der Optimierung der Bestellmenge vernachlässigt werden. Aus den beiden Kostenkategorien K_L und K_B lassen sich die gesamten entscheidungsrelevanten Kosten K der Bestellpolitik im Planungszeitraum zusammenfassen.

$$K = K_L(r) + K_B(n)$$

$$K = k_L \cdot \frac{r}{2} + k_B \cdot n$$

In dieser Kostengleichung sind außer den konstanten Größen k_L und k_B die Variablen der Bestellpolitik r und n enthalten. Diese sind voneinander abhängig über die Beziehung $B = r \cdot n$. Somit kann eine der Größen durch die andere in der Kostenfunktion ersetzt werden, hier beispielsweise n durch r:

$$B = r \cdot n \quad \Rightarrow \quad n = \frac{B}{r}$$

Die zu minimierende Zielfunktion lautet dann in Abhängigkeit von der Bestellmenge r:

$$K(r) = k_L \cdot \frac{r}{2} + k_B \cdot \frac{B}{r} \quad \rightarrow \quad \text{Min!}$$

Durch Ableiten nach r und anschließendes Nullsetzen ergibt sich die notwendige Bedingung für das Kostenminimum, womit die optimale Bestellmenge bestimmt werden kann:

$$\frac{dK(r)}{dr} = \frac{k_L}{2} - \frac{k_B \cdot B}{r^2} = 0$$

$$\frac{k_L}{2} = \frac{k_B \cdot B}{r^2}$$

$$r^2 = \frac{2 \cdot k_B \cdot B}{k_L}$$

$$r_{opt} = \sqrt{\frac{2 \cdot k_B \cdot B}{k_L}} \qquad\qquad \text{notwendige Bedingung}$$

Die Überprüfung der hinreichenden Bedingung ergibt, dass ein Minimum vorliegt:

$$\frac{d^2K(r)}{dr^2} = \frac{2 \cdot k_B \cdot B}{r^3} > 0 \quad , \text{ da } k_B, B, r > 0$$

Allgemein gilt, dass die Steigungen der Lagerhaltungs- und Bestellkostenfunktion bei der optimalen Bestellmenge betragsmäßig gleich sind:

$$\frac{dK(r)}{dr} = \frac{dK_L(r)}{dr} + \frac{dK_B(r)}{dr} = 0$$

$$\frac{dK_L(r)}{dr} = -\frac{dK_B(r)}{dr}$$

Mit der optimalen Bestellmenge r_{opt} sind gleichzeitig festgelegt:

-    die optimale Bestellhäufigkeit $n_{opt} = B / r_{opt}$ und

-    die optimale Lagerzykluszeit (Zeit zwischen zwei aufeinanderfolgenden Bestellungen bzw. Lieferungen) $t_{opt} = T / n_{opt}$.

Wird in der Bestimmungsgleichung für r_{opt} für den Gesamtbedarf B das Produkt aus Bedarfsrate b je Zeiteinheit und Planungszeitraum T ($B = b \cdot T$) eingesetzt sowie die Lagerhaltungskosten je Zeiteinheit angegeben ($k_L = c_L \cdot T$), so zeigt sich, dass die optimale Bestellmenge von der Länge des Planungszeitraums unabhängig ist:

$$r_{opt} = \sqrt{\frac{2 \cdot k_B \cdot b \cdot T}{c_L \cdot T}} = \sqrt{\frac{2 \cdot k_B \cdot b}{c_L}}$$

Tatsächlich gilt der Optimalitätsanspruch der ermittelten Bestellmenge auch nur für Planungszeiträume T → ∞. Nur dann sind die Charakteristika eines stationären Modells mit immer wiederkehrenden, identischen Loszyklen (Lieferung derselben Bestellmenge in gleichbleibenden Zeitabständen und bei soeben geleertem Lager) immer (!) erfüllt.

Die geschilderten Zusammenhänge sollen nun graphisch untersucht werden (vgl. Abbildung III-23). Da die Kosten des Einkaufsvolumens annahmegemäß unabhängig von der Bestellpolitik konstant sind, werden in der folgenden Abbildung lediglich die entscheidungsrelevanten Anteile, die Lagerhaltungskosten K_L und die Bestellkosten K_B sowie deren Summe K, in Abhängigkeit von der Bestellmenge r betrachtet.

In Abhängigkeit von der Bestellmenge r sind die entscheidungsrelevanten Lagerhaltungskosten graphisch durch eine Ursprungsgerade mit der Steigung $k_L/2$ beschreibbar:

$$K_L(r) = r \cdot \frac{k_L}{2}$$

Die Bestellkosten nehmen einen hyperbolischen Verlauf an:

$$K_B(r) = k_B \cdot \frac{B}{r}$$

Die Summe K(r) aus diesen Kostenkategorien ist im vorliegenden Fall dort minimal, wo sich $K_L(r)$ und $K_B(r)$ schneiden, d.h. wo die Lagerhaltungs- und Bestellkosten die gleiche Höhe aufweisen. Dies lässt sich auch zeigen, indem die Optimalitätsbedingung (Gleichheit der betragsmäßigen Steigung der Funktionen) mit r erweitert wird:

$$r \cdot \frac{k_L}{2} = r \cdot k_B \cdot \frac{B}{r^2} \quad \Leftrightarrow \quad K_L = K_B$$

Da die Kosten des Einkaufsvolumens K_{EV} in diesem Modell unabhängig von der Bestellpolitik sind, führt die optimale Bestellmenge r_{opt} zu minimalen Gesamtkosten K_{min} im Planungszeitraum. Sie entspricht der Bestellmenge minimaler Stückkosten, denn die Stückkosten k(r) verhalten sich zu K(r) proportional (k(r) = K(r) / B). Dies zeigt auch die folgende Ableitung:

$$k(r) = 0,5 \cdot r \cdot k_L \cdot \frac{1}{B} + \frac{k_B}{r} \quad \rightarrow \quad \text{Min!}$$

$$\frac{dk(r)}{dr} = \frac{k_L}{2 \cdot B} - \frac{k_B}{r^2} = 0$$

$$r_{opt} = \sqrt{\frac{2 \cdot k_B \cdot B}{k_L}}$$

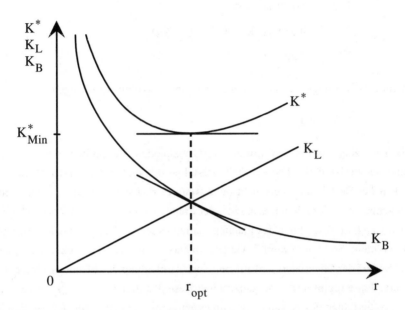

Abbildung III-23: Modell zur Ermittlung der optimalen Bestellmenge

Zahlenbeispiel

Planungszeitraum:	$T = 360$ Tage
Gesamtbedarf:	$B = 10.000$ ME
Preis je ME:	$q_c = 2$ GE
Fixe Kosten je Bestellung:	$k_B = 180$ GE
Lagerhaltungskostensatz:	$k_L = 0,1 \cdot q_c + 0,2$

$$r_{opt} = \sqrt{\frac{2 \cdot 10.000 \cdot 180}{0,4}} = 3.000 \quad ME$$

$$n_{opt} = \frac{B}{r_{opt}} = \frac{10.000}{3.000} = 3\frac{1}{3}$$

$$t_{opt} = \frac{T}{n_{opt}} = \frac{360}{3\frac{1}{3}} = 108 \quad \text{Tage}$$

Entscheidungsrelevante Kosten:

$$K_B \quad = k_B \cdot n_{opt} = 600$$

$$K_L \quad = 0{,}5 \cdot r_{opt} \cdot k_L = 600 \quad (\, = K_B)$$

$$K \quad = 1.200$$

Die nicht entscheidungsrelevanten Kosten des Einkaufsvolumens betragen:

$$K_{EV} \quad = q_c \cdot B = 20.000$$

Das Beispiel zeigt ein mit dem Einsatz des Grundmodells der optimalen Bestellmenge verbundenes Problem auf. Die ermittelte Bestellpolitik kann aufgrund der Nicht-Ganzzahligkeit der Bestellhäufigkeit nicht ohne weiteres realisiert werden. Es sind weitere Überlegungen erforderlich, um eine unter der Prämisse eines leeren Lagers (verfügbarer Bestand gleich null) am Ende des Planungszeitraums realisierbare optimale Bestellpolitik zu ermitteln. So könnte geprüft werden, ob auch in der weiteren Zukunft ein gleichartiger Bedarf der Materialart auftritt. Bei einer Ausweitung des Planungszeitraums auf z. B. drei Jahre ergibt sich eine ganzzahlige Bestellhäufigkeit ($n = 10$). Es zeigt sich also, dass die Länge des gewählten Planungszeitraums Auswirkungen auf das Ergebnis haben kann. Bei Aufrechterhaltung der Prämisse eines geräumten Lagers zum Ende des ursprünglichen Planungszeitraums können die dem optimalen Wert direkt benachbarten ganzzahligen Bestellhäufigkeiten in bezug auf die mit ihnen verbundenen Kosten verglichen werden, um eine für den Planungszeitraum von 360 Tagen realisierbare wirtschaftliche Bestellpolitik zu bestimmen. Im angegebenen Beispiel wäre ein Kostenvergleich zwischen der Bestellpolitik $n = 4$, $r = 2.500$ und der Politik $n = 3$, $r_{1/2} = 3.333$, $r_3 = 3.334$ vorzunehmen.

Weitere Alternativen, z. B. $2 \cdot 3.000$, $1 \cdot 4.000$, kommen nicht in Betracht, da durch die strenge Konvexität der Zielfunktion die Kostenzunahme umso größer wird, je weiter von der (theoretisch) optimalen Bestellmenge in den Einzelbestellungen abgewichen wird. Im vorliegenden Fall ergeben sich für vier Bestellungen entscheidungsrelevante Kosten in Höhe von GE 1.220,-. Für $n = 3$ werden die Kosten auf die folgende Weise berechnet:

$$K(n=3) = 3 \cdot 180{,}- + (3.333/2) \cdot 0{,}4 \cdot 0{,}667 + (3.334/2) \cdot 0{,}4 \cdot 0{,}333 = 1.206{,}7.$$

Die Rechnung beruht auf der Tatsache, dass zwei Bestellungen je 3.333 Mengeneinheiten 6.666/10.000 des Gesamtbedarfs abdecken und damit in gut 2/3 des Planungszeitraums verbraucht werden. Die Restmenge von 3.334 deckt den Restzeitraum und -bedarf ab.

Bestimmung der Kostensätze

Die wesentlichste Aufgabenstellung beim Einsatz von Lagerhaltungsmodellen ist - abgesehen von der Auswahl des geeignetsten Modells für die jeweilige Situation und die Ermittlung der u.U. zu schätzenden Werte für die zukünftigen Bedarfsmengen - die korrekte Bestimmung der Kostenparameter.[19] Es ist offensichtlich, dass Abweichungen bei den Kostensätzen k_L und k_B gegenüber den „richtigen" Werten das Planungsergebnis direkt beeinflussen. In vielen Fällen dürfte der Verlauf der Kostenfunktion in der Nähe des Kostenminimums zwar relativ flach sein, so dass kleinere Abweichungen von der optimalen Bestellmenge lediglich geringe Kostenwirkungen zeitigen. Hierauf sollte man sich allerdings nicht ohne weiteres verlassen. Tatsächlich dürften die in der Praxis zum Einsatz kommenden Kostensätze nicht selten ein Vielfaches der entscheidungsrelevanten Werte darstellen. Hiermit wird die Gefahr von größeren Abweichungen vom Optimum erheblich erhöht.

Entscheidungsrelevanz in bezug auf Kosten in Bestellmengenmodellen bedeutet, dass ausschließlich solche Kosten anzusetzen sind, die durch die Bestellmenge bzw. die Bestellhäufigkeit direkt verändert werden. Alle weiteren Kostenbestandteile wirken sich im besseren Fall unschädlich aus, da sie das Ergebnis nicht verändern, womit sie jedoch als unnötiger „Ballast" bei der Optimierungsrechnung zu bezeichnen sind (Beispiel: Kosten des Einkaufsvolumens bei konstanten Preisen). Im schlechteren Fall wird das Ergebnis verfälscht, u.U. erheblich.

Einen typischerweise nicht entscheidungsrelevanten Kostenblock stellen die *Gemeinkosten* dar. Dies sind Kosten, die im Rahmen der Kostenrechnung nicht direkt Kostenträgern im Sinne von Einzelkosten zuordenbar sind, da sie beispielsweise durch *Kapazitätsbereitstellungen* verursacht werden, die mehreren Kostenträgern dienen. Für die Lagerhaltung sind dies u. a. Abschreibungen oder Mieten für das Lager und seine technischen Einrichtungen sowie Lohn- und Gehaltskosten für das logistische Personal. Letzteres gilt entsprechend für die Bestellabteilung und für das Fuhrparkpersonal. Auch in

---

[19]   Zur Problematik der Kosten in Lagerhaltungsmodellen vgl. Schneeweiß (1979), Bogaschewsky (1992a).

den Bereichen Disposition und Transport fallen Abschreibungen an (Büroeinrichtungen, Rechner etc. sowie Fahrzeuge).

Eine anteilige Zurechnung solcher und ähnlicher Kosten kann kostenrechnerisch auf unterschiedliche Weise erfolgen: Beispielsweise können die Gesamtkosten durch die verfügbare Kapazität dividiert werden, so dass sich ein Kapazitätskostensatz ergibt, der multipliziert mit dem in Anspruch genommenen Kapazitätsumfang die anteiligen Kosten ergibt. Die gesamten Kosten werden dann nur bei 100%-iger Auslastung auf die Kostenträger verteilt. Alternativ könnten z. B. die Kapazitätsgesamtkosten durch den in der letzten Periode in Anspruch genommenen Umfang dividiert werden, und dieser Satz wird als Kapazitätskostensatz für zukünftige Nutzungen angesetzt. Eine Verteilung der gesamten Kapazitätskosten wird dann bei Erreichen derselben Nutzungsquote wie in der vergangenen Periode gewährleistet.

Offensichtlich werden in beiden Ansätzen nur zufällig die gesamten Kapazitätskosten verteilt. Wesentlicher ist hier aber die Feststellung, dass der Einsatz von Entscheidungsmodellen völlig andere Ziele verfolgt als die Kostenrechnung. Grundsätzlich ist daher vom Ansetzen anteiliger Gemeinkosten bei der Bestimmung entscheidungsrelevanter Kostensätze abzusehen. Die Tatsache, dass dies in der Praxis trotzdem erfolgt, liegt wohl darin begründet, dass der Ansatz vergleichsweise sehr niedriger - z. B. nur der entscheidungsrelevanten - Kostensätze eventuell zu einer Übernutzung einer Ressource oder mehrerer Kapazitäten führen würde, die dann Engpässe darstellen.

Eine wie auch immer gestaltete Umlage der Kapazitätskosten garantiert jedoch keinesfalls die Einhaltung der Kapazitätsbeschränkungen. Das Resultat kann andererseits auch eine deutliche Unternutzung der Ressourcen sein, was dann auch im Rahmen der kurzfristigen Planung eine Verschwendung darstellt, wenn hiermit das Minimum der für das Bestellmengenmodell entscheidungsrelevanten Kosten verfehlt wird. Da der Fall eintreten kann, dass die verfügbare Kapazität die Realisierung der optimalen (unbeschränkten) Bestellpolitik erlaubt, sollte zunächst immer ausschließlich mit entscheidungsrelevanten Kosten kalkuliert werden.[20] Erst bei einer Restriktionsverletzung sind die Kostensätze derart anzupassen, dass sich Lösungen ergeben, die zulässig und möglichst (restringiert) optimal sind. Die Vorgehensweise hierzu wird im Abschnitt III-3.3.2.3 aufgegriffen.

---

[20]   Im gesamten Kapitel zur Bereitstellungsplanung sind immer die entscheidungsrelevanten Kosten gemeint, wenn allgemein von Kosten gesprochen wird.

Bewertung des Grundmodells

Die Prämissen des Grundmodells der optimalen Bestellmenge schränken dessen Anwendbarkeit in realen Problemstellungen ein. Insbesondere wird die Annahme einer konstanten Bedarfsrate kritisiert. In vielen Unternehmen mit ausgeprägter Vorfertigung von Basismodulen bzw. Grundteilen, die in zahlreiche, wenn nicht sogar alle Fertigproduktvarianten eingehen, liegt jedoch für diese frühen Fertigungsstufen ein annähernd konstanter Bedarf je Zeiteinheit an Material vor. Die zunehmende Standardisierung der Produktion unter Verwendung von Modulen und Plattformen unterstützt diese Aussage noch.

Ein wenig beachtetes Problem stellt die Bestimmung der Wertbasis zur Ermittlung der Kapitalbindungskosten im Rahmen der Ermittlung der Lagerhaltungskosten dar. Die meisten Modelle gehen von konstanten oder – im Falle von Rabatten – abschnittsweise konstanten Preisen als Wertbasis aus. Es wäre zu diskutieren, inwieweit weitere Kostenbestandteile den kalkulatorischen Wert der im Lager befindlichen Materialien erhöhen. Die Praxis kennt hier den Begriff der *Total Cost of Ownership* (TCO), die u. a. anteilige Kosten des Transports und der Administration zum Materialpreis addieren. Werden die gesamten fixen Kosten je Bestellung k_B auf die jeweilige Bestellmenge r aufgeteilt und zum Materialpreis q addiert, so ergibt sich als Lagerhaltungskostensatz: $k_L(r) = z \cdot (q + k_B/r)$.[21]

In zahlreichen *Weiterentwicklungen* der statischen Modelle wurde eine weiter verbesserte Abbildung der Realität verfolgt. Dabei wurden u. a. die folgenden Erweiterungen eingeführt:

- *bestellmengenabhängiger Faktorpreis* (siehe Abschnitt III-3.3.2.2)

- *Beschränkungen in Mehrmaterialartenmodellen* (siehe Abschnitt III-3.3.2.3)

- geplante *Fehlmengen* (siehe Abschnitt III-3.3.4)

Das Grundproblem der im Planungszeitraum konstanten Parameterwerte wird in *dynamischen Modellen* (siehe Abschnitt III-3.3.3) zu lösen versucht.

---

[21] Bei von Zwehl (1973) wird die Bewertungsbasis für eine Bestellung mit $q \cdot r + k_B$ angegeben, was zum gleichen Ergebnis führt.

3.3.2.2 Grundmodell der optimalen Bestellmenge bei bestellmengenabhängigem Faktorpreis

Der Preis q je Einheit der betrachteten Materialart kann von der Bestellmenge in der Weise abhängen, dass er bei wachsender Ordermenge abnimmt. Dabei ist eine stetige, z. B. degressive, Abnahme denkbar: $q = q_c + (a/r)$ mit $a > 0$; $r \geq 1$ (vgl. Kahle (1996a), S. 148). Dieser Fall soll im folgenden nicht betrachtet werden; es sei vielmehr unterstellt, dass der Faktorpreis q bei Erreichen bestimmter Werte der Bestellmenge (r_1, r_2,..., r_n) gegenüber dem Ausgangsniveau q_0 sprunghaft sinkt, wie es z. B. beim Erreichen bestimmter Rabattklassen der Fall ist. Die geringeren Faktorpreise q_1, q_2,..., q_n sollen - im Gegensatz zum Fall „angestoßener" Rabatte, bei denen lediglich die über der Rabattgrenze liegende Menge im Preis reduziert wird - jeweils für die gesamte Bestellmenge gelten („durchgerechnete" Rabatte).[22]

Der Faktorpreis beträgt somit in Abhängigkeit von der Bestellmenge:

$$q(r) = \begin{cases} q_0, & \text{für} \quad 0 \ < \ r \ < \ r_1 \\ q_1, & \text{für} \quad r_1 \ \leq \ r \ < \ r_2 \\ q_2, & \text{für} \quad r_2 \ \leq \ r \ < \ r_3 \\ \ldots & \\ q_n, & \text{für} \quad r_n \ \leq \ r \end{cases}$$

Da der Einstandspreis des Materials nunmehr von der Bestellmenge abhängt, sind die Kosten des Einkaufsvolumens $K_{EV} = q(r) \cdot B$ explizit als entscheidungsrelevant zu berücksichtigen. Bei einer bestellmengenabhängigen Rabattgewährung existiert eine Schar von Kostenfunktionen, wobei jede Kostenfunktion nur für einen bestimmten Bestellmengenbereich gültig ist (vgl. Abbildung III-24):

$$K(r,q) = \begin{cases} K_0 = q_0 \cdot B + 0{,}5 \cdot r \cdot k_{L0} + k_B \cdot B / r & \text{für } 0 \ < \ r \ < \ r_1 \\ K_1 = q_1 \cdot B + 0{,}5 \cdot r \cdot k_{L1} + k_B \cdot B / r & \text{für } r_1 \leq r < r_2 \\ K_2 = q_2 \cdot B + 0{,}5 \cdot r \cdot k_{L2} + k_B \cdot B / r & \text{für } r_2 \leq r < r_3 \\ \ldots \quad \ldots & \\ K_n = q_n \cdot B + 0{,}5 \cdot r \cdot k_{Ln} + k_B \cdot B / r & \text{für } r \geq r_n \end{cases}$$

Die Kostenfunktionen K_0, K_1, K_2 (im Folgenden wird beispielhaft von zwei Preissprüngen bzw. Rabattstufen ausgegangen) unterscheiden sich durch die Kosten des Einkaufs-

---

[22] Zur Berücksichtigung von Rabattklassen vgl. z. B. Churchman/Ackoff/Arnoff (1971), S. 219ff., Hadley/Whitin (1963), S. 62ff., Bloech/Götze/Roland (1989), S. 1205ff.

volumens K_{EV} und den Verlauf der Lagerhaltungskosten. Die Bestellkosten sind durch die Rabattgewährung nicht berührt, da der Bestellkostensatz annahmegemäß unabhängig von Bestellmenge und -wert ist. Weil im Grundmodell der optimalen Bestellmenge nur die Bestell- und Lagerhaltungskosten minimiert werden, würde dieser Ansatz hier nicht zur optimalen Bestellmenge führen.

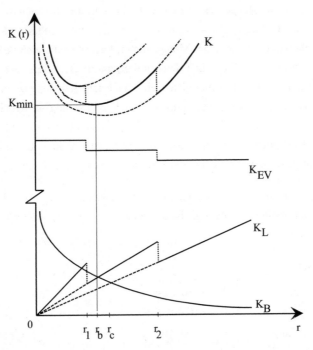

Abbildung III-24: Sprungweiser Kostenfunktionsverlauf bei bestellmengenabhängigem Faktorpreis

Die Abbildung III-24 zeigt, dass die Bestellkosten $K_B(r)$ nicht von dem variablen Preis beeinflusst werden. Der Verlauf der Lagerhaltungskostenfunktion $K_L(r, q(r))$ zeigt die Wirkung der sprungweise variierenden Preise auf die Lagerhaltungskosten. Ab den Rabattgrenzen r_1 bzw. r_2 gelten jeweils niedrigere Preise für die Gesamtbestellmenge, womit sich die Basis für die Ermittlung der Kapitalbindungskosten jeweils verändert. Die Lagerhaltungskostenfunktion weist daher in den drei Definitionsbereichen $0 < r < r_1$, $r_1 \leq r < r_2$ und $r \geq r_2$ eine unterschiedliche Steigung sowie Sprungstellen an den Rabattgrenzen auf.

Stufenweise verläuft die Funktion der Kosten des Einkaufsvolumens $K_{EV}(q(r))$, da sich bei konstanter Gesamtbeschaffungsmenge B der Beschaffungspreis je Mengeneinheit an den Rabattgrenzen sprungweise ändert.

Abbildung III-24 verdeutlicht, dass bei Annahme unterschiedlicher Beschaffungspreise mehrere lokale Minima existieren können. Für jede Kostenfunktion K_i (r, q_i) ergibt sich das Minimum bei einer anderen „optimalen" Bestellmenge. Dieses liegt jedoch nicht zwangsläufig im Definitionsbereich der jeweiligen Funktion. Wird der niedrigste Preis q_2 angesetzt, der ab Bestellmengen in Höhe von r_2 gilt, ergibt sich das Minimum der Funktion bei r_c. Diese Menge liegt jedoch nicht im Definitionsbereich der Funktion ($r \geq r_2$). Im mittleren Bereich $r_1 \leq r < r_2$ gilt der Preis q_1. Die zugehörige Kostenfunktion nimmt bei r_b ihr Minimum an, einer Menge, die im Definitionsbereich liegt. Damit wäre r_{opt} jedoch noch nicht mit Sicherheit determiniert, da bei Bestellung der Menge r_2, die der nächsthöheren (und im Beispiel gleichzeitig höchsten) Rabattgrenze entspricht, noch niedrigere Kosten erreicht werden könnten. Der Kostensprung an der Stelle r_2 reicht hier nicht aus, die Kosten bei Bestellung der Menge r_b zu unterschreiten. Damit stellt r_b die optimale Bestellmenge dar. Im allgemeinen Fall müssten alle höheren Rabattgrenzen daraufhin geprüft werden, ob sie die optimale Bestellmenge darstellen.

Im folgenden Zahlenbeispiel werden als Lagerhaltungskosten K_L nur Kapitalbindungskosten angesetzt. Kosten für die logistische Handhabung etc. bleiben dagegen unberücksichtigt ($k_{Lm} = 0$).

Zahlenbeispiel

Planungszeitraum: $\quad$ T $\;= 360$ Tage

Gesamtbedarf: $\quad$ B $\;= 10.000$ ME

Kosten je Bestellung: $\quad$ $k_B = 180$ GE

Zinssatz für das gebundene
Kapital: $\quad$ z $\;= 0,2$

Preis je ME $\qquad q(r) = \begin{cases} q_0 = 2 & \text{für} & 0 < r < 1.000 \\ q_1 = 1,95 & \text{für} & 1.000 \leq r < 5.000 \\ q_2 = 1,90 & \text{für} & 5.000 \leq r \end{cases}$

Zunächst ist zu prüfen, ob bei Annahme des günstigsten Preises $q_2 = 1,90$ ein Kostenminimum für die Summe aus Lagerhaltungs- und Bestellvorgangskosten vorliegt. Dies wäre auch das Gesamtkostenminimum, da in diesem Fall die geringsten Materialbeschaffungskosten K_{EV} anfallen würden. Die kostenminimale, nicht zwangsläufig zulässige Bestellmenge bei Annahme von $q_2 = 1,90$ lautet:

$$r_{opt}(q_2) \;=\; \sqrt{\frac{2 \cdot 10.000 \cdot 180}{0,2 \cdot 1,90}} \;=\; 3.077,94$$

Diese Menge ist für den angenommenen Stückpreis q_2 nicht zulässig, da vorausgesetzt wurde, dass die Bestellmenge mindestens 5.000 beträgt. Nun wird geprüft, ob bei Annahme des zweitniedrigsten Beschaffungspreises $q_1 = 1,95$ eine zulässige Bestellmenge, die die Summe aus K_L und K_B minimiert, erreicht werden kann:

$$r_{opt}(q_1) = \sqrt{\frac{2 \cdot 10.000 \cdot 180}{0,2 \cdot 1,95}} = 3.038,22$$

Die ermittelte Bestellmenge liegt offensichtlich im zulässigen Bereich $1.000 \leq r < 5.000$.

Grundsätzlich besteht die Möglichkeit, dass bei Annahme des höchsten Preises $q_0 = 2,-$ ein weiteres (lokales) Minimum vorliegt. Allerdings können dabei die Kosten bei Bestellung von 3.038,22 Mengeneinheiten nicht unterschritten werden, da alternativ ein höherer Stückpreis anzusetzen wäre und zusätzlich die - in Richtung kleinerer Bestellmengen progressiv steigenden - Bestellkosten eine (eventuelle[23]) Lagerhaltungskostensenkung überkompensieren würden.

Allerdings besteht noch die Möglichkeit, dass bei einer Bestellung in Höhe der genauen Rabattgrenze ($r = 5.000$) die Gesamtkosten aufgrund der niedrigeren Einkaufskosten geringer sind als im bisher ermittelten Kostenminimum bei $r = 3.038,22$ und einem Preis in Höhe von $q_1 = 1,95$.

Die Gesamtkosten für $r = 5.000$ - und damit $n = 10.000 / 2.000 = 2$ - betragen:

$$K(r = 5.000) = 2 \cdot 180 + (5.000/2) \cdot 1,90 \cdot 0,2 + 10.000 \cdot 1,90$$
$$= 20.310,-$$

Bei Bestellung von $r = 3.038,22$ ergibt sich:

$$K(r = 3.038,22) = (10.000/3.038,22) \cdot 180 + (3.038,22/2) \cdot 1,95 \cdot 0,2 + 10.000 \cdot 1,95$$
$$= 20.684,90$$

Somit ergibt sich für das Minimum der entscheidungsrelevanten Gesamtkosten:

Optimale Bestellmenge $\quad r_{opt} \quad = \quad 5.000$ ME

Optimale Bestellhäufigkeit $\quad n_{opt} \quad = \quad 2$

Optimaler Bestellabstand $\quad t_{opt} \quad = \quad 180$ Tage

Minimale Gesamtkosten $\quad K_{min} \quad = \quad 20.310$ GE

---

[23] Die Lagerhaltungskosten können bei geringeren Bestellmengen aufgrund der höheren Bewertungsbasis (Stückpreis) zur Berechnung der Kapitalbindungskosten sogar steigen.

3.3.2.3   Restriktionen im Mehrmaterialarten-Modell

Den Prämissen des klassischen Losgrößenmodells entsprechend wurde bisher davon ausgegangen, dass alle für die Bestellung, Lieferung, Lagerung und Bezahlung des zu beschaffenden Materials benötigten Ressourcen ausreichend zur Verfügung stehen und damit die Bestellmenge und die Bestellhäufigkeit unbeschränkt sind. In der betrieblichen Praxis dürften die personellen und Betriebsmittel-Kapazitäten der Abteilung, die die Bestellungen festlegt bzw. vornimmt, sowie der für die Handhabung des Materials (Einlagerung etc.) zuständigen Abteilung begrenzt sein. Gleiches gilt i.d.R. für die verfügbare Lagerfläche und die finanziellen Mittel, die für die Bezahlung der Bestellung aufgewendet werden müssen. Unter dem Aspekt des wirtschaftlichen Mitteleinsatzes und damit der Optimierung der Kapazitätsbereitstellung dürften diese häufig restriktiv auf die Bestellmengen wirken, so dass knappe Ressourcen vorliegen.

Wie im Folgenden gezeigt wird, kann das klassische Losgrößenmodell um Restriktionen erweitert werden. Dabei werden in der Literatur zumeist drei Restriktionstypen: *Lagerraum-, Handling-* und *Budgetrestriktionen* dargestellt[24].

Die Berücksichtigung weiterer Restriktionen kann sinnvoll sein, z. B. die Aufsplittung der Handlingrestriktion in eine Beschränkung der Bestellabteilung und eine der Einlagerungsabteilung, wie unten gezeigt wird. Im Folgenden werden die typischerweise auftretenden Restriktionen im Einzelnen erläutert.

Lagerraumrestriktion

Durch die Subtraktion von Raumverlusten für Zugriffs- und Transportwege, Kommissionier- und Packplätze, Wareneingangs- und -ausgangsbereiche sowie eventuelle Sicherheitszonen vom gesamten (Brutto-)Lagerraum kann der vorliegende (Netto-)Lagerraum L_{Kap} ermittelt werden. Dieser ist gegebenenfalls um den Platzbedarf für zu haltende Sicherheitsbestände zu reduzieren. Sofern alle Materialarten prinzipiell den gleichen Lagerplatz belegen können, kann der maximale Gesamtbedarf an Lagerraum durch Summation der Produkte aus Platzbedarf je Mengeneinheit a_i und Bestellmenge r_i jeder Materialart i über alle M Materialarten berechnet werden. Da die Lieferungen außer zu Beginn des Planungszeitraums ($L_{i0} = 0$, $\forall$ i) nicht für alle Materialarten gleichzeitig erfolgen dürften, ist die Lagerraumbeanspruchung meist geringer, was durch eine

---

24   Vgl. Hadley/Whitin (1963), S. 54ff., Müller-Merbach (1962), S. 62ff., Schneeweiß/Alscher (1987), Bogaschewsky (1989a), S. 870, Bogaschewsky (1989b), S. 546. Eine differenziertere Darstellung von Restriktionstypen findet sich bei Bogaschewsky (1992).

Gewichtung der maximalen Beanspruchung mit einem (Schätz-)Faktor α anzunähern versucht werden kann:

$$\alpha \cdot \sum_{i=1}^{M} r_i \cdot a_i \leq L_{Kap} \qquad \text{mit } 0 < \alpha \leq 1$$

Wird $\alpha = 1$ gesetzt, ist sichergestellt - da unter der Prämisse des klassischen Modells nur Lieferungen erfolgen, wenn kein verfügbarer Lagerbestand der jeweiligen Materialart mehr vorhanden ist -, dass die vorhandene Kapazität nie überschritten wird. Wegen der i.d.R. unterschiedlichen Lieferzeitpunkte für die Materialarten setzen einige Autoren (vgl. z. B. Churchman/Ackoff/Arnoff (1971), S. 239ff.) den durchschnittlichen Lagerbestand $r_i/2$ ($\alpha = 0,5$) an, um auf diese Weise eine höhere Lagerauslastung zu erreichen und gleichzeitig die optimalen (unbeschränkten) Bestellmengen in geringerem Umfang kürzen zu müssen, falls sich das Lager als Engpass erweist. Aufgrund von Erfahrungswerten oder auf der Basis von Simulationsuntersuchungen können auch größere oder kleinere Werte für α gefunden werden. Bei rein theoretischer Betrachtung würden bei Multiplikatorwerten kleiner als eins und angenommenen Lageranfangsbeständen von null zumindest in $t = 0$ unzulässige Lösungen auftreten.

Budgetrestriktion

Da auch finanzielle Mittel zur Beschaffung des Materials nicht unbeschränkt zur Verfügung stehen, ist eine Budgetrestriktion zu formulieren. Die Höhe des Finanzbudgets F_{Kap} kann von zahlreichen Faktoren wie geplantem Cash Flow[25] im Betrachtungszeitraum u. ä. abhängen. Für die Disposition ist F_{Kap} als gegeben anzunehmen. Diese Größe bezieht sich auf Intervalle innerhalb des Planungszeitraums. Steht für diesen ein Gesamtbudget in Höhe von GF_{Kap} zur Verfügung, so könnte F_{Kap} ermittelt werden, indem das Gesamtbudget durch eine geschätzte mittlere Bestellhäufigkeit n_m dividiert wird:

$$F_{Kap} = \frac{GF_{Kap}}{n_m}$$

Die Belastung des Budgets durch Bestellungen kann vereinfacht abgebildet werden, indem die mit den Bestellmengen aller M Materialarten verbundenen Ausgaben summiert werden, die sich - bei Vernachlässigung der Ausgaben des Bestellvorgangs und der Bereitstellung - aus den Mengen r_i multipliziert mit den jeweiligen Beschaffungsstückkosten q_i ergeben:

---

25   Zum Begriff des Cash Flow vgl. z. B. Lücke (1991), S. 40f.

$$\sum_{i=1}^{M} r_i \cdot q_i \le F_{Kap}$$

Die obige Formulierungsweise der Budgetrestriktion stellt jedoch die Einhaltung von F_{Kap} keinesfalls sicher, denn die tatsächliche Verteilung der Bestellungen im Zeitablauf und der zugehörigen Ausgaben sind im voraus nicht bekannt, die Größe F_{Kap} wird in dieser Formulierung jedoch für jedes Intervall als konstant angenommen. Eine exakte, zeitraum- und zahlungsstrombezogene Formulierung der Budgetrestriktion ist im Rahmen des vorgestellten Modells nicht möglich. Entsprechende Ansätze finden sich bei RIEPER (1986) und MÜLLER-HAGEDORN/BIETHAHN (1975).

Handlingrestriktion

Jede Bestellung und Lieferung verursacht personellen und Betriebsmittelaufwand in der Bestell- und in der (Beschaffungs-)Logistik-Abteilung. In der Bestellabteilung fällt personeller Aufwand für die Bedarfsfeststellung und die Bestellmengenermittlung (soweit nicht bereits im Detail erfolgt), für die Auftragsschreibung, -verschickung und -überwachung sowie eventuell für die Abrechnung und Rechnungsbegleichung an. Dabei werden u. a. Schreibmaschinen, Rechner, Telefone, Fax-Geräte oder Einrichtungen zur Datenfernübertragung (DFÜ) genutzt.

Die Logistik-Abteilung hat unter Umständen den Transport einschließlich Be- und Entladung der Fahrzeuge/Transportbehälter, Überprüfung von Fracht und Frachtpapieren, Zollformalitäten etc. vorzunehmen, wobei gleichzeitig personelle und Betriebsmittelressourcen (z. B. Gabelstapler, LKW) in Anspruch genommen werden.

In jedem Fall ergibt sich ein Aufwand aus der Einlagerung und der eventuellen Qualitätsprüfung des Materials. Insbesondere sind die Entladung, gegebenenfalls Kommissionierung und Konservierung sowie die Buchung der Zugänge vorzunehmen. Zunächst sollen diese Tätigkeiten in einer gemeinsamen Restriktion berücksichtigt werden. Die Größe H_{Kap} bezeichne die verfügbare zeitliche Handlingkapazität im Planungszeitraum. Mit h_i sei die zeitliche Beanspruchung dieser Abteilung durch eine (beliebig hohe) Bestellung der Materialart i bezeichnet. Der Gesamthandlingbedarf einer Materialart ergibt sich dann aus der Anzahl Bestellungen $n_i = B_i/r_i$ multipliziert mit dem Beanspruchungskoeffizienten h_i. Für alle M Materialarten resultiert somit die Restriktion:

$$\sum_{i=1}^{M} h_i \cdot \frac{B_i}{r_i} \le H_{Kap}$$

Problematisch an dieser Formulierung sind zwei Dinge: Es wird stark vereinfacht davon ausgegangen, dass der Ressourcenbedarf für eine Bestellung unabhängig von der Bestellmenge ist. Dies ist unter Berücksichtigung von Transport und Materialhandling nicht realistisch. Dieses Problem kann jedoch durch die Formulierung einer gesonderten Restriktion gelöst werden. Gibt l_i die Handlingbelastung je Mengeneinheit der Materialart i und HL_{Kap} die Kapazität der (Beschaffungs-)Logistikabteilung an, so kann formuliert werden:

$$\sum_{i=1}^{M} l_i \cdot r_i \leq HL_{Kap}$$

Die ursprünglich formulierte Handlingrestriktion würde dann nur für die Bestellabteilung gelten. Dieser wie auch der obigen Restriktion wohnt jedoch das Problem inne, dass die Kapazität als Gesamtgröße für den Planungszeitraum definiert wurde. In der Realität wäre jedoch sicherzustellen, dass alle Bestellungen fristgerecht bearbeitet und bereitgestellt werden können. Damit wären bestellmengen- und bestellterminabhängige Betrachtungen notwendig. Auch hier könnte sich pragmatisch damit beholfen werden, H_{Kap} bzw. HL_{Kap} auf kürzere Zeiträume unter Berücksichtigung der geschätzten Lieferhäufigkeit der jeweiligen Materialarten zu beziehen. Dadurch wäre allerdings die Einhaltung der real vorliegenden Beschränkung nicht garantiert.

Formulierung des Modells

Die obigen Restriktionen (im Folgenden wird nur die erste der beiden formulierten Handlingrestriktionen berücksichtigt sowie für die Lagerrestriktion $\alpha=1$ gesetzt) stellen die Nebenbedingungen eines nichtlinearen Optimierungsproblems dar, dessen Zielfunktion die Kostenfunktionen der M Materialarten umfasst (vgl. Bogaschewsky (1988), S. 203):

$$K(R) = \sum_{i=1}^{M} \left(0,5 \cdot r_i \cdot k_{L,i} + k_{B,i} \cdot \frac{B_i}{r_i} \right) \rightarrow \text{Min!}$$

$$\sum_{i=1}^{M} r_i \cdot a_i \leq L_{Kap}$$

$$\sum_{i=1}^{M} r_i \cdot q_i \leq F_{Kap}$$

$$\sum_{i=1}^{M} h_i \cdot \frac{B_i}{r_i} \leq H_{Kap}$$

$$r_i > 0 \qquad\qquad i = 1,2,...,M$$

wobei R den Vektor der Bestellmengen r_i der Materialarten i darstellt.

Das Optimierungsproblem kann für zwei Materialarten durch Einzeichnen der Restriktionen in dem r_1/r_2-Quadranten und Konstruktion von Höhenlinien der Kostenfunktion (Isokostenkonturen) mit Hilfe von Isokostenlinien graphisch verdeutlich werden.

Das schraffierte Beschränkungsgebiet in Abbildung III-25 verdeutlicht, dass in diesem Beispiel nur drei Punkte existieren, in denen zwei Restriktionen gleichzeitig voll ausgeschöpft werden. Alle Beschränkungen würden nie gleichzeitig wirksam werden. Sonderfälle wie der Fall, dass L_{Kap} und F_{Kap} aufeinander liegen oder alle drei Restriktionen sich in einem Punkt berühren oder schneiden, sind denkbar. In der Regel wird jedoch nur eine Kapazität voll ausgeschöpft.

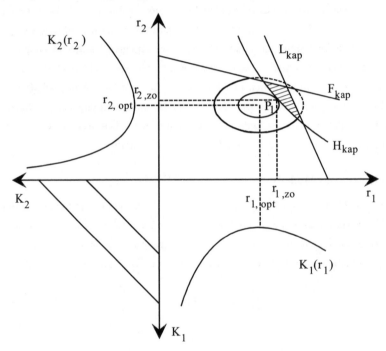

Abbildung III-25: Nichtlineares Optimierungsmodell zweier Materialarten mit drei Beschränkungen

Im Beispiel der Abbildung III-25 greift die Lagerraumbeschränkung nicht, da die Berücksichtigung der Kapitalbindungskosten bereits stärker beschränkend auf die Bestellmengen wirkt als der Platzbedarf der Materialien im Lager. Ebenso wird das verfügbare Budget nicht voll ausgeschöpft, so dass allein die Handlingrestriktion beschränkend wirkt. Sie führt zum zulässigen Optimalpunkt P_1 unter einer geringfügigen Erhöhung von r_2 auf $r_{2,zo}$ und einer etwas stärkeren Erhöhung von r_1 auf $r_{1,zo}$ gegenüber dem unbeschränkten Optimum $(r_{1,opt}/r_{2,opt})$. An dieser Stelle tangiert die Restriktionskurve der Handlingkapazität die niedrigste erreichbare Isokostenlinie der Kostenfunktion.

Läge das freie Optimum dagegen oberhalb der Restriktionslinien L_{Kap} und/oder F_{Kap}, so würde in der zulässigen Optimallösung mindestens eine der beiden mit diesen Größen verbundenen Beschränkungen wirksam werden.

Lösung mit der Lagrangeschen Multiplikatorenmethode

Für den Fall von M > 2 Materialarten lässt sich das Problem nicht mehr graphisch lösen. Falls ein abgeschlossenes Beschränkungsgebiet existiert, kann die Lagrangesche Multiplikatorenmethode zur Lösungsfindung eingesetzt werden. Diese Methode erlaubt es, für Funktionen mit mehreren Variablen und als Gleichungen formulierte Nebenbedingungen Extremwerte zu bestimmen. Um die Ungleichungen der vorliegenden Problemformulierung in Gleichungen umzuformen, sind Schlupfvariable $sv_j \geq 0$ für jede Restriktion j einzuführen. Bei Unterschreiten der verfügbaren Kapazität beinhaltet diese Schlupfvariable die verbleibende Kapazität. Für eine Lagerrestriktion und die optimalen unbeschränkten Lösungswerte für die Bestellmengen $r_{i,opt}$ würde dann der Fall a) oder der Fall b) gelten:[26]

$$\text{a)} \quad \sum_{i=1}^{M} r_{i,opt} \cdot a_i + sv_j - L_{Kap} = 0 \qquad \text{mit } sv_j \geq 0 \qquad (\lambda = 0)$$

$$\text{b)} \quad \sum_{i=1}^{M} r_{i,opt} \cdot a_i + sv_j - L_{Kap} > 0 \qquad \text{mit } sv_j = 0 \qquad (\lambda \neq 0)$$

$$\text{mit } r_{i,opt} \geq 0 \text{ für } i = 1,2,...,M$$

Im Fall a) kann das freie Optimum für die Bestellmengen aller Materialarten erreicht werden, wohingegen der Fall b) die Restriktion verletzen würde. Die Lagrangesche Multiplikatorenmethode führt im Fall b) auf Lösungswerte $r_{i,zo} < r_{i,opt}$, die die Einhaltung der Restriktion garantieren, falls eine zulässige Lösung existiert. Zu diesem Zweck wird die Nebenbedingung mit einem Lagrangeschen Multiplikator λ bewertet, der im

---

[26]   Die Restriktionen könnten natürlich auch in der Form

$$L_{Kap} - \sum_{i=1}^{M} r_i \cdot a_i - sv_j = 0$$

formuliert werden. Wie unten noch deutlich wird, hätten die Lagrangeschen Multiplikatoren dann ein negatives Vorzeichen.

Fall a) den Wert Null und andernfalls einen Wert ungleich null (Fall b)) annimmt. Das Produkt aus Lagrangeschem Multiplikator und Restriktion ergibt somit immer null. Damit können die J Nebenbedingungen NB_j zusammen mit der Kostengleichung $K(R)$ in einer Zielfunktion erfasst werden, die in bezug auf $K(R)$ zu minimieren und bezüglich der Restriktionsgleichungen zu maximieren ist (Sattelpunktbestimmung):

$$L(R, U) = K(R) + \sum_{j=1}^{J} \lambda_j \cdot NB_j$$

mit U := Vektor der Lagrangeschen Multiplikatoren

Der optimale Sattelpunkt wird ermittelt, indem die Funktion partiell nach allen Variablen differenziert wird, die Ableitungen gleich null gesetzt werden und das entstehende Gleichungssystem gelöst wird. Die Schlupfvariablen sv_j werden dabei quadratisch formuliert (Bloech/Lücke (1982), S. 206):[27]

$$L(R, \lambda_1, \lambda_2, \lambda_3, sv_1, sv_2, sv_3) = \sum_{i=1}^{M} \left(0,5 \cdot r_i \cdot k_{L,i} + k_{B,i} \cdot \frac{B_i}{r_i} \right) +$$

$$+ \lambda_1 \cdot \left(\sum_{i=1}^{M} r_i \cdot a_i + sv_1^2 - L_{Kap} \right)$$

$$+ \lambda_2 \cdot \left(\sum_{i=1}^{M} r_i \cdot q_i + sv_2^2 - F_{Kap} \right)$$

$$+ \lambda_3 \cdot \left(\sum_{i=1}^{M} h_i \cdot \frac{B_i}{r_i} + sv_3^2 - H_{Kap} \right) \tag{1}$$

Die partiellen Ableitungen lauten:

$$\frac{\partial L}{\partial r_i} = \frac{k_{L,i}}{2} - \frac{B_i}{r_i^2} \cdot k_{B,i} + \lambda_1 \cdot a_i + \lambda_2 \cdot q_i - \lambda_3 \cdot h_i \cdot \frac{B_i}{r_i^2} = 0 \qquad \forall i \tag{2}$$

$$\frac{\partial L}{\partial \lambda_1} = \sum_{i=1}^{M} r_i \cdot a_i + sv_1^2 - L_{Kap} = 0 \tag{3}$$

---

27 Durch die quadratische Formulierung wird zum einen die Nichtnegativitätsbedingung für die Schlupfvariablen implizit berücksichtigt. Zum anderen ergeben sich bei der Differentiation der Lagrange-Funktion nach den sv_j Gleichungen, die besagen, dass die jeweilige Schlupfvariable oder der Multiplikator im Optimum den Wert Null annehmen müssen (siehe Gleichungen (6)-(8)). Hätten die sv_j dagegen den Exponenten Eins, ergäbe sich $\partial L/\partial sv_j = \lambda_j = 0$, d.h., die sv_j würden als vorzeichenunbeschränkte Variablen behandelt, womit die Restriktion immer im *freien* Optimum erfüllt wäre.

$$\frac{\partial L}{\partial \lambda_2} = \sum_{i=1}^{M} r_i \cdot q_i + sv_2^2 - F_{Kap} = 0 \tag{4}$$

$$\frac{\partial L}{\partial \lambda_3} = \sum_{i=1}^{M} h_i \cdot \frac{B_i}{r_i} + sv_3^2 - H_{Kap} = 0 \tag{5}$$

$$\frac{\partial L}{\partial sv_j} = \lambda_j \cdot 2 \cdot sv_j = 0 \qquad \text{mit} \quad j = 1,2,3 \tag{6}-(8)$$

Die Gleichungen (3), (4) und (5) entsprechen den um die quadratischen Schlupfvariablen erweiterten Restriktionen. In den Gleichungen (6)-(8) wird festgelegt, dass jeweils der Multiplikator oder die Schlupfvariable null sein müssen.

Zur Ermittlung einer Lösung kann Gleichung (2) in die bekannte Losgrößenformel, erweitert um die Lagrangeschen Multiplikatoren und die Kapazitätsnutzungskoeffizienten, umgeformt werden:

$$r_{i,zo} = \sqrt{\frac{2 \cdot B_i \cdot \left(k_{B,i} + \lambda_3 \cdot h_i\right)}{k_{L,i} + 2\lambda_1 \cdot a_i + 2\lambda_2 \cdot q_i}} \qquad \text{mit } i = 1,2,...,M$$

Da die Multiplikatoren als Unbekannte im Wurzelausdruck stehen, kann der Wert für $r_{i,zo}$ nicht direkt bestimmt werden. Die übliche Vorgehensweise besteht darin, die Multiplikatorwerte so lange zu variieren, bis alle Restriktionen eingehalten werden. Alternativ könnte das Newtonsche Verfahren eingesetzt werden (vgl. Hadley/Whitin (1963), S. 438ff.). Die Werte für die $r_{i,zo}$ sind dann optimal unter Einhaltung der gegebenen Beschränkungen.

Der numerische Aufwand verringert sich, falls nur eine oder zwei Restriktionen vorliegen. Daher sollte im Voraus versucht werden, die Engpasskapazität zu ermitteln, bzw. es wäre zu prüfen, ob überhaupt ein Engpass vorliegt oder aber das freie Optimum erreichbar ist. Insofern müssten zunächst die unbeschränkten optimalen Bestellmengen ermittelt und dann durch Summation ihrer Kapazitätsbedarfe auf Zulässigkeit geprüft werden. Engpässe sind, sofern vorhanden, die "aktiven" oder beschränkend wirkenden Kapazitäten.

Den Multiplikatoren λ_j kommt auch eine ökonomische Bedeutung zu. Ihr Wert gibt die betragsmäßige Zielfunktionswertveränderung bei Variation der zugehörigen Restriktion um eine infinitesimale Einheit an. Im vorliegenden Fall geben sie also die Grenzkosten im Lösungspunkt in bezug auf die Verschiebung der jeweiligen Restriktion an. Die Ausweitung/Einschränkung einer Engpasskapazität würde zu einer Kostenabnahme/-zunahme führen. Der jeweilige Multiplikator hat die Funktion eines Schattenpreises, d.h., er gibt den Wert einer Kapazitätseinheit bei Ausnutzung der Gesamtkapazität an. Eine Ausweitung der Kapazität ist dann sinnvoll, wenn die Kosten einer zusätzlichen Einheit unterhalb des Wertes des entsprechenden Multiplikators liegen. Entgegen der Bedeutung von Schattenpreisen in der Linearen Optimierung (vgl. Abschnitt III-2.4.5) können die Lagrangeschen Multiplikatoren jedoch nicht auf Lösungspunkte angewandt werden, die außerhalb der betrachteten Restriktion liegen, mit Ausnahme der nächsten, genaugenommen infinitesimal kleinen Einheit. Dieser Sachverhalt beruht auf der Nichtlinearität der Zielfunktion, die für alternative Kapazitäten unterschiedliche Grenzkosten im beschränkten Optimum und damit nicht konstante Multiplikatorwerte aufweist. Da die Kostenfunktion für die einzelnen Materialarten im Bereich des Minimums i.d.R. betragsmäßig niedrige Grenzkosten aufweist - es liegt eine flache Steigung vor -, ist dies tendenziell auch für die Gesamtkostenfunktion zu erwarten. Eine Ausdehnung der Restriktionen in Richtung des freien Optimums ergibt dann abnehmende Kostensenkungen, bis sie im freien Optimum den Wert Null annehmen. Der Multiplikatorwert bei einer gegebenen, wirksam werdenden Restriktion kann somit nicht als Maßstab für die Kosten der Erweiterung der Kapazität um mehr als eine infinitesimale Einheit angesetzt werden.

Für die optimalen Lösungswerte der Problemvariablen r_i und der Multiplikatoren λ_j muss gelten (Bloech/Müller (1992), S. 46):

$$L(R^*,U) \leq L(R^*,U^*) \leq L(R,U^*)$$

mit R^* = Vektor der zulässigen optimalen Bestellmengen $r_{i,zo}$

mit U^* = Vektor der optimalen Multiplikatorwerte $\lambda_{j,opt}$

Die Lösung muss den folgenden, lokalen Kuhn-Tucker-Bedingungen (Kuhn/Tucker (1951)) genügen:

$$\frac{\partial L}{\partial r_i} \geq 0 \qquad r_i \geq 0 \qquad \frac{\partial L}{\partial r_i} \cdot r_i = 0$$

$$\frac{\partial L}{\partial \lambda_j} = 0 \qquad \lambda_j \text{ vorzeichenunbeschränkt}$$

Lenkkostensätze

Die Lagrangeschen Multiplikatoren geben Knappheitspreise für die Engpasskapazitäten an. Werden ihre Werte mit den materialartspezifischen Kapazitätsbedarfskoeffizienten multipliziert, ergeben sich Opportunitätskostensätze. Diese können zu den bisher im Zusammenhang mit den Kapazitäten verwendeten Einzelkostensätzen (Lagerhaltungs-

und Bestellkostensatz) hinzuaddiert werden, so dass sich *Lenkkostensätze* ergeben, deren Verwendung bei Einsatz der Losgrößenformel die optimale Nutzung der Kapazitäten sicherstellen würde (Schneeweiß (1984), S. 147ff.).

Die Lenkkostensätze für die oben genannten Restriktionen bestimmen sich aus (Schneeweiß/Alscher (1987), S. 489):[28]

$$lk_{L,i} = k_{L,i} + 2\lambda_1 \cdot a_i + 2\lambda_2 \cdot q_i$$
$$lk_{B,i} = k_{B,i} + \lambda_3 \cdot h_i$$

Da die λ_j bei der obigen Formulierungsweise der Restriktionen positiv sind, ergibt sich gegebenenfalls ein erhöhter Wert der Lenkkostensätze gegenüber den Einzelkostensätzen.[29] Der Lenkkostensatz für die Lagerhaltung wird um die Opportunitätskostensätze der Lagerraum- bzw. der Finanzkapazität erhöht, der Lenkkostensatz für die Bestellkosten um den Satz der Handlingkapazität. Dabei ist daran zu erinnern, dass i.d.R. nur genau ein λ_j größer als null ist, so dass zwei der drei Kostensätze unverändert bleiben.

Offensichtlich können die Lenkkostensätze erst nach Ermittlung der optimalen Lösung ermittelt werden und sind damit für die Optimierung nutzlos, denn für veränderte Parameter der Bestellrechnung ergäben sich neue, veränderte Lenkkostensätze, so dass diese jeweils nur auf eine Situation anwendbar sind. Auch in der Kalkulation dürfen sie nicht verwendet werden, da die Opportunitätskostensätze keinerlei betragsmäßigen Bezug zu den tatsächlich anfallenden Gemeinkosten haben. Sie garantieren lediglich die Einhaltung von Restriktionen, deren Existenz ursächlich für die anfallenden Gemeinkosten ist. Durch die wertmäßige Auslegung des Begriffs Kosten und ihre Bindung an das Entscheidungsmodell dürfen die Opportunitätswerte nicht außerhalb des Modells verwendet werden.

---

[28]   Der Faktor 2 zur Berechnung der Opportunitätskostensätze beim Lagerlenkkostensatz kann dadurch erklärt werden, dass sich der auf Einzelkosten basierende Lagerhaltungskostensatz auf den mittleren Bestand $r_i/2$ bezieht, wohingegen die Opportunitätskostensätze auf den Restriktionsformulierungen basieren, die hier von einer Belastung der Kapazitäten mit der gesamten Bestellmenge r_i ausgehen.

[29]   Wie bereits oben angemerkt wurde, können die Restriktionen auch so formuliert werden, dass von der jeweils verfügbaren Kapazität die Ressourcenbedarfe subtrahiert werden. In diesem Fall ergeben sich negative Multiplikatorwerte, die dann zu einer Subtraktion der Opportunitätskostensätze führen würden. Die Lenkkostensätze sind auch dann größer als die Einzelkostensätze.

Lineares Kürzen und Erweitern

Um für den allgemeinen Fall *Näherungswerte* für die optimalen restringierten Bestellmengen zu erhalten, können die optimalen unbeschränkten Bestellmengen linear gekürzt bzw. erweitert werden (vgl. Trux (1972), S. 311ff.).

Nachdem die optimalen unbeschränkten Bestellmengen ermittelt wurden, ist ihr Kapazitätsbedarf zu summieren:

$$L_{Bed} = \sum_{i=1}^{M} r_{i,opt} \cdot a_i$$

$$F_{Bed} = \sum_{i=1}^{M} r_{i,opt} \cdot q_i$$

$$H_{Bed} = \sum_{i=1}^{M} h_i \cdot \frac{B_i}{r_{i,opt}}$$

Anschließend erfolgt eine Gegenüberstellung der Bedarfs- und Kapazitätsgrößen. Für die Lager- und Finanzrestriktion wird, falls der Bedarf die Kapazität übersteigt, jeweils ein Kürzungsfaktor KF aus dem Quotienten von Kapazität und Bedarf errechnet:

$$KF_L = \frac{L_{Kap}}{L_{Bed}} \qquad KF_F = \frac{F_{Kap}}{F_{Bed}}$$

Der relevante Kürzungsfaktor ist derjenige, der den kleineren Wert aufweist:

$$KF = \min(KF_L, KF_F)$$

Ist KF < 1, so werden die Bestellmengen mit diesem Faktor multipliziert, also gekürzt, um zu den zulässigen - nur zufällig optimalen - Werten $r_{i,z}$ zu gelangen:

$$r_{i,z} = r_{i,opt} \cdot KF$$

Für KF $\geq$ 1 stellen die betrachteten Restriktionen keinen Engpass dar, d.h. der jeweilige Bedarf ist kleiner als die betreffende Kapazität.

Wird die Handlingrestriktion betrachtet, kommt nur eine Erweiterung der Bestellmenge und damit eine Reduzierung der Bestellhäufigkeiten in Frage. Der Erweiterungsfaktor lautet:

$$EF = \frac{H_{Bed}}{H_{Kap}}$$

Ist $EF > 1$, so stellt die Handlingkapazität einen Engpass dar. Die zulässigen Bestellmengen ermitteln sich aus:

$$r_{i,z} = r_{i,opt} \cdot EF$$

Bei der Anwendung des linearen Kürzens/Erweiterns ist die Überprüfung der Lösung auf Einhaltung aller Restriktionen unbedingt erforderlich, da andernfalls unzulässige Lösungen auftreten können. Dies resultiert daraus, dass beim Kürzen/Erweitern jeweils andere Restriktionen verletzt werden können.

Die dargestellte Vorgehensweise führt zu optimalen Lösungswerten, falls in bezug auf den relevanten Engpass ausschließlich mengenbezogene Kostensätze in identischer Höhe für alle Materialarten gelten. Für die Lagerrestriktion erscheint diese Annahme jedoch problematisch, da i.d.R. keine direkte Beziehung zwischen der Lagerraumbeanspruchung und den Kapitalbindungskosten der Materialarten vorliegt.

Zahlenbeispiel

Für die Herstellung eines Produktes benötigt ein Betrieb in den nächsten 12 Monaten von dem Faktor R_1 192.000 Stück, von dem Faktor R_2 112.000 Stück.

Die Faktorpreise sind bekannt: $q_1 = 2,-$ GE/Stück $\quad q_2 = 5,-$ GE/Stück

Jede Bestellung von R_1 verursacht fixe Kosten in Höhe von 768,- GE, von R_2 560,- GE. Für das durchschnittlich am Lager gebundene Kapital wird für R_1 und R_2 ein Zinssatz in Höhe von 14% p.a. angesetzt. Die Finanzabteilung stellt je Bestellung nur 130.000 GE für die Materialbeschaffung zur Verfügung. Weiterhin beträgt die Lagerkapazität 1.000 m². Die Kapazitätsbeanspruchung des Lagers durch eine Einheit von R_1 ist 0,03 m² und durch eine Einheit von R_2 0,01 m². Die Handlingkapazität beträgt im nächsten Jahr 100 Zeiteinheiten, pro Bestellung des Faktors R_1 werden 3 Zeiteinheiten benötigt, pro Bestellung des Faktors R_2 2 Zeiteinheiten.

Zunächst ist der vorliegende Sachverhalt als Optimierungsproblem zu formulieren:

Zielfunktion: $\quad K(r_1, r_2) = 0,5 \cdot r_1 \cdot 2 \cdot 0,14 + 0,5 \cdot r_2 \cdot 5 \cdot 0,14 +$

$$+ 768 \cdot 192.000/ r_1 + 560 \cdot 112.000/ r_2 \rightarrow Min$$

Nebenbedingungen:

$$2r_1 + 5r_2 \leq 130.000$$
$$0,03r_1 + 0,01r_2 \leq 1.000$$
$$3 \cdot 192.000/r_1 + 2 \cdot 112.000/r_2 \leq 100$$
$$r_1, r_2 > 0$$

Um dieses Optimierungsproblem mit dem Lagrange-Ansatz zu lösen,[30] müssen die j Nebenbedingungen als Gleichungen vorliegen. Im Beispiel sind die Restriktionen aber als Ungleichungen formuliert. Durch Einführung von Schlupfvariablen können sie in Gleichungen überführt werden. Die Schlupfvariablen sv_j für die j-te Nebenbedingung werden quadratisch formuliert, damit für diese die Nichtnegativität gewährleistet wird, andernfalls würden negative sv_j-Werte Kapazitätserhöhungen implizieren. Der Lagrange-Ansatz für das vorliegende Beispiel lautet:

$$L\,(r_1, r_2, \lambda_1, \lambda_2, \lambda_3, sv_1, sv_2, sv_3) =$$

$$0{,}5r_1 \cdot 2 \cdot 0{,}14 + 0{,}5r_2 \cdot 5 \cdot 0{,}14 +$$

$$+\, 768 \cdot 192.000/r_1 + 560 \cdot 112.000/r_2 +$$

$$+\, \lambda_1 \cdot (2r_1 + 5r_2 + sv_1^2 - 130.000) +$$

$$+\, \lambda_2 \cdot (0{,}03r_1 + 0{,}01r_2 + sv_2^2 - 1.000) +$$

$$+\, \lambda_3 \cdot (3 \cdot 192.000/r_1 + 2 \cdot 112.000/r_2 + sv_3^2 - 100)$$

Die partiellen Ableitungen lauten:

(1) $\partial L/\partial r_1 =$ $\quad 0{,}14 - 147.456.000/r_1^2 + 2\lambda_1 + 0{,}03\lambda_2$
$\quad\quad\quad\quad\quad\quad - (576.000/r_1^2) \cdot \lambda_3 = 0$

(2) $\partial L/\partial r_2 =$ $\quad 0{,}35 - 62.720.000/r_2^2 + 5\lambda_1 + 0{,}01\lambda_2$
$\quad\quad\quad\quad\quad\quad - (224.000/r_2^2) \cdot \lambda_3 = 0$

(3) $\partial L/\partial \lambda_1 =$ $\quad 2r_1 + 5r_2 + sv_1^2 - 130.000 = 0$

(4) $\partial L/\partial \lambda_2 =$ $\quad 0{,}03r_1 + 0{,}01r_2 + sv_2^2 - 1.000 = 0$

(5) $\partial L/\partial \lambda_3 =$ $\quad 576.000/r_1 + 224.000/r_2 + sv_3^2 - 100 = 0$

(6) $\partial L/\partial sv_1 =$ $\quad \lambda_1 \cdot 2 \cdot sv_1 = 0$

(7) $\partial L/\partial sv_2 =$ $\quad \lambda_2 \cdot 2 \cdot sv_2 = 0$

(8) $\partial L/\partial sv_3 =$ $\quad \lambda_3 \cdot 2 \cdot sv_3 = 0$

---

[30] Dieser Optimierungsansatz würde (fälschlicherweise) auch Schnittpunkte von n-1 Restriktionen als optimal erkennen. Daher müsste im konkreten Fall die Einhaltung der Kuhn-Tucker-Bedingungen überprüft werden, worauf hier aus didaktischen Gründen verzichtet wird.

Die Formeln für die Bestimmung der optimalen, beschränkten Losgrößen der Faktoren R_1 und R_2 ergeben sich durch Umformung der Gleichungen (1) und (2):

$$r_{1,zo} = \sqrt{\frac{147.456.000 + 576.000 \cdot \lambda_3}{0,14 + 2\lambda_1 + 0,03\lambda_2}}$$

$$r_{2,zo} = \sqrt{\frac{62.720.000 + 224.000 \cdot \lambda_3}{0,35 + 5\lambda_1 + 0,01\lambda_2}}$$

Da die Multiplikatoren als Unbekannte im Wurzelausdruck stehen, können die Werte für r_1, r_2 nicht direkt bestimmt werden. Eine mögliche Vorgehensweise besteht darin, zunächst das freie Optimum zu bestimmen und anschließend zu überprüfen, ob die Nebenbedingungen eingehalten werden. Bei Verletzung einer oder mehrerer Restriktionen kann eine zulässige Lösung durch lineares Kürzen bzw. Erweitern ermittelt werden. I.d.R. werden die Werte für r_1, r_2 suboptimal sein, was sich durch Einsetzen in die Kuhn-Tucker-Bedingungen leicht zeigen lässt.

Im Beispiel ergibt sich das folgende freie Optimum:

$$r_{1,opt} = 32.453,92 \qquad r_{2,opt} = 13.386,56$$

Überprüfung der Restriktionen:

Um die Faktormengen des freien Optimums zu beschaffen, müsste die Finanzabteilung 131.840,65 GE zur Verfügung stellen. Da aber nur 130.000 GE pro Bestellung bewilligt werden, ist die Finanzrestriktion verletzt. Durch Multiplikation der Kapazitätsbeanspruchungskoeffizienten mit der jeweiligen Losgröße ergibt sich ein Lagerraumbedarf von 1.107,48 m^2, dem eine Lagerraumkapazität von nur 1.000 m^2 gegenübersteht. Als einzige Nebenbedingung ist die Handlingbeschränkung nicht verletzt. Die Losgrößen können solange verringert werden, bis der augenblicklich vorhandene Spielraum der Handlingkapazität von 65,52 Einheiten ausgeschöpft wird.

Um zunächst zu einer zulässigen Lösung zu gelangen, können die Losgrößen durch lineares Kürzen verringert werden. Der jeweilige Kürzungsfaktor für die Finanz- bzw. Lagerraumrestriktion ergibt sich durch Division der vorhandenen Kapazität durch den entsprechenden Bedarf:[31]

---

31 Damit die jeweilige Engpassrestriktion vollständig ausgeschöpft wird, sind die beschränkten Bestellmengen genau zu berechnen. Dies setzt wiederum genaue Kürzungsfaktoren voraus, die aus diesem Grund mit mehreren Stellen hinter dem Komma angegeben sind.

Finanzrestriktion: 130.000/131.840,65 = 0,986038836

Lagerrestriktion: 1.000/1.107,48 = 0,902948148

Ausgewählt wird der kleinere Kürzungsfaktor, damit beide Nebenbedingungen eingehalten werden. Für r_1 und r_2 ergeben sich:

$$r_{1,z} = 29.304,21 \qquad r_{2,z} = 12.087,37$$

Da auch für diese Faktormengenkombination die Handlingkapazität ausreicht ($H_{1,Bed}=19,66$; $H_{2,Bed}=18,53$; $H_{Bed}=38,19$), liegt jetzt eine zulässige, aber nicht optimale Lösung vor.

Dem folgenden, vom linearen Kürzen losgelösten Näherungsverfahren liegt die Überlegung zugrunde, dass sich der numerische Aufwand stark reduziert, wenn nur eine Nebenbedingung beachtet werden muss. Zweckmäßigerweise wird man die voraussichtliche Engpassrestriktion auswählen, um unter Vernachlässigung der übrigen Beschränkungen zu einer Lösung zu gelangen. Erweist sich diese Lösung auch im Hinblick auf die anderen Nebenbedingungen als zulässig, so liegt die Optimallösung des gesamten Problems vor.

Im vorliegenden Beispiel erwies sich beim linearen Kürzen die Lagerraumrestriktion als Engpass. Aus diesem Grund soll von den Multiplikatoren, die im Wurzelausdruck der optimalen Losgröße als Unbekannte stehen, nur der Multiplikator der Lagerraumrestriktion variiert werden. Die übrigen Multiplikatoren sind auf null zu setzen, damit die Kuhn-Tucker-Bedingungen erfüllt bleiben.[32] Schrittweise können für verschiedene Werte des Lagrange-Multiplikators λ_2 die entsprechenden Losgrößen und die dazu gehörenden Lagerraumbedarfe ermittelt werden. Der Multiplikator ist so zu wählen, dass die Lagerkapazität von 1.000 m^2 vollständig ausgenutzt wird. Nach wenigen Versuchen ergibt sich:

λ_2	$r_{1,zo}$	$L_{1,Bed}$	$r_{2,zo}$	$L_{2,Bed}$	L_{Bed}
1,2	28.945,09	868,35	13.162,81	131,63	999,98

Die ermittelte Lösung ist nun im Hinblick auf die Finanz- und Handlingrestriktion zu überprüfen. Das Einsetzen der Werte in die entsprechenden Beschränkungen bestätigt die Zulässigkeit und damit die Optimalität der Lösung.

---

[32] Da im Optimum das Produkt aus Multiplikator und Schlupfvariable gleich null sein muss, aber die entsprechenden Nebenbedingungen einen positiven Schlupf aufweisen, müssen die Multiplikatoren gleich null sein.

Die restringierten Losgrößenformeln

$$r_{1,zo} = \sqrt{\frac{2 \cdot 192.000 \cdot 768}{0,28 + 0,06\lambda_2}} \qquad r_{2,zo} = \sqrt{\frac{2 \cdot 112.000 \cdot 560}{0,7 + 0,02\lambda_2}}$$

unterscheiden sich für das vorliegende Beispiel von den klassischen Losgrößenformeln durch den Term im Nenner des Wurzelausdrucks. Dort wird der Lagerhaltungssatz um den Opportunitätskostensatz der Lagerraumkapazität erhöht. Dieser Term wird als Lenkkostensatz bezeichnet.

$$lk_{L,1} = 0,28 + 0,06\lambda_2 \qquad lk_{L,2} = 0,7 + 0,02\lambda_2$$

für $\lambda_2 = 1,2$ ergibt sich: $lk_{L,1} = 0,352$ und $lk_{L,2} = 0,724$

Seine mathematische Aufgabe besteht darin, die Lösung des Formalmodells derart zu "lenken", dass die Lagerrestriktion eingehalten wird.

Mit Hilfe eines "kumulierten Zeitbelastungsbildes" des Lagers kann zu jedem Zeitpunkt des Planungszeitraums die Belastung des Lagers abgelesen werden. Zu dessen Erstellung müssen zuvor die Bestellhäufigkeiten $n_{i,zo}$ und die Bestellabstände $t_{i,zo}$ für $i = 1,2$ ermittelt werden.

$$n_{1,zo} = 192.000/28.945,09 = 6,63 \qquad t_{1,zo} = 12/6,63 = 1,81$$

$$n_{2,zo} = 112.000/13.162,81 = 8,51 \qquad t_{2,zo} = 12/8,51 = 1,41$$

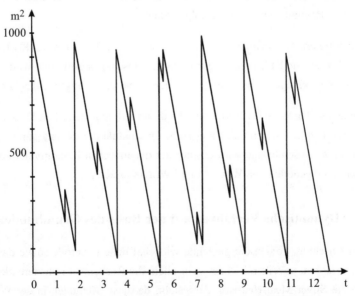

Abbildung III-26: Kumuliertes Zeitbelastungsbild des Lagers

3.3.3   Dynamische Lagerhaltungsmodelle

3.3.3.1   Kennzeichen dynamischer Modelle

Mit der Dynamisierung der Lagerhaltungsmodelle erfolgt eine explizite Berücksichtigung der Zeitaspekte. Insbesondere wird in dynamischen Modellen der Tatsache Rechnung getragen, dass der Materialbedarf innerhalb des Planungszeitraums variiert. Aus Praktikabilitätsgründen wird der Planungszeitraum i.d.R. in Zeitintervalle (Perioden) unterteilt, für die dann jeweils wieder eine Gesamtbedarfsgröße zu ermitteln ist. Die Wahl der Periodenlängen hängt somit maßgeblich von den Bedarfsschwankungen im Zeitablauf ab. Lange Perioden führen häufiger zu "gemittelten" Bedarfsverläufen, während kürzere Perioden den (erwarteten) zukünftigen Bedarfsverlauf genauer abbilden können. Allerdings steigt der Rechenaufwand für dynamische Modelle bei zunehmender Periodenanzahl i.d.R. progressiv an, womit die hiermit verbundenen Kosten dem zu erwartenden Nutzen (Kostensenkung) gegenüberzustellen sind.

Für den Verbrauchsverlauf (Lagerentnahme) innerhalb der Perioden werden unterschiedliche Annahmen, wie z. B. Entnahme des Periodenbedarfs komplett zu Beginn oder zum Ende der Perioden oder ein kontinuierlicher linearer Verbrauch, unterstellt. Hiermit wird gleichzeitig die Verrechnungsweise der Lagerhaltungskosten beeinflusst, was nur unter bestimmten Voraussetzungen zulässig ist (siehe Abschnitt III-3.3.2.1).

Die Einteilung in Perioden bringt damit die Annahme mit sich, dass der Lagerzugang jeweils nur zu Beginn einer Periode erfolgen kann.

Einige Modelle ermöglichen weiterhin die periodenweise Variation der Kostenparameter (Bestellkosten- und Lagerhaltungskostensatz, Beschaffungspreise), wodurch zeitliche Kostenentwicklungen sowie eine Diskontierung berücksichtigt werden können.

Im Folgenden sollen zunächst Verfahren, die direkt auf dem statischen Modell der optimalen Bestellmenge basieren und daher keine Optimalität der Lösung garantieren, vorgestellt werden. Anschließend wird das auf der dynamischen Programmierung aufbauende Optimierungsmodell von WAGNER und WHITIN erläutert.

3.3.3.2   Dynamische Verfahren auf der Basis des Grundmodells

In diesem Abschnitt werden die gleitende wirtschaftliche Losgröße sowie das Kostenausgleichverfahren, jeweils mit einer – vor allem die Rechenzeit reduzierenden – Variante, und die Silver-Meal-Heuristik dargestellt, da diese Methoden in der Praxis weit verbreitet sind.

Die gleitende wirtschaftliche Losgröße und die Vergleichswertmethode

Das Verfahren zur Ermittlung der *gleitenden (wirtschaftlichen) Bestellosgröße*, auch „dynamische Bestellmenge" genannt, basiert auf der Eigenschaft des statischen Modells, dass das Gesamtkostenminimum bei der gleichen Bestellmenge liegt wie bei Minimierung der Stückkosten (vgl. Abschnitt III-3.3.2.1). Aufgrund des in dynamischen Modellen im Zeitablauf schwankenden Bedarfs wird in diesem Verfahren, ausgehend vom Beginn des Planungszeitraums, durch Vergleich der Stückkosten bei Hinzunahme jeweils eines weiteren Periodenbedarfs zu einer potentiellen Bestellmenge das Minimum der Stückkosten gesucht. Steigen die Stückkosten an, so gilt der bis zu dieser Periode kumulierte Bedarf als "wirtschaftliche" Bestellmenge. Der Vorgang wiederholt sich für die folgenden, nicht durch diese Bestellung abgedeckten Perioden, bis der Planungshorizont erreicht ist.

Dabei wird auf eine Verrechnung von Lagerhaltungskosten für den in den einzelnen Perioden auftretenden Bedarf in der jeweiligen Verbrauchsperiode verzichtet, da diese Kosten die Höhe der zu ermittelnden Bestellmengen nicht beeinflussen und so nur zusätzlichen Rechenaufwand verursachen. Natürlich verändern sich durch diese Maßnahme die jeweiligen Höhen der Stückkosten, deren exakte kostenrechnerische Ermittlung hier jedoch nicht Ziel der Rechnung ist.

Die jeweils in einem Rechendurchgang zu minimierende Stückkostenfunktion lautet bei Bestellung in Periode b für den Bedarf bis einschließlich Periode l (l > b):

$$k_{b,l} = \frac{k_B + k_L \cdot \sum_{t=b}^{l}(t-b) \cdot B_t}{\sum_{t=b}^{l} B_t}$$

mit: k_B : Bestellkostensatz
k_L : Lagerhaltungskostensatz je Stück und Periode[33]
B_t : Bedarf der Periode t

---

[33] Zur verkürzten Schreibweise wird hier ein Lagerhaltungskostensatz angenommen, der sich z. B. aus dem Produkt von Einstandspreis und Zinssatz auf das gebundene Kapital ergeben kann (siehe Abschnitt III-3.3.2.1).

Bei vorausgesetzter Konvexität der Zielfunktion ergibt sich als Kriterium für die letzte in eine Bestellung in Periode b einzubeziehende Bedarfsperiode l* unter Berücksichtigung gleich guter Lösungen:[34]

$$k_{b,l}{}^*{}_{-1} \geq k_{b,l}{}^* < k_{b,l}{}^*{}_{+1}$$

Entscheidend für die Nichtoptimalität des Verfahrens ist die Tatsache, dass nicht nur genau ein globales Stückkostenminimum existiert, sondern mehrere lokale bei unterschiedlichen Bestellmengen. Die voneinander unabhängige Ermittlung aufeinanderfolgender Bestellungen geschieht ohne Berücksichtigung der Gesamtkosten, wodurch das Ermitteln der Optimallösung nicht garantiert ist. Das absolute Stückkostenminimum wird nur im statischen Modell, also bei konstantem Bedarf, garantiert erreicht.

Das gleiche Ergebnis wie die gleitende Bestellmenge liefert die *Vergleichswertmethode* (vgl. Landis/Herriger (1969)), die sich einer anderen, weniger aufwendigen Rechentechnik bedient. Aus dem (modifizierten) Abbruchkriterium der gleitenden wirtschaftlichen Losgröße lässt sich in umgeformter Darstellung das folgende Kriterium gewinnen:

$$k_{b,l}{}^* - k_{b,l}{}^*{}_{-1} \leq 0$$

Werden die entsprechenden Ausdrücke für die Stückkosten eingesetzt und einige Umformungsschritte[35] durchgeführt, erhält man als Entscheidungskriterium:

$$\sum_{t=b}^{l-1}(l-t)\cdot B_t \leq \frac{k_B}{k_L}$$

Eine Erhöhung der Bestellmenge um einen weiteren Periodenbedarf wäre also so lange vorteilhaft, wie die obige Beziehung erfüllt ist. Der konstante Quotient aus Bestellkosten- und Lagerhaltungskostensatz (k_B/k_L) mit der Dimension 'Mengeneinheiten · Perioden' wird dem *Vergleichswert* auf der linken Seite der Ungleichung gegenübergestellt. Ist die Ungleichung nicht mehr erfüllt, so ist der vorherige Wert die gesuchte Bestellmenge.

---

[34] Andere Autoren (Glaser (1986), S. 55; Schneeweiß (1981), S. 58; Ohse (1979), S. 84) formulieren die Bedingung so: $k_{b,l}{}^*{}_{-1} > k_{b,l}{}^* \leq k_{b,l}{}^*{}_{+1}$. Für den Fall $k_{b,l-1} = k_{b,l} < k_{b,l+1}$ führt dies jedoch tendenziell zu schlechteren Lösungen.

[35] Auf die einzelnen Umformungsschritte soll hier nicht eingegangen werden. Die vollständige Rechnung findet sich bei Landis/Herriger (1969), S. 431, Ohse (1979), S. 85.

Aus dem Ausdruck auf der linken Seite der Ungleichung wird deutlich, dass die zu lagernden Bedarfsmengen falsch bewertet werden. So wird der Bedarf in der aktuellen Periode b mit dem höchsten Multiplikator l–b bewertet, obwohl das Material sofort wieder entnommen wird. Der Bedarf der letzten in die Bestellung einbezogenen Periode l wird dagegen mit null, der Bedarf in Periode l–1 nur mit eins multipliziert, was nicht ihrer jeweiligen Lagerdauer entspricht. Diese genau "umgekehrte" und wenig plausible Bewertung, die sich aus der Rechnung mit Durchschnittskosten ergibt,[36] verursacht vor allem beim Auftreten starker Bedarfsschwankungen vergleichsweise schlechte Lösungen (vgl. Ohse (1979), S. 87).

Das Kostenabgleichverfahren und der Part-Period-Algorithmus

Das *Kostenabgleich-* oder auch *Kostenausgleich- (Cost-Balancing-) Verfahren* basiert auf der Tatsache, dass sich beim statischen Bestellmengenmodell im Optimum die entscheidungsrelevanten Kosten der Bestellung und der Lagerhaltung der Höhe nach entsprechen (siehe Abschnitt III-3.3.2.1). Im Rahmen dynamischer Modelle mit schwankendem Bedarf sind dann so lange Periodenbedarfe zu einer Bestellung zusammenzufassen, bis die im Verbrauchszeitraum der Bestellung anfallenden Lagerhaltungskosten die Bestellkosten erreichen bzw. erstmalig überschreiten. Die Bedarfsmenge der letzten Periode, die zum Überschreiten der Bestellkosten führt, wird in diesem Verfahren der neuen Bestellmenge zugerechnet. Letzteres erscheint nicht zwangsläufig sinnvoll zu sein, da zum einen die Abweichung zwischen Lagerhaltungs- und Bestellkosten mit und ohne diese Bedarfsmenge sowie der Verlauf der Kostenfunktion in diesem Bereich für das Auffinden der besseren Lösung ausschlaggebend sind. Zum anderen werden auch hier die Bestellmengen isoliert, ohne Rücksichtnahme auf das Gesamtkostenminimum, ermittelt.

Formal lautet das Kriterium zur Bestimmung der letzten in die Bestellung in Periode b einzubeziehende Bedarfsperiode l^*:

$$k_L \cdot \sum_{t=b}^{l^*} (t-b) \cdot B_t \leq k_B < k_L \cdot \sum_{t=b}^{l^*+1} (t-b) \cdot B_t$$

Nach dem *Part-Period-* oder *Stück-Perioden-Ausgleichverfahren* (De Matteis (1968), Mendoza (1968)) wird eine Bestellung in Periode b für Bedarfe bis einschließlich Periode l^* ausgelöst, wenn die folgenden Beziehungen gelten:

---

[36] Eine Erläuterung dieser Bewertung soll hier nicht erfolgen, da hierzu auf die einzelnen Umformmungsschritte zurückgegriffen werden müsste, auf deren Darstellung ebenfalls verzichtet wurde.

$$\sum_{t=b}^{l^*}(t-b)\cdot B_t \le \frac{k_B}{k_L} < \sum_{t=b}^{l^*+1}(t-b)\cdot B_t$$

Das Bestellkriterium der Kostenabgleichmethode wurde also mittels Division durch den periodenbezogenen Lagerhaltungskostensatz je Stück vereinfacht. Hiermit ergibt sich zwangsläufig das gleiche Ergebnis wie bei der Kostenabgleichmethode. Der Rechenaufwand verringert sich jedoch aufgrund der einmaligen Division des Bestellkostensatzes gegenüber der periodenweisen Multiplikation der zeitlich gewichteten Lagerbestände. Letztere haben nun die Dimension „Stück · Periode" bzw. „Stückperiode" oder „partperiod".

Besonders ungünstig auf die Lösung wirkende Bedarfsmengenkonstellationen können bei diesem Verfahren teilweise durch Zusatzrechnungen vermieden werden. Mittels sogenannter „Look-ahead"-Abfragen kann überprüft werden, ob die zeitlich nächste, nicht mehr durch die letzte Bestellmenge in diesen Perioden abgedeckte Bedarfsmenge doch noch in diese Bestellung einbezogen werden sollte. Dies könnte z. B. bei geringen Bedarfsmengen in diesen Perioden, die entsprechend wenig Lagerhaltungskosten verursachen, der Fall sein. Insbesondere, wenn dieser Bedarf der letzten Periode des Planungszeitraums zugeordnet ist, ergäben sich Einsparungen durch die Reduzierung der Anzahl der Bestellungen um Eins. Durch einen „Look-back"-Ansatz kann auch versucht werden, die Lösung ausgehend vom Ende des Planungszeitraums durch Verschieben der Bestellzeitpunkte und -mengen sukzessive zu verbessern.

Das Kostenausgleichverfahren bzw. der Part-Period-Algorithmus führen insbesondere bei stark schwankenden Bedarfen zu besseren Ergebnissen als die gleitende Losgrößenermittlung bzw. die Vergleichswertmethode. Dies resultiert u.a. aus der korrekten Verrechnungsweise der Lagerzeiten und damit der Kapitalbindungskosten der in diesem Abschnitt behandelten Verfahren.

Die Silver-Meal-Heuristik

Die Silver-Meal-Heuristik (Silver/Meal (1969), (1973)) basiert auf der Eigenschaft des klassischen statischen Losgrößenmodells, dass die optimale Bestellmenge, die die Gesamtkosten minimiert, auch die durchschnittlichen Kosten je Zeiteinheit am geringsten werden lässt. Die Kostenfunktion je Zeiteinheit lautet:

$$k^{(z)} = \frac{K(r)}{T} = \frac{r\cdot k_L}{2\cdot T} + \frac{k_B\cdot B}{r\cdot T}$$

Die notwendige Bedingung für ein Minimum ergibt sich durch Nullsetzen der ersten Ableitung nach r:

$$\frac{dk^{(z)}}{dr} = \frac{k_L}{2 \cdot T} - \frac{k_B \cdot B}{r^2 \cdot T} = 0$$

Durch Multiplikation der Gleichung mit T ergeben sich als Terme die Grenzkostenfunktionen für die Bestell- und Lagerhaltungskostenfunktionen, was zwangsläufig zur selben Bestellmengenformel wie bei der Minimierung der Gesamtkosten führen muss.

Im dynamischen Fall errechnen sich die Kosten je Zeiteinheit wie folgt:

$$k_{b,l}^{(z)} = \frac{k_B + k_L \cdot \sum_{t=b}^{l}(t-b) \cdot B_t}{l - b + 1}$$

Das Entscheidungskriterium lautet:

$$k_{b,l*-1}^{(z)} \geq k_{b,l*}^{(z)} < k_{b,l*+1}^{(z)}$$

Die Heuristik liefert für viele Datenkonstellationen recht gute Ergebnisse.

Auf die Darstellung weiterer Verfahren, die keine Optimierung vornehmen, soll hier verzichtet werden. Zu ihnen zählen u.a. der wenig verbreitete SELIM-Algorithmus von TRUX (siehe Trux (1972), S. 337ff.) und der Algorithmus von GROFF (vgl. Groff (1979)). Von der Darstellung des letzteren Verfahrens wird abgesehen, da hier eine weniger sinnvoll erscheinende Berechnung der Lagerhaltungskosten erfolgt. Werden diese dagegen korrekt angesetzt, so ergibt das Grenzkostenverfahren nach GROFF dieselben Ergebnisse wie die SILVER-MEAL-Heuristik.

Im Folgenden soll ein Verfahren vorgestellt werden, das unter gegebenen Prämissen *optimale* Lösungen garantiert.

3.3.3.3   Wagner-Whitin-Modell

Das Modell und seine Prämissen

Das von WAGNER und WHITIN (Wagner/Whitin (1958)) vorgestellte dynamische Modell erlaubt die Anwendung eines Algorithmus auf der Basis der Dynamischen Programmierung,[37] der den Rechenaufwand mittels einer gezielt begrenzten Enumeration gegenüber der allgemeinen Lösungstechnik der Dynamischen Programmierung erheblich verkürzt.

Folgende Annahmen liegen dem WAGNER-WHITIN-Modell zugrunde (Wagner/Whitin (1958), S. 89ff.):[38]

- Der gesamte Planungszeitraum ist in T Teilzeitintervalle (Perioden) gleicher Länge unterteilt, wobei auch unterschiedliche Periodenlängen möglich sind.

- Der Bedarf kann in den einzelnen Perioden im Bereich positiver Werte frei variieren.

- Es handelt sich um ein deterministisches Modell, d.h. die Bedarfe B_t aller Perioden sind bekannt, so dass ungeplante Fehlmengen vermeidbar sind. Weiterhin sind die Lieferzeiten LZ_t bekannt, so dass die Bestellung zeitpunktgenau erfolgen kann und die Lieferungen zum jeweiligen Periodenbeginn gewährleistet sind. LZ_t wird bei WAGNER und WHITIN konstant gesetzt.

- Geplante Fehlmengen sind nicht zulässig.

- Der Bedarf fällt zu Beginn der Periode an und wird sofort dem Lager mit einer Abgangszeit von null entnommen. Andere Lagerentnahmepolitiken führen zu demselben Ergebnis, da keine Lagerhaltungskosten für den Bedarf der Periode t in Periode t verrechnet werden.[39] Hierauf kann verzichtet werden, da zwischen jeweils zwei der vorab determinierten, benachbarten potentiellen Bestell-/Lieferzeitpunkte keine Lieferungen erfolgen dürfen.

- Es werden keine Beschränkungen - z. B. bezüglich der Finanz-, Handling- und Lagerraumkapazitäten - berücksichtigt.

- Die Materialpreise q_c sind konstant, also unabhängig von der Höhe der Bestellmenge und dem Bestellzeitpunkt.

- Die Bestelloptimierung erfolgt für jeweils eine Materialart, unabhängig von etwaigen anderen Materialarten (unverbundene Bestellungen - Einproduktartenmodell).

---

[37]   Vgl. zum Begriff der Dynamischen Programmierung z. B. Bellman (1957).

[38]   Die Modellprämissen können weiterhin in unterschiedlicher Ausführlichkeit u.a. in den folgenden Quellen nachgelesen werden: Bloech/Rottenbacher (1986), S. 144ff.; Bogaschewsky (1988), S. 31f.; Ohse (1979), S. 310; Popp (1968), S. 59f.

[39]   HADLEY und WHITIN argumentieren, dass der Periodenbedarf eine fixe Größe ist, wodurch die hierdurch in der Verbrauchsperiode anfallenden Lagerhaltungskosten konstant sind und in der Optimierung vernachlässigt werden können (Hadley/Whitin (1963), S. 337).

- Jede Bestellung verursacht einen fixen Kostenbetrag k_{Bt} in der Bestellperiode t für die Bearbeitung des Auftrags etc. Die Bestellkostensätze können in jeder Periode einen anderen Wert annehmen.

- Die Lagerhaltungskosten K_{Lt} einer Periode ergeben sich aus dem Produkt des Lagerendbestands der Periode t und dem geltenden Zinssatz z_t.

- Bei Bedarf (lange Planungszeiträume, hohe Lagerwerte) kann ein Diskontierungsfaktor in die k_{Bt} und z_t periodenbezogen eingerechnet werden.[40] Die periodenspezifische Definition dieser Kostensätze erlaubt auch die Definition unterschiedlich langer Perioden.

Die für die Lösung dynamischer Modelle gängige Vorgehensweise der Dynamischen Programmierung wurde von WAGNER und WHITIN für die Ermittlung der optimalen Losgröße modifiziert.

Die Bedarfsmengen B_t der Perioden t werden als bekannt angenommen, womit sich die Gesamtbedarfsmenge B durch Summieren der Periodenbedarfe über die T Perioden ergibt. Der Bedarf soll durch eine optimale Folge von Bestellungen positiver Bestellmengen r_t zu Beginn der Perioden t zu minimalen Kosten beschafft werden. Werden ein leeres Lager am Ende des Planungszeitraums und ein Lageranfangsbestand L_0 von null gefordert, entspricht die Gesamtbestellmenge dem Gesamtbedarf. Das Kostenkriterium lautet:

$$K = \sum_{t=1}^{T} K_t (r_t, L_{t+1}) \rightarrow \text{Min!}$$

Die Periodenkosten ergeben sich aus

$$K_t(r_t, L_{t+1}) = y_t(r_t) \cdot k_{Bt} + L_{t+1} \cdot q_c \cdot z_t + r_t \cdot q_c$$

$$\text{mit } y_t(r_t) = \begin{cases} 0, \text{ falls } r_t = 0 \\ 1, \text{ falls } r_t > 0. \end{cases}$$

Da die Materialpreise als konstant angenommen werden, können die Materialkosten ($K_{EV} = B \cdot q_c$) in der Optimierung vernachlässigt und zur Ermittlung der anfallenden Gesamtkosten abschließend en bloc zugerechnet werden.

---

40   Zur Entkräftung der Kritik am Modell von WAGNER und WHITIN, dass keine Diskontierung vorgenommen würde, weisen HADLEY und WHITIN explizit auf diesen Sachverhalt hin (vgl. Hadley/Whitin (1963), S. 338).

Der Lageranfangsbestand L_{t+1} einer Periode t+1 ergibt sich aus der Lagerbilanzgleichung

$$L_{t+1} = L_t + r_t - B_t \, ,$$

wobei L_{t+1} nicht negativ werden darf, um die Periodenbedarfe decken zu können.

Die Dynamische Programmierung zerlegt das Gesamtproblem in zeitlich sequentiell angeordnete Teilprobleme, die sukzessive gelöst werden, wobei die jeweils nächste Entscheidung auf der bis dorthin optimalen, zeitlich vorgelagerten Entscheidung basiert (vgl. Bloech (1988), S. 342f.). Dies kann prinzipiell im Zuge einer Vorwärtsrekursion erfolgen, d.h. beginnend mit Periode 1 werden in zeitlich aufsteigender Reihenfolge Entscheidungen für die Perioden t=2,...,T getroffen, oder durch eine Rückwärtsrekursion, d.h. beginnend mit Periode T für alle Perioden t=T-1,...,1. Eine Vorwärtsrekursion erfordert eine abschließende Rückwärtsrechnung, um die optimale Bestellpolitik über den Gesamtplanungszeitraum zu ermitteln, während eine Rückwärtsrekursion einer entsprechenden Vorwärtsrechnung bedarf (vgl. Schneeweiß (1974), S. 27ff.).

Der problemspezifische Ansatz von Wagner und Whitin

Der Ansatz von WAGNER und WHITIN stellt eine spezielle Vorwärtsrekursion der Dynamischen Programmierung dar, die unter den genannten Modellprämissen durchgeführt werden kann. Folgende Überlegungen führen zu einer i.d.R. deutlich verkürzten Rechenzeit aufgrund der Reduktion der Anzahl zu lösender Teilprobleme (Wagner/Whitin (1958), S. 91ff.):

-       Bestellungen erfolgen nur für Perioden, deren Bedarf nicht durch den vorhandenen Lagerbestand gedeckt werden kann.

-       Die Bestellmengen entsprechen genau einem Periodenbedarf oder der Summe mehrerer aufeinanderfolgender Periodenbedarfe.

Beide Überlegungen sind einsichtig, da andere Politiken bei den vorliegenden Modellannahmen erhöhte Kosten zur Folge hätten.

Bei vorzeitiger Bestellung von Periodenbedarfen fallen Lagerhaltungskosten für diese Bedarfe für den Zeitraum zwischen Liefer- und Verbrauchszeitpunkt an, wobei weniger häufig bestellt werden müsste, somit also Bestellkosten eingespart würden. "Bedarfszeitpunktgenaue" Lieferungen zur jeweiligen Verbrauchsperiode vermeiden diese Lagerhaltungskosten, verursachen jedoch aufgrund der größeren Anzahl Bestellungen höhere Bestellkosten.

Eine weitere Überlegung, die von WAGNER und WHITIN das "Theorem des Planungshorizonts" ('Planning Horizon Theorem') genannt wurde, schränkt die Anzahl der zu ermittelnden Kostenwerte und damit die Rechenzeit i.d.R. deutlich ein (Wagner/Whitin (1958), S. 92f.):

> Wenn der Bedarf B_t der Periode t durch Bestellung von r_b in Periode b kostenminimal gedeckt werden kann, werden auch alle Bedarfe B_b, B_{b+1},.., B_{t-1} durch r_b kostenminimal abgedeckt. Ist eine Bestellung r_τ in Periode τ, $\tau < b$ nicht günstiger als eine Bestellung in b, dann kann eine Bestellung in τ für Bedarfe über t hinaus nicht günstiger sein als der Einkauf in b.

Ein weiterer Vorteil dieser Vorgehensweise liegt darin, dass bei einer Folge von Bestellentscheidungen die ersten unabhängig von den folgenden sind, sobald die Optimalität des jeweils nächsten Bestellzeitpunktes feststeht. So haben z. B. Unsicherheiten bezüglich weit in der Zukunft liegender Daten keinen Einfluss auf die Optimalität der ersten Entscheidung, soweit diese sich auf deterministische Daten stützen kann. Im Rahmen einer rollierenden, also sich im Zeitablauf periodisch wiederholenden Planung, könnte somit unter erhöhter Entscheidungssicherheit geplant werden.

Zahlenbeispiel

Im Folgenden soll ein Beispiel der Verdeutlichung des Algorithmus' von WAGNER und WHITIN dienen. Zur Vereinfachung wird die Lieferzeit für alle Perioden mit null angenommen. Der Lagerhaltungs- und Bestellkostensatz ist für alle Teilzeitintervalle konstant. Es soll kein Lagerbestand zu Beginn und am Ende des Planungszeitraums, der sechs Perioden beträgt, existieren.

Bestellfixe Kosten je Bestellung: $k_B = 70$,- GE

Zinssatz auf das am Lager gebundene Kapital je Periode : $z = 0{,}005$

Preis des Materials pro Stück : $q_c = 100$,- GE

Periode t	1	2	3	4	5	6
Bedarf B_t	80	90	100	90	110	110

Aufgrund der konstanten Beschaffungspreise sind nur die Lagerhaltungs- und Bestellkosten für die Optimierung relevant.

Folgende Strategien lassen sich unterscheiden:

Planung für die erste Bedarfsperiode:

$K_{bl} = K_{11} = k_B$ mit b : Bestellperiode; l : Bedarfsperiode

$K_{11} = 70,-$

Planung für die ersten beiden Bedarfsperioden:

$K_{12} = K_{11} + z \cdot q_c \cdot B_2$

$K_{12} = 70,- + 0,005 \cdot 100 \cdot 90 = 115,-$

$K_{22} = K_{11} + k_B = 140,-$

Eine Bestellung für die ersten beiden Perioden in Periode 1 wäre günstiger, da $K_{12} < K_{22}$.

Planung für die ersten drei Bedarfsperioden:

$K_{13} = K_{12} + 2 \cdot z \cdot q_c \cdot B_3 = 215,-$

$K_{23} = K_{22} + z \cdot q_c \cdot B_3 = 190,-$

$K_{33} = \min (K_{12}, K_{22}) + k_B = K_{12} + k_B = 185,-$

Bei einer potentiellen Bestellung in Periode 3 wird die optimale Politik der Vorperioden berücksichtigt, die durch Bestellung von 170 Stück in Periode 1 zu Kosten in Höhe von 115,- GE führt. Aus der weiteren Rechnung fallen nun alle K_{11} mit l>3 heraus, da bereits $K_{13} > K_{33}$ (215>185) gilt und somit alle Bestellungen in Periode 1 über die Periode 2 hinaus ungünstiger sind. Das gleiche gilt für Bestellungen in Periode 2 (190>185).

Planung für die ersten vier Perioden:

$K_{34} = K_{33} + z \cdot q_c \cdot B_4 = 230,-$

$K_{44} = \min (K_{13}, K_{23}, K_{33}) + k_B = K_{33} + k_B$

$K_{44} = \min (215,-; 190,-; 185) + 70,- = 255,-$

Planung für die Perioden 1 bis 5:

$K_{35} = K_{34} + 2 \cdot z \cdot q_c \cdot B_5 = 340,-$

$K_{45} = K_{44} + z \cdot q_c \cdot B_5 = 310,-$

$K_{55} = K_{34} + k_B = 300,-$

Die Ermittlung der K_{31} und K_{41} kann für $l > 5$ aus den oben genannten Gründen entfallen.

Planung für sechs Perioden:

$K_{56} = K_{55} + z \cdot q_c \cdot B_6 = 355{,}-$

$K_{66} = K_{55} + k_B = 370{,}-$

Bestell-periode (b)	Bedarfsperiode (l)					
	1	2	3	4	5	6
1 ⟸	← 70 ——— 115—		215	–	–	–
2		140	190	–	–	–
3 ⟸			← 185 ——— 230 —		340	–
4				255	310	–
5 ⟸					← 300 ——— 355*	
6						370

Tabelle III-4: Ergebniswerte des Beispiels zum Wagner-Whitin-Algorithmus

Durch die Rückwärtsrechnung wird der Pfad optimaler Bestellmengen bei minimalen entscheidungsrelevanten Kosten von 355,- GE bestimmt:

Bestellung in Periode 5 für den Bedarf in Periode 5 und 6 in Höhe von 220 Stück;

Bestellung in Periode 3 für den Bedarf in Periode 3 und 4 in Höhe von 190 Stück;

Bestellung in Periode 1 für den Bedarf in Periode 1 und 2 in Höhe von 170 Stück.

Offensichtlich würden Änderungen der Bedarfszahlen für Perioden ab $t = 5$ die Optimalität der ersten Bestellung in Höhe von 170 Stück nicht gefährden, da $t = 3$ unveränderlich den optimalen, zweiten Bestell-/Liefertermin darstellt.

Aus der obigen Tabelle III-4 werden die Einsparungen an Rechenaufwand aufgrund des Theorems über den verkürzten Planungshorizont deutlich. Sie entsprechen den freien Feldern im rechten oberen Teil der Tabelle, die aus dem vorzeitigen Abbruch bei der Berechnung von Zwischenlösungen resultieren. Nur im ungünstigsten Fall ergibt sich keine Aufwandsersparnis, wenn nämlich die Konstellation der Kostengrößen, die sich als Zwischenlösungen ergeben, eine vollständige Berechnung aller Lösungsmöglichkeiten erfordert. In diesem Fall wären bei einem T-periodigen Problem $T \cdot (T+1)/2$ Kostenwerte zu ermitteln, im obigen Beispiel also 21 Werte. Hierbei sind die beiden Überlegungen bezüglich der Beschränkung von Bestellungen auf ganze Periodenbedarfe zu Beginn einer Periode eingeflossen. Wäre dies nicht der Fall, müsste jede mögliche

Bestellmenge für alle potentiellen Bestellzeitpunkte in die Rechnung einbezogen werden, wodurch die Lösbarkeit innerhalb eines vertretbaren Aufwands in Frage gestellt wird. Im günstigsten Fall kommt der Wagner-Whitin-Algorithmus mit 2T-1 Berechnungen aus, wenn nämlich in der optimalen Lösung in jeder Periode eine Bestellung erfolgen würde.

Erweiterungen dieses Modells um Rabatte finden sich bei TER HASEBORG (1979) sowie zusätzlich um die Berücksichtigung von festgelegten Bestellquanten, chargenabhängigen Transportkosten und Restriktionen bei Bogaschewsky (1988, 1989a, 1992a).

3.3.4   Stochastische Lagerhaltungsmodelle

Zwecks Einbeziehung der *Unsicherheit* hinsichtlich der zukünftigen Bedarfsmengen und/oder der Lieferzeiten wurden Lagerhaltungsmodelle entwickelt, die direkt mit stochastischen Größen arbeiten. Im Gegensatz hierzu basierten die bisher diskutierten deterministischen Lagerhaltungsmodelle entweder auf bekannten Bedarfswerten, die aus dem vorliegenden Produktionsprogramm abgeleitet wurden (vgl. Abschnitt III-3.2.2.2), oder es wurden die mit entsprechenden Schätzverfahren prognostizierten Bedarfswerte (vgl. Abschnitt III-3.2.2.1) angenommen, wobei zusätzlich ein Sicherheitsbestand vorzuhalten war. Dieser explizit in seiner Höhe zu ermittelnde, nicht für den „normalen" Verbrauch zur Disposition stehende Bestand diente der Abpufferung von realen Bedarfsmengen, die die Schätzwerte übersteigen sowie zur Dämpfung der Auswirkung von Lieferzeitverzögerungen.

Modelle zur Bestellmengenermittlung, die die Unsicherheit implizit berücksichtigen, setzen die Ermittlung von Wahrscheinlichkeitsverteilungen hinsichtlich der unsicheren Größen voraus (*Risikosituation*), so dass der Einsatz derartiger Verfahren nur sinnvoll ist, wenn sich die Verteilungen mit ausreichender „Sicherheit" ermitteln lassen - d.h., die hieraus zu gewinnenden Schätzwerte eine hilfreiche Annäherung an die sich später tatsächlich einstellenden Werte darstellen - und der Aufwand hierfür als wirtschaftlich anzusehen ist. Für Bedarfsmengen und Lieferzeiten, die sich rein zufällig (*Ungewissheit*) ergeben, sind stochastische Modelle nicht hilfreich.

Als grundlegend ist das von ARROW, HARRIS und MARSHAK (vgl. Arrow/Harris/ Marshak (1951)) entwickelte und nach diesen Autoren benannte *AHM-Modell* anzusehen. Dieses dynamische 1-Materialarten-/1-Lager-Modell minimiert die Summe aus Bestell-, Lagerhaltungs- und Fehlmengenkosten, wobei nur die Bedarfe stochastische Größen sind.

Die Lösung des Modells erfolgt mit der stochastischen dynamischen Programmierung (vgl. Hadley, (1969); Hadley/Whitin, (1963)).

Auf der Basis des AHM-Modells wurden sehr einfach einsetzbare Bestellregeln entwickelt, die zu stochastisch orientierten Lagerhaltungspolitiken führen. Sie finden insbesondere für Materialien, die einen nur indirekten Bezug zum Produktionsprogramm aufweisen (häufig C-Güter), sowie bei Handelsgütern ihren Einsatz. Die Einfachheit ihres Einsatzes steht allerdings in starkem Kontrast zum Aufwand, der für die Ermittlung der „optimalen" Parameterwerte dieser Verfahren aufzuwenden ist, wie die folgenden Ausführungen zeigen werden. Eine Berücksichtigung von zeit- oder mengenvariablen Materialpreisen, sich im Zeitablauf ändernde Kostensätze u. ä. ist dagegen mit diesen Methoden nicht ohne weiteres möglich.

Die *Bestellregeln* der *verbrauchs-* bzw. *bestandsgesteuerten Disposition* werden in zwei Hauptklassen differenziert:

a) *Bestellrhythmusverfahren*: Bestellung in konstanten Zeitabständen t

b) *Bestellpunktverfahren*: Bestellung bei Erreichen/Unterschreiten der Menge s

   b1) permanente Bestandsüberwachung

   b2) rhythmischen Bestellüberwachung

Innerhalb der Hauptklassen wird jeweils danach unterschieden, ob die Bestellmenge, die in diesen Verfahren – im Gegensatz zur in dieser Schrift sonst verwandten Notation (r) – mit q bezeichnet wird, für jede Bestellung vorab zu determinieren ist (sogenannte Losgrößen-Politiken) oder nicht. Im letzteren Fall wird ein nach Wiederauffüllung zu erreichender (maximaler) Lagerbestand S vorgegeben, der auch als Bestellgrenze oder Bestell- bzw. Lagerniveau bezeichnet wird. Damit ergeben sich unter vorläufiger Ausblendung der Variante b1) sowie adaptiver Verfahren die folgenden Politikvarianten:

Bestellzeitpunkt **Bestellmenge**	fixiert: alle *t* Zeiteinheiten *Bestellrhythmusverfahren*	variabel: bei Erreichen von *s* *Bestellpunktverfahren*
fixiert: Menge *q* *„Losgrößenpolitiken"*	**(t,q)-Politik**	**(s,q)-Politik**
variabel: Auffüllen bis *S* *Bestellgrenzenpolitiken*	**(t,S)-Politik**	**(s,S)-Politik**

Tabelle III-5: Grundtypen stochastisch basierter Bestellregeln

Bestellrhythmusverfahren

Zu bestimmende Parameter sind hier der *konstante Bestellabstand* $t = t_c$ sowie entweder die *feste Bestellmenge* $q = q_c$ oder die *fixierte Bestellgrenze* $S = S_c$. Bleiben die Parameterwerte im Zeitablauf unverändert, so liegt eine statische Bestellpolitik vor. Im Falle deterministischer Daten mit konstanter Bedarfsrate (b) kann q wie die optimale Bestellmenge (r_{opt}) bestimmt werden, und T/n_{opt} stellt dann den hieraus ableitbaren optimalen Lieferabstand dar, aus dem sich wiederum durch Abzug der Lieferzeit der optimale Bestellzeitpunkt t_c ermitteln lässt. In diesem Falle würde die (t,q)-Politik lediglich die Umsetzung der optimalen (deterministischen) Losgrößenplanung in eine Bestellanweisung darstellen. Gleiches gilt für entsprechende (t,S)-Politiken, bei der S dann immer $q = r_{opt}$ entspräche.

Schwankt b im Zeitablauf nur geringfügig, so dass insgesamt von einer stochastisch gleichverteilten, „konstanten" Bedarfsreihe gesprochen werden kann, liefert die (t,q)-Politik akzeptable Ergebnisse. Je stärker die Schwankungen sind, desto problematischer wird die Festlegung der die Kosten beeinflussenden Parameter t und q bzw. S. Bestellgrenzenpolitiken weisen dabei den Vorteil auf, dass beispielsweise bei trendförmig steigenden Bedarfsverläufen immer wieder derselbe maximale Lagerbestand (S) eingestellt wird, da die Bestellmenge in Abhängigkeit vom erwarteten Lagerrestbestand zum Lieferzeitpunkt und damit unter Berücksichtigung des bisherigen Bedarfsverlaufs und der erwarteten Entnahmen während der Lieferzeit erfolgt. Die Wahrscheinlichkeit für das Eintreten von Bedarfsunterdeckungen bzw. Fehlmengen sinkt damit.

Der Vorteil von Bestellungen gleicher Mengen in festen Zeitabständen, also von (t,q)-Politiken, ist darin zu sehen, dass der Aufwand für die Lagerbestandsüberwachung entfällt. Dies gilt auch für (t,S)-Politiken. Um die Bestellmenge zu ermitteln, ist bei diesen allerdings zum einen der Lagerbestand zum Bestellzeitpunkt festzustellen und zum anderen die Bedarfsrate während der Lieferzeit zu schätzen.

Bestellpunktverfahren

Zu bestimmende Parameter sind hier – bei statischen Verfahren – der *konstante Meldebestand* bzw. *Bestellpunkt* $s = s_c$ sowie wiederum entweder die *feste Bestellmenge* $q = q_c$ oder die *fixierte Bestellgrenze* $S = S_c$. Der Meldebestand ist grundsätzlich so zu bestimmen, dass der verfügbare Lagerbestand zum Lieferzeitpunkt noch positiv – im Idealfall gleich null – ist, d.h., dass der Sicherheitsbestand unangetastet bleibt. Hinsichtlich der Probleme der Bestimmung der Größe q bzw. S und der damit verbundenen Vor- und Nachteile ergeben sich im Allgemeinen dieselben Argumente wie bei den oben beschriebenen Bestellrhythmusverfahren. Der entscheidende Unterschied der Bestellpunktverfahren ist in der permanent erforderlichen Lagerbestandsüberwachung und damit eines durchgängig aktuell gehaltenen Lagerverwaltungs- bzw. Warenwirtschaftssystems zu sehen. Dieser zusätzliche Aufwand wird durch die schnellere Reaktion auf niedrige Lagerbestandsniveaus belohnt, womit wiederum das Fehlmengenrisiko sinkt.

Zwecks Verringerung des Buchungs- und Prüfaufwands können Bestellpunktverfahren mit rhythmischen Prüfintervallen kombiniert werden (Variante b2). So wird – bei starren Verfahren – in einem festen Zeitabstand τ geprüft, ob der Meldebestand s erreicht ist oder nicht. Da jeweils zu den Kontrollzeitpunkten eine Bestellung erfolgen kann, aber nicht muss, wird auch von *Optionalmodellen* gesprochen. Je nach Bestimmung der Bestellmenge resultieren hieraus (τ, s, q)- oder (τ, s, S)-Politiken.

Vergleichende Bewertung der Verfahren

Welche Politik sich im konkreten Fall als die kostengünstigste erweist, hängt letztlich von den sich tatsächlich einstellenden Bedarfswerten und den eingestellten Parameterwerten ab. Werden letztere im Rahmen der unter bestehender Unsicherheit gegebenen Möglichkeiten „optimal" eingestellt (vgl. hierzu u. a. Tempelmeier (2005), S. 63ff.) und wird eine ausreichend große Zahl genügend langer Zeitreihen untersucht, so kann allgemein festgestellt werden, dass Bestellpunktverfahren den Bestellrhythmusverfahren – ohne Berücksichtigung der Kosten für den Planungs- und Lagerbestandsüberwachungsaufwand – überlegen sind. Zudem dominieren (s,S)-Politiken die (s,q)-Politiken.

Unter Umständen liefern (s,S)-Politiken sogar die Optimallösung für das AHM-Modell (vgl. Scarf, 1960). Hier ist insbesondere eine Dynamisierung der Politiken hinsichtlich der Anpassung der Politikparameter erforderlich (*Adaptive Bestellpolitik*). Der Meldebestand s und die Bestellgrenze S können in Abhängigkeit von den auftretenden Bedarfsschwankungen angepasst werden, so dass beispielsweise besser auf trendförmige und saisonale Verläufe reagiert wird.

Bei Einsatz von Lagerhaltungsmodellen, die stochastische Bedarfsschwankungen in geeigneter Weise berücksichtigen, muss ein Sicherheitsbestand primär nur noch zur Absicherung gegen verspätete Lieferungen vorgehalten werden. Es existieren allerdings auch Modelle, die sowohl die Bedarfe als auch die Lieferzeiten als stochastische Größen abbilden (vgl. u. a. Hochstädter (1969); Inderfurth (1996)).

Fehlmengenmodelle

Eine hier nicht näher diskutierte Möglichkeit der (impliziten) Berücksichtigung der Unsicherheit stellt die Formulierung von Lagerhaltungsmodellen dar, die Bedarfsunterdeckungen (*Fehlmengen*) explizit zulassen und versuchen, die Summe aus Lagerhaltungs-, Bestell- und Fehlmengenkosten zu minimieren, wobei geringe Lagerbestände und -kosten tendenziell mit höheren Fehlmengen und -kosten verbunden sind.[41] Bei den Ansätzen wird danach differenziert, ob die zunächst nicht zu befriedigenden Bedarfsanforderungen nachträglich bereitgestellt werden und mit der nächsten Bestellung geordert werden können (*Vormerk-* bzw. *Backorder-Fall*) oder ob die entsprechende Nachfrage verloren geht (*Verlust-* oder *Lost-Sales-Fall*). Wie der Begriff Lost Sales schon nahe legt, sind derartige Modelle für den Einsatz im Handel vorgesehen. Das Hauptproblem von Fehlmengenmodellen besteht allerdings darin, die *Fehlmengenkostensätze* je nicht verfügbarer Einheit und u. U. je nicht abgedeckter Zeiteinheit der Nachfrage abzuschätzen, insbesondere wenn Goodwill-Verluste einzubeziehen sind.

Für den Vormerk-Fall kann ein Modell unter Einbeziehung eines je Zeit- und Mengeneinheit der Bedarfsunterdeckung formulierten Fehlmengenkostensatzes k_F aufgestellt werden, aus dem sich – unter Verzicht auf die umfangreichere Herleitung – als optimale Bestellmenge ableiten lässt:

$$r_{opt} = \sqrt{\frac{2 \cdot k_B \cdot B}{k_L}} \cdot \sqrt{\frac{c_L + k_F}{k_F}}$$

Die optimale Bestellmenge im klassischen statisch-deterministischen Modell wird mit einer Größe multipliziert, die für $k_F \rightarrow \infty$ gegen eins strebt, so dass das Standardmodell als Sonderfall des Fehlmengenmodells interpretiert werden könnte. Dem Fehlmengenmodell kommt aufgrund seiner unübersichtlichen Herleitung, der Fehlmengenkostensatzproblematik sowie der starken Verbreitung von Methoden, die den Sicherheitsbestand explizit berechnen, lediglich eine geringe Bedeutung in der Praxis zu.

---

[41]   Zur formalen Definition von Fehlmengenmodellen siehe u. a. Churchman/Ackoff/Arnoff (1966), S. 194ff.; Hadley/Whitin (1963), S. 42ff.; Schmidt (1985), S. 72ff. Zur Kritik dieser Ansätze vgl. Bogaschewsky (1988), S. 22ff.

Literatur

Alscher, J. (1985): Mehrprodukt-Lagerhaltung mit Standard-Lagerhaltungsmodellen, Diss., Mannheim

Andler, K. (1929): Rationalisierung der Fabrikation und optimale Losgröße, München, Berlin

Arrow, K.J./Harris, T./Marshak, T. (1951): Optimal Inventory Policy, in: Econometrica, Vol. 19, S. 250 - 272

Bellman, R. (1957): Dynamic Programming, Princeton

Bichler, K. (2001): Beschaffungs- und Lagerwirtschaft, 8. Aufl., Wiesbaden

Bloech, J. (1970): Optimale Industriestandorte, Würzburg, Wien

Bloech, J. (1988): Programmierung, dynamische, in: HdW, Bd. 6, Stuttgart, New York, S. 342 - 349

Bloech, J./Götze, U./Roland, F. (1989): Simultanplanung der Bestellmengen und der Personaleinsatzzeiten für den Materialeinkauf, in: ZfB, 59. Jg., S. 1193 - 1218

Bloech, J./Lücke, W. (1982): Produktionswirtschaft, Stuttgart, New York

Bloech, J./Müller, V. (1992): Nichtlineare Optimierung, Skriptum, Göttingen

Bloech, J./Rottenbacher, S. (Hrsg.) (1986): Materialwirtschaft – Kostenanalyse, Ergebnisdarstellung und Planungsansätze, Stuttgart

Blohm, H./Lüder, K. (2006): Investition. Schwachstellen im Investitionsbereich des Industriebetriebs und Wege zu ihrer Beseitigung, 9. Aufl., München

Bogaschewsky, R. (1988): Dynamische Materialdisposition im Beschaffungsbereich, Diss., Frankfurt/M.

Bogaschewsky, R. (1989a): Dynamische Materialdisposition im Beschaffungsbereich, in: ZfB, 59. Jg., S. 855 - 874

Bogaschewsky, R. (1989b): Statische Materialdisposition im Beschaffungsbereich, in: WiSt, 18. Jg., S. 542 - 548

Bogaschewsky, R. (1992): Entscheidungsorientierte Bestellmengen- und Liefermengenplanung, in: Bloech, J./Götze, U./Sierke, B. (Hrsg.): Managementorientiertes Rechnungswesen, Wiesbaden, S. 245 - 276

Bogaschewsky, R. (1995): Die Bewertung logistischer Zulieferer-Abnehmer-Strategien mittels eines Logistikkostenmodells, Arbeitsbericht des Lehrstuhls für Betriebswirtschaftslehre, insbesondere Produktionswirtschaft, Dresdner Beiträge zur Betriebswirtschaftslehre, Nr. 4, Dresden 1995

Bogaschewsky, R. (1999a): Internet – Intranets – Extranets. Strategische Waffen der Beschaffung, Gernsbach

Bogaschewsky, R. (Hrsg.) (1999b): Elektronischer Einkauf, Gernsbach

Bogaschewsky, R. (2000): Supply Chain Management, in: Schneider, H. (Hrsg.): Produktionsmanagement in kleinen und mittleren Unternehmen, Stuttgart, S. 287 - 310

Bogaschewsky, R. (2003): Historische Entwicklung des Beschaffungsmanagements, in: Bogaschewsky, R./Götze, U. (Hrsg.): Management und Controlling von Einkauf und Logistik, Gernsbach, S. 13 - 42

Bogaschewsky, R./Rollberg, R. (1998): Prozeßorientiertes Management, Berlin u. a.

Bowersox, D.J./Closs, D.J. (1996): Logistical Management, New York u. a.

Brink, A. (1990): Lagerkapazitätsbeschränkungen im Bestellmengenmodell: Darstellung und Analyse ausgewählter Ansätze (I) und (II), in: WISU, Heft 10, S. 579 - 584, und Heft 11, S. 635 - 639

Buscher, U./Buscher, L. (2000): Stochastische Nachfrage im klassischen Bestellmengenmodell, in: Burchert, H./Hering, T./Rollberg, R. (Hrsg.): Logistik – Aufgaben und Lösungen, S. 53 - 61

Churchman, C.W./Ackoff, R.L./Arnoff, E.L. (1971): Operations Research, 5. Aufl., München, Wien

Corsten, H. (2007): Produktionswirtschaft, 11. Aufl., München, Wien

De Matteis, J.J. (1968): An Economic Lot-Sizing Technique, I: The Part-Period Algorithm, in: IBM Systems Journal, Vol. 7, S. 30 - 38

Fieten, R. (1984): Integrierte Materialwirtschaft – Definition, Aufgaben, Tätigkeiten, (BME wissen und beraten) Frankfurt/M.

Glaser, H. (1986): Material- und Produktionswirtschaft, 3. Aufl., Düsseldorf

Götze, U. (1995): Standortstrukturgestaltung internationaler Industrieunternehmen. Führungsprozesse, Entscheidungsmodelle und Controlling-Konzeptionen, unveröffentlichte Habilitationsschrift, Göttingen

Götze, U. (2006): Investitionsrechnung, Modelle und Analysen zur Beurteilung von Investitionsvorhaben, 5. Aufl., Berlin, Heidelberg u. a.

Grochla, E. (1992): Grundlagen der Materialwirtschaft, 3. Aufl., Wiesbaden

Groff, G. (1979): A lot sizing rule for time-phased component demand, in: Production and Inventory Management, Vol. 20, No. 1, S. 47 - 53

Hadley, G. (1969): Nichtlineare und dynamische Programmierung, in deutscher Sprache herausgegeben von H.P. Künzi, Würzburg, Wien

Hadley, G./Whitin, T.M. (1963): Analysis of Inventory Systems, Englewood Cliffs

Hahn, D./Laßmann, G. (1999): Produktionswirtschaft – Controlling industrieller Produktion, Heidelberg

Harris, F. (1915): Operations and Cost, in: Factory Management Series, Chicago

Hartmann, H. (2002): Materialwirtschaft – Organisation, Planung, Durchführung, Kontrolle, 8. Aufl., Gernsbach

Hochstädter, D. (1969): Stochastische Lagerhaltungsmodelle, Berlin, Heidelberg, New York

Hofmann, C. (1995): Interdependente Losgrößenplanung in Logistiksystemen, Stuttgart

Inderfurth, K (1996): Lagerhaltungsmodelle, in: Kern, W./Schröder, H.-H./Weber, J. (Hrsg.): Handwörterbuch der Produktionswirtschaft, 2. Aufl., Stuttgart, Sp. 1024 - 1037

Kahle, E. (1996a): Produktion, München, Wien

Kern, W. (1992): Industrielle Produktionswirtschaft, 5. Aufl., Stuttgart

Kistner, K.-P./Steven, M. (1993): Produktionsplanung, 2. Aufl., Heidelberg

Kruschwitz, L. (2007): Investitionsrechnung 11. Aufl., München, Wien

Kuhn, H.W./Tucker, A.W. (1951): Nonlinear Programming. Proceedings of the Second Berkeley Symposium on Mathematical Statistics and Probability, Los Angeles, S. 481 - 493

Landis, W./Herriger, H. (1969): Die Vergleichswertmethode. Ein vereinfachtes Verfahren zur Bestimmung der wirtschaftlichen gleitenden Losgröße, in: Ablauf- und Planungsforschung 10, S. 425 - 432

Lücke, W. (1990): Arbeitsleistung, Arbeitsbewertung, Arbeitsentlohnung, in: Jacob, H. (Hrsg.): Industriebetriebslehre, 4. Aufl., Wiesbaden, S. 177 - 317

Lücke, W. (Hrsg.) (1991): Investitionslexikon, 2. Aufl., München, Wien

Lüder, K. (1990): Standortwahl, in: Jacob, H. (Hrsg.): Industriebetriebslehre, 4. Aufl., Wiesbaden, S. 25 - 100

Mendoza, A.G. (1968): An Economic Lot-Sizing Technique, II: Mathematical Analysis of the Part-Period-Algorithm, in: IBM Systems Journal, Vol. 7, S. 39 - 46

Mikus, B. (1997a): Beschaffung, in: Bloech, J./Ihde, G.B. (Hrsg.): Vahlens Großes Logistiklexikon, München, S. 64 - 66

Mikus, B. (1997b): Einkauf, in: Bloech, J./Ihde, G.B. (Hrsg.): Vahlens Großes Logistiklexikon, München, S. 198 – 199

Mikus, B. (2000): Bestellmengenplanung bei mengenabhängigen Faktorpreisen, in: Burchert, H./Hering, T./Rollberg, R. (Hrsg.): Logistik – Aufgaben und Lösungen, München, Wien, S. 29 - 37

Müller-Hagedorn, L./Biethahn, J. (1975): Bestellpolitik in Handelsbetrieben unter expliziter Berücksichtigung der Kosten für gebundenes Kapital, in: ZfOR, Bd. 19, S. B155 - B175

Müller-Merbach, H. (1962): Die Bestimmung optimaler Losgrößen bei Mehrproduktfertigung, Diss., Darmstadt

Müller-Merbach, H. (1969): Die Inversion von Gozinto-Matrizen mit einem graphenorientierten Verfahren, in: edv, 11. Jg., S. 310 - 314

Müller-Merbach, H. (1973): Operations Research, 3. Aufl., München

Naddor, E. (1971): Lagerhaltungssysteme, Frankfurt/M., Zürich

Neumann, K. (1996): Produktions- und Operations-Management, Berlin u. a.

Ohse, D. (1979): Näherungsverfahren zur Bestimmung der wirtschaftlichen Bestellmenge bei schwankendem Bedarf, in: edv, 2. Jg, S. 83 - 88

Pack, L. (1963): Optimale Bestellmenge und optimale Losgröße - Zu einigen Problemen ihrer Ermittlung, in: ZfB, 33. Jg., S. 465 - 492

Popp, W. (1968): Einführung in die Theorie der Lagerhaltung, Berlin, Heidelberg, New York

Rieper, B. (1986): Die Bestellmengenrechnung als Investitions- und Finanzierungsproblem, in: ZfB, 56. Jg., S. 1230 - 1255

Roland, F. (1993): Beschaffungsstrategien, Bergisch Gladbach, Köln

Rollberg, R. (2000): Bestellpolitiken bei stochastischem Bedarfsverlauf, in: Burchert, H./Hering, T./Rollberg, R. (Hrsg.): Logistik – Aufgaben und Lösungen, S. 43 - 52

Scarf, H. (1960): The Optimality of (s,S)-Policies in the Dynamic Inventory Problem, in: Arrow, K./Karlin, S./Suppes, P. (Hrsg.): Mathematical Problems in the Social Sciences, Stanford, S. 196 - 202

Schmidt, A. (1985): Operative Beschaffungsplanung und -steuerung, Bergisch Gladbach, Köln

Schneeweiß, Ch. (1974): Dynamisches Programmieren, Würzburg, Wien

Schneeweiß, Ch. (1984): Zum Begriff der wertmäßigen Kosten, in: Müller-Merbach, H. (Hrsg.): Quantitative Ansätze in der Betriebswirtschaftslehre, München, S. 147 - 158

Schneeweiß, Ch. (1979): Zur Problematik der Kosten in Lagerhaltungsmodellen, in: ZfB, 49. Jg., S. 1 - 17

Schneeweiß, Ch. (1981): Modellierung industrieller Lagerhaltungssysteme, Berlin, Heidelberg, New York

Schneeweiß, Ch./Alscher, J. (1987): Zur Disposition von Mehrprodukt-Lägern unter Verwendung der klassischen Losgrößenformel, in: ZfB, 57. Jg., S. 483 - 502

Silver, E./Meal, H. (1969): A simple modification of the EOQ for the case of a varying demand rate, in: Production and Inventory Management, Vol. 10, S. 51 - 55

Silver, E./Meal, H. (1973): A heuristic for selecting lot size quantities for the case of a deterministic varying demand rate and discrete opportunities for replenishment, in: Production and Inventory Management, Vol. 14, No. 2, S. 64 - 74

Silver, E.A./Pyke, D.F./Peterson, R. (1998): Inventory Management and Production Planning and Scheduling, New York u. a.

Stefanic-Allmeyer, K. (1927): Die günstigste Bestellmenge beim Einkauf, in: Sparwirtschaft, S. 504 – 508

Tempelmeier, H. (2005): Bestandsmanagement in Supply Chains, Norderstedt

Tempelmeier, H. (2005): Material-Logistik, 6. Aufl., Berlin u. a.

ter Haseborg, F. (1979): Optimale Lagerhaltungspolitiken für Ein- und Mehrproduktläger, Göttingen

Thonemann, U. (2005): Operations Management, München u. a.

Tischer, H.-H. (1968): Zur Berechnung des totalen Einzelteile- und Baugruppenbedarfs, in: Mathematik und Wirtschaft, Berlin, S. 110 - 118

Toporowski, W. (1998): Grundlagen der Bestellpunkt- und Bestellzyklusverfahren, in: WISU, 27. Jg, S. 1142 - 1154

Toporowski, W. (1999): Bestellmengenpolitiken bei stochastischer, stationärer Nachfrage (I) und (II), in: WISU, 28. Jg, S. 197 - 204 und S. 325 - 333

Trux, W. (1972): Einkauf und Lagerdisposition mit Datenverarbeitung – Bedarf, Bestand, Bestellung, Wirtschaftlichkeit, 2. Aufl., München

Vazsonyi, A. (1962): Die Planungsrechnung in Wirtschaft und Industrie, Wien, München

von Zwehl, W. (1973): Kostentheoretische Analyse des Modells der optimalen Bestellmenge, Wiesbaden

von Zwehl, W. (1974): Zur Bestimmung der kostenminimalen Bestellmenge, in: WiSt, 3. Jg., S. 469 - 479

von Zwehl, W. (1979): Losgröße, wirtschaftliche, in: Kern, W. (Hrsg.): Handwörterbuch der Produktionswirtschaft, Stuttgart, Sp. 1163 - 1182

Wagner, H.M./Whitin, T.M. (1958): Dynamic Version of the Economic Lot Size Model, in: Management Science, Vol. 5, S. 89 - 96

Warnecke, H.-J./Sihn, W. (1996): Instandhaltungsmanagement, in: Kern, W./Schröder, H.-H./Weber, J. (Hrsg.): Handwörterbuch der Produktionswirtschaft, 2. Aufl., Stuttgart, Sp. 768 - 785

Aufgaben zu Teil III, Abschnitt 3

Aufgabe III-6

Bei der Werkzeugbau GmbH wird der Verbrauch an Schmierstoffen *verbrauchsorientiert* geplant. In den ersten acht Monaten (t) des Jahres ergaben sich die folgenden Verbrauchswerte B_t in kg:

t	1	2	3	4	5	6	7	8
B_t	400	420	450	410	430	460	420	440

a) Ermitteln Sie rückwirkend die Prognosewerte für die Monate Mai bis August und berechnen Sie den jeweiligen Prognosefehler F_t sowie den jeweiligen Mittleren Absoluten Fehler MAF_t unter Verwendung der Verfahren der

1) Mittelwertbildung

2) gleitenden Mittelwertbildung für ein Zeitfenster von jeweils vier Perioden

3) gewogenen gleitenden Mittelwertbildung mit den Gewichtungsfaktoren $g_T = 0,4$, $g_{T-1} = 0,3$, $g_{T-2} = 0,2$, $g_{T-3} = 0,1$, mit: T = letzte betrachtete Periode

4) exponentiellen Glättung erster Ordnung mit einem Gewichtungsfaktor $G = 0,4$. Stellen Sie dem MAF_T jeweils den exponentiell geglätteten MAF ($EMAF_T$) als Prognosewert für den MAF_T gegenüber.

b) Welches der Prognoseverfahren für die Bedarfswerte führt zu den geringsten Fehlern?

Aufgabe III-7

Drei Faktorarten werden im Rahmen eines zweistufigen Fertigungsprozesses in drei Abteilungen eingesetzt, um ein Produkt zu fertigen. Die Abteilungen 1 und 2 stellen die Zwischenprodukte 1 und 2 her. Die bewerteten Pfeile zwischen den Stufen geben an, wieviel Einheiten der direkten Vorstufe in eine Einheit der Endstufe eingehen. Durch die Pfeile $r_{j,n}$ sind auch die Faktoreinsatzmengen der Faktorarten n pro Ausbringungseinheit der Abteilung j angegeben:

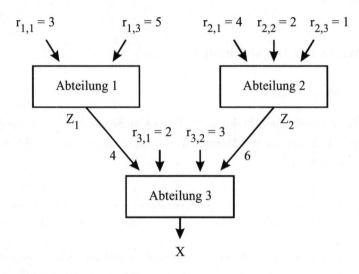

a) Zeichnen Sie den Gozintographen.

b) Der Primärbedarf beträgt $Z_1 = 400$ ME und $Z_2 = 300$ ME sowie von $X = 600$ ME.
   Bestimmen Sie

   b1) den Sekundärbedarf (ohne Lagerbestände)

   b2) den Nettogesamtbedarf mit den Lagerbeständen von

   R_1 : 500 Z_1 : 150
   R_2 : 200 Z_2 : 100
   R_3 : 300 X : 100

   an Rohstoffen und Zwischenprodukten nach dem Gozintolistenverfahren und den
   Verfahren von VAZSONYI und TISCHER.

Aufgabe III-8

Ein Betrieb fertigt die Produktarten X_1 und X_2 in einem mehrstufigen Fertigungsprozess. Dabei werden drei Einsatzfaktoren R_n und zwei Zwischenprodukte Z_m benötigt.
Der Produktionsprozess wird durch die folgende Abbildung wiedergegeben. Die
bewerteten Pfeile zwischen den Stufen geben an, wieviel Einheiten der direkten Vorstufe in eine Einheit der betrachteten Stufe eingehen. Die Pfeile $r_{j,n}$ geben die Einsatzmengen der Faktorarten n je Ausbringungseinheit der Abteilung j an.

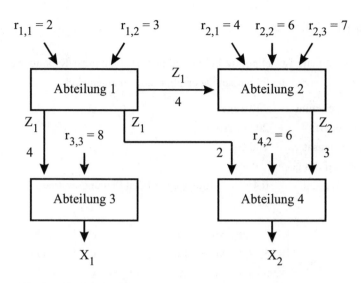

a) Zeichnen Sie den Gozintographen.

b) Berechnen Sie den Bruttogesamtbedarf mit dem Gozinto-Listenverfahren, wenn der Primärbedarf von Z_1 200 ME, von Z_2 100 ME, von X_1 150 ME und von X_2 250 ME beträgt.

Aufgabe III-9

Für die Planung der Bestellpolitik einer Materialart in einem Industriebetrieb seien die folgenden Daten gegeben:

Planungszeitraum: 180 Tage
Gesamtbedarf: 30.000 ME
Bestellkostensatz: 200,- GE
Lagerkostensatz: 3 GE/ME (bezogen auf den Planungszeitraum)

a) Bestimmen Sie die optimale Bestellmenge, die optimale Bestellhäufigkeit und Lagerzykluszeit sowie die aus der optimalen Bestellpolitik resultierenden Kosten als Summe aus Bestellkosten und Lagerhaltungskosten, wenn davon ausgegangen werden kann, dass die Kapitalbindungskosten im Lagerkostensatz berücksichtigt wurden.

b) Aus verpackungstechnischen Gründen kann die Materialart nur in Einheiten zu 5.000 Stück bezogen werden. Wie lautet nun die Bestellpolitik, welche Mehrkosten entstehen?

Aufgabe III-10

Es soll die optimale Bestellpolitik bei bestellmengenabhängiger Rabattgewährung fest-gelegt werden, wobei die folgenden Daten zugrunde zu legen sind:

Planungszeitraum: 720 Tage

Gesamtbedarf: 20.000 ME

Bestellkostensatz: 100 GE

Zinssatz auf das ge-
bundene Kapital: 0,4 (bezogen auf den Planungszeitraum)

Faktorpreis:

$$q(r) = \begin{cases} 9,- & \text{GE / ME} & \text{für} & 0 & < & r & < & 2.000 \\ 8,95 & \text{GE / ME} & \text{für} & 2.000 & \leq & r & < & 5.000 \\ 8,90 & \text{GE / ME} & \text{für} & 5.000 & \leq & r & < & 10.000 \\ 8,85 & \text{GE / ME} & \text{für} & 10.000 & \leq & r & \end{cases}$$

Es ist davon auszugehen, dass im Rahmen dieser Planung keine Kosten der physischen Lagerung berücksichtigt werden sollen.

Aufgabe III-11

Ein Brotfabrikant möchte die von der Bestellmenge des Mehls abhängigen Kosten minimieren. Er benötigt pro Jahr 400 ME Mehl, 1 ME Mehl kostet 3 GE. Die Kosten pro Bestellung betragen 4 GE, die physischen Lagerungskosten für das Mehl belaufen sich auf 0,2 GE/ME und Jahr. Der Planung wird ein Kalkulationszinssatz von 10 % zu-grunde gelegt.

a) Der Brotfabrikant bestellt zurzeit zweimal im Jahr 200 ME Mehl. Wie groß ist die Summe aus Bestellkosten, physischen Lagerungskosten und Kapitalbindungskosten in diesem Fall? Wie hoch sind die Kosten für den (theoretischen) Fall, dass er eine ME mehr oder weniger bestellt? Kann man aus diesen Ergebnissen erkennen, ob der Fabrikant optimal disponiert?

b) Bestimmen Sie die optimale Bestellmenge, die optimale Bestellhäufigkeit sowie die verursachten minimalen Kosten.

c) Zeichnen Sie je ein Diagramm des Lagerbestandsverlaufes für die alte und gegebe-nenfalls neue Bestellmenge.

d) Skizzieren Sie in einem Diagramm, wie sich die Gesamtkosten aus den Bestellkosten und den Lagerungs-/Kapitalbindungskosten zusammensetzen. Markieren Sie die optimale Bestellmenge.

Aufgabe III-12

Eine Unternehmung disponiert die Bestellmengen für zwei Materialarten M_1, M_2 simultan. Die Bedarfe der Materialarten B_i ($i = 1,2$) für einen Planungszeitraum von einem Jahr sind bekannt: $B_1 = 4.000$ Stück, $B_2 = 9.000$ Stück. Je Bestellung fallen Kosten für M_1 in Höhe von 200 GE und für M_2 in Höhe von 100 GE an. Die Preise je Stück betragen für M_1 100 GE und für M_2 200 GE. Zur Berechnung der Kapitalbindungskosten wird ein Zinssatz von 10% p.a. angesetzt. Bei der Ermittlung der optimalen Losgröße ist zu beachten, dass die Finanzabteilung je Bestellung nur 90.000 GE für die Materialbeschaffung zur Verfügung stellt.

Ermitteln Sie die optimalen Bestellmengen und vergleichen Sie diese mit den Ordermengen bei Einsatz des linearen Kürzens. Geben Sie auch die Lenkkostensätze an.

Aufgabe III-13

Einer Unternehmung liegen die folgenden Bedarfszahlen B_t einer Materialart für die sechs Perioden des Planungszeitraums vor:

t	1	2	3	4	5	6
B_t	100	20	30	120	90	10

Es sollen nur komplette Periodenbedarfsmengen bestellt werden. Die Lieferung erfolgt zu Beginn der Lieferperiode, wobei das benötigte Material sofort verfügbar ist. Jede Bestellung bzw. Lieferung verursacht fixe Kosten in Höhe von $k_B = 100$,- Geldeinheiten [GE]. Für die Lagerhaltung sind je Mengeneinheit und Periode $k_L = 0,5$ GE zu verrechnen. Ermitteln Sie die Bestellmengen und die anfallenden entscheidungsrelevanten Kosten unter Einsatz der Verfahren:

a) gleitende wirtschaftliche Losgröße und Vergleichswertmethode

b) Kostenausgleichsverfahren und Part-Period-Algorithmus

c) Silver-Meal-Heuristik

d) Wagner-Whitin-Algorithmus

4. Durchführungsplanung

4.1 Planungsbereiche und Produktionstypen

Die wirtschaftliche Durchführung der Produktion ist abhängig von der Struktur der ihr zugrundeliegenden Produktionsprogramme und Produktionsprozesse. Die Vielfalt von Produktionsprozessen soll anhand der Abbildung III-27 aufgezeigt werden.[1]

An die Durchführungsplanung der Produktion werden - je nach Typ des Produktionsprozesses - unterschiedliche Anforderungen gestellt, und im Rahmen dieser Planung ist eine Vielzahl von - lang-, mittel- und kurzfristigen - Handlungsmöglichkeiten des Produktionsbereichs festzulegen. Dazu zählen unter anderem (vgl. auch Bloech/Lücke (1982), S. 38f., Bloech/Lücke (2002), S. 154):

- die innerbetrieblichen Standorte für Aggregate oder Abteilungen,

- die innerbetrieblichen Transportvorgänge,

- die Struktur von Fabrikgebäuden,

- der Organisationstyp der Fertigung (z. B. Werkstattfertigung, Fließfertigung),

- der Maschinisierungsgrad der Fertigung,

- die Anzahl und die Art der einzelnen Fertigungsstufen sowie deren Kapazitäten,

- die Anzahl und die Art der Fertigungsstationen (Arbeitsplätze) auf den einzelnen Fertigungsstufen,

- die Zuordnung von Personen zu Fertigungsstationen,

- die Zusammensetzung von Gruppen und Abteilungen,

- die Einsatzmengenverhältnisse der Faktoren bei bestimmten Organisationstypen,

- die Reihenfolge der Produktbearbeitung an den einzelnen Fertigungsstationen (Reihenfolge- bzw. Ablaufplanung, Fertigungssteuerung),

- die Terminplanung sowie

- die Lagerhaltung in der Produktion und die damit verbundene Losgrößenbildung.

---

[1]   Unterschiedliche Gliederungsmöglichkeiten von Produktionsstrukturen wurden bereits in Abschnitt II-1.1 sowie in Abschnitt III-2.4.1 dargestellt.

Merkmale		Wichtige Ausprägungen (Elementartypen)				
- Produkt- eigenschaften	Güterart	Materielle Produkte			Immaterielle Produkte	
	Gestalt der Güter	Ungeformte Fließgüter		Geformte Fließgüter	Stückgüter	
	Zusammensetzung der Güter	Einteilige Güter			Mehrteilige Güter	
	Beweglichkeit der Güter	Mobilien			Immobilien	
	Spezifizierungs- grad des Produkts	Kundenindividuell gestaltete Produkte			Standardisierte Produkte	
- Programm- eigenschaften	Anzahl der Produktarten	Eine Produktart			Mehrere Produktarten	
	Leistungstyp der Produktion	Massen- produktion	Sorten- produktion	Serien- produktion	Einzel- produktion	Chargen- produktion
	Beziehungen der Produktion zum Absatzmarkt	Marktproduktion			Kunden-(Auftrags-)produktion	
- Struktur der Produktion	Organisationstyp der Produktion	Fließ- fertigung		Gruppen- fertigung	Werkstatt- fertigung	Baustellen- fertigung
	Leistungstyp der Produktion	Chemische Verfahren		Biologische Verfahren	Physikalische Verfahren	Geistig schöpfe- rische Arbeit
	Mechanisierungs- grad	Nichtmechanisierte Produktion		Teilmechanisierte Produktion	Vollmechanisierte Produktion	
	Automatisierungs- grad	Nichtautomatisierte Produktion		Teilautomatisierte Produktion	Vollautomatisierte Produktion	
	Art der Stoff- verwertung	Analytische Stoffverwertung		Synthetische Stoffverwertung	Durchlaufende Stoffverwertung	Austauschende Stoffverwertung
	Kontinuität des Materialflusses	Kontinuierliche Produktion			Diskontinuierliche Produktion	
	Ortsbindung der Produktion	Örtlich ungebundene Produktion			Örtlich gebundene Produktion	
	Zahl der Arbeitsgänge	Einstufige Produktion			Mehrstufige Produktion	
	Variierbarkeit der Bearbeitungsfolge	Vorgegebene Bearbeitungsfolge			Variierbare Bearbeitungsfolge	
	Verbundenheit der Produktion	Unverbundene Produktion			Verbundene Produktion (Kuppelproduktion)	
	Zuordnung der Produkte zu den Produktiveinheiten	Wechsel- produktion			Parallel- produktion	
	Struktur der Ferti- gungseinrichtungen	Einzweckanlagen			Mehrzweckanlagen	
	Anteile der Einsatzgüterarten	Material- intensive Produktion	Anlagen- intensive Produktion		Arbeits- intensive Produktion	Informations- intensive Produktion
	Konstanz der Werkstoffqualität	Werkstoffbedingt wiederholbare Produktion			Partieproduktion (Werkstoffbedingt nicht wiederholbare Produktion)	

Abbildung III-27: Produktionstypen[2]

---

2   Blohm et al. (1997), S. 243.

Zwischen der Planung innerbetrieblicher Standorte und Transportvorgänge, der Festlegung des Organisationstyps der Fertigung, der Fabrikplanung und der Ausgestaltung der einzelnen Fertigungsstationen bestehen enge Zusammenhänge, die eine integrierte Betrachtung erforderlich machen.[3] Die Art der Ausstattung der einzelnen Fertigungsstationen mit Aggregaten und Personen ist im Rahmen der Durchführungsplanung festzulegen, daraus resultieren spezifische Anforderungen an die Bereitstellungsplanung. Die Bildung von Gruppen und Abteilungen stellt eine Nahtstelle zwischen Produktions- und Personalplanung dar. Auf die wirtschaftliche Bestimmung der Einsatzmengenverhältnisse von Faktoren wurde bereits in Teil II eingegangen.

Dem didaktischen Konzept dieses Buches folgend, sollen in den folgenden Abschnitten lediglich ausgewählte Fragestellungen behandelt werden. Dabei handelt es sich um

-      die verschiedenen Typen von Fertigungsverfahren,
-      die Losgrößenbestimmung sowie
-      die Ablaufplanung,

wobei die Losgrößenbestimmung und die Ablaufplanung die Schwerpunkte dieses Abschnitts bilden.

4.2   Einteilungsmöglichkeiten von Fertigungsverfahren

Die einzelnen Fertigungsverfahren lassen sich auf unterschiedliche Art und Weise untergliedern. Im Rahmen dieses Abschnittes werden Einteilungsmöglichkeiten

-      entsprechend dem Maschinisierungsgrad,
-      nach technischen Kriterien,
-      entsprechend der räumlichen und zeitlichen Strukturierung der Produktion sowie
-      nach der Mengenleistung der Produktion

vorgestellt.[4]

---

[3]   Zur Planung innerbetrieblicher Standorte vgl. Lüder (1990), S. 70ff., oder Wäscher (1982), zur
       Fabrikplanung vgl. Aggteleky (1987), zum Materialfluss generell vgl. Jünemann (1989).

[4]   Darüber hinaus gibt es zahlreiche weitere Einteilungsmöglichkeiten, wie z. B. nach der Struktur
       des Materialflusses oder der Anzahl der Fertigungsstufen (vgl. Krycha (1996)).

Einteilung nach dem Maschinisierungsgrad

Bei einer Einteilung nach dem Maschinisierungsgrad können als typische Ausprägungen

- die manuelle Fertigung,
- die mechanisierte Fertigung und
- die automatisierte Fertigung

unterschieden werden.

Bei der manuellen Fertigung wird die Arbeit überwiegend von Hand oder mit Hilfe einfacher Werkzeuge (z. B. Hammer, Meißel) ausgeführt. Beispiele hierfür sind im Bereich der Kunst die Malerei oder die Bildhauerei, im handwerklichen Bereich Reparaturbetriebe, Installateure etc.

Die mechanisierte Fertigung zeichnet sich dadurch aus, dass durch Anwendung fremdangetriebener Maschinen eine stärkere Verlagerung ausführender Arbeiten auf die Maschine erfolgt, ohne jedoch die Regelung der Arbeitsabläufe dem Menschen abzunehmen.[5]

Bei der automatisierten Fertigung (Regelung der Arbeitsabläufe durch z. B. computergesteuerte Einheiten) lassen sich je nach der Verkettung der Einheiten, der Transportform, der Form der Umrüstung (bzw. des Werkzeugwechsels) z. B. die flexible Transferstraße, das flexible Fertigungssystem oder die flexible Fertigungszelle unterscheiden.[6]

Einteilung nach technischen Kriterien

Eine Reihe von Einteilungsmöglichkeiten folgt technischen Kriterien. So wird bei Fertigungsverfahren nach DIN 8580 unterschieden zwischen:

- Urformen
- Umformen
- Trennen
- Fügen
- Beschichten
- Ändern der Stoffeigenschaften

Diese Oberbegriffe werden gemäß der DIN-Norm weiter bis zur konkreten Tätigkeit (z. B. Kleben, Magnetisieren, Löten) unterteilt.[7]

---

[5]   Vgl. Bergner (1979), Sp. 2182.

[6]   Vgl. Blohm et al. (1997), S. 255; siehe hierzu auch Abschnitt IV-1.1.

[7]   Ein Beispiel einer konkreten Unterteilung findet sich bei Bestmann (1997), S. 221.

Einteilung nach der räumlichen und zeitlichen Struktur der Produktion

Bei der Einteilung nach der räumlichen und zeitlichen Struktur der Produktion (oft auch als Organisationsform der Fertigung bezeichnet) wird zwischen dem Verrichtungs- und dem Objektprinzip unterschieden, deren typische Vertreter die Werkstatt- bzw. die Fließfertigung sind.

Die *Werkstattfertigung* zeichnet sich dadurch aus, dass

- eine Gruppe funktionsgleicher ähnlicher Maschinen
- in uneinheitlicher Bearbeitungsfolge
- ohne strenge Anordnung der Maschinen
- Aufträge mit uneinheitlicher Bearbeitungszeit
- ohne festgelegten Rhythmus im Fertigungsablauf

bearbeiten.[8]

Nachteile dieser Organisation liegen in

- der zeitlich-organisatorischen Unübersichtlichkeit,
- den langen, uneinheitlichen Transportwegen,
- den vielen Zwischenlägern mit der dadurch bedingten hohen Kapitalbindung,
- den langen Verweildauern im Fertigungsbereich in Relation zur reinen Bearbeitungszeit sowie in
- dem ständig neuen Planungsbedarf bei jedem neuen Auftrag.

Vorteile dieser Organisation bestehen in

- einem großen Maß an Flexibilität und Anpassungsfähigkeit,
- geringen Rüstzeiten und -kosten,
- einem großen Entscheidungsspielraum für die meist qualitativ vielseitig ausgebildeten Arbeitskräfte,
- einer schnellen und effizienten Reaktionsfähigkeit auf Störungen wie z. B. den Ausfall einer Maschine oder Änderungen im Produktprogramm sowie in
- der Möglichkeit, durch den Einsatz von Universalmaschinen stark variierende Produktarten fertigen zu können.

Aus dieser Beschreibung der Möglichkeiten sowie der Vor- und Nachteile der Werkstattfertigung wird deutlich, dass sich diese Organisationsform gerade für die auftragsorientierte Fertigung anbietet.

---

[8]   Eine derartige räumliche Konzentration gleichartiger Arbeitsverrichtungen findet sich z. B. in der Dreherei, Fräserei, Gießerei oder Lackiererei (vgl. Blohm et al. (1997), S. 246).

Bei der *Fließfertigung* entspricht die Maschinenanordnung der technisch erforderlichen Arbeitsgangfolge, die in der Regel bei jedem Auftrag gleich ist. Zu unterscheiden ist hierbei die Reihenfertigung und die eigentliche Fließfertigung. Bei der Reihenfertigung arbeiten die einzelnen Stationen ohne konkrete zeitliche Vernetzung untereinander. Pufferläger fangen die Zeitdifferenzen bei der Bearbeitung auf. Die eigentliche Fließfertigung, auch Fließbandfertigung, ist durch einen vorgegebenen Zeittakt gekennzeichnet. Ohne Zwischenlager wird die Bearbeitungszeit durch die zwangsläufige Anordnung der Stationen festgelegt, so dass auch keine ablaufbedingten Wartezeiten auftreten. Die Festlegung von Fertigungsstruktur und Taktzeit erfolgt vor Beginn der Produktion.

Nachteile dieser Organisation liegen in

- der geringen Flexibilität der Produktion, so dass hier nur gleichartige Güter mit großer Auflage wirtschaftlich gefertigt werden können,
- der Abhängigkeit der einzelnen Stationen voneinander; Fehler in der zeitlichen Abstimmung im Rahmen der Materialbereitstellung führen bei dieser Organisationsform schnell zum Stillstand des gesamten Produktionsablaufes sowie in
- dem hohen Kapitalbedarf für die Fertigungseinrichtungen.

Vorteile liegen z. B. in geringen Anforderungen an die Fertigungssteuerung sowie geringen Transportkosten und Durchlaufzeiten.

Neben der Werkstatt- und der Fließfertigung gibt es auch Mischformen von Verrichtungs- und Objektprinzip. Bei der *Werkstattfließfertigung* werden die Maschinen so zu Gruppen zusammengefasst, dass diese Stationen einer Fließfertigung darstellen, also nach der technisch vorgegebenen Reihenfolge angeordnet sind.[9] Die *Gruppenfertigung* (Fließinselfertigung) zeichnet sich dadurch aus, dass innerhalb der Fließfertigung mehrere Maschinen räumlich so angeordnet werden, dass eine Gruppe von Menschen relativ taktunabhängig verschiedene Tätigkeiten ausübt. Hierdurch wird zum einen versucht, die Nachteile des Fließprinzips (z. B. geringe Flexibilität) zu vermeiden, zum anderen die sozialen Beziehungen zwischen den Mitarbeitern während der Arbeit zu verbessern. Weitere Organisationsformen sind die *Werkbankfertigung*, bei der sämtliche Maschinen an einem Arbeitsplatz angeordnet werden, die *Baustellenfertigung* (der Arbeitsgegenstand ist hierbei räumlich gebunden) sowie die *Fertigung nach* dem *Wanderprinzip* (eingesetzt z. B. bei Straßenbau und Landwirtschaft), bei der sich Mitarbeiter und Betriebsmittel mit dem Arbeitsgegenstand fortbewegen.

---

[9] Dies ist natürlich nur möglich, wenn die zu produzierenden Produkte nicht völlig verschieden sind.

Einteilung nach der Mengenleistung der Produktion

Die Einteilung nach der Mengenleistung der Produktion (oft auch als Produktionstyp bezeichnet) unterscheidet die

- Massenfertigung,
- Sortenfertigung,
- Serienfertigung,
- Einzelfertigung,
- Partie- und Chargenfertigung.

Bei der *Massenfertigung* wird eine Produktart über längere Zeit in großen Mengen hergestellt. Die Maschinen sind der Produktart fest zugeordnet, die Fertigungsplanung kann als reine Mengenplanung aufgefasst werden. Bei diesem Produktionstyp werden homogene Güter (z. B. Streichhölzer oder Postkarten) für einen anonymen Markt gefertigt, wobei durch die Kostendegression niedrige Stückkosten erreicht werden können.

Die *Sortenfertigung* unterscheidet sich von der Massenfertigung dadurch, dass verschiedene Ausprägungen einer Produktart hergestellt werden. Die Sortenfertigung erfolgt entweder parallel auf verschiedenen oder zeitlich nacheinander auf denselben Maschinen, die im Regelfall geringfügig umgerüstet werden müssen. Typische Produkte, die im Rahmen von Sortenfertigung hergestellt werden, sind Zigaretten, Kerzen oder Briefumschläge.

Bei der *Serienfertigung* werden verschiedene Produktarten produziert, wobei die Produkte einer festgelegten Menge (das sogenannte Fertigungslos) jedoch völlig gleichartig sind. Die Produkte verschiedener Serien (z. B. Möbel) sind einander ähnlich, so dass sie auf den gleichen Aggregaten gefertigt werden können, wobei durch die Umrüstung der Maschinen vor Beginn der Produktion einer Serie unter Umständen recht hohe Kosten verursacht werden.

Bei der *Einzelfertigung* wird jedes einzelne Produkt individuell hergestellt, so dass sich dieser Produktionstyp vornehmlich bei der Auftragsfertigung einsetzen lässt. Als typisch kann hierbei die Erstellung

- großer komplexer Objekte (z. B. Großmaschinen, Schiffe),
- von Maßanfertigungen (z. B. Aufzüge, Klimaanlagen für Gebäude), aber auch
- von Sonderanfertigungen (z. B. speziell gepanzerte Fahrzeuge (uneigentliche Einzelfertigung))

angesehen werden.

Weitere Produktionstypen sind z. B. die *Chargenfertigung*, bei der qualitative Unterschiede zwischen den einzelnen Fertigungslosen unvermeidlich sind (z. B. Lacke, Stahl) oder die *Partiefertigung*, bei der qualitative Unterschiede des Fertigungsmaterials zu leicht unterschiedlichen Endprodukten führen. Jede in sich relativ homogene Rohstofflieferung wird als Partie bezeichnet (z. B. landwirtschaftliche Produkte wie Baumwolle).

Die einzelnen Produktionstypen sind nicht streng voneinander abzugrenzen, so lässt sich z. B. zwischen der Kleinserienfertigung und der wiederholten Einzelfertigung oder der Großserienfertigung und der Massenfertigung nur schwer eine Grenze ziehen.

Abschließend ist festzustellen, dass die unterschiedlichen Einteilungsmöglichkeiten von Fertigungsverfahren nicht völlig unabhängig voneinander bestehen; z. B. werden im Rahmen der manuellen Fertigung häufig Einzelstücke hergestellt, wohingegen meist ein Zusammenhang zwischen automatisierter Fertigung, Fließ- oder Reihenfertigung und Massen-, Serien- oder Sortenfertigung besteht.

4.3 Planung von Fertigungslosgrößen

4.3.1 Losgrößenproblem in der Fertigung

Bei einigen Produktionstypen wie der Serien- und der Sortenfertigung[10] werden verwandte, aber nicht identische Erzeugnisse teilweise parallel auf verschiedenen Anlagen, teilweise auf ein und derselben Maschine gefertigt. Da mehrere Sorten gemeinsam ein Aggregat als Produktionsfaktor beanspruchen, handelt es sich bei der Sortenfertigung um eine *„gemeinsame"* Produktion (vgl. Adam (1965), S. 15f.). Hierbei ist es sinnvoll, eine bestimmte Menge eines Produktes, ein sogenanntes *Fertigungslos*, ohne Unterbrechung durch Fertigung anderer Produktarten zu produzieren, da zwischen der Fertigung unterschiedlicher Erzeugnisse *Umrüst- und Anlaufvorgänge* eingeschoben werden müssen, die Zeit erfordern und Kosten verursachen. Andererseits sind mit sehr großen Losen hohe Lagerbestände verbunden, die entsprechend hohe *Lagerhaltungskosten* mit sich bringen. Für diese gegenläufig gerichteten Kostenentwicklungen ist das Kostenminimum und damit die optimale Fertigungslosgröße zu bestimmen.

Neben den beiden genannten Kostenarten spielen in der Produktionsdurchführungsplanung die Kosten der Nichtnutzung von Kapazitäten (*Leerkosten*) sowie die Kosten für

---

10 Im Folgenden werden für die Darstellung der Zusammenhänge die Begriffe „Sorte" oder „Produktart" verwendet; für Serien gelten jeweils entsprechende Aussagen.

Terminabweichungen eine Rolle. Erstere fallen dann an, wenn durch die verstärkte Nutzung der Kapazität zusätzliche positive Deckungsbeiträge erwirtschaftet werden könnten, d.h., das jeweilige Aggregat stellt einen Engpass dar. Diese Kosten haben daher Opportunitätskostencharakter. *Terminabweichungen* führen bspw. immer dann zu Kosten oder entgangenen bzw. reduzierten Deckungsbeiträgen, wenn aufgrund von Lieferterminüberschreitungen Preisnachlässe gewährt oder Konventionalstrafen gezahlt werden müssen oder wenn nur eine verminderte Menge abgesetzt werden kann. Zusätzlich ist zumeist mit schwer quantifizierbaren Goodwill-Verlusten beim Kunden zu rechnen. Allerdings ist auch eine vorzeitige Fertigstellung von Aufträgen unerwünscht, da hierdurch zusätzliche Kosten für die Lagerhaltung der Fertigprodukte entstehen, soweit die Produkte nicht auch vorzeitig abgesetzt werden können. Stochastische Einflüsse machen das Auftreten von Terminabweichungen jedoch teilweise unvermeidbar, so dass nur eine Minimierung dieser Abweichungen unter Berücksichtigung von Servicegradaspekten und den Kosten für Sicherheitsbestände (siehe auch Abschnitt III-3.2.2.1) bzw. für die vorzeitige Einlastung von Aufträgen in die Fertigung angestrebt werden kann.

Sowohl das Problem der optimalen Ausnutzung der Kapazitäten als auch das Problem der Vermeidung von Terminabweichungen sind Gegenstand der *Ablauf- bzw. Reihenfolgeplanung* (siehe Abschnitt III-4.4). Allerdings ist diese Fragestellung interdependent mit der Planung der Fertigungslosgröße. Es existiert daher ein prinzipiell simultan zu lösendes *Losmengen-* und *-sequenzproblem*. Zunächst soll aus didaktischen Gründen die isolierte Ermittlung von Fertigungslosgrößen dargestellt werden. Diese Planung basiert auf der Minimierung der entscheidungsrelevanten Kostenarten der Lagerhaltungs- sowie der Umrüstkosten, wobei im Rahmen der hier vorzunehmenden operativen Planung von gegebenen Kapazitäten bzw. Produktionsverhältnissen auszugehen ist.

Umrüst-/Einrichtekosten

Zum *Umrüsten* bzw. Einrichten von Anlagen gehören die Umstellungsarbeiten, die bis zum Fertigungsbeginn notwendig sind, z. B. Werkzeug- und Vorrichtungswechsel oder die Reinigung, das Aufheizen oder das Programmieren von Maschinen. Die *direkten Rüstkosten* entstehen durch den Faktorverzehr an Material, Werkzeugen etc. beim Umrüstvorgang. *Indirekte Rüstkosten* werden durch die Nichtnutzung der Maschine während der Dauer des Umrüstvorgangs verursacht, sofern das betroffene Aggregat einen Engpass darstellt; es handelt sich also um Opportunitätskosten. Kosten für das Personal, das die Umrüstungen vornimmt, sind nicht entscheidungsrelevant, sofern diese Mitarbeiter Zeitlohn bzw. Gehalt erhalten und nicht durch die Verrichtung anderer Tätigkeiten zusätzliche Deckungsbeiträge erwirtschaften können und wenn die Kosten nicht der Fertigungsstelle je geleisteter Arbeitsstunde in Rechnung gestellt werden.

In der *Anlaufphase* vor dem Erreichen eines stabilen Fertigungsprozesses fallen z. B. Kosten für erhöhten Ausschuss sowie für Prüf- und Nacharbeitungsaufwand aufgrund der notwendigen Justierarbeiten an. Wird die Anlaufphase jeweils vor dem Produktionsbeginn der zu fertigenden Lose abgeschlossen, so lassen sich losbezogene Umrüst- und Anlaufkosten in einem Kostenblock zusammenfassen, der mit der Zahl der Rüst- und Anlaufvorgänge einer Produktart linear steigt. Es sind immer Rüstkosten für jene Maschinen anzusetzen, die zu rüsten sind, d.h. deren Fertigung einer Produktart durch die Produktion einer anderen Sorte unterbrochen wird.

Lagerhaltungskosten

Die Fertigung großer Lose hat neben dem Vorteil geringer Rüst- und Anlaufkosten den Nachteil, dass die Lagerung der erstellten Zwischen- und Endprodukte vergleichsweise hohe Lagerhaltungskosten verursacht. Die Kosten der *physischen Lagerhaltung* sind, soweit sie durch logistische Tätigkeiten und die Bereitstellung von Kapazitäten verursacht werden – also z. B. durch die Ein- und Auslagerungsvorgänge sowie die Materialpflege und die Bereitstellung der Lagerungskapazität (Miete, Abschreibungen, Energie, Personal) –, weitgehend vorab für den Planungszeitraum determiniert und somit nicht entscheidungsrelevant. Kosten für Versicherungen, Schwund, Verderb bzw. Qualitätsminderungen sind dagegen in der Regel abhängig von den gelagerten Mengen bzw. deren Wert. Diese können mit Hilfe eines Lagerhaltungskostensatzes ausgedrückt werden, der sich auf die Lagerung einer Mengeneinheit (Stück, Box, Palette etc.) für jede Zeiteinheit beziehen kann. Die *Kapitalbindungskosten* sind vom Wert der gelagerten Erzeugnisse, ihrer Lagerdauer und dem angenommenen kalkulatorischen Zinssatz abhängig.

Ist die Summe benötigter Produktions-, Umrüst- und Anlaufzeiten aller Sorten nicht größer als die maximal zur Verfügung stehende Zeit des Aggregates, so kann eine Optimierung der Rüst-, Anlauf-, Lager- und Kapitalbindungskosten für jede Sorte bei gegebenem Produktionsprogramm durchgeführt werden. In diesem Fall führt eine Minimierung der entscheidungsrelevanten Kosten auch zur Maximierung des Gewinns, da die Erträge als feststehende Größe angesehen werden können. Wäre dies nicht der Fall – d.h., es existieren Engpässe, und es ist somit über das optimale Produktionsprogramm im Zusammenhang mit der Losgrößenbestimmung zu entscheiden –, müsste ein Gewinnmaximierungsansatz unter expliziter Berücksichtigung der Preise bzw. der Preis-Absatz-Funktionen und der Kapazitätsbeanspruchungen durch die Sorten erfolgen. Weiterhin könnte durch das Auflegen großer Lose die gesamte Rüstzeit verringert und damit die Ausbringungsmenge im Planungszeitraum insgesamt erhöht werden. Dieses Problem der *„alternativen"* Fertigung soll im folgenden jedoch nicht betrachtet werden (vgl. hierzu u. a. Adam (1990), S. 867ff.; Adam (1965), S. 86ff.).

4.3.2   Statisches Grundmodell der Losgrößenplanung

Das auf HARRIS (1915) bzw. ANDLER (1929) zurückgehende statische Grundmodell ist weitgehend identisch mit dem Modell zur Bestimmung der optimalen Bestellmenge[11] (vgl. Abschnitt III-3.3.2.1). Für die Planung der Fertigungslosgröße gelten die folgenden Modellprämissen:

- Einstufiges Einproduktartenmodell, d.h., der Produktionsprozess wird als eine Fertigungsstufe interpretiert, und es werden keine Verknüpfungen zwischen den Produktarten – z. B. beschränkte Kapazitäten oder das Lossequenzproblem – berücksichtigt.

- Keine produktartenspezifischen Beschränkungen, z. B. bzgl. der Lagerfähigkeit.

- Deterministisches Modell, d.h., alle Daten sind bekannt und sicher.

- Beliebig wählbare Losauflagezeitpunkte.

- Unzulässigkeit geplanter Fehlmengen.

- Konstante Bedarfs- bzw. Absatzrate x_v (gemessen in Mengeneinheiten je Zeiteinheit), d.h., der Lagerabgang erfolgt kontinuierlich und linear.

- Produktionszeit von null, d.h., die Produktionsgeschwindigkeit und damit die Lageraufüllgeschwindigkeit sind unendlich hoch.

Die genannten Modellannahmen schränken den Bereich praktischer Fragestellungen, die mit dem statischen Grundmodell optimal gelöst werden können, deutlich ein. Insbesondere die letztgenannte Prämisse erscheint unter realistischen Bedingungen wenig sinnvoll. Allerdings stellt die Annahme einer Produktion ohne Zeitverzug dann keine völlig abwegige Prämisse dar, wenn sich die Fertigungsdauer im Vergleich zur Absatzzeit eines Loses als sehr klein erweist.

Für jeden Rüstvorgang ist ein konstanter Kostensatz k_R zu verrechnen. Bei einer Rüsthäufigkeit n ist der Gesamtbedarf B im Planungszeitraum T durch das Auflegen von n Losen in Höhe der Menge x zu decken:

$$B = n \cdot x \quad \text{und damit} \quad n = B / x$$

Die Rüstkosten K_R betragen dann:

$$K_R = k_R \cdot n$$

---

[11]   Hierbei ist nochmals darauf hinzuweisen, dass im Gegensatz zur Bestellmengenoptimierung bei der Optimierung von Fertigungslosgrößen weitere Nebenbedingungen einzuhalten sind. So ist hier z. B. sicherzustellen, dass jede Maschine zu jedem Termin nur von einer Sorte belegt ist. Von diesem Lossequenzproblem wird im Grundmodell jedoch abstrahiert.

In Abhängigkeit von der Losgröße x ergibt sich:

$$K_R(x) = k_R \cdot B / x$$

Der gemäß der Modellprämissen kontinuierlich und linear erfolgende Lagerabgang[12] führt zu der aus der Bestellmengenoptimierung bekannten „Sägezahnkurve" (vgl. Abbildung III-22). Damit liegt während eines Verbrauchszyklus t_v (d.h. zwischen zwei Losauflagen) durchschnittlich die Hälfte der Losgröße am Lager. Die Bewertung des durchschnittlichen Lagerbestandes eines Loses erfolgt mit Hilfe des Lagerhaltungskostensatzes c_L gemessen in Geldeinheiten je Mengen- und Zeiteinheit. Dieser Kostensatz c_L setzt sich zum einen aus mengenabhängigen Kosten k_L und zum anderen aus Kapitalbindungskosten zusammen. Letztere ergeben sich aus der Multiplikation des (annahmegemäß losgrößenunabhängigen) Stückwerts w mit dem für die Kapitalbindung zu verrechnenden Zinssatz z,[13] der in dieser Formulierung wiederum je Zeiteinheit definiert sein muss. Der Wert eines Stückes ergibt sich aus den variablen Herstellkosten, soweit diese in direktem, ausgabenwirksamem Zusammenhang mit der Fertigung der Produkte stehen. Die losweisen Lagerhaltungskosten lauten damit:

$$K_{L,Los} = 0,5 \cdot x \cdot t_v \cdot c_L$$

Zur Bestimmung der gesamten Lagerhaltungskosten müssen die losweisen Lagerhaltungskosten noch mit der Losauflagehäufigkeit multipliziert werden. Wird t_v durch x/x_v substituiert, so lautet die Lagerhaltungskostenfunktion in Abhängigkeit von der Losgröße wie folgt:

$$K_L(x) = 0,5 \cdot x \cdot c_L \cdot B/x_v$$

Die Summe der entscheidungsrelevanten Kosten K ist zu minimieren:

$$K(x) = \frac{x}{2} \cdot c_L \cdot \frac{B}{x_v} + k_R \cdot \frac{B}{x} \rightarrow \text{Min!}$$

Die notwendige Bedingung zur Ermittlung der optimalen Losgröße x_{opt} ergibt sich durch Bilden der ersten Ableitung und Nullsetzen der sich ergebenden Grenzkostenfunktion:

$$\frac{dK(x)}{dx} = \frac{1}{2} \cdot c_L \cdot \frac{B}{x_v} - k_R \cdot \frac{B}{x^2} = 0$$

---

12   Zur Modellformulierung bei diskretem Lagerabgangsverlauf vgl. Kurbel (1978), S. 46ff.

13   Auf die Problematik der Ermittlung des anzusetzenden Zinssatzes soll hier nicht näher eingegangen werden. Vgl. hierzu Perridon/Steiner (2007), Lücke (1991).

Nach Umformen dieser Gleichung zeigt sich, dass im Optimum die Steigungen der Rüstkosten- und der Lagerhaltungskostenfunktion betragsmäßig gleich sind:

$$\frac{dK_L(x)}{dx} = -\frac{dK_R(x)}{dx}$$

$$\frac{1}{2} \cdot c_L \cdot \frac{B}{x_v} = k_R \cdot \frac{B}{x^2}$$

Wird diese Gleichung mit x multipliziert, zeigt sich, dass im Optimum die Lagerhaltungskosten den Rüstkosten genau entsprechen. Aufgrund der strengen Konvexität der Zielfunktion ist die hinreichende Bedingung für eine Minimum erfüllt (siehe auch Abschnitt III-3.3.2.1). Eine weitere Umformung der obigen Gleichung ergibt die Formel zur Berechnung der optimalen Losgröße:

$$x_{opt} = \sqrt{\frac{2 \cdot x_v \cdot k_R}{c_L}}$$

Durch Einsetzen der Bestimmungsgleichung für x_{opt} in die Kostenfunktion kann eine Gleichung zur direkten Bestimmung der minimalen entscheidungsrelevanten Kosten hergeleitet werden:

$$K_{Min} = T \cdot \sqrt{2 \cdot x_v \cdot k_R \cdot c_L}$$

Der Verlauf der Gesamtkostenfunktion entspricht dem beim Modell der optimalen Bestellmenge (vgl. Abbildung III-23).

Da die Modellprämissen die praktische Anwendbarkeit eines derartigen Ansatzes stark einschränken, wurden Erweiterungen des Modells entwickelt. Einige hiervon sind die folgenden:

- Das Modell wurde durch die Einbeziehung von *Fehlmengen* erweitert (vgl. v. Zwehl (1979), Sp. 1177ff.).

- Von der Prämisse einer *Produktionszeit* von null bzw. einer unendlichen Lagerzugangsgeschwindigkeit wurde abgerückt (siehe den nächsten Abschnitt). Ein besonderer Fall ist hierbei die Betrachtung der kumulierten Produktionsmengen- und Absatzfunktion (vgl. Schneider, E. (1938)).

- Es wurden *mehrstufige Einproduktartenmodelle* konzipiert (vgl. Abschnitt III-4.3.4).

- *Nebenbedingungen* bzgl. der verfügbaren Kapazitäten wurden im Rahmen von Mehrproduktartenmodellen eingeführt (vgl. Abschnitt III-3.3.2.3)[14]. Knappe Fertigungskapazitäten (alternative Produktion) erfordern eine simultane Losgrößen- und Produktionsprogrammplanung (vgl. Adam (1990), S. 867ff.; Adam (1965), S. 86ff.).

- Es wurden *mehrstufige Mehrproduktartenmodelle* entwickelt; die Berücksichtigung der damit verbundenen Lagerzugangs- bzw. Lagerabgangsbedingungen lässt die Modellgröße derart explodieren, dass anstelle einer Optimierung häufig nur heuristische Lösungsverfahren praktikabel erscheinen (vgl. Tempelmeier (2005), S. 203ff.).

- Es wurden *dynamische Modelle* entwickelt (siehe die Abschnitte III-3.3.3.2 und III-3.3.3.3), die deterministische Bedarfsschwankungen explizit berücksichtigen.

- Die *Unsicherheit* bei mehrstufigen Prozessen kann z. B. im Rahmen von stochastischen Modellen berücksichtigt werden (vgl. Tempelmeier (2003), S. 377ff.).

- Weitere Kostenkomponenten wurden berücksichtigt, wie z. B. Produktionskosten, die in Abhängigkeit von *Produktionsgeschwindigkeiten* variieren; dies erhöht die Spielräume der Planung, da die Maschinenkapazitäten nun nicht mehr als konstant angesehen zu werden brauchen.

- Es wurden Modelle entwickelt, die eine explizite Berücksichtigung von *Transportvorgängen* erlauben (vgl. Szendrovits (1975)). Hierbei können Ansätze unterschieden werden, in denen ein Fertigungslos in gleichgroßen (vgl. Bogaschewsky/ Buscher (1999)) oder in unterschiedlich großen Transportlosen (vgl. Bogaschewsky/Buscher/Lindner (2001) sowie Buscher/Lindner (2000)) zum Absatz befördert werden.

Im Folgenden sollen Varianten des Modells zur Losgrößenermittlung bei endlicher Produktionsgeschwindigkeit vorgestellt werden.

---

[14] Die Darstellungen im Abschnitt III-3.3.2.3 können weitgehend auf die Planung der Fertigungslosgröße direkt übertragen werden, wobei allerdings ggf. die endliche Produktionsgeschwindigkeit (siehe den nächsten Abschnitt) gegenüber der unendlichen Lageraufüllgeschwindigkeit in Bestellmengenmodellen zu berücksichtigen ist.

4.3.3 Losgrößenermittlung bei endlicher Produktionsgeschwindigkeit

Ist die Fertigungszeit eines Loses im Vergleich zur Absatz- bzw. Verbrauchszeit eines Loses nicht vernachlässigbar gering, so kann die Prämisse der unendlichen Produktionsgeschwindigkeit nicht aufrechterhalten werden. Die in den hier behandelten Modellen angenommene, im Zeitablauf konstante Bedarfs- bzw. Absatzrate impliziert eine gleichmäßige Verteilung des Gesamtbedarfs B im Planungszeitraum T über die Zeit. Bei einer *„offenen"* Produktion – d.h., eine gefertigte Mengeneinheit einer Sorte steht sofort nach ihrer Bearbeitung in der betrachteten Fertigungsstufe zum Verkauf bzw. zur Weiterverarbeitung bereit – erfolgt der Absatz oder die Weiterverarbeitung von Teilen eines Loses schon während der Herstellungszeit des Gesamtloses. Werden die gefertigten Teile weiterverarbeitet, liegt ein *Zwischenlagerproblem* vor, sollen sie direkt verkauft werden, handelt es sich um die Optimierung des Absatzlagers. Je nachdem, ob die Weiterverarbeitungsgeschwindigkeit langsamer oder schneller ist als die Produktionsgeschwindigkeit in der betrachteten Stufe, liegt ein *Staulager* oder ein *Zerreißlager* vor (vgl. Pfaffenberger (1960), S.31). Bei *„geschlossener"* Produktion muss ein Los komplett fertig gestellt werden, damit es für den Absatz oder die Weiterverarbeitung bereitsteht. Die genannten vier Modellvarianten für eine „einstufige" Fertigung – d.h., die Folgestufe repräsentiert den Absatz bzw. diese Stufe ist mit der Absatzgeschwindigkeit synchronisiert – werden in den folgenden zwei Abschnitten näher beschrieben.[15] Modelle mit mehreren Fertigungsstufen und Zwischenlägern werden in Abschnitt III-4.3.4 behandelt.

4.3.3.1   Staulager bei offener Produktion

Ist die (konstante) Bedarfsrate (Mengeneinheiten je Zeiteinheit) für eine in einer Stufe gefertigte Produktart kleiner als die zugehörige (konstante) Produktionsrate, so stauen sich die Produkte in dem dieser Fertigungsstufe nachgeordneten Lager auf, solange diese Stufe produziert. Ein Abbau des Lagerbestands ist nur durch das (zeitweise) Abschalten dieser Stufe erreichbar. Bei gegebenen Produktions- und Bedarfsraten stellt sich die Frage, wie hoch die zu fertigende Losgröße dieser Sorte sein soll, und damit, wie lange jeweils gefertigt wird und die Stufe im Anschluss für andere Verwendungen frei ist, damit die entscheidungsrelevanten Kosten minimiert werden.

---

[15]   Vgl. auch die Darstellungen bei Adam (1965), derselbe (1990), S. 849ff., derselbe (1998), S. 476ff., Bloech/Lücke (1982), S. 209ff., Blohm et al. (1997), S. 316ff., Bogaschewsky (1996), Kurbel (1978), S. 39ff., Zäpfel (1982), S. 186ff.

Bezeichnet x_p die Produktionsrate und x_v die Bedarfs-, Verbrauchs- oder Absatzrate, dann ergibt sich bei gleichzeitig zur Produktion erfolgendem Verbrauch eine Lagerzuwachsrate von x_p-x_v.[16] Während des Produktionszeitraums t_p des Loses erfolgt also gleichzeitig ein Verbrauch von Produkten. Dagegen wird im Zeitraum t_f, in dem die Stufe stillsteht bzw. für die Fertigung weiterer Sorten frei ist, das Lager bis auf null abgebaut. Der gesamte Verbrauchszeitraum t_v eines Loses setzt sich dann aus der Produktionszeit t_p und der verfügbaren Restzeit t_f zusammen. Im Zeitraum t_p ist das gesamte Los x zu fertigen, während es in der Zeit t_v verbraucht wird:

$$t_p \cdot x_p = x = t_v \cdot x_v$$

Der maximale Lagerbestand L_{max} ergibt sich dann aus der Lagerzugangsrate x_p-x_v multipliziert mit der Lagerauffüllzeit t_p oder aus der Verbrauchsrate x_v multipliziert mit der Stillstandszeit t_f:

$$t_p \cdot (x_p - x_v) = L_{max} = t_f \cdot x_v$$

Dies lässt sich auf die folgende Weise graphisch verdeutlichen:

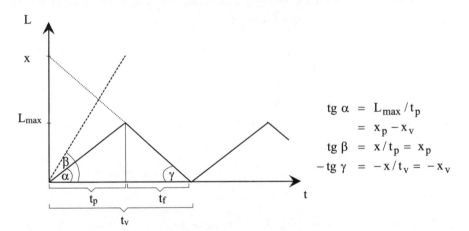

Abbildung III-28: Staulager bei offener Produktion

Zur Bestimmung der Lagerhaltungskosten soll zunächst wieder ein einzelnes Fertigungslos betrachtet werden. Während eines Verbrauchszyklus t_v liegt durchschnittlich die Hälfte von L_{max} auf Lager. Die losweisen Lagerhaltungskosten lauten damit:

$$K_{L,Los} = 0{,}5 \cdot L_{max} \cdot t_v \cdot c_L$$

---

16 Dabei wird vereinfachend angenommen, dass die erste erzeugte Mengeneinheit (teilweise) schon verbraucht werden kann, wenn sie tatsächlich gerade produziert wird (beliebige Teilbarkeit).

Um die Funktion in Abhängigkeit von x zu formulieren, wird der maximale Lagerbe-stand L_{max} durch $t_p \cdot (x_p - x_v)$ ausgedrückt. Aufgrund der Beziehung $t_p \cdot x_p = x$ bzw. $t_p = x/x_p$, kann L_{max} wie folgt geschrieben werden:

$$L_{max} = \frac{x}{x_p} \cdot (x_p - x_v) \text{ bzw. } L_{max} = x \cdot \left(1 - \frac{x_v}{x_p} \right)$$

Einsetzen letzteren Ausdruckes in die Funktion der losweisen Lagerhaltungskosten so-wie anschließendes Multiplizieren mit der Losauflagehäufigkeit führt zu den gesamten Lagerhaltungskosten:

$$K_L(x) = \frac{x}{2} \cdot \left(\frac{1}{x_v} - \frac{1}{x_p} \right) \cdot c_L \cdot B$$

Da die Rüstkostenfunktion gegenüber dem Modell mit unendlicher Produktionsge-schwindigkeit unverändert formuliert werden kann, ergibt sich die zu minimierende Funktion entscheidungsrelevanter Kosten zu:

$$K(x) = \frac{x}{2} \cdot \left(\frac{1}{x_v} - \frac{1}{x_p} \right) \cdot c_L \cdot B + k_R \cdot \frac{B}{x} \rightarrow \text{Min!}$$

Als notwendige Bedingung für einen Extremwert ergibt sich:

$$\frac{dK(x)}{dx} = \frac{1}{2} \cdot \left(\frac{1}{x_v} - \frac{1}{x_p} \right) \cdot c_L \cdot B - k_R \cdot \frac{B}{x^2} = 0$$

Aufgrund der strengen Konvexität der Zielfunktion ist die hinreichende Bedingung er-füllt (vgl. Abschnitt III-3.3.2.1). Die Formel zur Berechnung der optimalen Losgröße lautet:

$$x_{opt} = \sqrt{\frac{2 \cdot k_R}{\left(\frac{1}{x_v} - \frac{1}{x_p} \right) \cdot c_L}}$$

Der Planungszeitraum T und der Gesamtbedarf B müssen somit zur Bestimmung der optimalen Fertigungslosgröße nicht bekannt sein, sofern die Bedarfsrate x_v gegeben ist. Entsprechende Formeln lassen sich z. B. auch für die optimale Auflagehäufigkeit $n_{opt} =$

B/x_{opt} - was für konkrete Berechnungen die Kenntnis von T voraussetzt - und die optimale Produktionsdauer der Folgestufe bzw. die optimale Absatzzeit (Reichweite) je Los $t_{v,opt}$ herleiten. Diese lauten (vgl. auch Kurbel (1978), S.45):

$$n_{opt} = B \cdot \sqrt{\frac{\left(\dfrac{1}{x_v} - \dfrac{1}{x_p}\right) \cdot c_L}{2 \cdot k_R}} \qquad\qquad t_{v,opt} = \sqrt{\frac{2 \cdot k_R}{x_v \cdot \left(1 - \dfrac{x_v}{x_p}\right) \cdot c_L}}$$

Ist eine der Problemgrößen bekannt, können die anderen durch Einsetzen ermittelt werden:

$$n_{opt} = B / x_{opt} \quad \text{bzw.} \quad x_{opt} = B / n_{opt}$$

$$t_{v,opt} = x_{opt} / x_v \qquad t_{p,opt} = x_{opt} / x_p \qquad t_{f,opt} = t_{v,opt} - t_{p,opt}$$

Eine Bestimmungsgleichung für die minimalen entscheidungsrelevanten Kosten kann gewonnen werden, indem x_{opt} in die Kostenfunktion eingesetzt wird:

$$K_{Min} = B \cdot \sqrt{2 \cdot k_R \cdot \left(\frac{1}{x_v} - \frac{1}{x_p}\right) \cdot c_L}$$

4.3.3.2   Zerreißlager bei offener Produktion

Ein Zerreißlager liegt vor, wenn die Bedarfsrate größer ist als die Produktionsrate. Während dies für den Fall eines Absatzlagers bedeuten würde, dass nur eine Produktart gefertigt werden würde (und zwar die mit dem höchsten relativen Stückdeckungsbeitrag), lässt das Modell des Zerreißlagers zur Abbildung eines (mehrstufigen) Zwischenlagerproblems auch die Fertigung mehrerer Sorten zu, sofern die Absatzrate kleiner ist als alle Stufenleistungen.

Bezeichnen wieder x_p die Produktionsrate und x_v die Verbrauchsrate, so wird zunächst ein maximaler Lagerbestand $L_{max} = x_p \cdot t_f$ aufgebaut, wobei t_f nun die Zeit umfasst, in der die Folgestufe nicht an der betrachteten Produktart arbeitet bzw. kein Absatz erfolgen würde. Während des Verbrauchszeitraums t_v wird weiterhin produziert, d.h. die betrachtete Stufe arbeitet permanent. Trotzdem wird das Lager von L_{max} bis auf null abgebaut. Die Lagerabgangsrate während des Verbrauchszeitraums t_v beträgt $x_v - x_p$, und es gilt $L_{max} = t_v \cdot (x_v - x_p)$. Dies verdeutlicht die folgende Abbildung:

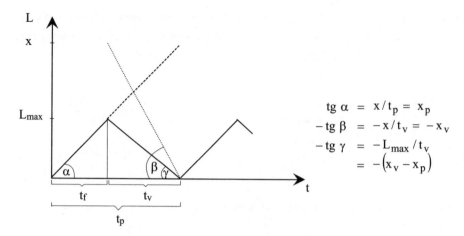

Abbildung III-29: Zerreißlager bei offener Produktion

Die Aufstellung der Funktion der entscheidungsrelevanten Kosten im Zerreißlagerfall kann strukturell identisch zum Staulagerfall erfolgen. Da nunmehr während t_p durchschnittlich die Hälfte von L_{max} auf Lager liegt, sind die losweisen Lagerhaltungskosten:

$$K_{L,Los} = 0,5 \cdot L_{max} \cdot t_p \cdot c_L$$

Unter Verwendung der Beziehung $L_{max} = x \cdot (1 - x_p/x_v)$ kann die zu minimierende Funktion entscheidungsrelevanter Kosten wie folgt angegeben werden:

$$K(x) = \frac{x}{2} \cdot \left(\frac{1}{x_p} - \frac{1}{x_v} \right) \cdot c_L \cdot B + k_R \cdot \frac{B}{x} \rightarrow \text{Min!}$$

Die sich nach Differentiation und Nullsetzen ergebende Formel zur Bestimmung der optimalen Losgröße lautet:

$$x_{opt} = \sqrt{\frac{2 \cdot k_R}{\left(\dfrac{1}{x_p} - \dfrac{1}{x_v} \right) \cdot c_L}}$$

Da während des gesamten Planungszeitraums T eine Fertigung in Höhe von $x_p < x_v$ Mengeneinheiten je Zeiteinheit erfolgt, können insgesamt maximal $B = x_p \cdot T$ Mengeneinheiten für die Folgestufe bzw. den Absatz bereitgestellt werden. Der Planungszeitraum und der Gesamtbedarf müssen aber zur Bestimmung der optimalen Fertigungslosgröße auch hier nicht bekannt sein. Gegenüber der Wurzelformel beim Staulager sind offensichtlich nur die Variablen x_p und x_v getauscht worden. Damit kann *eine gemein-*

same Formel für den Staulager- und den Zerreißlagerfall formuliert werden, indem jeweils die *absolute* Differenz der reziproken Leistungsparameter angesetzt wird:

$$x_{opt} = \sqrt{\frac{2 \cdot k_R}{\left| \frac{1}{x_p} - \frac{1}{x_v} \right| \cdot c_L}}$$

Die weiteren Lösungswerte ergeben sich wie im Staulagerfall. Lediglich die verfügbare Restzeit (der Folgestufe) $t_{f,opt}$ errechnet sich nun aus der Differenz $t_{p,opt} - t_{v,opt}$.

4.3.3.3 Geschlossene Produktion

Eine geschlossene Produktion liegt vor, wenn der Verkauf bzw. die Weiterbearbeitung von (Zwischen-)Produkten erst nach der Fertigstellung des kompletten Loses erfolgen kann. Bei einem Lageranfangsbestand von null wäre somit zunächst ein Los der Menge x in der Produktionszeit t_p zu fertigen. Sobald dieses komplett erstellt ist, kann mit dem Absatz oder der Weiterverarbeitung begonnen werden, wenn etwaige Transportzeiten etc. vernachlässigt werden. Nach t_v Zeiteinheiten ist das komplette Los abgesetzt oder weiterbearbeitet worden, wobei je Zeiteinheit x_v Mengeneinheiten benötigt wurden. Um die permanente Befriedigung des Bedarfs nach der ersten Produktionsphase sicher zu stellen, muss im Falle eines *Staulagers* t_p Zeiteinheiten vor dem Verbrauch der letzten Einheit des Loses mit der Fertigung des neuen Loses begonnen werden. Damit ergibt sich die verfügbare Restzeit t_f der betrachteten Stufe aus der Differenz von Verbrauchs- und Produktionszeit ($t_v - t_p$). Die Abbildung III-30 verdeutlicht den hiermit verbundenen Lagerbestandsverlauf bei einem abgeschlossenen Planungszeitraum.

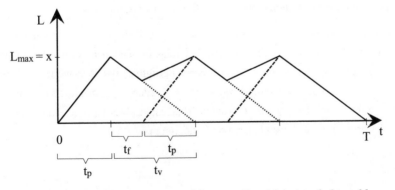

Abbildung III-30: Staulager bei geschlossener Produktion und abgeschlossenem Planungszeitraum

Wiederum soll zur Berechnung der Lagerhaltungskosten zunächst ein einzelnes Fertigungslos betrachtet werden. Während der Zeitspanne $t_p + t_v$ liegt durchschnittlich die
Hälfte von L_{max} bzw. der Fertigungslosgröße x auf Lager:

$$K_{L,Los} = 0,5 \cdot x \cdot (t_p + t_v) \cdot c_L$$

Werden t_p und t_v durch x/x_p und x/x_v substituiert und anschließend die losweisen
Lagerhaltungskosten mit der Losauflagehäufigkeit multipliziert, so ergeben sich die
gesamten Lagerhaltungskosten. Da sich die Rüstkosten nicht ändern, kann die Funktion
der entscheidungsrelevanten Kosten wie folgt geschrieben werden:

$$K(x) = \frac{x}{2} \cdot \left(\frac{1}{x_p} + \frac{1}{x_v} \right) \cdot c_L \cdot B + k_R \cdot \frac{B}{x} \to Min!$$

Nach Differentiation und Nullsetzen lautet die Formel zur Bestimmung der optimalen
Losgröße eines Staulagers bei geschlossener Produktion:

$$x_{opt} = \sqrt{\frac{2 \cdot k_R}{\left(\frac{1}{x_v} + \frac{1}{x_p} \right) \cdot c_L}}$$

Beim *Zerreißlager* ergeben sich Stillstandszeiten für die (schneller arbeitende) Folgestufe, während die betrachtete Stufe permanent arbeitet. Im Unterschied zum Staulagerfall ist damit die Folgestufe zu rüsten und der entsprechende Rüstkostensatz zu wählen.
Formal unterscheidet sich die Herleitung der Funktion der entscheidungsrelevanten
Kosten aber nicht von dem Staulagerfall. Folgerichtig entspricht die Formel für die optimale Losgröße eines Zerreißlagers bei geschlossener Fertigung derjenigen, die sich für
die optimale Losgröße eines Staulagers bei geschlossener Fertigung ergibt.

Die Formeln zur Bestimmung der optimalen Losgrößen bei offener bzw. geschlossener
Produktion unterscheiden sich mithin lediglich durch das Bilden der absoluten Differenz
(offene Fertigung) bzw. der Summe (geschlossene Fertigung) der Kehrwerte der Stufenleistungen. Es soll nochmals darauf hingewiesen werden, dass in allen vier dargestellten Fällen die Wahl des jeweils relevanten Rüstkostensatzes k_R (der Stufe 1 beim
Staulager; der Stufe 2 beim Zerreißlager) von Bedeutung ist.

4.3.4 Mehrstufige Modelle

Mehrstufige Modelle gehen von der Existenz mehrerer Fertigungsstufen aus, die gemeinsam von verschiedenen Produktarten bzw. Sorten in Anspruch genommen werden und deren Umstellung von einer Sorte auf eine andere Rüst- und/oder Anlaufkosten verursacht. Zusätzlich müssen die Produktionsgeschwindigkeit in der Endstufe und die Absatzgeschwindigkeit nicht zwangsläufig synchronisiert sein. Im Folgenden wird weiterhin davon ausgegangen, dass keine Engpässe existieren. Es stellt sich die Frage, ob die isolierte Ermittlung optimaler Losgrößen je Fertigungsstufe zu einer sinnvollen Lösung führt. Offensichtlich können jedoch in einer Fertigungsstufe jeweils nur soviel Mengeneinheiten weiterverarbeitet werden, wie von der Vorstufe zur Verfügung gestellt wurden. Es bietet sich also an, im Rahmen eines Modells, das die direkte, nur durch die Zwischenlagerdauer eines Loses eventuell unterbrochene Weiterverarbeitung der Produkte voraussetzt, eine gemeinsame Losgröße für alle Fertigungsstufen zu berechnen.

Im Folgenden sei zunächst das Problem zweier nicht synchronisierter Fertigungsstufen, die von den Produktarten in gleicher Reihenfolge durchlaufen werden müssen, sowie eine von der Produktionsgeschwindigkeit der Endstufe verschiedene Absatzrate betrachtet. Hieraus resultieren Zwischenlager- (ZL) und Absatzlagerbestände (AL):

Abbildung III-31: Struktur einer zweistufigen Fertigung mit Absatzlager

Hierbei repräsentieren:

V_a: Absatzmenge je Zeiteinheit

x_s: Ausbringungsmenge der Stufe s je Zeiteinheit

x_{s+1}: Ausbringungsmenge der Stufe s+1 je Zeiteinheit

Der mengenbezogene Lagerhaltungskostensatz je Zeiteinheit der Stufe s wird mit $c_{L,s}$ bezeichnet.

In der folgenden Darstellung wird ein offenes Zerreißlager zwischen den Fertigungsstufen sowie ein offenes Staulager hinter der Endstufe[17] betrachtet. Die Abbildung III-32 verdeutlicht den Lagerbestandsverlauf für diese beiden Läger.

---

[17]   Unter der Prämisse der jederzeitigen Befriedigung der Absatzanforderungen stellt das Lager im Absatzbereich immer ein Staulager dar.

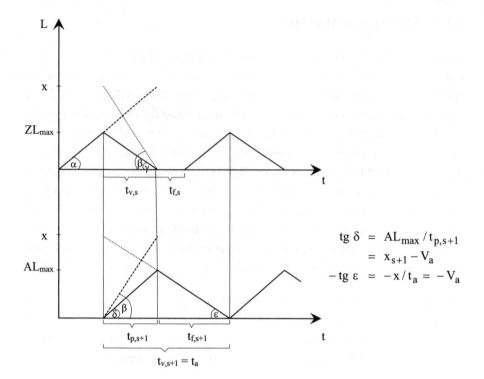

Abbildung III-32: Zweistufige Fertigung mit Zerreißlager und Fertigprodukte-Staulager

Da die einzelnen Stufen nicht permanent produzieren und damit zeitweise keine Lagerbestände der jeweiligen Sorten vorhanden sind, müssen die Kosten je Los multipliziert
mit der Auflagehäufigkeit zur Ermittlung der durch die Zwischenläger verursachten entscheidungsrelevanten Kosten herangezogen werden. Damit entspricht die Vorgehensweise zur Bestimmung der Lagerhaltungskostenfunktionen derjenigen, die bereits bei
einstufigen Modellen gewählt wurde. Für das offene Zwischenlager ergeben sich damit
die folgenden Lagerhaltungskosten:

$$K_{L,ZL}(x) = \frac{x}{2} \cdot \left(\frac{1}{x_s} - \frac{1}{x_{s+1}} \right) \cdot c_{L,s} \cdot B$$

Da das *Absatzlager* einem offenen Staulager entspricht, lautet die Lagerhaltungskostenfunktion:

$$K_{L,AL}(x) = \frac{x}{2} \cdot \left(\frac{1}{V_a} - \frac{1}{x_{s+1}} \right) \cdot c_{L,s+1} \cdot B$$

Die Rüstkosten für die zwei Stufen ergeben sich aus der Summe der Rüstkostensätze multipliziert mit der Rüsthäufigkeit:

$$K_R(x) = (k_{R,s} + k_{R,s+1}) \cdot B/x$$

Es sind die entscheidungsrelevanten Kosten zu minimieren:

$$K_e(x) = K_{L,ZL}(x) + K_{L,AL}(x) + K_R(x) \rightarrow \text{Min!}$$

Die notwendige Bedingung für die optimale Losgröße lautet:

$$\frac{dK(x)}{dx} = \frac{1}{2} \cdot \left(\frac{1}{x_s} - \frac{1}{x_{s+1}} \right) \cdot c_{L,s} \cdot B + \frac{1}{2} \cdot \left(\frac{1}{V_a} - \frac{1}{x_{s+1}} \right) \cdot c_{L,s+1} \cdot B$$

$$- (k_{R,s} + k_{R,s+1}) \cdot \frac{B}{x^2} = 0$$

Als optimale Losgröße resultiert:

$$x_{opt} = \sqrt{\frac{2 \cdot (k_{R,s} + k_{R,s+1})}{\left(\frac{1}{x_s} - \frac{1}{x_{s+1}} \right) \cdot c_{L,s} + \left(\frac{1}{V_a} - \frac{1}{x_{s+1}} \right) \cdot c_{L,s+1}}}$$

Wird der gleiche Fall wie oben betrachtet, nun jedoch ein offenes *Staulager* zwischen den Fertigungsstufen angenommen, so lautet die Losgrößenformel:

$$x_{opt} = \sqrt{\frac{2 \cdot (k_{R,s} + k_{R,s+1})}{\left(\frac{1}{x_{s+1}} - \frac{1}{x_s} \right) \cdot c_{L,s} + \left(\frac{1}{V_a} - \frac{1}{x_{s+1}} \right) \cdot c_{L,s+1}}}$$

Offensichtlich wurden gegenüber dem Fall beim Zerreißlager lediglich im Nenner bei der Differenzenbildung der Kehrwerte der Stufenleistungen die Elemente x_s und x_{s+1} getauscht.

Wird nun eine *beliebige Anzahl S von Stufen* betrachtet, so können sowohl Staulager- als auch Zerreißlagersituationen zwischen verschiedenen Stufen auftreten. Wie oben gezeigt wurde, unterscheiden sich die Formeln für diese beiden Fälle nur durch die Reihenfolge von Minuend und Subtrahend bei der erwähnten Differenzenbildung. Sowohl beim Staulager als auch beim Zerreißlager ist diese Differenz immer positiv, so dass gemeinsam für beide Fälle der Betrag dieser Differenz angesetzt werden kann. Weiterhin kann der Absatzbereich als „Fertigungsstufe" S+1 mit der „Leistung" x_{S+1} (anstelle von

V_a) aufgefasst werden. Die Lagerhaltungskosten K_L sind dann für alle S existierenden Läger anzusetzen mit:

$$K_L(x) = \sum_{s=1}^{S} 0,5 \cdot x \cdot \left| \frac{1}{x_s} - \frac{1}{x_{s+1}} \right| \cdot c_{L,s} \cdot B$$

Entsprechend sind die Rüstkosten über alle S Stufen zu summieren. Die optimale Losgrößenformel lautet somit:

$$x_{opt} = \sqrt{\frac{2 \cdot \sum_{s=1}^{S} k_{R,s}}{\sum_{s=1}^{S} \left| \frac{1}{x_s} - \frac{1}{x_{s+1}} \right| \cdot c_{L,s}}}$$

Im Falle einer geschlossenen Produktion sowohl zwischen den Stufen als auch in der Endstufe wird gemäß der Herleitung in Abschnitt III-4.3.3.3 der Subtrahend im Nenner der Formel zum Summanden:

$$x_{opt} = \sqrt{\frac{2 \cdot \sum_{s=1}^{S} k_{R,s}}{\sum_{s=1}^{S} \left(\frac{1}{x_s} + \frac{1}{x_{s+1}} \right) \cdot c_{L,s}}}$$

Die Gesamtzeiten $t_{f,i}$, in denen die einzelnen Stufen für die Fertigung anderer Produktarten zur Verfügung stehen, ergeben sich aus der Differenz der Absatzzeit eines Loses t_a und der jeweiligen Produktionszeit $t_{p,i}$: $t_{f,i} = t_a - t_{p,i}$.

4.3.5   Simultanplanung von Losmenge und Lossequenz

Die isolierte Ermittlung optimaler Fertigungslosgrößen für jede Produktart führt nur zufällig zu durchführbaren Produktionsplänen, da das Reihenfolgeproblem vernachlässigt wurde. Soll gewährleistet werden, dass sich ein zulässiger Belegungsplan ergibt, so muss das Lossequenzproblem simultan mit dem Losmengenproblem gelöst werden.[18] Zur Vereinfachung wird dabei davon ausgegangen, dass sich aufgrund der konkreten Bearbeitungsreihenfolge der Produktarten auf den Aggregaten keine zeitlichen Interde-

---

[18] Von dem im Folgenden dargestellten Ansatz abweichende Vorgehensweisen sind bei Müller/Neuvians/Zimmermann (1974) sowie bei Kurbel (1978) zusammengefasst.

pendenzen ergeben, d.h., die sortenspezifischen Rüstzeiten sind konstant.[19] Die Aufgabe besteht nun darin, die Lose so zu dimensionieren, dass sie möglichst nah an den kostenminimalen Losen bei isolierter Optimierung liegen oder diesen entsprechen und sich ein zulässiger Belegungsplan ergibt. Die Abbildung III-33 zeigt den Lagerbestandsverlauf bei einem Staulager und offener, einstufiger Produktion für zwei Sorten und den zugehörigen Maschinenbelegungsplan[20].

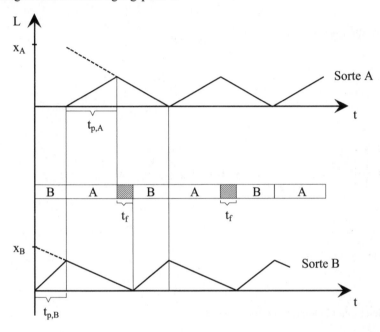

Abbildung III-33: Lagerbestandsverlauf und Maschinenbelegungsplan bei zwei Produktarten

Ein zulässiger Belegungsplan kann bei ausreichender Kapazität erreicht werden, wenn z. B. alle Sorten gleich häufig aufgelegt werden. Wenn die Auflagehäufigkeit n_i einer Sorte i ein ganzzahliges Vielfaches α der Häufigkeit einer anderen Sorte darstellt, kann unter Umständen eine bessere Lösung erzielt werden. Allerdings ist die ermittelte Lösung auf Zulässigkeit zu überprüfen. Für zwei Produktarten ergäbe sich z. B. die Nebenbedingung:

$$\alpha \cdot n_1 = n_2 = \alpha \cdot B_1/x_1 = B_2/x_2 \quad \text{mit } \alpha \geq 1 \text{ und ganzzahlig}$$

---

[19]   Der Fall reihenfolgeabhängiger Rüstzeiten bzw. -kosten wird im Rahmen der Reihenfolgeplanung für ein Aggregat in Abschnitt III-4.4.3 angesprochen.

[20]   Zu Maschinenbelegungsplänen siehe auch Abschnitt III-4.4.4.

Die obige Nebenbedingung kann im Rahmen eines Lagrange-Ansatzes in die Optimierung einbezogen werden. Die Lagrange-Funktion lautet:[21]

$$L(x_i,\lambda) = \sum_{i=1}^{2}\left(\frac{x_i}{2}\cdot\left(\frac{1}{x_{v,i}}-\frac{1}{x_{p,i}}\right)\cdot c_{L,i}\cdot B_i + k_{R,i}\cdot\frac{B_i}{x_i}\right)+\lambda\cdot\left(\alpha\cdot\frac{B_1}{x_1}-\frac{B_2}{x_2}\right)$$

Die partiellen Ableitungen lauten:

$$\frac{\partial L}{\partial x_1}=\frac{1}{2}\cdot\left(\frac{1}{x_{v,1}}-\frac{1}{x_{p,1}}\right)\cdot c_{L,1}\cdot B_1 - k_{R,1}\cdot\frac{B_1}{x_1^2}-\lambda\cdot\alpha\cdot\frac{B_1}{x_1^2}=0 \qquad (1)$$

$$\frac{\partial L}{\partial x_2}=\frac{1}{2}\cdot\left(\frac{1}{x_{v,2}}-\frac{1}{x_{p,2}}\right)\cdot c_{L,2}\cdot B_2 - k_{R,2}\cdot\frac{B_2}{x_2^2}+\lambda\cdot\frac{B_2}{x_2^2}=0 \qquad (2)$$

$$\frac{\partial L}{\partial\lambda}=\alpha\cdot\frac{B_1}{x_1}-\frac{B_2}{x_2}=0 \qquad (3)$$

Die Gleichung (2) kann umgeformt werden zu:

$$\lambda = k_{R,2}-\frac{x_2^2}{2}\cdot\left(\frac{1}{x_{v,2}}-\frac{1}{x_{p,2}}\right)\cdot c_{L,2}$$

Hierin kann x_2 unter Verwendung der in der Gleichung (3) stehenden Nebenbedingung ersetzt werden:

$$x_2 = \frac{B_2\cdot x_1}{\alpha\cdot B_1}=\frac{x_{v,2}\cdot x_1}{\alpha\cdot x_{v,1}}$$

---

21   Zur Formulierung der Kostenfunktion bei einem Staulager und offener Produktion vgl. Abschnitt III-4.3.3.1. Die folgende Herleitung der Losgrößenformel orientiert sich an Adam (1965), S. 126ff., der allerdings $\alpha = 1$ setzt.

Für λ ergibt sich:

$$\lambda = k_{R,2} - \frac{x_{v,2}^2 \cdot x_1^2}{2 \cdot \alpha^2 \cdot x_{v,1}^2} \cdot \left(\frac{1}{x_{v,2}} - \frac{1}{x_{p,2}} \right) \cdot c_{L,2}$$

In der Gleichung (1) kann λ damit ersetzt werden:

$$\frac{1}{2} \cdot \left(\frac{1}{x_{v,1}} - \frac{1}{x_{p,1}} \right) \cdot c_{L,1} - \frac{k_{R,1}}{x_1^2}$$

$$- \left[k_{R,2} - \frac{x_{v,2}^2 \cdot x_1^2}{2 \cdot \alpha^2 \cdot x_{v,1}^2} \cdot \left(\frac{1}{x_{v,2}} - \frac{1}{x_{p,2}} \right) \cdot c_{L,2} \right] \cdot \frac{\alpha}{x_1^2} = 0$$

Es ergibt sich die Formel für die optimale Losgröße der ersten Produktart unter der Nebenbedingung einer koordinierten Losauflagehäufigkeit für die zwei Produktarten:

$$x_{1,opt} = \sqrt{\frac{2 \cdot (k_{R,1} + \alpha \cdot k_{R,2})}{\left(\frac{1}{x_{v,1}} - \frac{1}{x_{p,1}} \right) \cdot c_{L,1} + \left(\frac{1}{x_{v,2}} - \frac{1}{x_{p,2}} \right) \cdot c_{L,2} \cdot \frac{x_{v,2}^2}{\alpha \cdot x_{v,1}^2}}}$$

Die optimale Losgröße der zweiten Produktart ist dann:

$$x_{2,opt} = \frac{x_{v,2} \cdot x_{1,opt}}{\alpha \cdot x_{v,1}}$$

Allerdings ist die ermittelte Lösung nicht zwangsläufig auch zulässig. Aus diesem Grund muss sie daraufhin geprüft werden, ob sich ein zulässiger Maschinenbelegungsplan ergibt. Unter Berücksichtigung der (konstanten) sortenspezifischen Rüstzeiten $t_{R,1}$ und $t_{R,2}$ muss folgende Nebenbedingung erfüllt sein:

$$t_{v,2} \geq t_{p,1} + t_{R,1} + t_{p,2} + t_{R,2}$$

mit: $\quad t_{v,2} = \dfrac{x_{2,opt}}{x_{v,2}}, \quad t_{p,1} = \dfrac{x_{1,opt}}{x_{p,1}}, \quad t_{p,2} = \dfrac{x_{2,opt}}{x_{p,2}}$

Für den Fall, dass die Nebenbedingung in der Form $n_1 = \beta \cdot n_2$ mit $\beta \geq 1$ und ganzzahlig vorliegt, müsste die ermittelte Lösung die Einhaltung der folgenden Nebenbedingung gewährleisten, um einen zulässigen Maschinenbelegungsplan zu erhalten:

$$t_{v,1} \geq t_{p,1} + t_{R,1} + t_{p,2} + t_{R,2}$$

Die Losgrößenformel für den Fall *identischer Losauflagerhythmen* aller betrachteten Produktarten lässt sich vergleichsweise einfach über die Ermittlung der *optimalen Losauflagehäufigkeit* herleiten.[22] Es gilt $B_i/x_i = n$, $\forall$ i, und damit die Zielfunktion:

$$K(n) = \sum_{i=1}^{I} \left(\frac{B_i^2}{2 \cdot n} \cdot \left(\frac{1}{x_{v,i}} - \frac{1}{x_{p,i}} \right) \cdot c_{L,i} + k_{R,i} \cdot n \right) \rightarrow \text{Min!}$$

Die notwendige Bedingung für ein Minimum lautet:

$$\frac{dK(n)}{dn} = \sum_{i=1}^{I} \left(-\frac{B_i^2}{2 \cdot n^2} \cdot \left(\frac{1}{x_{v,i}} - \frac{1}{x_{p,i}} \right) \cdot c_{L,i} + k_{R,i} \right) = 0$$

Die Formel für die optimale Losauflagehäufigkeit ergibt sich zu:

$$n_{opt} = \sqrt{\frac{\sum_{i=1}^{I} B_i^2 \cdot \left(\frac{1}{x_{v,i}} - \frac{1}{x_{p,i}} \right) \cdot c_{L,i}}{2 \cdot \sum_{i=1}^{I} k_{R,i}}}$$

Es gilt $x_{k,opt} = B_k/n_{opt}$ bzw. $x_{k,opt} = (x_{v,k} \cdot T)/n_{opt}$ und damit

$$x_{k,opt} = \sqrt{\frac{2 \cdot x_{v,k}^2 \cdot \sum_{i=1}^{I} k_{R,i}}{\sum_{i=1}^{I} x_{v,i}^2 \cdot \left(\frac{1}{x_{v,i}} - \frac{1}{x_{p,i}} \right) \cdot c_{L,i}}}$$

Eine *„geschlossene" Produktion* bewirkt in der Losgrößenformel lediglich einen Vorzeichenwechsel bei dem Subtrahenden im Nenner der Formel (vgl. auch Abschnitt III-4.3.3.3). Dies ergibt sich auf Grund der Formulierung der losweisen Kostenfunktion, in der der durchschnittliche Lagerbestand L_d je Los für die Dauer der gegenüber der Produktionszeit längeren Absatzzeit als Lagerdauer anzusetzen ist. Alternativ kann die Hälfte des Loses $(x/2)$ während der Produktions- und Absatzzeit $(x/x_p + x/x_v)$ als Berechnungsbasis gewählt werden.

---

[22] Siehe auch Buscher (2000), S. 197ff., Adam (1990), S. 886ff., Kurbel (1978), S. 91ff.

Bei gleichgerichteten Produktionsraten für alle Sorten zwischen den Stufen – d.h., es entstehen jeweils nur Stau- *oder* Zerreißläger – und identischer Bearbeitungsreihenfolge der Produktarten auf den Stufen kann prinzipiell die gleiche Vorgehensweise zur simultanen Bestimmung der Losmengen und der Auflagereihenfolge bei einer *mehrstufigen* Fertigung gewählt werden. Die optimalen Losgrößen und der für alle Stufen identische Losauflagezyklus orientieren sich dabei an der Stufe mit der niedrigsten Produktionskapazität (vgl. Adam (1965), S. 170ff.). Unter der Annahme einer Gewinnmaximierung bei größtmöglichen Ausbringungsmengen der Sorten würde diese Stufe einen Engpass darstellen. Damit läge jedoch „alternative" Produktion vor, d.h. das Produktionsprogramm müsste simultan mit den Losgrößen ermittelt werden. Die obige Vorgehensweise zur Ermittlung des optimalen Loszyklus wäre somit nicht einsetzbar (vgl. auch Adam (1990), S. 889ff.).

4.4 Ablaufplanung

4.4.1 Problemstellung

Im Rahmen der Ablaufplanung geht es allgemein gesehen um die Festlegung der zeitlichen Durchführung der Fertigung. Das Vorgehen richtet sich dabei stark an den zugrundeliegenden Gegebenheiten im Produktionsbereich (z. B. Fertigungstyp, Organisationsform der Fertigung)[23] aus. So weist die Ablaufplanung für Großprojekte (Projektplanung) eine wesentlich andere Ausprägung auf als die bei Fließ- oder Werkstattfertigung.

Die zentrale Aufgabe im Bereich der *Projektplanung* besteht eher darin, ein komplexes, aus vielen Teilprojekten zusammengesetztes Vorhaben in seiner Abfolge zu strukturieren und zeitlich so zu analysieren, dass unter anderem fundierte Aussagen über Fertigstellungstermine und bestehende Zeitreserven für einzelne Teilaufgaben gemacht werden können. Als Hilfsmittel für diese Planungsaufgabe hat sich die Netzplantechnik bewährt.[24]

Demgegenüber besteht die Zielsetzung im Rahmen der *Fließfertigung* darin, den für alle Produkte gleichen Weg durch die einzelnen Fertigungsstellen optimal zu gestalten. Für

---

23 Vgl. hierzu auch den Abschnitt 4.2.

24 Im Rahmen der Netzplantechnik werden verschiedene Verfahren wie z. B. die Critical-Path-Method (CPM, vgl. Küpper/Lüder/Streitferdt (1975), S. 79ff.) oder die Metra-Potential-Method (MPM, vgl. Küpper/Lüder/Streitferdt (1975), S. 86ff.) eingesetzt.

den Fall einer Fließbandorganisation existieren zwei wesentliche Problemstellungen, die Festlegung der *Zahl der Arbeitsstationen* am Band einerseits und die Bestimmung der *Taktzeit* andererseits. Die Güte einer entsprechenden Lösung wird dann gemessen an den Wartezeiten der Produkte zwischen den Bandstationen unter der Voraussetzung, dass die an jeder Station benötigte Arbeitszeit die vorgegebene Taktzeit nicht überschreitet.[25]

Eine weitere Aufgabe der Ablaufplanung bei Fließfertigung, die Planung der *Pufferläger* hinsichtlich ihrer Zahl, Kapazität und Position innerhalb des Fertigungsflusses, soll hier nur kurz erwähnt werden.[26]

Die Planung im Rahmen der oben genannten Problembereiche findet einmalig und zwar vor Beginn der Fertigung einer Produktart statt und hat somit eher langfristigen Charakter.

Im Gegensatz dazu ist die Ablaufplanung bei *Werkstattfertigung* eher kurzfristiger Natur und beschränkt sich - auch bedingt durch fertigungstechnische Gegebenheiten, verschiedene Produktarten und unterschiedliche Bearbeitungsfolgen der Produkte in den einzelnen Werkstätten - im Wesentlichen auf die Reihenfolgeplanung.[27] Hier ist von einer technisch bedingt festliegenden Arbeitsgangfolge (Maschinenfolge) auszugehen, und zu bestimmen bleibt die Auftragsfolge[28] für die einzelnen Werkstätten (Maschinen). Dieses Problem, das trotz seiner einfachen Struktur in der Modellformulierung nicht trivial und insbesondere bei realitätsnahen Problemgrößen schwer zu lösen ist, soll in den nächsten beiden Abschnitten zugrunde gelegt werden.

4.4.2 Zielsetzungen im Rahmen der Ablaufplanung

Angesichts des Zielsystems des Unternehmens (vgl. Abschnitt I-4) muss auch im Rahmen der Ablaufplanung danach gestrebt werden, die anfallenden Kosten möglichst gering zu halten. Dazu gehören im Wesentlichen (siehe auch Abschnitt 4.3.1)

---

[25] Vgl. Hahn (1972), Steffen (1977).

[26] Vgl. dazu beispielsweise Adam (1990), S. 795f., oder Hahn (1972), S. 52ff.

[27] Die Begriffe "Ablaufplanung" und "Reihenfolgeplanung" werden in diesem Zusammenhang auch von vielen Autoren gleichgesetzt.

[28] Der Begriff "Auftrag" wird hier stellvertretend für ein festgelegtes Fertigungslos verwendet. Dabei wird zwischen den einzelnen Produkten eines Fertigungsloses nicht mehr differenziert, sondern es wird als Einheit betrachtet und kann erst nach Fertigstellung des letzten Stückes das Aggregat verlassen (geschlossene Fertigung, siehe Abschnitt 4.3.3).

- Rüstkosten, die beim Umrüsten und Einstellen von Maschinen für die Bearbeitung einer neuen Produktart anfallen,

- Verzugskosten in Form von beispielsweise Konventionalstrafen, mit denen zu rechnen ist, wenn Terminzusagen nicht eingehalten werden, und

- Kosten des z. B. in Form von Lagerbeständen gebundenen Kapitals.

Da diese Kosten teilweise schwer zu quantifizieren sind und viele Autoren es nicht nur für leichter handhabbar, sondern auch für zulässig (d.h. die Problematik relativ gut abbildend) halten, werden vielfach abgeleitete Zeitziele anstelle der o. g. Kostenziele unterstellt.

In Abbildung III-34 ist zur Klärung der im Folgenden verwendeten Begriffe die zeitliche Abfolge eines Auftragsdurchlaufs (vom Bereitstellungszeitpunkt 0 bis zum Zeitpunkt Z des Absatzes bzw. der Weiterverarbeitung in einem anderen Fertigungsbereich) dargestellt. Hierbei wird davon ausgegangen, dass sich drei Arten von Wartezeiten unterscheiden lassen, je nachdem ob sich der Auftrag im Anfangs-, Zwischen- oder Fertigwarenlager befindet, und dass sich die Bearbeitung zusammensetzt aus der eigentlichen Bearbeitungszeit (inkl. Kontrollzeit u. Ä.), der Zeit für die vorausgehende Umrüstung des Aggregats und der jeweils abschließenden Transportzeit.

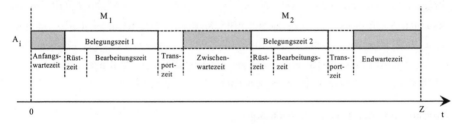

Abbildung III-34: Komponenten der Auftragsdurchlaufzeit

Auf eine entsprechende Darstellung für eine Maschine M_j über den Zeitraum von 0 bis Z wird hier verzichtet; der Unterschied besteht - abgesehen von dem Tausch von A_i gegen M_j und umgekehrt - im wesentlichen darin, dass die Transportzeiten wegfallen und die Maschinenleerzeit nicht differenziert wird (wie bei den Auftragswartezeiten), sondern die komplette Zeit der Nichtnutzung des Aggregats im betrachteten Zeitraum von 0 bis Z umfasst.

Aus der Vielzahl der entwickelten Zeitkriterien (und zugehörigen Zielsetzungen) sollen hier beispielhaft fünf herausgegriffen und kurz erläutert werden.[29]

---

[29] Zu einer entsprechenden Erläuterung von Zeit-, aber auch Kostenzielen vgl. Biskup (1999).

Minimierung der Gesamtdurchlaufzeit

Die Gesamtdurchlaufzeit entspricht der Summe der Durchlaufzeiten aller Aufträge; dabei setzt sich die Durchlaufzeit eines Auftrages - wie in Abbildung III-34 dargestellt - aus seiner Bearbeitungszeit auf den einzelnen Maschinen sowie seiner Transport-, Rüst- und (Anfangs- und Zwischen-) Wartezeit zusammen.[30] Diese Zielsetzung ist primär auf die Minimierung der Kapitalbindungskosten ausgerichtet.

Minimierung der Gesamtbelegungszeit

Die Gesamtbelegungszeit stellt ein Pendant zum vorhergehenden Zeitkriterium dar, wobei sie sich nicht an den Aufträgen, sondern an den Maschinen orientiert. Sie umfasst allerdings neben der Gesamtheit der Bearbeitungszeiten sämtliche Leerzeiten der einzelnen Maschinen. Diese Zielsetzung bezieht sich vorrangig auf Leer- und Opportunitätskosten, die jedoch nur relevant sind, falls die Maschinen in den Leerzeiten ertragbringend eingesetzt werden könnten. Insofern würde eine möglichst hohe Kapazitätsauslastung angestrebt werden.

Minimierung der Zykluszeit

Die Zykluszeit, ein vor allem in der Literatur häufig aufgegriffenes Leistungsmerkmal für die Güte eines ermittelten Ablaufplanes, stellt die Zeit dar, die benötigt wird, um den gesamten Auftragsbestand im betrachteten Produktionsbereich fertig zu stellen, und umfasst die Zeitspanne zwischen dem Eintreffen dieses Bestandes und der Fertigstellung des letzten Auftrags. Damit entspricht sie der längsten aller Auftragsdurchlaufzeiten. Auch hier stehen die Kapitalbindungskosten im Vordergrund.[31]

Minimierung der Terminabweichung

Die *Terminüberschreitung* umfasst den Zeitraum, den ein Auftrag über den vertraglich vereinbarten Liefertermin hinaus bis zu seiner Fertigstellung benötigt; die Zielsetzung ist dementsprechend an den Verspätungskosten ausgerichtet. Bei der Fertigstellung der Aufträge vor dem Liefertermin (*Terminunterschreitung*) fallen Kosten im Fertigwarenlager an, sofern die Lieferung und Fakturierung nicht vorzeitig erfolgen kann.

---

[30]   Bei dieser Definition bleiben die Endwartezeiten der einzelnen Aufträge unberücksichtigt, d.h. es wird davon ausgegangen, dass die fertig gestellten Aufträge den betrachteten Fertigungsbereich sofort verlassen.

[31]   Setzt man voraus, dass für die einzelnen Maschinen auch nach der Bearbeitung des für sie letzten Auftrags noch Leerzeiten zu berücksichtigen sind, bis der gesamte Auftragsbestand fertig gestellt ist, so sind die Zielsetzungen "Minimierung der Gesamtbelegungszeit" und "Minimierung der Zykluszeit" äquivalent.

Minimierung der Rüstzeiten

Die Rüstzeiten stellen den Zeitbedarf für die zur Fertigung einer anderen Produktart notwendigen Umrüstungen der Maschinen dar, und unter Verfolgung dieser Zielsetzung werden die zugehörigen Rüstkosten möglichst gering gehalten.

Einige der aufgeführten Zielsetzungen lassen sich in modifizierter Form verwenden, indem anstelle der genannten absoluten Größen relative Zeitkriterien (z. B. "Gesamtbelegungszeit / Anzahl der Maschinen" oder "Anteil der verspätet ausgelieferten Aufträge am gesamten Auftragsbestand") eingesetzt werden; dadurch kann in einzelnen Fällen der Zielerreichungsgrad für einen bestimmten Ablaufplan besser bewertet werden, ohne dass aber ein anderes Ergebnis im Rahmen der Reihenfolgeplanung ermittelt würde.

Die möglichen Zielsetzungen für den Bereich der Ablaufplanung stehen im Regelfall nicht beziehungslos nebeneinander; zwar gibt es auch hier Ziele, die durch Indifferenz gekennzeichnet sind, aber Zielkonkurrenz und -komplementarität stehen im Vordergrund. So wirken beispielsweise die Minimierung der Gesamtdurchlaufzeit und die der Zykluszeit in die gleiche Richtung; im Gegensatz dazu spricht GUTENBERG bei den beiden Zielen "Minimierung der Gesamtdurchlaufzeit" und "Maximierung der Kapazitätsauslastung"[32] von Zielkonkurrenz und hat dafür den Begriff des "Dilemma(s) der Ablaufplanung" geprägt.[33]

Um eine möglichst gute Auftragsreihenfolge zu ermitteln, wäre es natürlich wünschenswert, relativ viele Zielsetzungen gleichzeitig zu berücksichtigen. Da sich die Problemstellung selbst aber schon als vergleichsweise kompliziert darstellt, haben sich Lösungsverfahren, die darauf eingehen, bisher nicht durchgesetzt.

Im Folgenden soll die Reihenfolgeplanung bei einem Aggregat und reihenfolgeabhängigen Rüstkosten bzw. -zeiten dargestellt werden. Anschließend wird die Ablaufplanung bei mehreren Maschinen erörtert.

---

[32] Die Kapazitätsauslastung ist definiert als der Quotient aus der Summe aller Bearbeitungszeiten und der Gesamtbelegungszeit.

[33] Andere Autoren haben dieser Auffassung der konkurrierenden Ziele allerdings auch widersprochen (vgl. z. B. Siegel (1974)) oder sie um die Zielsetzung der Minimierung der Terminabweichung zum "Trilemma der Ablaufplanung" erweitert (vgl. z. B. Mensch (1968)).

4.4.3   Reihenfolgeplanung bei einem Aggregat

Das bereits in Abschnitt 4.3.5 angesprochene Lossequenzproblem erhält eine größere Komplexität, sobald die für die Umrüstvorgänge anzusetzenden Zeiten bzw. Kosten von der Reihenfolge der auf dem betrachteten Aggregat zu fertigenden Produktarten abhängig sind. In diesem Fall ist nicht nur ein zulässiger Belegungsplan zu generieren, sondern die Bearbeitungsreihenfolge der Produktarten ist unter Minimierung der Rüstkosten oder Rüstzeiten zu optimieren. Stellt das betrachtete Aggregat keinen Engpass dar, so sind lediglich die direkten Rüstkosten - also der bewertete Faktorverzehr - von Interesse, da Einsparungen an Rüstzeit keine Ergebnisverbesserung erwarten ließen. Bei Engpassaggregaten führt eine Minimierung der Rüstzeiten - im Vergleich zu suboptimalen Lösungen - zur Erhöhung der verfügbaren Bearbeitungszeitkapazität, wodurch zusätzliche Deckungsbeiträge durch eine stärkere Nutzung der Maschine erzielt werden könnten. Die optimale Bearbeitungsreihenfolge ist dann unter Abwägung der Gewinnsituationen bei Minimierung der direkten Rüstkosten und bei Minimierung der Rüstzeiten und damit bedingter erhöhter Ausbringungsmengen zu bestimmen (vgl. Adam 1965, S. 183ff.). Im Folgenden wird davon ausgegangen, dass das betrachtete Aggregat keinen Engpass darstellt.

Soll für einen Zyklus von Fertigungslosen verschiedener Produktarten auf einem Aggregat eine optimale Reihenfolge bestimmt werden, so ist dieses Problem in seiner Struktur äquivalent zum "Traveling Salesman Problem" (Problem des Handlungsreisenden). Die Zielsetzung besteht hier darin, den optimalen (kürzesten/schnellsten/kostenminimalen) Rundreiseweg zu bestimmen, der den Besuch einer gegebenen Anzahl von Orten und die anschließende Rückkehr zum Startort gestattet. Dabei müssen alle Orte genau einmal besucht werden. Die Entfernungen bzw. Transportzeiten oder Reisekosten zwischen je zwei Orten werden als bekannt und konstant vorausgesetzt, wobei sich unterschiedliche Werte bei umgekehrter Reiserichtung ergeben können. Wird das Überwechseln von einem Ort zu einem anderen als Wechsel der Produktart auf einer Maschine aufgefasst und werden die Transportzeiten bzw. -kosten als Umrüstzeiten bzw. -kosten definiert, so zeigt sich die Äquivalenz dieser beiden Problemstellungen.

Werden mit d_{ij} die Rüstkosten bzw. -zeiten je Umrüstvorgang von der Produktart i zur Produktart j bezeichnet, so gilt es, die Summe dieser Kosten oder Zeiten zu minimieren. Dies kann als Zielfunktion formuliert werden unter Verwendung einer binären Reihenfolgevariable u_{ij}, die den Wert Eins annimmt, falls von der Produktart i auf die Produktart j umgerüstet wird, und den Wert Null, falls dies nicht erfolgt:[34]

$$\sum_{i=1}^{n}\sum_{j=1}^{n} d_{ij} \cdot u_{ij} \;\Rightarrow\; \text{Min!}$$

Da sich an die Fertigung einer Produktart immer nur genau eine andere Produktart anschließen darf, müssten folgende Nebenbedingungen formuliert werden:

$$\sum_{i=1}^{n} u_{ij} = 1$$

$$\sum_{j=1}^{n} u_{ij} = 1$$

Da u_{ij} eine Binärvariable ist, also nur die Werte Null und Eins annehmen kann, ist als weitere Bedingung zu ergänzen:

$$u_{ij} = u_{ij}^{2} \qquad\qquad \text{für i, j} = 1, ..., n$$

Um sicherzustellen, dass alle Produktarten berücksichtigt werden, dürfen keine Teilfolgen bestimmt werden, die einen geschlossenen Zyklus darstellen. Für sechs Produktarten können z. B. Zyklen à drei und Zyklen à zwei Produktarten entstehen, die, um eine vollständige Rundreise sicherzustellen, vermieden werden müssen. Zusätzliche Nebenbedingungen der Form[35]

$$u_{ij} + u_{ji} \leq 1 \qquad\qquad \text{für i, j} = 1, ..., n$$

$$u_{hi} + u_{ij} + u_{jh} \leq 2 \qquad\qquad \text{für i, j} = 1, ..., n$$

berücksichtigen dies. Weitere Restriktionen dieser Art zur Vermeidung von geschlossenen Teilfolgen mit vier oder fünf Produktarten sind nicht zwingend, da solche Zyklen bei Einhaltung der oben aufgeführten Nebenbedingungen automatisch ausgeschlossen werden.

Bezeichnet m die Anzahl der Elemente in einem Zyklus, so müssen

$$\begin{bmatrix} n \\ m \end{bmatrix} \cdot (m-1)!$$

---

[34] Um sicherzustellen, dass nach der Fertigung einer Produktart eine andere folgt, d.h. tatsächlich ein Umrüstvorgang erforderlich ist, wäre sicherzustellen, dass u_{ii} immer den Wert Null für alle i annimmt. Dies kann erreicht werden, indem eine zusätzliche Nebenbedingung ($u_{ii} = 0$) eingeführt oder aber - wie im Folgenden - d_{ii} auf den Wert ∞ gesetzt wird.

[35] Hierzu wird ein weiterer Produktartenindex h eingeführt.

Ungleichungen für jedes m formuliert werden. Damit benötigt man bereits bei 13 Produktarten 169 Binärvariable und 241.738 Nebenbedingungen (vgl. Müller-Merbach 1970, S. 70), womit die Lösung dieses Problems mit der linearen Planungsrechnung (z. B. der Simplexmethode, siehe Abschnitt 2.4.5) schon ab mittelgroßen Problemstellungen kaum mit vertretbarem Aufwand möglich ist.[36] Ein für diese Problemstellungen effizientes Verfahren stellt dagegen die von Little et al. (1963) vorgestellte Branch-and-Bound-Methode dar.[37]

Branch-and-Bound-Methode

Die Branch-and-Bound-Methode[38] gehört zu den Entscheidungsbaumverfahren. Ausgangspunkt ist hier eine Rüstzeiten- bzw. Rüstkostenmatrix, die die benötigten Zeiten bzw. anfallenden Kosten beim Wechsel von der Bearbeitung einer Produktart zu einer anderen angibt. Im folgenden Beispiel wird von einer 5x5-Kostenmatrix (linke Matrix) ausgegangen, die in den Elementen d_{ij} (Zeile i, Spalte j) die Kosten bei einem Wechsel von der Produktart i zur Produktart j angibt:

nach von	1	2	3	4	5
1	X	3	X	7	X
2	3	X	5	10	8
3	X	2	X	14	9
4	7	X	X	X	4
5	6	8	6	4	X
SM	3	2	5	4	4	$\Sigma=18$

nach von	1	2	3	4	5	ZM
1	X	1	X	3	X	1
2	0	X	0	6	4	0
3	X	0	X	10	5	0
4	4	X	X	X	0	0
5	3	6	1	0	X	0
						$\Sigma=1$

Die mit einem X gekennzeichneten Matrixelemente d_{ij} - die Hauptdiagonale und einige weitere Elemente - zeigen unzulässige Zuordnungen (z. B. aufgrund technischer Bedingungen) und haben die Bewertung ∞. Die vorliegende Matrix kann "reduziert" werden, d.h. es werden je Spalte k oder alternativ je Zeile m das minimale Element d_{i*k} bzw. d_{mj*} bestimmt und von jedem Element d_{ik} dieser Spalte bzw. d_{mj} dieser Zeile abgezogen. Auf diese Weise entsteht in jeder Spalte bzw. Zeile mindestens ein Element mit

---

[36] Zu einer anderen, etwas effizienteren Formulierung von Restriktionen zur Vermeidung von Kurzzyklen vgl. die Ausführungen bei Domschke (1997), S. 104ff.

[37] Zu anderen Lösungsverfahren für das Traveling Salesman Problem vgl. Müller-Merbach (1970), S. 65ff.

[38] Vgl. auch die Darstellungen der Branch-and-Bound-Methode zur Lösung des Traveling Salesman Problems bei Bloech/Ihde (1972), S. 109ff., Blohm et al. (1997), S. 294ff., oder Domschke/Drexl (2002), S. 132ff.

dem Wert Null. Existiert nach einer Spaltenreduktion noch mindestens eine Zeile, die kein Nullelement aufweist, muss zusätzlich eine Zeilenreduktion durchgeführt werden bzw. umgekehrt. Die Summe der für die Reduktion ausgewählten Spaltenminima (SM) und Zeilenminima (ZM) gibt die *Reduktionskonstante* an. Da die ermittelten Zeilen- und Spaltenminima die günstigste (ggf. aber nicht zulässige) Lösung darstellen und damit Kosten (Zeiten) repräsentieren, die in jedem Fall anfallen, ergibt sich eine absolute Kosten-(Zeit-)untergrenze in Höhe der Reduktionskonstanten. Dieser Wert kann durch die zu ermittelnde optimale Reihenfolge nicht unterschritten werden. Im vorliegenden Beispiel wurde zunächst eine Spaltenreduktion und anschließend eine Zeilenreduktion (siehe die obigen Matrizen) vorgenommen. Damit entsteht eine neue "reduzierte" Matrix:

nach von	1	2	3	4	5
1	X	0	X	2	X
2	0	X	0	6	4
3	X	0	X	10	5
4	4	X	X	X	0
5	3	6	1	0	X

Die Reduktionskonstante hat den Wert (18 + 1 =) 19 und stellt die theoretische Kosten-untergrenze für die Umrüstvorgänge dar, wobei noch nicht berücksichtigt wurde, ob durch die zugehörige Reihenfolge Unzulässigkeiten (Zyklen) entstehen. Auf diese Matrix wird nun die Branch-and-Bound-Methode angewendet. Dabei sind grundsätzlich die folgenden Schritte durchzuführen:

1. Die Menge aller möglichen Lösungen wird jeweils in zwei disjunkte Teilmengen gespalten (Branching), von denen die eine Teilmenge eine bestimmte Zuordnung (Reihenfolge je zweier Produktarten) enthält und die andere nicht.

2. Für die Teilmengen werden jeweils neue Kostenuntergrenzen (Bounds) berechnet.

3. Die Zuordnung mit der niedrigeren Kostenuntergrenze wird zunächst in die Lösung genommen, und es werden ausgehend von dieser Zuordnung wiederum zwei disjunkte Teilmengen gebildet.

4. Die Schritte 2. und 3. wiederholen sich so lange, bis eine komplette Zuordnung von Vorgängern und Nachfolgern festgelegt wurde; damit liegt eine zulässige Lösung vor. Ist die Kostenuntergrenze dieser Lösung kleiner oder gleich den Kosten-untergrenzen aller in diesem Entscheidungsbaum nicht weiterverfolgten Teillösungen, so ist dies auch die (bzw. bei Gleichheit der Kostenwerte eine von mehreren möglichen) Optimallösung(en). Existieren jedoch Bounds, die den Kostenwert

für die ermittelte Lösung unterschreiten, so ist durch Überprüfen der Alternativlösungen das Optimum noch zu bestimmen.

Die Festlegung zweier Teilmengen, die eine bestimmte Zuordnung (nicht) enthalten, erfolgt durch eine Bewertung der Nullen in der Matrix mit der jeweiligen Summe aus dem zugehörigen Zeilen- und Spaltenminimum (unter Ausschluss der betrachteten Null) und die anschließende Auswahl des Matrixelements mit der höchsten Bewertung. Für das Beispiel ergibt sich:

nach von	1	2	3	4	$\Downarrow$ 5	
1	X	0^2	X	2	**X**	
2	0^3	X	0^1	6	**4**	
3	X	0^5	X	10	**5**	
$\Rightarrow$ 4	**4**	**X**	**X**	**X**	$\mathbf{0^8}$	$\Leftarrow$
5	3	6	1	(0^3)	**X**	
				$\Uparrow$		

Es wurde das Element d_{45} ausgewählt, d.h. festgelegt, dass direkt nach der Produktart 4 die Produktart 5 auf dem betrachteten Aggregat bearbeitet werden soll. Daher sind die Zeile 4 und die Spalte 5 zu streichen, um eine erneute Zuordnung dieser Produktarten (als Vorgänger bzw. Nachfolger) zu verhindern. Zusätzlich ist zur Vermeidung eines Zyklus die Reihenfolge von 5 nach 4 auszuschließen, d.h. das Element d_{54} ist mit einem X zu belegen (siehe Klammerung in obiger Matrix).

Würde die Reihenfolge '4 vor 5' nicht gewählt, so stiegen die Kosten um die Bewertungszahl (im Beispiel 8) des gewählten Nullelements. Die Teilmenge, die die Zuordnung '4 vor 5' nicht enthält, hätte damit die Kostenuntergrenze $19 + 8 = 27$.

Für die Teilmenge, die die Zuordnung '4 vor 5' enthält, ergibt sich eine neue um eine Zeile und eine Spalte verringerte Matrix (links):

nach von	1	2	3	4	ZM
1	X	0	X	2	0
2	0	X	0	6	0
3	X	0	X	10	0
5	3	6	1	X	1
SM	0	0	0	2	3

$\Rightarrow$

nach von	1	2	3	$\Downarrow$ 4	
1	X	$\mathbf{0^0}$	X	0^4	
2	0^2	**X**	(0^0)	4	
3	**X**	$\mathbf{0^8}$	**X**	**8**	$\Leftarrow$
5	2	**5**	0^2	X	
		$\Uparrow$			

Für diese Matrix ist nun wiederum eine Spalten- und eine Zeilenreduktion vorzunehmen, wobei im vorliegenden Fall beide Reduktionen simultan durchgeführt werden können, da nur Elemente unterschiedlicher Zeilen und Spalten betroffen sind und das Kreuzungselement aus Reduktionszeile und -spalte den Wert ∞ hat. Die Reduktionskonstante wird um den Wert 3 auf 22 erhöht (Bound der entsprechenden Lösungsteilmenge), und es ergibt sich die obige rechte Matrix. Da dieser Wert unter der Kostenuntergrenze der Teilmenge, die diese Zuordnung nicht enthält, liegt (22 < 27), wird mit dieser Matrix weitergearbeitet. In der Matrix werden wiederum die Nullelemente mit der jeweiligen Summe aus Zeilen- und Spaltenminimum bewertet, und das Element mit der höchsten Bewertung wird ausgewählt. Dieses ist d_{32} mit der Markierung 8. Die zugehörige Zeile 3 und Spalte 2 werden gestrichen sowie der „Rückweg" von 2 zu 3, also d_{23}. Somit liegen nun die Zuordnungen '4 vor 5' und '3 vor 2' in dieser Teilmenge fest. Als neue Matrix ergibt sich (links):

nach		$\Downarrow$			nach		
von	1	3	4		von	1	3
$\Rightarrow$ 1	X	X	0^{∞} $\Leftarrow$		2	0	X
2	0^6	X	4		5	X	0
5	(2)	0^{∞}	X				
		$\Uparrow$					

Da jede Zeile und Spalte eine Null aufweist, ist keine weitere Reduktion möglich. Die Teilmenge, die die Zuordnung '3 vor 2' nicht enthält, hat die (hier höhere) Kostenuntergrenze 22 + 8 = 30. Es erfolgt eine erneute Bewertung der Nullen. Sowohl das Element d_{14} als auch d_{53} tragen die Markierung ∞, daher kann eine beliebige von den beiden Zuordnungen getroffen werden. Hier wird d_{14} ausgewählt, d. h nach Produktart 1 folgt die Produktart 4. Da bereits bei der ersten Zuordnung festgelegt wurde, dass auf die Produktart 4 die Sorte 5 folgt, ist zur Vermeidung eines Zyklus nun auszuschließen, dass direkt nach der Sorte 5 die Produktart 1 bearbeitet wird. Daher ist d_{51} mit einem X zu belegen. Es ergibt sich die neue, rechtsstehende 2x2-Matrix mit zwei Nullelementen und zwei gekreuzten Elementen. In dieser können nun direkt die verbleibenden beiden Zuordnungen getroffen werden, nämlich von 2 nach 1 und von 5 nach 3. Die alternativen Zuordnungen hätten den Wert ∞ und scheiden damit aus. Damit liegt die optimale Reihenfolge der Produktbearbeitung auf dem Aggregat vor:

$$4 \Rightarrow 5 \Rightarrow 3 \Rightarrow 2 \Rightarrow 1 \Rightarrow 4$$

Da in den letzten Schritten keine weiteren Reduktionen möglich waren, entspricht die weiter oben ermittelte Reduktionskonstante mit dem Wert 22 den zugehörigen Umrüstkosten. Den gleichen Wert erhält man durch Summieren der Rüstkostensätze aus der ursprünglichen (nicht reduzierten) Kostenmatrix:

$$d_{45} + d_{53} + d_{32} + d_{21} + d_{14} = 4 + 6 + 2 + 3 + 7 = 22$$

Die Vorgehensweise bei diesem Beispiel kann auch anhand des in der Abbildung III-35 dargestellten Entscheidungsbaums nachvollzogen werden. Da keine Kostenuntergrenze existiert, die unter dem Wert der ermittelten Lösung liegt, ist diese optimal. Existierten dagegen Bounds, die den ermittelten Kostenwert unterschreiten, so wäre zu prüfen, ob es eine Lösung gibt, die zu niedrigeren Kosten führt. Zu diesem Zweck wäre die Berechnung jeweils an den Knoten des Entscheidungsbaums, die einen solchen niedrigeren Bound aufweisen, wieder aufzusetzen, und die entstehenden Alternativlösungen wären einander gegenüberzustellen (siehe auch Aufgabe III-20).

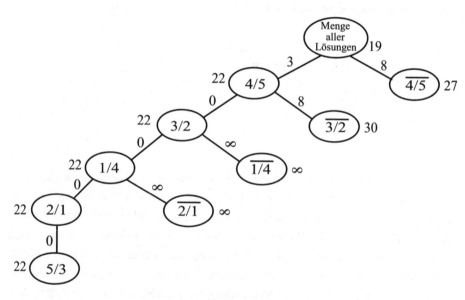

Abbildung III-35: Entscheidungsbaum beim Traveling Salesman Problem

4.4.4 Ablaufplanung bei mehreren Aggregaten

4.4.4.1 Instrumente der Ablaufplanung

Die verbreitetsten Instrumente der Ablaufplanung bei mehreren Aggregaten sind auf der einen Seite der Maschinenfolge-, Auftragsfolge- und Ablaufgraph, und auf der anderen Seite das sogenannte Gantt-Diagramm; sie dienen dazu, die vorliegenden Reihenfolgebedingungen graphisch zu veranschaulichen.

So bildet der Maschinenfolgegraph die technisch vorgegebene Reihenfolge ab, in der die Aufträge die einzelnen Maschinen durchlaufen. Dabei bezeichnen die Aufträge die Zeile, die Maschinen die Spalte, und die Kreuzungselemente (Knoten) repräsentieren die Zuordnung von Auftrag und Maschine. Pfeile, die die Knoten zeilenweise verbinden, spiegeln die entsprechende Maschinenfolge je Auftrag wider.

Der Auftragsfolgegraph baut auf dem gleichen Knotennetz auf, nur verlaufen hier die Pfeile in vertikaler Richtung und bringen für jede Maschine die Aufträge in eine bestimmte Reihenfolge.

Im Ablaufgraphen werden dann Maschinenfolge- und Auftragsfolgegraph kombiniert; er enthält somit sowohl horizontale Pfeile zur Kennzeichnung der Maschinenfolge als auch vertikale zur Festlegung der Auftragsfolge.

Die oben beschriebenen Graphen bieten eine Möglichkeit, gegebene Ablaufpläne auf ihre Zulässigkeit zu überprüfen.[39] Anhand eines kurzen Beispiels sollen die Darstellung der Graphen sowie das entsprechende Vorgehen zur Zulässigkeitsprüfung veranschaulicht werden.

Drei Aufträge A_1, A_2 und A_3 sind auf drei Maschinen zu bearbeiten, wobei A_1 die Maschinen in der Reihenfolge M_1-M_2-M_3 durchläuft, A_2 in der Reihenfolge M_2-M_3-M_1 und A_3 in der Reihenfolge M_3-M_2-M_1.

Der entsprechende Maschinenfolgegraph hat dann folgendes Aussehen:

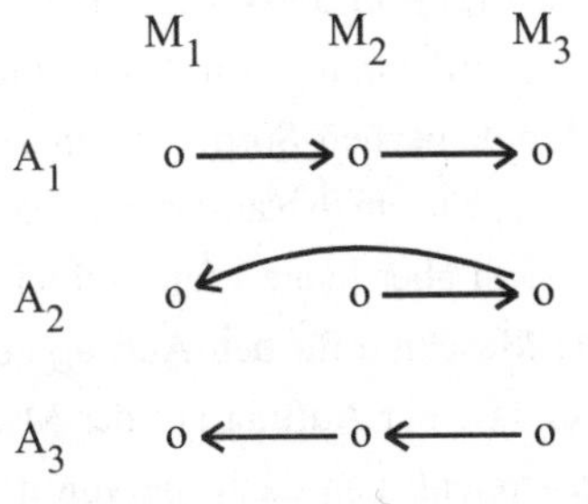

Abbildung III-36: Maschinenfolgegraph

Die Auftragsfolgen werden für M_1 mit A_1-A_3-A_2, für M_2 mit A_2-A_3-A_1 und für M_3 mit A_3-A_2-A_1 vorgegeben. Daraus ergibt sich der nachstehende Auftragsfolgegraph.

---

[39] Weitere Ausprägungen von Ablaufplänen wie aktive, semiaktive oder unverzögerte sollen hier nicht erörtert werden; vgl. dazu die im Anschluss an diesen Abschnitt angegebene Literatur.

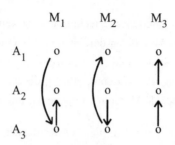

Abbildung III-37: Auftragsfolgegraph

Überträgt man die beiden Graphen in einen gemeinsamen Ablaufgraphen, so erhält man das folgende Bild:

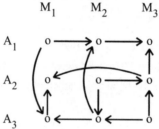

Abbildung III-38: Ablaufgraph

Zu überprüfen bleibt jetzt, ob die oben angegebenen Auftragsfolgen hinsichtlich der feststehenden Maschinenfolge der Aufträge zulässig sind; das bedeutet für den zugehörigen Ablaufgraphen, dass er zyklenfrei sein muss, denn andernfalls würden sich zwei Aufträge gegenseitig blockieren. Zur Erkennung von Zyklen bietet es sich an, ein Vorgehen zu wählen, das dem der topologischen Sortierung in der Netzplantechnik entspricht. Dazu wird zunächst eine Quelle im Ablaufgraphen gesucht, d.h. ein Knoten, von dem nur Pfeile ausgehen, zu dem aber keine Pfeile führen. Für ein solches Kreuzungselement gilt, dass weder die Maschine für den Auftrag noch der Auftrag auf der Maschine einen Vorgänger hat, so dass der Auftrag auf der Maschine sofort bearbeitet werden kann. Im zweiten Schritt streicht man dann die von dem betrachteten Knoten ausgehenden Pfeile (die Bearbeitung ist durchgeführt) und untersucht den Restgraphen wie oben. Die "abgearbeiteten" Knoten können in aufsteigender Reihenfolge nummeriert werden, so dass man einen besseren Überblick über das zeitliche Nacheinander der Bearbeitungen hat. Lässt sich das Vorgehen bis zum letzten Knoten fortsetzen, so ist der Graph zyklenfrei; kann jedoch in einem Schritt keine Quelle mehr gefunden werden, obwohl noch nicht alle Knoten nummeriert worden sind, ist die Auftragsfolge unzulässig.

Das beschriebene Vorgehen soll in der nachstehenden Abbildung kurz veranschaulicht werden. In diesem Beispiel werden in vier Schritten die jeweiligen Quellen der (Rest-) Graphen isoliert, d.h. die von ihnen ausgehenden Pfeile gestrichen:

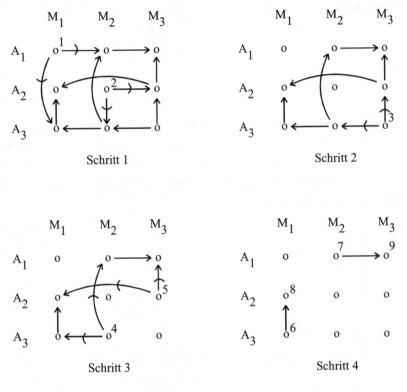

Abbildung III-39: Überprüfung des Ablaufgraphen auf Zulässigkeit

Es ist zu erkennen (vgl. Abbildung III-39), dass der Ablaufgraph nicht zu Widersprüchen führt, die Auftragsfolgen also zulässig sind.

Anhand des oben eingeführten Beispiels soll auch das Gantt-Diagramm erläutert werden, in dem graphisch entweder die Auftragsfolgen oder die Maschinenfolgen im Zeitablauf veranschaulicht werden können. Je nachdem ob die Aufträge oder die Maschinen als Balken eingezeichnet werden, handelt es sich um ein Auftragsfolge- oder ein Maschinenfolgediagramm. Entsprechend werden auf der Ordinate die Maschinen bzw. die Aufträge und auf der Abszisse die Zeiteinheiten abgetragen.[40]

---

40 Gemäß der Ordinatenbezeichnung wird beim Auftragsfolgediagramm auch vom Maschinenbelegungsplan gesprochen (vgl. Adam (1990), S. 733).

Vorweg ist es notwendig, den einzelnen Bearbeitungen (von Auftrag A_i auf Maschine M_j) Zeitdauern t_{ij}, gemessen in Zeiteinheiten [ZE], zuzuordnen,[41] die in einer Bearbeitungszeitmatrix T dargestellt werden; für das Beispiel soll von folgender Matrix ausgegangen werden:

$$
T = \begin{array}{c} \\ A_1 \\ A_2 \\ A_3 \end{array}
\begin{array}{ccc}
M_1 & M_2 & M_3 \\
\left(\begin{array}{ccc} 4 & 8 & 3 \\ 2 & 3 & 5 \\ 6 & 1 & 2 \end{array} \right)
\end{array}
$$

Im Fall eines Maschinenfolgediagramms[42] werden die (in diesem Beispiel drei) Aufträge auf der Ordinate abgetragen und die Maschinenbelegungen als Balken mit der Länge der entsprechenden Bearbeitungszeit unter Einhaltung der vorgegebenen Auftrags- und Maschinenfolgen eingezeichnet. Dabei wird eine Bearbeitung zum frühestmöglichen Zeitpunkt unterstellt.

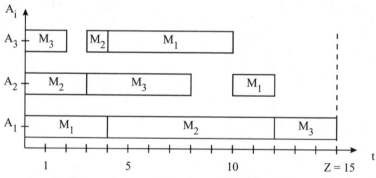

Abbildung III-40: Maschinenfolgediagramm nach Gantt

Es ergibt sich dann das in Abbildung III-40 dargestellte Gantt-Diagramm, aus dem sich leicht ablesen lässt, wie lange der gesamte Auftragsbestand in der Fertigungsabteilung verbleibt (hier 15 ZE) und welche Wartezeiten die einzelnen Aufträge aufweisen.[43]

---

[41] Diese Bearbeitungszeiten sind im Regelfall als Erfahrungswerte oder als Schätzwerte vorgegeben und beinhalten im folgenden auch die (reihenfolgeunabhängigen) Rüstzeiten.

[42] Bei der Erstellung eines Auftragsfolgediagramms sind die Begriffe "Maschine" und "Auftrag" in den folgenden Ausführungen lediglich zu vertauschen.

[43] Zwischenwartezeiten ergeben sich dabei als "Lücken" zwischen den die Maschinennutzung repräsentierenden Balken; im Fall von A_1 existieren keinerlei Wartezeiten, bei A_2 2 ZE (vor der Bearbeitung auf Maschine M_1, die noch von A_3 belegt ist) und bei A_3 1 ZE (vor der Bearbeitung auf M_2). Auch Endwartezeiten liegen nur bei A_2 und A_3 vor, nämlich vom Bearbeitungsende (Ende der Durchlaufzeit) bis zum Ende des Fertigungszyklus Z. Für A_2 sind dies 3 ZE und für A_3 5 ZE.

Auch die Maschinenleerzeiten lassen sich - etwas umständlicher allerdings - aus dem Maschinenfolgediagramm herleiten,[44] einfacher zu ermitteln sind sie aus dem Auftragsfolgediagramm.

Die oben genannten Instrumente vereinfachen den Umgang mit der recht komplizierten Problemstellung der Ablaufplanung bei Werkstattfertigung, für die nur wenige Lösungsansätze existieren. Im folgenden Abschnitt sollen drei solcher Methoden kurz vorgestellt werden, das Verfahren von JOHNSON, der Algorithmus von LOMNICKI und Prioritätsregeln. Die Prämissen, die ihren Anwendungsbereich festlegen, werden bei der Verfahrensbeschreibung genannt.

4.4.4.2 Lösungsansätze

Das Ablaufplanungsproblem weist zwar eine relativ übersichtliche Problemstruktur auf, eine Optimallösung lässt sich aber auf Grund der Vielzahl möglicher Lösungen nicht schnell und einfach ermitteln; schon bei 3 Aufträgen und 4 Maschinen existieren 1296 mögliche Ablaufpläne.[45] Im Rahmen der Entwicklung von Lösungsansätzen wurden im wesentlichen zwei Richtungen verfolgt.

Einerseits wurde versucht, mit analytischen Lösungsverfahren zumindest für spezielle Problemstellungen wie beispielsweise die Fälle, dass nur zwei Aufträge zu bearbeiten sind oder aber dass gegebene Aufträge für den vorliegenden Bestand von zwei Maschinen jeweils die gleiche Maschinenfolge aufweisen, Optimallösungen zu ermitteln. Hier sind z. B. das Verfahren von AKERS (1956) zu nennen, bei dem innerhalb eines sogenannten Operationsfeldes Konfliktfelder identifiziert und umgangen werden, oder der Algorithmus von JOHNSON (1954), auf den im nachfolgenden Abschnitt noch näher eingegangen wird.

Andererseits wurde die Forderung nach einer optimalen Lösung fallengelassen und eine vergleichsweise gute Näherungslösung akzeptiert, die sich mit Hilfe von *heuristischen Methoden*[46] ermitteln lässt. In Bezug auf diese Gruppe von Lösungsansätzen haben sich vor allem die sogenannten Prioritätsregeln durchgesetzt, die Thema des letzten Abschnitts dieses Kapitels sind.

---

[44] Zu untersuchen sind hier die Übergänge der Maschinen von einem Auftrag zum nächsten sowie die Endleerzeiten; M_1 und M_2 weisen eine Leerzeit von 3 ZE auf, die Leerzeit für M_3 beträgt 5 ZE.

[45] Diese Zahl lässt sich daraus ableiten, dass die (n!) möglichen Reihenfolgen von n Aufträgen an jeder von m Maschinen - sofern keine einschränkende Prämisse gegeben ist - verschieden sein können, so dass sich die Anzahl der Lösungsmöglichkeiten zu $(n!)^m$ ergibt.

[46] Als "heuristisch" werden Methoden bezeichnet, die nicht zwingend zur optimalen, je nach Aufwand aber oft zu einer vergleichsweise guten Lösung führen.

Aus der Vielzahl weiterer Methoden zur Lösung des Ablaufplanungsproblems[47] wird hier lediglich der Algorithmus von Lomnicki als Beispiel für Branch & Bound-Methoden behandelt, und auch neuere Entwicklungen[48], wie z. B. Evolutionäre Algorithmen, werden hier ausgeklammert; es sei statt dessen auf die weiterführende Literatur verwiesen.

Verfahren von Johnson

Dieses Verfahren, dem die Zielsetzung zugrunde liegt, die Zykluszeit zu minimieren, liefert für Ablaufplanungsprobleme mit zwei Maschinen (und unter gewissen Voraussetzungen mit drei Maschinen) die Optimallösung, wobei die Aufträge - als zusätzliche Einschränkung - die Maschinen in gleicher Reihenfolge (M_1-M_2) durchlaufen müssen. Ein solches Problem mit gleicher Maschinenfolge für alle Aufträge wird in der englischsprachigen Literatur auch als „flow shop" bezeichnet.[49] Das Verfahren soll hier anhand eines Beispiels erläutert werden. Die Bearbeitungszeitenmatrix T habe folgendes Aussehen:

$$
T = \begin{matrix} & \begin{matrix} M_1 & M_2 \end{matrix} \\ \begin{matrix} A_1 \\ A_2 \\ A_3 \end{matrix} & \begin{pmatrix} 4 & 8 \\ 2 & 3 \\ 6 & 1 \end{pmatrix} \end{matrix}
$$

Ausgehend von dieser Matrix wird das Element mit dem kleinsten Wert $t_{ij,min}$ (kürzeste Bearbeitungszeit) ausgewählt (hier: $t_{32}=1$), und der zugehörige Auftrag (A_3) wird unter Berücksichtigung der bereits zugeordneten Aufträge (in diesem Fall ohne Einschränkung) so weit nach vorn in der Auftragsfolge wie möglich positioniert, wenn dieses Element der ersten Maschine zugeordnet ist, andernfalls - wie hier - so weit wie möglich nach hinten. Das bedeutet in diesem Beispiel, dass Auftrag A_3 als letzter bearbeitet wird. Die Zeile, die zu dem bereits eingeordneten Auftrag gehört, wird in der Matrix gestrichen und das Vorgehen so lange fortgesetzt,[50] bis alle Aufträge in der Folge enthalten sind. So wird von vorn und hinten eine Kette aufgebaut, in der der letzte übrig

---

47   Zu nennen sind beispielsweise die Bereiche der Linearen Optimierung und der Simulation.

48   Beispiele hierfür sind lokale Suchverfahren wie Tabu Search (vgl. Adenso-Diaz (1992)), Threshold Accepting (vgl. Dueck/Scheuer/Wallmeier (1993)) oder der Sintflut-Algorithmus (vgl. Dueck/Scheuer/Wallmeier (1990)). Einen Überblick über Evolutionäre Algorithmen in der Ablaufplanung geben beispielsweise Kießwetter (1999), S. 57 ff., oder Schultz (1999), S. 45 ff.

49   Im Gegensatz dazu sind beim sogenannten „job shop" unterschiedliche Maschinenfolgen für die einzelnen Aufträge zugelassen, es handelt sich dabei also um den allgemeineren Fall.

50   Der Auftrag mit der nächst größeren Bearbeitungszeit wird in diesem Beispiel dann entweder als erster (das Minimum befindet sich in der 1. Spalte) oder als vorletzter (das Minimum befindet sich in der 2. Spalte) platziert.

gebliebene Auftrag die beiden Teilstücke verbindet. Für das betrachtete Beispiel heißt die nach der ersten Zuordnung entstehende, verkürzte Matrix T':

$$T' = \begin{matrix} & M_1\ M_2 \\ A_1 \\ A_2 \end{matrix} \begin{pmatrix} 4 & 8 \\ 2 & 3 \end{pmatrix}$$

Ausgewählt wird das Element $t_{21}' = 2$, und der Auftrag 2 kommt an die erste Stelle der Auftragsfolge. Der letzte Auftrag (A_1) wird schließlich als mittlerer bearbeitet, so dass die optimale Auftragsfolge lautet:

$$A_2 - A_1 - A_3 \ .$$

Anhand des Maschinenfolgediagramms lässt sich dann beispielsweise die Zykluszeit feststellen (vgl. Abbildung III-41).[51] Der mit der vertikalen, gestrichelten Linie markierte Endzeitpunkt der Bearbeitung liegt in diesem Fall bei 15 ZE.

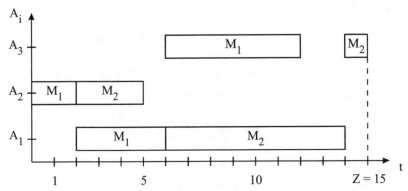

Abbildung III-41: Maschinenfolgediagramm für das vorliegende Beispiel

---

[51] Eine weitere Möglichkeit, die Zykluszeit zu ermitteln, bietet die Matrix der kumulierten Bearbeitungszeiten, in der den Aufträgen die Zeilen entsprechend ihrer Position (hier $A_2 - A_1 - A_3$) zugewiesen werden und die Bearbeitungszeiten unter Berücksichtigung der Verfügbarkeit von Maschinen und Aufträgen kumuliert werden. Die entsprechende Matrix, deren Elemente die Endzeitpunkte für die einzelnen Bearbeitungen (von A_i auf M_j) darstellen, lautet für das oben genannte Beispiel

$$T_{kum} = \begin{matrix} & M_1 & M_2 \\ A_2 \\ A_1 \\ A_3 \end{matrix} \begin{pmatrix} 2 & 2+3=5 \\ 2+4=6 & 6+8=14 \\ 6+6=12 & 14+1=15 \end{pmatrix} = \begin{pmatrix} 2 & 5 \\ 6 & 14 \\ 12 & \underline{\underline{15}} \end{pmatrix}$$

Das Element der letzten Zeile und Spalte entspricht dann der Zykluszeit.

Das Verfahren von Johnson liefert auch für den 3-Maschinen-Fall die optimale Reihenfolge, wenn sich das Problem auf ein 2-Maschinen-Problem reduzieren lässt. Dies ist immer dann ohne Veränderung der Problemstruktur möglich, wenn die maximale Bearbeitungszeit aller Aufträge auf der mittleren Maschine $t_{2,max}$ kleiner oder gleich der minimalen Bearbeitungszeit auf dem ersten $t_{1,min}$ oder dem letzten Aggregat $t_{3,min}$ in der Bearbeitungsreihenfolge ist.

$$t_{2,max} \leq t_{1,min} \qquad \text{oder} \qquad t_{2,max} \leq t_{3,min}$$

Gilt eine dieser Bedingungen, führt das Verfahren von Johnson zur Optimallösung, andernfalls kann die Optimalität der ermittelten Auftragsfolge nicht garantiert werden und das Verfahren hat einen heuristischen Charakter. Im weiteren Verlauf ist die Bearbeitungszeitmatrix zu modifizieren, indem zu den Bearbeitungszeiten auf der ersten und letzten Maschine die jeweiligen Zeiten auf dem mittleren Aggregat addiert werden:

$$t_{i1}^* = t_{i1} + t_{i2} \qquad\qquad t_{i3}^* = t_{i3} + t_{i2}$$

Die Lösungsfindung erfolgt dann wie beim 2-Maschinen-Problem. Zur Ermittlung der Zykluszeit wird abschließend die Ausgangsmatrix gemäß der optimalen Bearbeitungsfolge sortiert, und die Bearbeitungszeiten werden kumuliert. Die Vorgehensweise soll an dem folgenden Beispiel verdeutlicht werden.

	M_1	M_2	M_3	M_1^*	M_3^*
A_1	6	2	3	8	5
A_2	10	4	5	14	9
A_3	8	3	2	11	5
A_4	7	6	4	13	10

Das Kriterium für die Optimalitätsgarantie des Verfahrens von Johnson ist erfüllt, da $t_{2,max} = t_{42} = 6 \leq t_{1,min} = t_{11} = 6$. Die modifizierte Matrix wurde oben rechtsstehend angefügt. Es ergeben sich zwei alternative optimale Auftragsreihenfolgen: A_4-A_2-A_3-A_1 und A_4-A_2-A_1-A_3. Die minimale Zykluszeit von 36 ZE kann - hier beispielhaft für die erste Auftragsfolge - durch entsprechendes Sortieren der Bearbeitungszeitmatrix und Kumulieren der jeweiligen Zeiten ermittelt werden:

	M_1	M_2	M_3	M_1	M_2	M_3
A_4	7	6	4	7	13	17
A_2	10	4	5	17	21	26
A_3	8	3	2	25	28	30
A_1	6	2	3	31	33	<u>36</u>

Algorithmus von Lomnicki

Als weiteres Optimierungsverfahren für den Fall eines flow shop (hier mit einer beliebigen Zahl von Aufträgen), dessen Zykluszeit minimiert werden soll, wird der Algorithmus von Lomnicki dargestellt, der in seiner ursprünglichen Formulierung für den Drei-
Maschinen-Fall konzipiert wurde (vgl. Lomnicki (1965)).

Der Algorithmus von Lomnicki entspricht in seiner grundsätzlichen Lösungsidee dem
oben beschriebenen Vorgehen der Branch-and-Bound-Methode bei der Ein-Maschinen-
Planung, auch hier wird durch die Bildung und Bewertung von Lösungsteilmengen der
Aufwand gegenüber einer vollständigen Enumeration der Lösungen entscheidend verringert. Die Zahl der Lösungsteilmengen (Äste), die – ausgehend von einer Gruppe
möglicher Lösungen (Knoten) – gebildet werden, beträgt hier allerdings nicht Zwei,
sondern richtet sich nach der Zahl der im Rahmen der Iteration noch einzuplanenden
Aufträge (auftragsorientiertes Branching). So entspricht die Zahl der Äste des Lösungsbaums auf der obersten Ebene (ausgehend von der Wurzel) der Gesamtzahl der in eine
Bearbeitungsreihenfolge zu bringenden Aufträge (n), und jeder Knoten repräsentiert
eine Lösungsteilmenge, in der ein bestimmter Auftrag an der ersten Position der Auftragsfolge steht. Auf weiteren Verzweigungsebenen reduziert sich die Zahl der Äste
jeweils um 1, wobei ein Auftrag für die jeweils nächste Position der Auftragsfolge festgelegt wird. Ein Knoten der untersten Ebene repräsentiert schließlich eine vollständige
Auftragsfolge, und der zugehörige Bound gibt die bei ihrer Umsetzung tatsächlich
benötigte Zykluszeit an.

Eine solche Auftragsfolge ist optimal, wenn kein aktiver Knoten (d.h. eine Lösungsteilmenge, in der noch nicht alle Auftragspositionen vergeben sind, so dass noch ein weiteres Branching möglich wäre) als Zielfunktionswertuntergrenze einen Bound aufweist,
der kleiner als die Zykluszeit dieser Reihenfolge ist. Andernfalls würde zur Ermittlung
der optimalen Auftragsfolge bei dem aktiven Knoten mit dem kleinsten Bound erneut
verzweigt.

Der Lösungsaufwand einer Branch-and-Bound-Methode wird auch dadurch determiniert, wie nah die ermittelten Zielgrößenuntergrenzen an dem tatsächlichen Zielfunktionswert liegen; denn je größer die Diskrepanz ist, desto größer ist auch die Wahrscheinlichkeit, noch weitere aktive Knoten überprüfen zu müssen, ohne dass diese letztendlich zu einer besseren Lösung führen. Daher ist eine gute Bounding-Technik entscheidend für die Effizienz des Verfahrens.

Den Algorithmus von Lomnicki kennzeichnet diesbezüglich, dass für jeden betrachteten Knoten drei Typen von Bounds (B_I, B_{II}, B_{III}) zu berechnen sind, von denen der maximale als die weitestreichende Zielfunktionswertschranke zur Bewertung des Knotens ausgewählt wird. Von dem Knoten einer Ebene mit dem minimalen Bound wird dann weiter verzweigt, denn die durch ihn repräsentierten Teilfolgen lassen auf eine geringe Zykluszeit hoffen.

Die konkrete Boundermittlung für einen Knoten erfolgt maschinenorientiert und stellt sich im Drei-Maschinen-Fall (mit n Aufträgen) beispielsweise auf der obersten Ebene (Festlegung der ersten Position in der Auftragsfolge) für einen Auftrag k wie folgt dar:

- Der Bound vom Typ I ($B_{I,k}$) konzentriert sich auf das dritte Aggregat der Maschinenfolge, indem sämtliche Bearbeitungszeiten auf Aggregat 3 addiert werden; zusätzlich wird die Dauer der ersten beiden Bearbeitungen des ersten Auftrags (k) berücksichtigt, die im Idealfall die einzige Leerzeit des dritten Aggregats darstellt. Formal ergibt sich der Bound als

$$B_{I,k} = t_{k1} + t_{k2} + \sum_{i=1}^{n} t_{i3} \qquad \text{mit } t_{ij} = \text{Bearbeitungszeit des Auftrags i auf Aggregat j}$$

- Beim Bound vom Typ II ($B_{II,k}$) steht das zweite Aggregat im Mittelpunkt der Betrachtung, und neben den dort auftretenden Bearbeitungszeiten werden die Dauer der Bearbeitung des Auftrags k auf Aggregat 1 sowie – als letzte Bearbeitung vor der Fertigstellung des Auftragsbestands – die Bearbeitungszeit desjenigen Auftrags auf Aggregat 3 einbezogen, der dort am kürzesten verweilt, wobei Auftrag k ausgeschlossen bleibt. Mit Ausnahme dieser beiden Bearbeitungszeiträume würden damit auf Aggregat 2 idealerweise keine Leerzeiten anfallen. Formal ergibt sich der Bound als

$$B_{II,k} = t_{k1} + \sum_{i=1}^{n} t_{i2} + \min_{i \backslash k} \{t_{i3}\}$$

- Der Bound, bei dem die Leerzeiten auf Aggregat 1 minimal sind, ist derjenige vom Typ III ($B_{III,k}$). Zu der Summe der Bearbeitungszeiten auf diesem Aggregat werden die restlichen Bearbeitungszeiten desjenigen Auftrags (mit Ausnahme von A_k) addiert, der am schnellsten fertig gestellt werden kann. Formal ergibt sich der Bound als

$$B_{III,k} = \sum_{i=1}^{n} t_{i1} + \min_{i \backslash k} \{t_{i2} + t_{i3}\}$$

In späteren Iterationen (Ebenen des Lösungsbaums), wenn bereits ein Auftrag/mehrere Aufträge positioniert ist/sind, wird bei der Ermittlung der Bounds jeweils der Restbestand der noch nicht verplanten Aufträge betrachtet, und die Boundberechnung erfolgt auf der Basis der Matrix der kumulierten Bearbeitungszeiten der bereits bestehenden Auftragsteilfolge.

Eine Anwendung dieses Verfahrens auf Ablaufplanungsprobleme mit einer größeren Zahl von Maschinen wäre möglich, wenn die oben beschriebene Systematik der Boundberechnung entsprechend erweitert würde.

Zur Veranschaulichung der Vorgehensweise des Algorithmus von Lomnicki soll das Beispiel eines Drei-Maschinen-flow shop mit vier Aufträgen dienen, deren Bearbeitungszeiten (gemessen in ZE) in der folgenden Tabelle aufgeführt sind:

	M_1	M_2	M_3
A_1	12	6	4
A_2	2	2	8
A_3	5	7	5
A_4	3	7	10

Zur Ermittlung der optimalen Auftragsfolge werden in einem ersten Schritt die Bounds ($B_{I,k}$, $B_{II,k}$, $B_{III,k}$) und die Zykluszeituntergrenzen (B_k) bestimmt, die für die Positionierung der einzelnen Aufträge jeweils an erster Stelle gelten, und in der nachstehenden Tabelle aufgelistet:

	M_1	M_2	M_3	$B_{I,k}$	$B_{II,k}$	$B_{III,k}$	B_k
A_1	12	6	4	45	39	32	45
A_2	2	2	8	31	28	32	**32**
A_3	5	7	5	39	31	32	39
A_4	3	7	10	37	29	32	37

Am Beispiel von Auftrag 1 soll die Boundberechnung für die erste Iteration dargestellt werden:

$$B_{I,1} = 12 + 6 + (4 + 8 + 5 + 10) = 45$$

$$B_{II,1} = 12 + (6 + 2 + 7 + 7) + 5 = 39$$

$$B_{III,1} = (12 + 2 + 5 + 3) + (2 + 8) = 32$$

Da alle errechneten Werte Zeituntergrenzen darstellen, ist mit einer Zykluszeit von mindestens 45 ZE zu rechnen, wenn mit Auftrag 1 begonnen wird. Bei Auftrag 2 ist diese maximale Untergrenze der Zykluszeiten am geringsten. Damit lassen diejenigen Reihenfolgen, bei denen er an Position 1 steht, die geringste Zykluszeit erwarten, so dass diese Lösungsteilmenge hier ausgewählt wird. Der zugehörige Knoten des Lösungsbaums (vgl. die Abbildung am Ende dieses Abschnitts), von dem aus weiter verzweigt wird, weist einen Bound B_2 von 32 ZE auf.

Für die zweite Iteration ist dann die Belegung der Aggregate durch Auftrag 2 zu berücksichtigen (die Endzeitpunkte der jeweiligen Bearbeitungen sind in der entsprechenden Zeile der Tabelle fett gedruckt), und für jeden der verbleibenden Aufträge sind – unter der Annahme, dass dieser an Position 2 der Auftragsfolge eingeordnet werden soll – jeweils die kumulierten Bearbeitungszeitwerte zu ermitteln. So ergeben sich beispielsweise für Auftrag 1 mit den Bearbeitungszeiten von 12 ZE auf Maschine 1, 6 ZE auf Maschine 2 und 4 ZE auf Maschine 3 folgende Endzeitpunkte der Bearbeitung:

auf M_1 : (2+12=) 14, auf M_2 : (14+6=) 20 und auf M_3 : (20+4=) 24 .

Für die Berechnung der Elemente der Matrix der kumulierten Bearbeitungszeiten ist in diesem Zusammenhang wichtig, welche der beiden „Vorgängerbearbeitungen" (Auftrag auf dem vorhergehenden Aggregat (wie hier bei M_2 und M_3) oder vorhergehender Auftrag auf dem betrachteten Aggregat) später beendet ist, da dieser Zeitpunkt den frühest möglichen Bearbeitungsbeginn determiniert.

Die Berechnung der neuen Bounds erfolgt mit Blick auf diese Elemente der Matrix der kumulierten Bearbeitungszeiten und wird für Auftrag 1 beispielhaft erläutert: Zu dem Bearbeitungsende von Auftrag 1 auf Maschine 3 (24) werden die Bearbeitungszeiten der restlichen Aufträge (A_3, A_4) auf diesem Aggregat addiert (Bound I)

$$B_{I,21} = 24 + (5 + 10) = 39 \,.$$

Für Bound II werden zum Bearbeitungsende von Auftrag 1 auf Maschine 2 (20) die restlichen Bearbeitungsdauern auf diesem Aggregat sowie die minimal mögliche auf dem letzten Aggregat addiert

$$B_{II,21} = 20 + (7 + 7) + 5 = 39 \,,$$

und bei Bound III werden, ausgehend von dem Ende der Bearbeitung von Auftrag 1 auf dem ersten Aggregat, die restlichen relevanten Bearbeitungszeiten dort sowie - bei einem Vergleich von A_3 und A_4 - die kleinere Restbearbeitungszeit (7+5=12 ZE von Auftrag 3) berücksichtigt

$$B_{III,21} = 14 + (5 + 3) + (7 + 5) = 34 \ .$$

Insgesamt ergeben sich folgende Werte:

Bearbeitungs-zeiten				Kumulierte Bearbeitungs-zeiten						
M_1	M_2	M_3		M_1	M_2	M_3	$B_{I,2k}$	$B_{II,2k}$	$B_{III,2k}$	B_{2k}
2	2	8	A_2	2	4	12				
12	6	4	A_1	14	20	24	39	39	34	39
5	7	5	A_3	7	14	19	33	31	32	33
3	7	10	A_4	5	12	22	31	29	32	**32**

Da B_{24} die kleinste Zykluszeituntergrenze darstellt, wird Auftrag 4 an zweiter Stelle positioniert; der Bound des Knotens mit der entsprechenden Lösungsteilmenge beträgt wie oben 32 ZE.

Die nächste Iteration baut auf der ergänzten Matrix der kumulierten Bearbeitungszeiten auf (fett gedruckte Werte), und für die beiden verbleibenden Aufträge sind die Daten anzupassen, so dass die Boundberechnung erfolgen kann. Für Auftrag 1 (und damit die Auftragsteilfolge $A_2 \Rightarrow A_4 \Rightarrow A_1$) ergibt sie sich – entsprechend dem oben im Detail erläuterten Vorgehen – zu:

$$B_{I,241} = 27 + 5 = 32$$

$$B_{II,241} = 23 + 7 + 5 = 35$$

$$B_{III,241} = 17 + 5 + (7 + 5) = 34$$

Die zu berechnenden Werte sind in der nachstehenden Tabelle zusammengefasst.

Bearbeitungs-zeiten				Kumulierte Bearbeitungs-zeiten						
M_1	M_2	M_3		M_1	M_2	M_3	$B_{I,24k}$	$B_{II,24k}$	$B_{III,24k}$	B_{24k}
2	2	8	A_2	2	4	12				
3	7	10	A_4	5	12	22				
12	6	4	A_1	17	23	27	32	35	34	35
5	7	5	A_3	10	19	27	31	29	32	**32**

Mit einer Auswahl von Auftrag 3 ist die Auftragsfolge dieses Lösungsweges festgelegt, denn der verbleibende Auftrag 1 wird damit als letzter bearbeitet. Die Matrix der kumulierten Bearbeitungszeiten setzt sich für diese Reihenfolge

$$A_2 \Rightarrow A_4 \Rightarrow A_3 \Rightarrow A_1$$

aus folgenden Werten zusammen:

	M_1	M_2	M_3
A_2	2	4	12
A_4	5	12	22
A_3	10	19	27
A_1	22	28	32

Zur graphischen Veranschaulichung des Lösungswegs und zur Überprüfung, ob die ermittelte Lösung die optimale ist, dient ein Entscheidungsbaum:

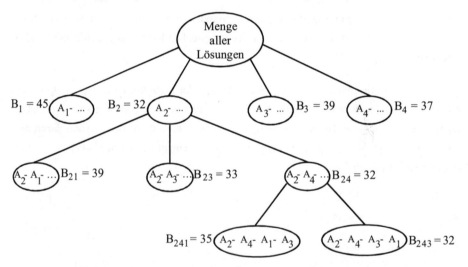

Abbildung III-42: Entscheidungsbaum zum Verfahren von Lomnicki

Der Lösungsbaum lässt erkennen, dass kein aktiver Knoten existiert, dessen Bound die Zykluszeit der ermittelten Reihenfolge ($Z = 32$) unterschreitet, so dass die zykluszeitminimale Auftragsfolge gefunden ist; ein erneutes Aufsetzen auf einer höheren Ebene des Baumes ist nicht notwendig.

Prioritätsregeln

Um den Rechenaufwand zu reduzieren oder mit herkömmlichen analytischen Methoden nicht mehr rechenbare Problemstellungen überhaupt bearbeiten zu können, haben sich als Möglichkeit, zumindest gute oder sogar optimale Lösungen zu erhalten, Prioritätsregeln durchgesetzt. Sie dienen dazu, den vor einer Maschine wartenden Aufträgen einen Rang (Priorität) zuzuweisen, der festlegt, an welcher Position in der Reihenfolge der einzelne Auftrag bearbeitet wird, sobald die Maschine zur Verfügung steht.

Hier soll nur auf zwei wesentliche Gliederungsmöglichkeiten von Prioritätsregeln eingegangen werden, einerseits die Unterteilung in statische und dynamische Prioritätsregeln (Prioritätsziffern in der ersten Gruppe bleiben im Zeitablauf gleich, die der zweiten Gruppe ändern sich), andererseits die in lokale und globale Regeln (lokale Prioritätsziffern berücksichtigen nur die betrachtete Maschine, globale dagegen beziehen auch andere Kriterien mit ein).

Im folgenden werden vier Beispiele für Prioritätsregeln gegeben[52] und eingeordnet.

Die *First Come - First Serve - Regel* besagt, dass die Aufträge in der Reihenfolge ihres Eintreffens vor der Maschine bearbeitet werden; es handelt sich hier um eine statische, lokale Prioritätsregel.

Nach der *Kürzeste Operationszeit - Regel*, einer ebenfalls statischen, lokalen Prioritätsregel, wird derjenige Auftrag zuerst bearbeitet, der die geringste Zeit auf der betrachteten Maschine beansprucht.[53]

Als Beispiel für eine dynamische, globale Regel sei die *Kürzeste Schlupfzeit - Regel* genannt, die die noch verbleibende Zeit für einen Auftrag bis zu seinem Liefertermin, abzüglich der noch ausstehenden Bearbeitungszeiten, als Maßstab für seine Position in der Warteschlange nimmt.

Bei der *Critical Ratio - Regel* wird für jeden Auftrag sein festliegender Liefertermin ins Verhältnis zu der noch notwendigen Restbearbeitungszeit gesetzt; sie gehört ebenfalls zu den dynamischen, globalen Prioritätsregeln.

---

[52] Eine Vielzahl weiterer Beispiele ist der im Anschluss an diesen Abschnitt aufgeführten Literatur zu entnehmen.

[53] Diese Regel lässt sich auch zu einer globalen erweitern, indem nicht nur die Bearbeitungszeit auf der betroffenen Maschine, sondern auch die Summe aller noch ausstehenden Bearbeitungszeiten für den einzelnen Auftrag mit ins Kalkül einbezogen wird.

4.5 Spezifische Fertigungssteuerungskonzepte

Neben den oben dargestellten Verfahren wurden weitere Vorgehensweisen zur Steuerung der Fertigung entwickelt, von denen einige aus der Praxis heraus entstanden sind. Die im Folgenden dargestellten Konzepte versuchen in der Regel, einen Kompromiss zwischen Lösungsqualität und Planungsaufwand unter Berücksichtigung der komplexen Aufgabenstellungen in der Realität zu erreichen. Damit haben die - jeweils auf spezifische Situationen abstellenden - Verfahren zumeist den Charakter von Heuristiken.

Im Folgenden werden fünf ausgewählte Steuerungskonzepte beschrieben, die eine verbesserte Planung bzw. Steuerung der Produktionsdurchführung anstreben:

- das KANBAN-Konzept,

- das Fortschrittszahlenkonzept,

- die Belastungsorientierte Auftragsfreigabe,

- die Retrograde Terminierung und

- die Engpassorientierte Produktionssteuerung / Optimized Production Technology.

4.5.1 KANBAN-Konzept

Das in Japan entwickelte KANBAN-Konzept wurde und wird häufig als effizientes System zur *Senkung von (Zwischen-)Lagerbeständen* propagiert. Die niedrigen Lagerbestände sollen dadurch erreicht werden, dass nur dann in einer Fertigungsstufe produziert wird, wenn die jeweilige Folgestufe einen aktuellen Bedarf an Teilen bzw. Zwischenprodukten meldet, die die Vorstufe fertigt. Dieses Prinzip setzt sich ausgehend von einer Anforderung an Endprodukten eines KANBAN-gesteuerten Fertigungssegments über alle Produktionsstufen und gegebenenfalls bis hin zum Lieferanten fort. Das KANBAN-Konzept stellt damit einen konkreten Steuerungsansatz zur Implementierung einer *Just-in-time-Philosophie* (siehe Abschnitt IV-2) dar.

Würde das Prinzip bedarfssimultaner Versorgung ohne jegliche Zwischenlagerbestände durchgeführt werden, ergäben sich naturgemäß sehr lange Durchlauf- bzw. Vorlaufzeiten für die Aufträge, da die jeweiligen Vorstufen erst frühestens bei Meldung der Anforderung durch die Folgestufe mit der Produktion beginnen würden. Daher sind *Pufferläger* zwischen jeweils zwei Produktionsstufen sowie gegebenenfalls zwischen der ersten Stufe und dem Lieferanten vorgesehen. Die jeweils vorgelagerten Stufen erhalten einen Fertigungsauftrag, wenn im Pufferlager ein definierter Mindestbestand unterschritten wird. Zur Vereinfachung werden den Pufferlägern i.d.R. nur ganze Materialbehälter zugeführt bzw. entnommen. Die in einem solchen Behälter enthaltene Menge stellt häufig auch die Transport- und Fertigungslosgröße dar bzw. die Losgrößen entsprechen einem geringen ganzzahligen Vielfachen der Behältermenge. Der Bestimmung des mengenmäßigen Fassungsvermögens der Behälter kommt somit eine zentrale Bedeutung zu, da hiermit sowohl Losgrößen als auch Zwischenlagerbestände vorab für einen gewissen Zeitraum determiniert werden. Insofern findet nur an dieser Stelle eine an Kostenaspekten orientierte Planung statt, während das KANBAN-Prinzip im Einsatz als *organisatorisches Regelungssystem* anzusehen ist. Dabei kann z. B. im Zeitablauf durchaus die Anzahl Behälter im Pufferlager reduziert werden, falls der Fertigungsprozess über die Stufen reibungslos abläuft.

Der Informationsfluss zwischen zwei Stufen wird prinzipiell über die *Pendelkarten* ähnelnden KANBANs (Karte, Schild, Zettel) organisiert, die auch elektronisch im Rechner realisiert sein können. Physische KANBANs befinden sich an den Behältern und geben Teilewert, Menge, Fertigungs- und Lagerstelle etc. an. Bei einer Entnahme von Behältern aus dem Pufferlager werden KANBANs in einer Sammelstelle zurückgelassen. Diese stellen für die Vorstufe Produktions-KANBANs dar, die die zu fertigende Menge determinieren. Sobald der Mindestbestand einer Teileart unterschritten wird, ist die den Produktions-KANBANs entsprechende Menge zu fertigen und in das Pufferlager einzustellen. Bei einem Produktionsbedarf für mehrere Teilearten wird i.d.R. nach dem „first-out-first-in"-Prinzip vorgegangen. An den aus dem Lager entnommenen Behältern verbleibt meist zu Identifikationszwecken ein Transport- oder Entnahme-KANBAN. Je nach Entfernung von der nächsten Stelle und der Vielfalt herauszunehmender Teilearten kann in einem Ein-Karten-System (nur Produktions-KANBAN) oder in einem Zwei-Karten-System (Produktions- und Transport-KANBAN) gearbeitet werden (vgl. Glaser/Geiger/Rohde (1992), S. 262ff.).

Die Zusammenarbeit mit Zulieferern wird über eine spezielle Lieferanten-KANBAN geregelt. Häufig in dreieckiger Form realisierte Signal-KANBANs markieren den Mindestbestand im Pufferlager, bei dessen Erreichen ein Produktionsauftrag für die Vorstufe ausgelöst wird. Rechteckige Signal-KANBANs werden zum Anfordern von Fertigungsmaterial, das sich in einem nicht im KANBAN-Regelkreis enthaltenen Lager befindet, eingesetzt (vgl. Monden (1983), S. 14ff.).

Weitere KANBANs können für Sonderfälle eingesetzt werden, z. B. die Express-KANBANs beim Auftreten von Fehlmengen an benötigten Teilen, die Notfall-KANBANs bei Maschinenausfällen u. ä., Auftragsorder-KANBANs für auftragsbezogene Losgrößenfertigung und Verbindungs-KANBANs bei stark ineinandergreifenden Fertigungsprozessen, bei denen kein KANBAN-Austausch notwendig ist (vgl. Monden (1983), S. 28ff.).

Grundsätzlich lässt sich feststellen, dass das KANBAN-Prinzip innerbetrieblich nur erfolgreich eingesetzt werden kann, wenn für das betrachtete Fertigungssegment die folgenden *Voraussetzungen* erfüllt sind (vgl. auch Helberg (1987), S. 80f.):

- harmonisierte Kapazitäten
- produktionsstufenbezogenes Fertigungslayout
- geringe Variantenvielfalt
- geringe Bedarfsschwankungen
- störungsarmer Produktionsprozess
- hohe Fertigungsqualität
- weitgehend konstante Losgrößen
- häufiges Auflegen gleichartiger Lose
- kleine Lose
- kurze Rüstzeiten

Offensichtlich eignet sich das KANBAN-Prinzip vor allem für eine Fließfertigung. Bei der Einbeziehung von Lieferanten müssen zusätzlich die folgenden Bedingungen erfüllt sein:

- kurze Lieferzeiten und damit oft geographische Nähe des Lieferanten
- hohe Liefertreue (Menge und Termin)
- hohe Qualität
- effizientes zwischenbetriebliches Informations- und Kommunikationssystem

Aus den aufgeführten Voraussetzungen für die Einführung des KANBAN-Prinzips wird deutlich, dass diese in vielen westlichen Industrienationen in dieser Form nicht gegeben sind. Hinzu kommt die unterschiedliche Mentalität und Arbeitseinstellung japanischer und westlicher Mitarbeiter, die die eigenverantwortliche Fertigungssteuerung in den westlichen Industrienationen erschwert. Allerdings kann es durchaus sinnvoll sein, KANBAN-ähnliche Steuerungsverfahren in dafür geeigneten Teilen des Fertigungsbereichs zu installieren bzw. mehrere KANBAN-Regelkreise für aufeinanderfolgende Segmente zu implementieren, um eine höhere Transparenz zu gewährleisten.

4.5.2 Fortschrittszahlenkonzept

Fortschrittszahlensysteme werden in erster Linie von Automobilherstellern und ihren Lieferanten genutzt. Systeme, die auf Fortschrittszahlen basieren, sind bereits seit den sechziger Jahren im Einsatz. Eine *Fortschrittszahl (FZ)* ist eine kumulierte Mengengröße, die als Ist-FZ den Fertigungsfortschritt von Produktionsstufen in Bezug auf einen

festgelegten Planungszeitraum misst. Dieser Ist-FZ kann eine Soll-FZ, die die mengenmäßige Sollvorgabe für die Fertigung von Teilen, Komponenten oder Produkten angibt,
gegenübergestellt werden.

Die Vorgabe und Messung von Fortschrittszahlen erfolgt für sogenannte *Kontrollblöcke*, die unterschiedliche Hierarchieebenen (Arbeitsplatz/-gruppe, Kostenstelle, Abteilung, Bereich) umfassen können (vgl. Glaser/Geiger/Rohde (1992), S. 234ff.). Damit
ist der Einsatz von Fortschrittszahlen für unterschiedliche Detailliertheitsgrade möglich.

Fortschrittszahlen können sich auch auf bearbeitete Kundenaufträge (also die Endstufe
bzw. den Versand) oder fremdbezogene Teile beziehen, womit sich diese Kennzahlen
inner- und zwischenbetrieblich einsetzen lassen.

Ist- und Soll-FZ können in einem Diagramm gegenübergestellt werden, aus dem sich
dann zeitliche und mengenmäßige Puffer (Vorläufe, Rückstände) ablesen lassen. Die
Abbildung III-43 zeigt beispielhaft den zeitlichen Verlauf von Ist- und Soll-FZ, wobei
mit „R" Rückstände und mit „V" Vorläufe gekennzeichnet sind (vgl. auch die ähnlichen
Darstellungen bei Scheer (1990), S. 36; Heinemeyer (1988), S. 27).

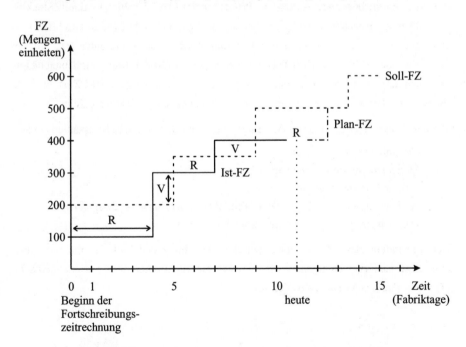

Abbildung III-43: Verläufe von Ist- und Soll-Fortschrittszahlen

In der Abbildung III-43 wurde dem Beginn des Fortschreibungszeitraums der Zeitpunkt t = 0 zugewiesen. Hier könnte auch der laufende Fabriktag, falls sich dieser nicht am Beginn des Fortschreibungszeitraums orientiert, angenommen werden. Durch Messung des vertikalen Abstands zwischen den stufenförmig verlaufenden FZ-Funktionen kann der mengenmäßige Vorlauf bzw. Rückstand gemessen werden. Der Rückstand beträgt in den ersten vier Tagen 100 Mengeneinheiten. Zur Ermittlung des zeitlichen Rückstands ist der horizontale Abstand zwischen der nächsten Erhöhung der Ist-FZ und der letzten Erhöhung der Soll-FZ zu messen. Der Rückstand beträgt zu Beginn des Fortschreibungszeitraums vier Tage. Für zeitliche Vorläufe gilt die umgekehrte Reihenfolge der Messpunkte. So liegt zum Zeitpunkt t = 4 ein zeitlicher Vorlauf von einem Tag vor.

Zum Zeitpunkt t = 11 ist wiederum ein Rückstand zu verzeichnen. Die weitere Planung versucht nun, Ist- und Soll-FZ zu synchronisieren. Gemäß dem in t = 11 beginnenden Verlauf der Plan-FZ erfolgt eine Anpassung an die Soll-FZ zum Zeitpunkt t = 13.

Es wird deutlich, dass Fortschrittszahlen ein gut handhabbares und transparentes Mittel zur Abstimmung von Fertigungsstufen darstellen. Die Bestimmung der Soll-FZ resultiert aus den vorliegenden Aufträgen (Primärbedarf) bzw. den hieraus durch Stücklistenauflösung errechneten Teilebedarfsmengen (Sekundärbedarf) und anschließender Berechnung der Vorlaufzeiten über alle Stufen bis hin zum Lieferanten (vgl. Glaser/ Geiger/Rohde (1992), S. 237ff.). Die Vorgabe von Soll-FZ erfolgt somit unabhängig von eventuell ermittelbaren optimalen Losgrößen. Zur Erfassung der Ist-FZ ist ein funktionierendes *Betriebsdatenerfassungssystem*[54] eine unbedingte Voraussetzung.

Weitere *Voraussetzungen* für einen erfolgreichen Einsatz von Fortschrittszahlen sind:

- harmonisierte Kapazitäten
- *Fließfertigung* ohne Zeitzwang
- geringe Variantenvielfalt
- große Fertigungsmengen je Teile-/Produktart (*Großserien-/Massenfertigung*)
- klare Abgrenzbarkeit der Kontrollblöcke

Bei Anwendung des FZ-Konzeptes zwischen Abnehmer und Lieferant müssen außerdem enge Lieferbeziehungen bestehen sowie ein funktionierendes *zwischenbetriebliches Informationssystem* vorhanden sein.

---

54   Zur Definition des Betriebsdatenerfassungssystems siehe auch Abschnitt IV-1.1.

4.5.3 Belastungsorientierte Auftragsfreigabe

Grundcharakteristikum der Belastungsorientierten Auftragsfreigabe (BOA)[55] ist die Orientierung an der *Belastungssituation der Kapazitäten* bei der Auftragsfreigabe. Auf diese Weise wird versucht, dem konventionellen (zentralen) PPS-Systemen innewohnenden *„Durchlaufzeitsyndrom"* entgegenzutreten. Probleme bezogen auf die Durchlaufzeit ergeben sich typischerweise durch deren starke Streuung in Abhängigkeit von der Belastungssituation der Fertigungsstufen und insbesondere durch das Vorhandensein von Engpässen. Stark streuende Durchlaufzeiten führen in der Praxis häufig zu einer verfrühten Einlastung (Freigabe) der Aufträge, wodurch versucht wird, gegebene Liefertermine für die einzelnen Aufträge einzuhalten. Hierdurch vergrößern sich jedoch i.d.R. die Auftragswarteschlangen vor den Fertigungsstufen, was wiederum negative Auswirkungen auf die Höhe und Verlässlichkeit der Durchlaufzeiten hat. Diese Zusammenhänge, die zu kaum planbaren Durchlaufzeiten und häufigen Terminüberschreitungen führen, werden als Durchlaufzeitsyndrom bezeichnet.

Bei einer Auftragsfreigabe, die sich an der momentanen Belastungssituation im Fertigungsbereich orientiert, sollen Durchlaufzeiten verkürzt werden und deren Schätzung genauer erfolgen können.

Aufträge werden gemäß der BOA nur freigegeben, wenn diese als dringlich angesehen werden und sichergestellt werden kann, dass die Aufträge ohne größere Wartezeiten komplett bearbeitet werden können. Um die zulässige Belastung von Arbeitssystemen – z. B. einer Fertigungsstufe – ermitteln zu können, wird für diese ein sogenanntes *Trichtermodell* aufgestellt. Hiernach kann eine Arbeitsstation durch zu- und abgehende Aufträge, die jeweils eine definierte Arbeitsbelastung aufweisen, charakterisiert werden. Im Zeitablauf werden verschiedene Aufträge mit unterschiedlichem Bedarf an Bearbeitungszeit eingelastet. Wenn der mittlere Zugangsverlauf an Aufträgen dem mittleren Abgangsverlauf abgearbeiteter Aufträge – jeweils gemessen in Bearbeitungszeiten – in einem bestimmten Untersuchungszeitraum entspricht, ergibt sich zu Beginn und zum Ende des Untersuchungszeitraums der gleiche – in Zeiteinheiten gemessene – Auftragsbestand (siehe das Durchlaufdiagramm in Abbildung III-44). Damit könnte eine Arbeitsstation als Trichter dargestellt werden, der im Mittel ein konstantes Niveau wartender Aufträge enthält. Die Abbildung III-44 soll dies verdeutlichen.

---

[55] Die Belastungsorientierte Auftragsfreigabe (BOA) wurde am Institut für Fabrikanlagen (IFA) in Hannover entwickelt. Die folgenden Ausführungen basieren daher auf den Veröffentlichungen von KETTNER, BECHTE und WIENDAHL (siehe Literaturverzeichnis) sowie auf Sekundärliteratur, insbesondere Glaser/Geiger/Rohde (1992), S. 201ff., Helberg (1987), S. 73ff., Koffler (1987), S. 119ff., die sich wiederum auf die obigen Autoren bezieht.

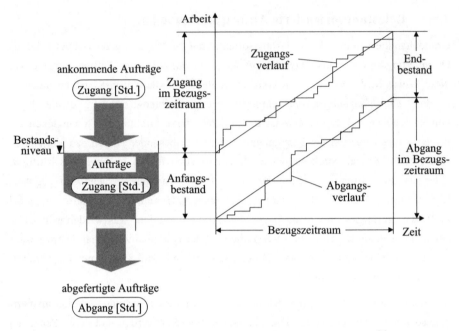

Abbildung III-44: Trichtermodell und Durchlaufdiagramm[56]

Aus dem Durchlaufdiagramm in Abbildung III-44 werden der tatsächliche und der idealisierte Verlauf der Auftragszu- und -abgänge in Arbeitszeiteinheiten (z. B. Stunden) deutlich. Ein vertikaler Sprung in der Zugangsfunktion zeigt an, dass ein Auftrag zu diesem Zeitpunkt in der Vorstufe abgeschlossen wurde. Für die Abgangsfunktion gilt dies entsprechend für abgearbeitete Aufträge der aktuellen Stufe. Die idealisierten Abgangs- und Zugangsverläufe basieren auf einer (geplanten) gewichteten mittleren Durchlaufzeit[57] MD_j (horizontaler Abstand) und dem mittleren (Plan-)Bestand MB_j (vertikaler Abstand). Die Steigung der Abgangsfunktion gibt die (geplante) mittlere Leistung ML_j an.

Die *mittlere gewichtete Durchlaufzeit* für diese Arbeitsstation j kann dann als Quotient aus dem mittleren Bestandsniveau MB_j in Arbeitsstunden und dem in Stunden gemessenen Auftragsabgang A_j im – z. B. in Arbeitstagen [Tg] gemessenen – Untersuchungszeitraum T ermittelt werden *(Trichterformel)*:

$$MD_j = \frac{MB_j}{A_j / T} \qquad\qquad (1)$$

---

56   Die Abbildung wurde Glaser/Geiger/Rohde ((1992), S. 205) entnommen, die sich auf Wiendahl ((1987), S. 206) beziehen.

57   Zur Berechnung der gewichteten mittleren Durchlaufzeit siehe z. B. Glaser/Geiger/Rohde ((1992), S. 203f.).

Werden z. B. in T = 5 Arbeitstagen A_j = 40 Auftragsstunden abgearbeitet und beträgt der mittlere Bestand MB_j = 100 Auftragsstunden, ergibt sich eine mittlere Durchlaufzeit von:

$$MD_j = \frac{100\,[Std.]}{\frac{40\,[Std.]}{5\,[Tg.]}} = 12,5\,[Tg.]$$

Der Quotient A_j/T entspricht offensichtlich der mittleren Leistung ML_j der Arbeitsstation, d.h., es kann auch vereinfachend geschrieben werden:

$$MD_j = \frac{MB_j}{ML_j} \qquad (2)$$

Entsprechend kann der mittlere geplante Bestand MB_j als Produkt der mittleren Plandurchlaufzeit MD_j und der konstant gesetzten mittleren Leistung ML_j formuliert werden:

$$MB_j = MD_j \cdot ML_j \qquad (3)$$

Die Trichterformel ist offensichtlich nur dann exakt, wenn der idealisierte Zu- und Abgangsverlauf in der Realität eingehalten wird, also jederzeit ein in seiner Höhe konstanter Bestand an Aufträgen vorliegt und diese nach der „First-come-first-serve"-Regel abgearbeitet werden.

Durch entsprechende Regelung der Auftragsbestandshöhe in Arbeitsstunden für die einzelnen Arbeitsstationen soll die mittlere Durchlaufzeit beeinflusst werden. Dies ist dann möglich, wenn die mittlere Leistung des Systems konstant gesetzt wird.

Die *Belastungsschranke BS_j*, bis zu der Aufträge für eine Arbeitsstation j eingelastet werden können, entspricht für einen gegebenen Planungszeitraum der Summe aus mittlerem Planbestand MB_j und der abarbeitbaren Aufträge (Planabgang) ABG_j in diesem Zeitraum:

$$BS_j = MB_j + ABG_j \qquad (4)$$

Durch Variation der im Planungszeitraum abzuarbeitenden Aufträge ABG_j (und damit der mittleren Planleistung ML_j) ändert sich offensichtlich die Belastungsschranke entsprechend. Soll BS_j konstant gehalten werden, so kann ein *Einlastungssatz ES_j* als Quotient aus Belastungsschranke und Planabgang formuliert werden:

$$ES_j = \frac{BS_j}{ABG_j} \qquad (5)$$

ABG_j ergibt sich als Produkt der mittleren Leistung ML_j je Zeiteinheit und der Anzahl T Zeiteinheiten im Planungszeitraum:

$$ABG_j = ML_j \cdot T \qquad (6)$$

Damit gilt:

$$ML_j = \frac{ABG_j}{T} \qquad (7)$$

Die Trichterformel kann durch Einsetzen von (7) in (2) in die folgende Form gebracht werden:

$$MD_j = \frac{MB_j}{ABG_j / T} \qquad (8)$$

Daraus folgt die Beziehung:

$$ABG_j = \frac{MB_j}{MD_j} \cdot T \qquad (9)$$

Der Einlastungssatz ergibt sich durch Einsetzen von (4) und (9) in (5) zu:

$$ES_j = \frac{MB_j + \dfrac{MB_j}{MD_j} \cdot T}{\dfrac{MB_j}{MD_j} \cdot T} = \frac{MD_j}{T} + 1 \qquad (10)$$

Als Prozentsatz EPS_j, der offensichtlich in der Regel größer als 100% ist, wodurch auch die in der Realität auftretenden Belastungsschwankungen der Arbeitssysteme abgefangen werden sollen, lässt sich für ES_j schreiben:

$$EPS_j = \left(1 + \frac{MD_j}{T} \right) \cdot 100\% \qquad (11)$$

Die BOA benutzt die oben aufgeführten Größen als Steuerungsparameter. Dabei erfolgt die Einlastung von Aufträgen in zwei Schritten.

a) Ermittlung dringlicher Aufträge

Zunächst werden auf der Basis der Plandurchlaufzeiten die Plan-Beginntermine per Rückrechnung von den Soll-Endterminen bestimmt. Grundsätzlich werden nur solche Aufträge als potentiell freizugeben – und damit als dringlich – eingestuft, deren Plan-Beginntermine in den vom Planungszeitpunkt aus gerechneten „Vorgriffshorizont" fallen. Der Vorgriffshorizont wird durch die *„Terminschranke"* eingegrenzt. Diese determiniert den spätest möglichen Plan-Starttermin für Aufträge, die zum Planungszeitpunkt eingelastet werden dürfen. Auf diese Weise werden erst in der weiteren Zukunft zu fertigende Aufträge aus der Betrachtung ausgeschlossen, da deren Freigabe zum jetzigen Zeitpunkt nicht vertretbare Wartezeiten und damit Kapitalbindungskosten zur Folge hätte.

b) Bestimmung der einzulastenden Aufträge

Bei der Bestimmung der einzulastenden Aufträge ist jeweils zu prüfen, ob bei allen von dem jeweiligen Auftrag in Anspruch zu nehmenden Arbeitsstationen die Belastungsschranke eingehalten wird. Bei einer mehrstufigen Fertigung kann nicht mit Sicherheit festgelegt werden, zu welchem Zeitpunkt ein Auftrag auf einer bestimmten Station bearbeitet wird bzw. mit welcher Wahrscheinlichkeit dies innerhalb des Planungszeitraums zu erwarten ist. Sicherheit besteht nur für den jeweils ersten Auftrag in den Warteschlangen auf dessen momentaner Bearbeitungsstufe. Als Wahrscheinlichkeit für die Erledigung der auf der Arbeitsstation 1 zu bearbeitenden Aufträge im Planungszeitraum gilt die Relation von Planabgang ABG_1 zur Belastungsschranke BS_1 dieser Station:

$$AW_1 = ZW_2 = \frac{ABG_1}{BS_1} \qquad (12)$$

Die Abgangswahrscheinlichkeit AW_1 für Station 1 entspricht der Zugangswahrscheinlichkeit ZW_2 für Stufe 2. Diese entspricht offensichtlich dem reziproken Wert des Einlastungsprozentsatzes EPS_1:

$$ZW_2 = \frac{1}{EPS_1} \qquad (13)$$

Für eine Folgestufe j gilt dann entsprechend das Produkt der Zugangswahrscheinlichkeiten für alle Vorstufen. Für *konstante* Einlastungsprozentsätze EPS kann geschrieben werden:

$$ZW_j = \left(\frac{1}{EPS}\right)^{j-1} \qquad (14)$$

Eine Belastung BL_{ij} der Stufe j durch den Auftrag i erfolgt dann entsprechend durch die mit der Zugangswahrscheinlichkeit für diese Stufe multiplizierte Auftragszeit AZ_{ij} (Bearbeitungs- plus Rüstzeit) des Auftrags i:

$$BL_{ij} = ZW_j \cdot AZ_{ij} \qquad (15)$$

Ausgehend von diesem Belastungsschlüssel kann nun beginnend mit dem dringlichsten Auftrag (frühester Plan-Starttermin) die Einlastung der potentiell zu startenden Aufträge überprüft werden. Wird eine Station überlastet, so wird der erste diese Überschreitung auslösende Auftrag noch freigegeben, die jeweilige Station jedoch für weitere Aufträge in dieser Planperiode gesperrt (vgl. Wiendahl (1988b), S. 1225); diese werden dann bis zur nächsten Planungsperiode zurückgestellt. Bei der Freigabe des Auftrags werden die *„Belastungskonten"* der Stationen um die entsprechende Belastung BL_{ij} erhöht.

Dieser Planungsvorgang kann sich periodisch im Zuge einer rollierenden Planung wiederholen.

Die BOA wurde ursprünglich für nach dem *Werkstattprinzip* organisierte *Einzel- und Serienfertiger* variantenreicher Produkte entwickelt. Allerdings wird die Einsetzbarkeit, insbesondere für stark diskontinuierlichen Materialfluss und vernetzte Produktstrukturen, stark angezweifelt (siehe Adam (1988c), S. 91). Weiterhin werden folgende Voraussetzungen für eine Eignung der BOA gesehen (vgl. Helberg (1987), S. 76, Adam (1988e), S. 108):

- harmonisierte Kapazitäten
- kleine Fertigungslose mit sehr ähnlichem Arbeitsinhalt
- weitgehend gleiche Maschinenfolge der Aufträge (identical routing)
- keine Störungen/Ausfälle in der Fertigung
- geringe Änderungshäufigkeit von Auftragsmengen und -terminen

Die oben dargestellte Vorgehensweise der Segmentierung in Arbeitssysteme kann durchaus auch für höhere Aggregationsstufen, also Arbeitsplatzgruppen, Abteilungen, Kostenstellen etc., genutzt werden, wobei die BOA grundsätzlich in PPS-Systeme integrierbar sein soll, für die sich eine veränderte Planungsweise in erster Linie für die Feinterminierung („First-come-first-serve"-Regel) bzw. die belastungsorientierte Einlastung (Kapazitätsterminierung und -abgleich) ergäbe. Die Entwickler der BOA haben dieses Prinzip in ein Fertigungssteuerungsmodell eingebettet, das neben der BOA ein Kontrollsystem und eine Komponente zur Kapazitätsplanung umfasst (siehe Wiendahl (1988a), S. 68ff.).

4.5.4   Retrograde Terminierung

Das von ADAM entwickelte Verfahren der Retrograden Terminierung[58] erhielt seinen
Namen aus der gegen die Produktionsrichtung, also rückwärts oder retrograd vom Soll-
Liefertermin erfolgenden Berechnung der Wunschstarttermine für die Fertigungsaufträge. Es handelt sich hierbei um eine *zentrale Fertigungssteuerung*, die sowohl für
lineare als auch für vernetzte *Fertigungsstrukturen mit diskontinuierlichem Materialfluss* geeignet ist. Das Verfahren versucht, die konfliktären Zielsetzungen im Fertigungsbereich[59]

- kurze, verlässliche Durchlaufzeiten,
- geringe Lagerbestände,
- hohe Kapazitätsauslastung und
- hohe Liefertreue

so zu steuern, dass die gesamtunternehmerischen Zielsetzungen (z. B. Gewinnmaximierung) optimiert werden. Hierzu sind die folgenden Einflussgrößen zu berücksichtigen:

- Werkstattbestände,
- Kapazitäten,
- Fertigungslosgrößen und
- Bearbeitungsreihenfolge der Lose.

Motivation für die Entwicklung der Retrograden Terminierung war die geringe Eignung
belastungsorientierter Konzepte (siehe Abschnitt III-4.5.3) für den Fall, dass z. B.
wenige große und nicht teilbare Aufträge in der Fertigung typisch sind, was einen diskontinuierlichen Materialfluss zur Folge hat. Ähnliche Probleme ergeben sich bei ver-
netzten Produktstrukturen, d.h. solchen Fertigungsabfolgen, bei denen eine zeitliche und
mengenmäßige Koordination der zu einem Produkt zu integrierenden Teilaufträge (z. B.
Montageteile) notwendig ist. In beiden genannten Fällen liegen i.d.R. sehr stark streuende Durchlaufzeiten vor, die die Verwendung gemittelter Durchlaufzeiten, wie sie
z. B. die Belastungsorientierte Auftragsfreigabe einsetzt, verbietet.

---

[58]   Die Ausführungen in diesem Kapitel basieren auf Adam (1988c) und Fischer (1990), S. 93ff.

[59]   Zu Zielkonflikten im Produktionsbereich siehe u.a. Gutenberg (1983), S. 215ff. sowie Abschnitt I-
4 und die Ausführungen in Abschnitt III-4.

Die Retrograde Terminierung entwickelt im Rahmen einer rollierenden Planung Maschinenbelegungspläne[60], die jeweils alle vorliegenden Aufträge umfassen, d.h., der Planungshorizont wird durch den spätesten Soll-Liefertermin determiniert. Bei der Zuordnung von Aufträgen zu Maschinen erfolgt eine Orientierung an den Soll-Lieferterminen und den Bearbeitungszeiten der Aufträge, in die etwaige Rüstzeiten einzubeziehen sind. Der vorliegende Maschinenbelegungsplan soll jedoch nicht dazu dienen, die Aufträge minuziös in Reihenfolge und Bearbeitungszeitraum den Maschinen zuzuordnen. Vielmehr soll die bessere Abstimmung des Auftragsflusses durch den gesamten Fertigungsbereich ermöglicht werden, indem die Wirkung der festgelegten Auftragsreihenfolge auf die oben genannten Steuerungsziele erfasst wird.

Die Bezugsgröße für einen Maschinenbelegungsplan ist die *Steuereinheit*. Diese kann eine Aggregation mehrerer gleichartiger Arbeitsstationen einschließlich der dort tätigen Mitarbeiter, im Extremfall aber auch einen einzelnen Arbeitsplatz umfassen. Somit können in der Planung differierende Detailliertheitsgrade berücksichtigt werden. Für jede Steuereinheit stellt der Maschinenbelegungsplan einen Rahmenplan dar, der für einen bestimmten Planungszeitraum (z. B. wöchentlich) Eckdaten vorgibt, innerhalb derer die jeweiligen Mitarbeiter frei – z. B. über Reihenfolgevertauschungen – entscheiden können. Somit soll zum einen ermöglicht werden, dezentral Optimierungen vornehmen zu können, die in der zentralen Planung nicht durchführbar sind. Dieser Aspekt erhält insbesondere bei auftretenden Störungen relativ geringen Ausmaßes innerhalb der Steuereinheit Relevanz. In diesem Fall muss nicht zwangsläufig die zentrale Planung geändert werden. Zum anderen soll auf diese Weise die Motivation der dezentral tätigen Mitarbeiter gesteigert werden, da der Fremdbestimmungsgrad zugunsten eigenständiger Entscheidungen reduziert wird.

Die im Rahmen der Retrograden Terminierung erstellten Maschinenbelegungspläne sind nicht zwangsläufig als endgültig für den aktuellen Planungsdurchlauf anzusehen. Dem Disponenten wird die Möglichkeit gegeben, über die Steuerungsparameter *Kapazitätsanpassung, Lieferterminverschiebung, Auftragsfreigabekorrektur* und *Sicherheitszuschläge* gegen Störungen im Fertigungsablauf in die Steuerung aktiv einzugreifen. Auf diese Weise können die konkurrierenden Ziele im Fertigungsbereich mehr oder weniger bevorzugt verfolgt und auf veränderte Rahmenbedingungen flexibel reagiert werden.

---

[60]   Zur Definition von Maschinenbelegungsplänen siehe Abschnitt III-4.4.

Die Retrograde Terminierung geht grundsätzlich so vor, dass im ersten Schritt ausgehend von den Soll-Lieferterminen Wunsch-Starttermine für die Aufträge bestimmt werden. Falls Terminkollisionen (Überschreitung der Kapazität einer Steuereinheit in einem Zeitraum) auftreten, wird im zweiten Schritt gemäß einer *Prioritätsregel*[61] über die Reihenfolge der konkurrierenden Aufträge entschieden. Im dritten Planungsschritt kann die bisherige (provisorische) Belegung nochmals nach ausgewählten Zielsetzungen (Minimierung von Lagerzeiten, Vorsehen zeitlicher Puffer etc.) modifiziert werden.

Auf die detaillierte Vorgehensweise der Retrograden Terminierung soll hier nicht eingegangen werden. Der interessierte Leser sei nochmals auf die Literatur, auf der auch die vorliegende Darstellung basiert, verwiesen (vgl. Adam (1988c), Fischer (1990), S. 93ff.).

4.5.5   Engpassorientierte Produktionssteuerung / Optimized Production Technology (OPT)

Der Optimized Production Technology (OPT) wird nach wie vor einige Aufmerksamkeit zuteil, was auch daran liegen mag, dass die genaue Vorgehensweise der Methodik als Betriebsgeheimnis gilt und damit „geheimnisumwoben" ist. Gesichert ist vor allem, dass die Planung und Steuerung engpassorientiert erfolgt. Obwohl OPT scheinbar nicht mehr in rechnergestützten Planungssystemen eingesetzt wird, wird es in mehreren aktuellen Lehrbüchern behandelt (siehe Adam (1998), S. 637ff.; Corsten (2007), S. 561ff.; Silver/Pyke/Peterson (1998), S. 647ff.).

Das Verfahren wurde von GOLDRATT entwickelt und etwa 1980 als kommerzielle Lösung zur Fertigungssteuerung vorgestellt. Die Prinzipien und Grundregeln wurden durch Jacobs (1984) und Goldratt (1988) veröffentlicht und in dem romanähnlichen Bestseller *The Goal* (Goldratt/Cox 1986) einer breiten Öffentlichkeit bekanntgemacht.

Die OPT-Philosophie folgt Prinzipien, die als *Theorie der Beschränkungen* bezeichnet werden. Dabei können Restriktionen sich auf interne Ressourcen (bspw. Maschinen und verfügbares Personal), auf Märkte (Nachfrage/-rate) oder auf weitere Rahmenbedingungen und Firmenpolitiken (z. B. bezüglich Arbeitszeiten) beziehen. Insofern scheint der allgemeine Ansatz von OPT weiter gefasst zu sein als die Fokussierung auf die Steuerung des Fertigungsbereichs.

---

[61]   Zu Prioritätsregeln vgl. auch Abschnitt III-4.4.4.2.

Die **Vorgehensweise** zur Behandlung von Engpässen erfolgt in fünf Schritten:

1. Identifiziere die am stärksten wirkende Beschränkung (Engpass).

2. Maximiere die Nutzung des Engpasses (Minimierung von Rüst- und Leerzeiten).

3. Alle weiteren Entscheidungen sind gegenüber denen aus 2. unterzuordnen.

4. Erhöhe die Kapazität der Ressource durch geeignete Maßnahmen.

5. Sobald die betrachtete Kapazität keinen Engpass mehr darstellt, gehe zu 1.

Bei der Abarbeitung dieser Schritte sind die folgenden **zehn Regeln** zu beachten:

1. *Durchfluss-, statt Auslastungsoptimierung:* Der Fluss der Güter im System soll dominieren und nicht die Auslastung der einzelnen Kapazitäten.

2. *Kapazitätsnutzungsgrade werden durch (andere) Engpässe determiniert:* Nicht die individuelle Kapazitätsgrenze ist ausschlaggebend, sondern der (jeweilige) Engpass.

3. *Aktivierung ist nicht dasselbe wie Nutzung:* Produzierende Maschinen liefern zwar Outputs, die jedoch keinen (sofortigen) Nutzen stiften, wenn die gefertigten (Zwischen-)Produkte aufgrund eines Engpasses nicht weiterbearbeitet oder veräußert werden können.

4. *Ungenutztes Potential der Engpasskapazität schadet dem Gesamtergebnis:* Es sollte alles getan werden, um unproduktive Zeiten (Rüsten, Warten, Reparieren) auf Engpässen zu minimieren, da sie nicht wieder aufgeholt werden können.

5. *Freie Kapazitäten an Nicht-Engpässen sind wertlos:* Alle Anstrengungen müssen sich darauf konzentrieren, den (aktuellen) Engpass zu beseitigen.

6. *Engpässe dominieren Durchfluss und Lagerhaltung im System:* Der Engpass muss jederzeit mit Aufträgen versorgt werden können, um seine Auslastung zu maximieren.

7. *Transportlose müssen und sollten oft nicht gleich dem Fertigungslos sein:* Durch vorzeitige Bereitstellung von Teillosen auf der Folgestufe kann die Durchlaufzeit – teilweise erheblich – verkürzt werden.

8. *Das Fertigungslos sollte unterschiedlich groß sein:* Im Allgemeinen sollte zwecks Minimierung der Rüstzeiten das Los an Engpässen größer sein als an Nichtengpässen. Die hierdurch zusätzlich entstehenden Lagerhaltungskosten

werden – bei entsprechender Planung – durch die Ersparnisse aufgrund der Kapazitätserhöhung am Engpass überkompensiert.

9. *Durchlaufzeiten sind Ergebnis der Planung, keine Parameter:* Die Durchlaufzeiten können nicht vorab festgelegt oder sinnvoll geschätzt werden. Bei der Anwendung von Prioritätsregeln sind die Kapazitäten unbedingt zu beachten.

10. *Die Summe lokaler Optima entspricht nicht dem Gesamtoptimum.*

Die Auftragsfreigabestrategie von OPT wird in *The Goal* an einem Beispiel erörtert, bei dem unterschiedlich schnell wandernde Pfadfinder durch eine Trommel (Drum) oder ein Seil (Rope) daran gehindert werden, dass sie die Gruppe zu weit auseinanderziehen. In der Fabrik übernimmt der Auftragsbestand als Puffer (Buffer) diese Funktion, weshalb auch von Drum-Buffer-Rope Scheduling (DRS) gesprochen wird. Demnach werden die Kapazitäten vor dem Engpass in einem Umfang durch neue Aufträge belastet, dass sie im Mittel nicht schneller produzieren als der Engpass. Nachgelagerte Produktionsstufen sind dagegen bemüht alles zu tun, um die Aufträge möglichst schnell fertigzustellen (vgl. Silver/Pyke/Peterson (1998), S. 652ff.). Ein wissenschaftlich untersuchtes System, das ebenfalls diesen Zweck erfüllt, ist CONWIP (constant work-in-process), das einen konstanten Arbeitsvorrat im gesamten System vorsieht (vgl. Spearman/Woodruff/Hopp (1990). Der durchschnittliche Arbeitsvorrat kann durch *Little's Gesetz* festgelegt werden (vgl. Little (1961)), er entspricht dem Produkt aus durchschnittlicher Durchlaufzeit und durchschnittlicher Produktionsrate.

Das zunächst einleuchtende und transparent erscheinende Verfahren OPT gibt auch Anlass zur **Kritik**. Die oben dargelegten Regeln haben als „allgemeine Weisheiten" sicherlich ihre grundsätzliche Berechtigung. Diese stehen offensichtlich teilweise in diametralem Gegensatz zu anderen Ansätzen: Beispielsweise wird eine auslastungs- bzw. bestandsorientierte Steuerung ebenso pauschal abgelehnt wie die Annahme mittlerer (geschätzter) Durchlaufzeiten, die zentrale Ideen der Belastungsorientierten Auftragsfreigabe (siehe Abschnitt III-4.5.3) sind. Aufgrund der nicht veröffentlichten detaillierten Steuerungsmethodik lassen sich allerdings keine konkreten Vergleiche mit anderen Verfahren anstellen. Diese Tatsache trug sicher zu dem mangelnden Vertrauen von Praktikern in Systeme bei, die auf OPT basierten.

Die wiederholte Identifizierung und Beseitigung von – jeweils neuen – Engpässen erscheint zunächst zielführend. Sie kann als ein „kontinuierlicher Verbesserungsprozess" aufgefasst werden, der im Idealfall zur Implementierung optimal angepasster Kapazitäten konvergiert. Gerade in dynamischen Systemen dürfte dies jedoch eine Illusion sein, so dass letztlich wieder kurzfristige Anpassungsmaßnahmen in Abhängigkeit von der individuellen Belastungssituation dominieren. Grundsätzlich kann zwar eine Eignung für die Werkstattfertigung konstatiert werden, jedoch ist OPT wenig hilfreich, wenn sich die Engpässe sehr schnell verschieben. Ohnehin kann durch die Wahl eines zu breiten Zeitrasters das Problem auftauchen, dass temporäre Engpässe nicht erkannt werden. Sehr kurze Teilperioden erfordern dagegen einen entsprechend erhöhten Planungsaufwand.

Bei strikter Befolgung der oben genannten Regeln muss die Programm-, Losgrößen- und Maschinenbelegungsplanung zumindest ansatzweise simultan erfolgen. Der bekannt große Aufwand derartiger Ansätze ist nicht immer zu rechtfertigen, zumal bei bestehender Datenunsicherheit hinsichtlich Auftragslage und verfügbarer Kapazitäten auch exakte Verfahren keine ex post-optimalen Ergebnisse liefern können.

Andere Verfahren der engpassorientierten Material- und Kapazitätsdisposition (vgl. Zimmermann (1988); Weidner (1992)) konnten sich ebenfalls nicht in großem Ausmaß durchsetzen. Ebenfalls engpassorientierte Funktionalitäten weist der Advanced Planner and Optimizer (APO) der SAP AG auf (vgl. Knolmayer/Mertens/Zeier (2000)).

Literatur

Adam, D. (1965): Produktionsplanung bei Sortenfertigung, Diss., Hamburg

Adam, D. (Hrsg.) (1988a): Fertigungssteuerung I, Wiesbaden

Adam, D. (Hrsg.) (1988b): Fertigungssteuerung II, Wiesbaden

Adam, D. (1988c): Retrograde Terminierung: Ein Verfahren zur Fertigungssteuerung bei diskontinuierlichem Materialfluß oder vernetzter Fertigung, in: Adam, D. (Hrsg.): Fertigungssteuerung II, Wiesbaden, S. 89 - 106

Adam, D. (1988d): Aufbau und Eignung klassischer PPS-Systeme, in: Adam, D. (Hrsg.): Fertigungssteuerung I, Wiesbaden, S. 5 - 21

Adam, D. (1988e): Die Eignung der belastungsorientierten Auftragsfreigabe für die Steuerung von Fertigungsprozessen mit diskontinuierlichem Materialfluß, in: ZfB, 58. Jg., S. 98 - 115

Adam, D. (1989): Probleme der belastungsorientierten Auftragsfreigabe, in: ZfB, 59. Jg., S. 443 - 447

Adam, D. (1990): Produktionsdurchführungsplanung, in: Jacob, H. (Hrsg.): Industriebetriebslehre, 4. Aufl., Wiesbaden, S. 673 - 918

Adam, D. (1998): Produktions-Management, 9. Aufl., Wiesbaden

Adenso-Diaz, B. (1992): Restricted Neighborhood in the Tabu Search for the Flow Shop Problem, in: European Journal of Operational Research, Vol. 62, S. 27 - 37

Aggteleky, B. (1987): Fabrikplanung, Bd. 1: Grundlagen - Zielsetzung - Vorarbeiten, 2. Aufl., München, Wien

Akers, S.B. (1956): A Graphical Approach to Production Scheduling Problems, Operations Research, Vol. 4, S. 244 - 245

Andler, K. (1929): Rationalisierung der Fabrikation und optimale Losgröße, München, Berlin

Bechte, W. (1980): Steuerung der Durchlaufzeit durch belastungsorientierte Auftragsfreigabe bei Werkstattfertigung, Diss., Hannover

Bergner, H. (1979): Vorbereitung der Produktion, physische, in: Handwörterbuch der Produktionswirtschaft, Sp. 2173 - 2186

Bestmann, U. (Hrsg.) (2001): Kompendium der Betriebswirtschaftslehre, 10. Aufl., München, Wien

Biskup, D. (1999): Ziele und Kosten in der klassischen Ablaufplanung, in: WiSt, 28. Jg., S. 135 - 155

Bloech, J./Ihde, G.B. (1972): Betriebliche Distributionsplanung, Würzburg, Wien

Bloech, J./Lücke, W. (1982): Produktionswirtschaft, Stuttgart

Bloech, J./Lücke, W. (2006): Produktionswirtschaft, in: Bea, F.X. et al. (Hrsg.): Allgemeine Betriebswirtschaftslehre, Bd. 3: Leistungsprozeß, 9. Aufl., Stuttgart, New York, S. 183-252

Blohm, H./Beer, T./Seidenberg, U./Silber, H. (2007): Produktionswirtschaft, 4. Aufl., Herne, Berlin

Bogaschewsky, R. (1996): Losgröße, in: Kern, W. (Hrsg.): Handwörterbuch der Produktionswirtschaft, 2. Aufl., Stuttgart, Sp. 1141 - 1158

Bogaschewsky, R./Buscher, U. (1999): Simultane Fertigungs- und Transportlosgrößenplanung - ein statischer Ansatz für die Sortenfertigung, in: WiSt, 28. Jg., H. 7, S. 335 - 341

Bogaschewsky, R./Buscher, U./Lindner, G. (2001): Optimizing Multi-Stage Production with Constant Lot Size and Varying Number of Unequal Sized Batches, in: OMEGA, Vol. 29, Issue 2, S. 183 - 191

Buscher, U. (2000): Lossplitting in der Lossequenzplanung, in: WISU, 29. Jg., S. 197 - 204

Buscher, U./Lindner, G. (2000): Planung der Fertigungslosgröße bei Berücksichtigung unterschiedlich großer Transportlose, in: WiSt, 29. Jg., H. 11, S. 610 - 615

Corsten, H. (2007): Produktionswirtschaft, Einführung in das industrielle Produktionsmanagement, 11. Aufl., München, Wien

Daub, A. (1994): Ablaufplanung, Bergisch-Gladbach, Köln

Daub, A. (1997a): Ablaufplanung, in: Bloech, J./Ihde, G.B. (Hrsg.): Vahlens Großes Logistiklexikon, München, S. 10 - 11

Daub, A. (1997b): Ablaufplanungsproblem, Lösungsansätze für das, in: Bloech, J./Ihde, G.B. (Hrsg.): Vahlens Großes Logistiklexikon, München, S. 13 - 15

Daub, A. (1997c): Branch-and-bound-Verfahren, in: Bloech, J./Ihde, G.B. (Hrsg.): Vahlens Großes Logistiklexikon, München, S. 118 - 119

Daub, A. (1997d): Johnson-Verfahren, in: Bloech, J./Ihde, G.B. (Hrsg.): Vahlens Großes Logistiklexikon, München, S. 410-411

Daub, A. (1997e): Lomnicki-Verfahren, in: Bloech, J./Ihde, G.B. (Hrsg.): Vahlens Großes Logistiklexikon, München, S. 649 - 650

Daub, A. (2000): Ablaufplanung, in: Burchert, H./Hering, T./Rollberg, R. (Hrsg.): Logistik – Aufgaben und Lösungen, München, Wien, S. 157 - 168

Domschke, W. (1997): Logistik, Bd. 2: Rundreisen und Touren, 4. Aufl., München, Wien

Domschke, W./Drexl, A. (2002): Einführung in Operations Research, 5. Aufl., Berlin u. a.

Domschke, W./Drexl, A. (2007): Einführung in Operations Research, 7. Aufl., Berlin u. a.

Dueck, G./Scheuer, T./Wallmeier, H.-M. (1990): Threshold Accepting: A General Purpose Optimization Algorithm Appearing Superior to Simulated Annealing, in: Journal of Computational Physics, Vol. 90, S. 161 - 175

Dueck, G./Scheuer, T./Wallmeier, H.-M. (1993): Toleranzschwelle und Sintflut: Neue Ideen zur Optimierung, in: Spektrum der Wissenschaft, 16. Jg., S. 42 - 51

Fischer, K. (1990): Retrograde Terminierung, Wiesbaden

French, S. (1982): Sequencing and Scheduling, Chichester

Glaser, H./Geiger, W./Rohde, V. (1992): PPS - Produktionsplanung und -steuerung, 2. Aufl., Wiesbaden

Goldratt, E. (1988): Computerized Shop Floor Scheduling, in: International Journal of Production Research, Vol. 26, No. 2, S. 443 - 455

Goldratt, E./Cox, J. (1986): The Goal, Croton-on-Hudson, N.Y.

Große-Oetringhaus, W. (1972): Typologie der Fertigung unter dem Gesichtspunkt der Fertigungsablaufplanung, Diss., Gießen

Gutenberg, E. (1983): Grundlagen der Betriebswirtschaftslehre, Band 1: Die Produktion, 24. Aufl., Berlin, Heidelberg, New York

Hahn, R. (1972): Produktionsplanung bei Linienfertigung, Berlin, New York

Harris, F. (1915): Operations and Cost, in: Factory Management Series, Chicago

Haupt, R. (1987): Produktionstheorie und Ablaufmanagement, Stuttgart

Heinemeyer, W. (1986): Just-in-time mit Fortschrittszahlen, in: Wildemann, H. (Hrsg.): Just-in-time Produktion und Zulieferung, Band 1, Passau, S. 257 - 290

Heinemeyer, W. (1988): Die Planung und Steuerung des logistischen Prozesses mit Fortschrittszahlen, in: Adam, D. (Hrsg.): Fertigungssteuerung II, Wiesbaden, S. 5 - 32

Helberg, P. (1987): PPS als CIM-Baustein, Berlin

Hoitsch, H.-J./Lingnau, U. (1992): Neue Ansätze zur Fertigungssteuerung, in: WISU, H. 4, S. 300 - 312

Jacobs, R.F. (1984): OPT uncovered: Many Production Planning and Scheduling Concepts Can Be Applied Without the Software, in: Industrial Engineering, Vol. 16, No. 10, S. 32 - 41

Johnson, S. M. (1954): Optimal Two- and Three Stage Production Schedules with Setup Time Included; Naval Research Logistics Quarterly; No. 1, Vol. 1, S. 61 - 68

Jünemann, R. (1989): Materialfluß und Logistik, Berlin u. a.

Kern, W. (1992): Industrielle Produktionswirtschaft, 5. Aufl., Stuttgart

Kettner, H./Bechte, W. (1981): Neue Wege der Fertigungssteuerung durch belastungsorientierte Auftragsfreigabe, in: VDI - Zeitschrift, 123. Jg., S. 459 - 465

Kießwetter, M. (1999): Ablaufplanung in der chemischen Industrie, Wiesbaden

Knolmayer, G./Mertens, P./Zeier, A. (2000): Supply Chain Management auf Basis von SAP-Systemen, Berlin u. a.

Koffler, J.R. (1987): Neuere Systeme zur Produktionsplanung und -steuerung, München

Krajewski, L.J./Ritzman, L.P. (1993): Operations Management, 3. Aufl., Reading

Krycha, K.-T. (1996): Produktionstypologien, in: Kern, W./Schröder, H.-H./Weber, J. (Hrsg.): Handwörterbuch der Produktionswirtschaft, 2. Aufl., Stuttgart, Sp. 1617 - 1629

Küpper, W./Lüder, K./Streitferdt, L. (1975): Netzplantechnik, Würzburg, Wien

Kurbel, K. (1978): Simultane Produktionsplanung bei mehrstufiger Serienfertigung, Berlin

Liedl, R. (1984): Ablaufplanung bei auftragsorientierter Werkstattfertigung, Münster

Little, J.D.C. (1961): L = λW, in: Operations Research, Vol. 9, S. 383 - 387

Little, J.D.C. et al. (1963): An Algorithm for the Traveling Salesman Problem, in: OR, 11. Jg., H. 12, S. 972 - 989

Lomnicki, Z.A. (1965): A "Branch and Bound" Algorithm for the Exact Solution of the Three-Machine Scheduling Problems, in: Operations Research Quarterly, Vol. 16, S. 101 - 107

Lücke, W. (Hrsg.) (1991): Investitionslexikon, 2. Aufl, München

Lüder, K. (1990): Standortwahl, in: Jacob, H. (Hrsg.): Industriebetriebslehre, 4. Aufl., Wiesbaden, S. 25 - 100

Mensch, G. (1968): Ablaufplanung, Köln, Opladen

Monden, Y. (1983): Toyota Production System, Norcross

Müller, E./Neuvians, G./Zimmermann, H.-J. (1974): Untersuchung über den Zusammenhang zwischen der Bestimmung optimaler Losgrößen und der Fertigungsablaufplanung, Forschungsbericht des Landes Nordrhein-Westfalen Nr. 2237, Opladen

Müller-Merbach, H. (1970): Optimale Reihenfolgen, Berlin u. a.

Oßwald, J. (1979): Produktionsplanung bei losweiser Fertigung, Wiesbaden

Pack, L. (1963): Optimale Bestellmenge und optimale Losgröße, in: ZfB, 33. Jg., S. 465 - 492

Perridon, L./ Steiner, M. (2007): Finanzwirtschaft der Unternehmung, 14. Aufl., München

Pfaffenberger, U. (1960): Produktionsplanung bei losreihenfolgeabhängigen Maschinenumstellkosten, in: Unternehmensforschung, 5. Jg., S. 31 - 40

Roland, F. (1997b): Fertigung, Organisationstypen der, in: Bloech, J./Ihde, G.B. (Hrsg.): Vahlens Großes Logistiklexikon, München, S. 274 - 275

Roland, F. (1997c): Fertigungstypen, in: Bloech, J./Ihde, G.B. (Hrsg.): Vahlens Großes Logistiklexikon, München, S. 283 - 284

Roland, F. (2000a): Ablaufplanung bei Variantenfertigung, in: Burchert, H./Hering, T./ Rollberg, R. (Hrsg.): Logistik – Aufgaben und Lösungen, München, Wien, S. 169 - 173

Scheer, A.-W. (1990): CIM - Computer Integrated Manufacturing, 4. Aufl., Berlin

Schneider, E. (1938): Absatz, Produktion und Lagerhaltung bei einfacher Produktion, in: Archiv für mathematische Wirtschafts- und Sozialforschung, S. 99 - 113

Schultz, J. (1999): Ausgewählte Methoden der Ablaufplanung im Vergleich, Wiesbaden

Seelbach, H. u. a. (1975): Ablaufplanung, Würzburg, Wien

Siegel, Th. (1974): Optimale Maschinenbelegungsplanung, Berlin

Silver, E.A./Pyke, D.F./Peterson, R. (1998): Inventory Management and Production Planning and Scheduling, New York u. a.

Spearman, M.L./Woodruff, D.L./Hopp, W.J. (1990): CONWIP: A Pull Alternative to KANBAN, in: International Journal of Production Research, Vol. 28, No. 5, S. 879 - 894

Steffen, R. (1977): Produktionsplanung bei Fließbandfertigung, Wiesbaden

Szendrovits, A.Z. (1975): Manufacturing Cycle Time Determination for a Multi-Stage Economic Production Quantity Model, in: Management Science, Vol. 22, Nr. 3, S. 298 - 308.

Tempelmeier, H. (2003): Material-Logistik, 5. Aufl., Berlin u. a.

Tempelmeier, H. (2005): Material-Logistik, 6. Aufl., Berlin u. a.

von Zwehl, W. (1979): Losgrößen, wirtschaftliche, in: Handwörterbuch der Produktionswirtschaft, Sp. 1163 - 1182

Wäscher, G. (1982): Innerbetriebliche Standortplanung bei einfacher und mehrfacher Zielsetzung, Wiesbaden

Weidner, D. (1992): Engpaßorientierte Fertigungssteuerung, Frankfurt/M. u. a.

Weisner, U. (1968): Ein Branch and Bound-Algorithmus zur Bestimmung einer exakten Lösung des Maschinenbelegungsplanproblems für 3 Maschinen, in: Weinberg, F. (Hrsg.): Einführung in die Branch and Bound-Methodik, Berlin, S. 30 - 39

Wiendahl, H.-P. (1987): Belastungsorientierte Fertigungssteuerung, München, Wien

Wiendahl, H.-P. (1988a): Die belastungsorientierte Fertigungssteuerung in: Adam, D. (Hrsg.): Fertigungssteuerung II, Wiesbaden, S. 51 - 88

Wiendahl, H.-P. (1988b): Erwiderung: Probleme der belastungsorientierten Auftragsfreigabe, in: ZfB, 58. Jg., S. 1224 - 1227

Wiendahl, H.-P. (1989): Das Dilemma der Fertigungssteuerung, in: ZfB, 59. Jg., S. 914 - 926

Zäpfel, G. (1982): Produktionswirtschaft, Operatives Produktions-Management, Berlin, New York

Zäpfel, G./Missbauer, H. (1987): Produktionsplanung und -steuerung für die Fertigungsindustrie - Ein Systemvergleich, in: ZfB, 57. Jg., S. 882 - 900

Zäpfel, G./Missbauer, H. (1988a) : Traditionelle Systeme der Produktionsplanung und -steuerung in der Fertigungsindustrie, in: WiSt, 17. Jg., S. 73 - 77

Zäpfel, G./Missbauer, H. (1988b): Neuere Konzepte der Produktionsplanung und -steuerung in der Fertigungsindustrie, in: WiSt, 17. Jg., S. 127 - 131

Zimmermann, G. (1988): Produktionsplanung variantenreicher Erzeugnisse mit EDV, Berlin u. a.

Aufgaben zu Teil III, Abschnitt 4

Aufgabe III-14

Ordnen Sie den folgenden Erzeugnissen die zugehörigen Produktionstypen zu:

a) Damenblusen   b) Eiffelturm in Paris   c) 40 Watt-Glühlampen

d) Ölbild   e) Porzellan   f) Postkarten

g) Prototypen neuer Autos   h) rote Wolle   i) Schmuck

j) Schrauben   k) Stahl   l) Tuche und Stoffe

Aufgabe III-15

Ein Unternehmen möchte für das nächste Jahr (= 250 Arbeitstage) für ein Produkt die optimale Losgröße bestimmen. Insgesamt sollen 10.000 ME hergestellt werden. Für die Lagerhaltung sind 20 GE pro ME und Jahr, für einen Rüstvorgang 50 GE zu berechnen. Weiterhin sind ein Zinssatz von 20 % p.a. und ein Stückwert von 400 GE zu berücksichtigen.

Ermitteln Sie (unter der vereinfachenden Annahme einer unendlichen Produktionsgeschwindigkeit) die optimale Losgröße, die optimale Reichweite eines Loses sowie die minimalen Kosten.

Aufgabe III-16

Ein Betrieb stellt in einem zweistufigen, offenen Fertigungsprozess in der 1. Stufe ein Halbfabrikat mit einer Produktionsrate von 100 ME pro Tag her. Die Folgestufe benötigt, wenn sie diese Produktart fertigt, für das Endprodukt 300 ME des Halbfabrikats pro Tag. Die Halbfertigprodukte der 1. Stufe können bei einem Lagerhaltungskostensatz von 0,2 GE pro Tag zwischengelagert werden. Ein Rüstvorgang verursacht Kosten von 800 GE.

a) Berechnen Sie die kostenoptimale Losgröße, die Produktions- und Stillstandszeiten der einzelnen Stufen und die minimalen losweisen Kosten.

b) Der Planungszeitraum sei nun auf 200 Tage begrenzt. Bestimmen Sie mit Hilfe der Ergebnisse aus a) die minimalen Kosten.

Aufgabe III-17

Ein Produkt wird in einem zweistufigen, geschlossenen Produktionsprozess gefertigt. Die Produktionsrate der vorgelagerten Stufe beträgt 10 ME/ZE, die der nachgelagerten Stufe 7 ME/ZE. Die Lagerhaltungskosten betragen 0,1 GE/ME·ZE und für einen Rüstvorgang sind 500 GE zu berechnen.

a) Ermitteln Sie die optimale Losgröße der Vorstufe, die optimalen Produktions- und Stillstandszeiten, den durchschnittlichen Lagerbestand und die minimalen losweisen Kosten.

b) Wie hoch sind die minimalen Kosten, wenn der Planungszeitraum 200 ZE umfasst?

Aufgabe III-18

Ein Unternehmen bearbeitet ein Produkt in einem 3-stufigen Fertigungsprozess. Der gesamte, offene Produktionsprozess ist durch folgende Datenmatrix charakterisiert:

Stufe	Leistung ME/ZE	Rüstkosten GE	Lagerhaltungskosten GE/ME·ZE
1	200	500	0,10
2	120	1.000	0,15
3	150	400	0,20

Von diesem Produkt werden 100 ME/ZE abgesetzt.

a) Berechnen Sie die optimale Losgröße, die losweisen Kosten sowie die Kosten eines Loszyklus.

b) Bestimmen Sie die Losauflagehäufigkeit und die Gesamtkosten, wenn der Planungszeitraum 200 Tage umfasst.

Aufgabe III-19

In einem Unternehmen beanspruchen die Produkte x_1 und x_2 die Kapazität der Stufe s bei einem offenen Fertigungsprozess. In dieser Stufe beträgt die Produktionsrate von x_1 400 ME/Tag, von x_2 300 ME/Tag. Die Absatzraten für diese Sorten betragen bei x_1 100 und x_2 150 Stück pro Tag. Für die Lagerhaltung von x_1 sind 0,4 GE und von x_2 0,3 GE pro Tag zu berechnen. Pro Rüstvorgang fallen Kosten in Höhe von $k_{R,1} = 500$ GE bzw. $k_{R,2} = 700$ GE an.

Ermitteln Sie die optimalen Losgrößen $x_{1,opt}$ und $x_{2,opt}$ bei identischer Losauflagehäufigkeit. Geben Sie auch die entsprechenden Produktions- und Stillstandzeiten an.

Aufgabe III-20

Für fünf auf einem Aggregat zu fertigende Aufträge soll die Reihenfolge bestimmt werden, die zu minimalen Rüstkosten führt. Die reihenfolgeabhängigen Rüstkosten sind der folgenden Tabelle zu entnehmen, wobei gekreuzte Elemente eine unzulässige Reihenfolge kennzeichnen.

von \ nach	A	B	C	D	E
A	X	7	8	X	6
B	6	X	12	3	X
C	7	3	X	7	X
D	4	X	7	X	9
E	X	1	8	X	X

a) Ermitteln Sie die optimale Auftragsreihenfolge mittels der Branch-and-Bound-Methodik. Führen Sie dabei grundsätzlich erst eine Zeilen- und ggf. dann eine Spaltenreduktion durch. Geben Sie die Höhe der minimalen Rüstkosten an.

b) Skizzieren Sie den zugehörigen Lösungsbaum.

Aufgabe III-21

Gegeben sei folgende Maschinenfolgematrix für einen Auftragsbestand von fünf Aufträgen:

	M_1	M_2	M_3	M_4
A_1	1	2	3	4
A_2	2	3	4	1
A_3	3	4	2	1
A_4	4	3	2	1
A_5	1	3	4	2

a) Zeichnen Sie den Maschinenfolgegraphen.

b) Angenommen, es gelte folgende Auftragsfolgematrix:

	M_1	M_2	M_3	M_4
A_1	1	1	3	5
A_2	2	2	4	3
A_3	4	3	2	1
A_4	5	4	1	4
A_5	3	5	5	2

Zeichnen Sie den Auftragsfolgegraphen, und entwickeln Sie den Ablaufgraphen. Überprüfen Sie diesen auf Zulässigkeit.

c) Unterstellen Sie nun, dass für alle Maschinen die gleiche Auftragsfolge A_1 - A_2 - A_3 - A_4 - A_5 gilt, und zeichnen Sie den Auftragsfolgegraphen und den Ablaufgraphen. Ist dieser zulässig?

Aufgabe III-22

In einer Werkstatt mit drei Maschinen und einem Auftragsbestand von drei Aufträgen ergab die Ablaufplanung ein durch folgenden Ablaufgraphen dargestelltes Ergebnis:

Die Bearbeitungszeitmatrix hat folgendes Aussehen:

	M_1	M_2	M_3
A_1	2	6	4
A_2	1	3	2
A_3	3	4	6

a) Erstellen Sie das

    - Auftragsfolge-Diagramm

    - Maschinenfolge-Diagramm

b) Ermitteln Sie folgende Größen:

    - Zykluszeit

    - Gesamtbelegungszeit

    - Gesamtleerzeit

    - Gesamtdurchlaufzeit

    - Gesamtwartezeit (mit und ohne Endwartezeit)

    - Kapazitätsauslastung

Aufgabe III-23

In einem Flow-Shop warten die drei Lose A_1 bis A_3, die in dieser Reihenfolge einge-
troffen sind, auf Bearbeitung. Jedes Los durchläuft die drei Maschinenplätze M_1, M_2,
M_3 in dieser Reihenfolge. Gegeben sind die Bearbeitungszeitmatrix und die vereinbarten Liefertermine:

	M_1	M_2	M_3	Liefertermine
A_1	4	2	4	30
A_2	6	8	10	24
A_3	2	10	4	26

a) Ermitteln Sie die Auftragsfolge nach den Regeln "first come - first serve" sowie
   "kürzeste Operationszeit", und erstellen Sie Auftragsfolge- und Maschinenfolgediagramm.

b) Beurteilen Sie die Prioritätsregeln anhand folgender Kennziffern:

    - Zykluszeit

    - Gesamtdurchlaufzeit

    - Gesamtbelegungszeit

    - Auslastung

    - Verspätungszeiten

Aufgabe III-24

In einer Fließfertigung sind 4 Aufträge (A, B, D, U) auf drei Maschinen zu bearbeiten, wobei für alle Aufträge die identische Maschinenfolge M_1, M_2, M_3 gelten soll. Die Bearbeitungszeiten von Auftrag j auf Maschine i gibt die folgende Bearbeitungszeitmatrix wieder:

	M_1	M_2	M_3
A	6	3	9
B	9	2	2
D	4	1	5
U	5	4	3

a) Prüfen Sie, ob das Verfahren von JOHNSON zum optimalen Ergebnis führt.

b) Ermitteln Sie die Auftragsfolge nach dem JOHNSON-Algorithmus. Welche Zielgröße wird hierbei zugrunde gelegt?

c) Welchen Wert hat diese Zielgröße?

Aufgabe III-25

Für einen Fertigungsbereich eines Unternehmens, der in Form eines flow shop organisiert ist, soll der Produktionsablauf geplant werden. Es steht eine Gruppe von 4 Aufträgen bereit, die auf 3 Aggregaten (jeweils in der Reihenfolge M_1, M_2, M_3) zu bearbeiten sind. Die Durchführungszeiten (in Stunden) für die einzelnen Bearbeitungsschritte sind der nachstehenden Tabelle zu entnehmen:

Bearbeitungszeitmatrix [Stunden]:

	M_1	M_2	M_3
A_1	11	6	6
A_2	3	7	4
A_3	4	5	6
A_4	10	8	10

a) Ermitteln Sie mit Hilfe des Verfahrens von LOMNICKI eine Optimallösung für die vorliegende Problemstellung.

b) Erstellen Sie den zugehörigen Lösungsbaum.

Teil IV

Produktionsorientierte Managementkonzepte

Überblick

Im diesem Teil werden die drei bekanntesten produktionsorientierten Managementkonzepte kurz dargestellt. Es sind dies das ursprünglich primär technisch fokussierte Computer Integrated Manufacturing (CIM), der an Produktionsweisen in japanischen Unternehmen angelehnte Lean Production-Ansatz sowie das Total Quality Management (TQM). Als logistische Basisphilosophie, die mehreren Konzepten zueigen ist, wird das Just-in-Time-Konzept gesondert dargestellt. Ergänzt werden die Ausführungen um den relativ neuen Ansatz des Supply Chain Management (SCM).

Der erste Abschnitt gibt einen Überblick über das Konzept des *Computer Integrated Manufacturing* (CIM), in dem die betriebswirtschaftliche Komponente, realisiert in Form von PPS-Systemen (vgl. Abschnitt III-1), mit den technischen Komponenten „Design" (CAD), „Planung der Arbeitsabläufe" (CAP) und „Fertigung" (CAM) zu integrieren versucht wird. Ergänzt werden diese Module durch die Qualitätssicherungskomponente (CAQ) sowie das Betriebsdatenerfassungssystem (BDE). Die einzelnen Module sind über ein zentrales Informations- und Kommunikationssystem (IKS) verbunden.

Der Abschnitt 2 behandelt *Just in Time* als logistische Philosophie zur Steuerung des Produktions- und Logistikbereichs. Dabei wird versucht, die Bestände an Fertigmaterial, Teilen, Komponenten, Zwischen- und Fertigprodukten auf einem möglichst geringen Niveau zu halten, um auf diese Weise niedrige Kapitalbindungskosten zu realisieren. Grundprinzip des Konzepts ist die weitgehend bedarfssynchrone Bereitstellung und Fertigung, was auch Zulieferungen von Lieferanten umfasst.

In Abschnitt 3 wird mit dem *Lean Production-Konzept* ein aus Japan stammender, praxisorientierter Ansatz zur Erlangung internationaler Wettbewerbsfähigkeit dargestellt, der die Unternehmensbereiche „Forschung und Entwicklung", „Beschaffung", „Produktion" und „Marketing/Vertrieb" sowie die Zulieferer- und Kundenkontakte einbezieht.

Der vierte Abschnitt skizziert die Philosophie und einige Instrumente des *Total Quality Management (TQM)*. Die Ausführungen sind relativ kurz gehalten, da TQM starke Überschneidung zum Lean Production-Konzept aufweist.

Im fünften und letzten Abschnitt wird mit dem *Supply Chain Management (SCM)* ein Ansatz aufgegriffen, der die verbesserte Koordination der überbetrieblichen Wertschöpfungskette über mehrere Stufen hinweg bzw. die Optimierung des Wertschöpfungsnetzwerks fokussiert.

1. Computer Integrated Manufacturing (CIM)

Die Planung und Steuerung der Produktion muss im Gesamtrahmen und unter Berücksichtigung betriebswirtschaftlicher und technischer Aspekte gesehen werden. Eine Zusammenführung dieser Bereiche ist Inhalt des Konzepts des Computer Integrated Manufacturing (CIM). Aus dem Namen wird deutlich, dass der Einsatz von Rechnern für eine solche Integration unabdingbar ist. Die betriebswirtschaftliche Komponente eines CIM-Konzepts ist durch das PPS-System (vgl. Abschnitt III-1) gegeben.

1.1 Konventionelle CIM-Module

Im technischen, betriebswirtschaftlich-planerischen und informationsbezogenen Bereich können die folgenden Komponenten unterschieden werden:

Computer Aided Design (CAD)

Unter CAD wird das *rechnergestützte Entwerfen, Zeichnen und Konstruieren* verstanden. Hierzu werden besonders leistungsfähige Rechner (Workstations) mit großen, hochauflösenden Grafikbildschirmen, besonderen Eingabemöglichkeiten (Grafik-/Digitalisiertabletts), großen Hauptspeichern und schnellen Prozessoren eingesetzt. Die CAD-Programme stellen i.d.R. Geometrieelemente und zugehörige mathematische Funktionen zur Verfügung, die dann in zwei- und/oder dreidimensionalen Modellen frei kombiniert und im Rechner gespeichert bzw. wieder abgerufen werden können.

In der Regel sind die konstruierten Teile auf ihre technischen Eigenschaften (Festigkeit, Elastizität, Druck-, Hitzebeständigkeit etc.) hin zu untersuchen. Zu diesem Zweck können Simulationsrechnungen durchgeführt werden. Je nach Ergebnis dieser Berechnungen ist der Entwurf ggf. entsprechend zu modifizieren. Konstruktion und Test werden auch in dem Begriff *Computer Aided Engineering (CAE)* zusammengefasst.

Im betriebswirtschaftlichen Bereich können wertmäßige Berechnungen im Rahmen einer *konstruktionsbegleitenden Kalkulation* (vgl. Scheer (1985)) vorgenommen werden. Hierzu müssen allerdings Daten aus der Arbeitsplanung und der Kostenrechnung bereitstehen, also Informationen über durchzuführende Arbeitsgänge sowie die dabei entstehenden Kosten (Materialkosten etc.).

Computer Aided Planning (CAP)

Die rechnergestützte Arbeitsplanung dient der Erstellung von *Arbeitsplänen*. In den Arbeitsplänen sind die einzelnen Bearbeitungs- und Montageschritte für Material und Teile zur Erstellung von Produkten oder Bauteilen/-gruppen enthalten. Insbesondere sind die geometrischen Daten der Teile, die einzusetzenden Betriebsmittel (Maschinen, Werkzeuge etc.) und die Art und Dauer der Bearbeitung spezifiziert. Vorgabe für die Arbeitsplanung sind somit Daten aus dem CAD-Bereich. Die Arbeitsplanung kann auch die Programmierung von (teil-)automatisierten Maschinen (NC-Maschinen, Roboter etc.) sowie die Konstruktion von Spezialwerkzeugen für individuelle Fertigungsaufgaben umfassen. Weiterhin könnte die Anfertigung von Prüfplänen zur Überwachung der Produktqualität dem CAP-Bereich zugeordnet werden.

Computer Aided Manufacturing (CAM)

Die rechnergestützte Fertigung im Sinne des eigentlichen Be- und Verarbeitungsprozesses umfasst die Steuerung von Produktionsmaschinen sowie der direkt mit dem Fertigungsprozess verbundenen Transport- und Lagersysteme. Somit ist mit CAM auch der innerbetriebliche Materialfluss (Produktionslogistik) einschließlich der Be- und Verarbeitungsvorgänge angesprochen. Die Fertigungsanlagen lassen sich nach Automatisierungsgraden in NC-, CNC- und DNC-Maschinen differenzieren. Allen drei Klassen ist gemeinsam, dass die erforderlichen Daten zur Bearbeitung eines Werkstücks numerisch in Form eines Programms (Numerical Control) vorgegeben werden. Während reinen *NC-Maschinen* die notwendigen Daten per Lochstreifen o.ä. eingegeben werden mussten, erlauben *CNC-Maschinen* (Computerized NC) eine komfortablere Programmierung vor Ort im Dialog. *DNC-Maschinen* (Direct NC) sind an einen zentralen Steuerrechner angeschlossen, der die Programme für die jeweilige Maschine direkt überträgt und ggf. eine optimale Verteilung der Fertigungsprogramme auf den alternativen Anlagen vornimmt.

Neben Werkzeugmaschinen sind *Industrieroboter* Teil des Automatisierungsbestrebens in der Fertigung. Roboter können mittels verschiedener Verfahren programmiert werden. Typische Verfahren sind das Play-Back, bei dem durch manuelles Führen des Roboters und Speichern der Einzelbewegungen das gewünschte Bewegungsmuster eingegeben wird, sowie das Teach-In, das eher einer direkten Eingabe möglicher Bewegungen entspricht. Der Roboter wiederholt dann die „erlernten" Vorgänge beliebig oft. Diese Vorgehensweisen können durchaus einen erheblichen Aufwand ausmachen, was jedoch i.d.R. durch die ausfallarme und qualitätstreue „Arbeit" der Maschine überkompensiert wird. Roboter sind in der industriellen Praxis für verschiedenste Aufgabenstellungen im Einsatz wie z. B. für Schweiß-, Bohr-, Fräs-, Schleif- und Lackierarbeiten sowie für Handhabungsvorgänge und Messtätigkeiten. Häufig müssen Roboter zu diesem Zweck mit Sensoren ausgestattet werden, um z. B. verschiedene geometrische Formen unterscheiden zu können. In Grenzfällen sind Roboter mit einem gewissen Grad an „Intelligenz" auszustatten, um Konfliktsituationen bewältigen oder die vorteilhafteste aus mehreren Alternativen auswählen zu können. Hierfür können Methoden der Künstlichen Intelligenz[1] zur Anwendung kommen.

Der *Transport* von Material zwischen den Maschinen bzw. Fertigungsstufen kann teilweise automatisch (Fördereinrichtungen, Fahrerlose Transportsysteme) durchgeführt werden. Soweit keine strenge Fließfertigung[2] vorliegt, sind Transporte immer mit (Zwischen-)Lagerentnahmen bzw. -zulieferungen verbunden. Auch die Lagerung ist teilweise automatisierbar (Ein-/Auslagerung z. B. in Hochregallägern etc.). Transport- und Lagersysteme sind unter logistischen Gesichtspunkten optimal zu steuern, d.h., das benötigte Material muss exakt in bezug auf den Bedarfszeitpunkt, die Bedarfsmenge und die Qualität am gewünschten Ort zu minimalen logistischen Kosten bereitgestellt werden. Zu diesem Zweck werden neben den notwendigen technischen Einrichtungen dedizierte Steuerungssysteme eingesetzt, die aus dem Fertigungssteuerungssystem die notwendigen Eckdaten erhalten.

Die Schnittstelle zwischen Lager- bzw. Transportsystem und den Maschinen stellen *Werkstück- und Werkzeughandhabungseinrichtungen* dar. Häufig sind diese schon in die eigentliche Bearbeitungsmaschine integriert. Teilweise muss die Bestückung und Umrüstung jedoch manuell durchgeführt werden.

Die Diskussion des Grads der Automatisierung in Zusammenhang mit der Flexibilität der Produktionseinrichtungen führt zur Darstellung neuerer Formen der Fertigungsorganisation. Hiermit soll gleichzeitig die Organisation von Abläufen und von Betriebsmitteln angesprochen werden.

- *Bearbeitungszentren* sind heute i.d.R. rechnergesteuert und verfügen über ein automatisches Werkzeugwechselsystem, das die sequentielle, nicht durch manuelle Tätigkeiten unterbrochene Ausführung mehrerer ähnlicher Bearbeitungsschritte ermöglicht. Auf diese Weise können z. B. mit einer Drehmaschine in direkter Folge Dreh-, Bohr-, Fräs- und Schleifoperationen durchgeführt werden.

---

[1] Zu KI-Methoden vgl. u. a. Kurbel (1992).

[2] Zur Definition der Fließfertigung siehe Abschnitt III-4.2.

- *Flexible Fertigungszellen* integrieren eine oder mehrere Werkzeugmaschinen mit Speichern und automatischen Wechseleinrichtungen für Werkstücke und Werkzeuge. Somit können mehrere Arbeitsoperationen an einem Werkstück nacheinander ohne manuellen Eingriff durchgeführt werden. Diese oder andere Bearbeitungsschritte können sich bis zur Abarbeitung des Werkstückspeichers wiederholen bzw. bis eine nur manuell behebbare Störung auftritt.

- *Flexible Fertigungssysteme* vereinen mehrere Bearbeitungsstationen mit entsprechenden Lager-, Transport- und Handhabungseinrichtungen. Da diese Systeme im Grenzfall eine weitgehende Komplettbearbeitung für Montageteile ermöglichen, sind häufig noch Prüffunktionen integriert. Auf diese Weise können der Materialfluss und die Bearbeitung zu großen Teilen automatisiert werden. Durch den Einsatz flexibler Bearbeitungsstationen innerhalb des Systems können sich Maschinen teilweise ersetzen, womit eine größere Flexibilität bei Ausfall einzelner Einheiten erreicht wird. Dabei muss sichergestellt sein, dass die alternativen Aggregate wahlweise über das installierte Transportsystem angesteuert und die Arbeitsoperationen für verschiedene Werkstücke auf den Maschinen in weitgehend beliebiger Reihenfolge durchgeführt werden können. Übernimmt das Flexible Fertigungssystem tatsächlich eine weitgehende Komplettbearbeitung der Teile/Produkte und werden die damit verbundenen Steuerungsaufgaben ebenfalls innerhalb des Systems vorgenommen, spricht man auch von einer *Fertigungsinsel*.

- *Flexible Fertigungsstraßen* bestehen i.d.R. aus rechnergesteuerten Maschinen, die über ein automatisiertes Transportsystem miteinander verknüpft sind. Charakteristisch sind die am Fertigungsprozess orientierte Layoutgestaltung der Straße und die taktgebundene Werkstückbearbeitung und -weitergabe. Dabei sind kleinere Zwischenläger zum Abpuffern von Störungen möglich. Die Flexibilität gegenüber konventionellen Transferstraßen liegt in der schnellen Umrüstbarkeit des Gesamtsystems, womit jedoch ein gegenüber Flexiblen Fertigungssystemen relativ geringes Teilespektrum abgedeckt werden kann. Würde das Transportsystem so flexibel ausgelegt, dass einzelne Bearbeitungsstationen übersprungen werden können, spricht man auch von einer *Flexiblen Fertigungslinie*.[3]

Computer Aided Quality Assurance (CAQ)

Unter dem Begriff CAQ werden alle rechnergestützten Planungs-, Lenkungs- und Durchführungsmaßnahmen zur *Qualitätssicherung* subsumiert. Eine innerbetriebliche Qualitätssicherung ist beim Entwurf und bei der Konstruktion, bei der Erarbeitung von

---

[3]   Zur Definition von Linien- bzw. Straßenfertigung siehe auch Abschnitt III-4.2.

Produktionsverfahren, bei der Durchführung der Fertigung bis hin zum Versand von Wichtigkeit. Daher ergeben sich direkte Berührungspunkte mit dem CAD, CAP bzw. CAE und dem CAM. Dabei gilt, dass eine frühzeitige Erkennung bzw. Vermeidung von Fehlern bzw. Qualitätsabweichungen die geringsten zusätzlichen Kosten verursacht. Damit ist besonders im CAD-Bereich eine eingehende Qualitätsanalyse der Entwürfe vorzunehmen. Im Rahmen des Produktionsprozesses müssen Qualitätskontrollen, ggf. unter Einsatz statistischer Verfahren, durchgeführt und bei Überschreitung einer Fehlertoleranzgrenze entsprechende Gegenmaßnahmen unverzüglich eingeleitet werden. Prüfpläne und -programme können rechnergestützt erstellt und verwaltet werden. In bezug auf die Gewährleistung eines fehlerfreien Betriebs der Anlagen ist, insbesondere bei stark automatisierten Fertigungsprozessen, eine vorbeugende *Instandhaltung* zu planen, durchzuführen und zu kontrollieren.

Die technische Komponente der Qualitätssicherungsmaßnahmen wird bei entsprechender Rechnerunterstützung auch als Computer Aided Testing (CAT) und Computer Aided Inspection (CAI)[4] bezeichnet.

Betriebsdatenerfassungssystem (BDE-System)

Bei stark automatisierten Fertigungs-, Lager- und Transportsystemen gewinnt eine exakte Betriebsdatenerfassung an Bedeutung. Da viele Vorgänge im Produktionsbereich keine oder nur noch wenige manuelle Eingriffe erfordern, kann ein Überblick über die Fertigungssituation nur noch über rechnergestützte BDE-Systeme gesichert werden. Die gesammelten Daten dienen u. a. als Planungsgrundlage für das PPS-System für die Aufstellung von Produktionsplänen unter Berücksichtigung des aktuellen Fertigungsfortschritts und der Belastung der Kapazitäten. Über einen Vergleich von Soll- und Istwerten können Produktionsvorläufe und -rückstände errechnet werden. Im Rahmen der BDE werden zentrale Datenbestände aktualisiert, die dann auch für andere betriebliche Aufgaben wie die Kostenstellenrechnung, die Kalkulation und die Gewinn- und Verlustrechnung genutzt werden können. Eine funktionierende BDE ist somit nicht allein im Rahmen eines CIM-Konzepts, sondern auch grundsätzlich eine notwendige Voraussetzung für eine wirtschaftliche Fertigung. In jüngster Zeit gewinnt hier die RFID-Technologie (Radio Frequency Identification) stark an Bedeutung.[5]

---

[4] Diese Auslegung des Kürzels CAI ist nicht mit dem von der Siemens AG geprägten Begriff der Computer Aided Industry zu verwechseln.

[5] Siehe hierzu bspw. Sarma, S./ Weis, S.A./Engels, D.W. (2002) und http://www.rfidjournal.com.

Integration der Komponenten

Die oben aufgeführten, eher technisch orientierten Komponenten CAD, CAP und CAM werden im CIM-Konzept mit dem CAQ, mit der betriebswirtschaftlich planerischen Komponente, dem PPS-System sowie der BDE verknüpft. Basis für diese Komponenten stellt ein *Informations- und Kommunikationssystem* (IKS) in Verbindung mit der Verwendung eines Datenbanksystems dar. Die Abbildung IV-1 verdeutlicht diese Verknüpfung.

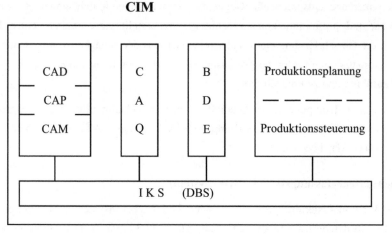

Abbildung IV-1: Komponenten von CIM

Da sich die in Abbildung IV-1 dargestellten CIM-Komponenten weitgehend isoliert voneinander entwickelt haben, ist es nicht verwunderlich, dass sich z.T. große Schwierigkeiten bei der Integration dieser Teilfunktionen ergeben. So erfordern die rechnergestützten Teilsysteme häufig unterschiedliche Hardwareplattformen (Rechnersysteme) bzw. sind diese nur unter verschiedenen Betriebssystemen ablauffähig. Jedes System ist ggf. in einer anderen Programmiersprache kodiert und verwendet unterschiedliche Datentypen und Speicherungstechniken. Ein gemeinsames, für alle Komponenten direkt zugreifbares Informations- und Kommunikationssystem ist somit nicht unbedingt vorhanden. Daher werden große Anstrengungen unternommen, Standards für die Entwicklung bzw. Realisierung von CIM zu schaffen. Damit verbunden ist die Definition standardisierter Datenaustauschprotokolle, um die Verständigung zwischen Teilsystemen zu vereinfachen. Zusätzlich zu den Integrationsproblemen weisen die Komponenten z.T. noch Schwächen auf, wie z. B. in Abschnitt III-1 für PPS-Systeme ausgeführt wurde. Weitere Probleme stellen z. B. die effiziente Speicherung und der Zugriff auf große Mengen von Geometriedaten oder die Steuerung komplexer Fertigungssysteme dar. Es existieren Ansätze zur Dezentralisierung der Produktionssteuerung, um auf diese Weise der sehr großen Komplexität praktischer Problemstellungen Herr zu werden.

Trotz aller Bemühungen zur Vereinfachung der Einführung von CIM muss dieses Konzept als langfristige und strategische Zielsetzung angesehen werden, dessen Realisierung i.d.R. nur schrittweise und unter erheblichen organisatorischen Umgestaltungsmaßnahmen erfolgen kann.

1.2 CIM als prozessorientiertes Managementkonzept

Im Laufe der Jahre hat CIM eine grundlegende konzeptionelle Entwicklung erfahren. Die bereits frühzeitig erkannte und in vielen Teilen erfolgreich umgesetzte Integration der modulspezifischen Daten und Vorgänge hatte zur Folge, dass aus den einstigen Insellösungen ein *technikzentriertes Integrationsmodell* wurde. Später wurde von dem zentralistischen Ansatz dergestalt abgegangen, dass zunehmend *dezentral* und eigenständig Planungs- und Steuerungsentscheidungen getroffen werden konnten, wobei die Koordination aufgrund der gegebenen Komplexität nicht immer „optimal" erfolgen kann (siehe auch Abschnitt III-1). Es wurde jedoch erkannt, dass die *Delegation von Entscheidungskompetenzen* stark motivierend auf die Mitarbeiter wirken kann, was hierdurch etwaig entstehende Ineffizienzen überkompensieren kann. Zudem kam es im Zuge der Diskussion von Konzepten wie Lean Production oder TQM zu einer Priorisierung der *Prozessorientierung*. Dies bedeutet insbesondere, dass die bisherige Verrichtungsorientierung (Bündelung gleichartiger Tätigkeiten an verschiedenen Arbeitsobjekten) oder Objektorientierung (Zusammenfassung verschiedenartiger Tätigkeiten an gleichartigen Arbeitsobjekten) teilweise aufgegeben wurde. Dagegen wurde angestrebt, in durchgängigen, möglichst unterbrechungsfreien Prozessen, verschiedenartige, logisch aber zusammengehörende Aktivitäten zu bündeln, die dann von unterschiedlichen Objekten zu durchlaufen sind.

Unter Erweiterung des CIM-Modells um Komponenten der modernen Kommunikation wie etwa Computer Supported Collaborative Work (CSCW) und Internet-basierter Technologien[6] wie WebEDI, Electronic Mail etc. im Sinne einer Computer Aided Communication (CAC) kann dieses im Sinne eines gesamtheitlichen Managementmodells verstanden werden.[7] Die beschriebenen Module bilden dabei die technologische Basis, die mit einer Managementphilosophie und einer konkreten Konzeptausgestaltung zu verbinden ist.[8] Wie bereits erwähnt, werden diese Konzepte eher mit anderen Begriffen

---

[6] Zur Internet-Technologie und ihren betriebswirtschaftlichen Nutzungsmöglichkeiten siehe u. a. Höller/Pils/Zlabinger (2003); Bogaschewsky (2002).

[7] Siehe zu dieser Sichtweise Rollberg (1996); Bogaschewsky/Rollberg (1998), S. 160ff.

[8] Zu den Inhalten ganzheitlicher Managementkonzepte siehe Bogaschewsky/Rollberg (1998).

in Zusammenhang gebracht. Es sei jedoch explizit darauf hingewiesen, dass die Implementierung von Managementkonzepten in Fertigungsunternehmen i.d.R. einer durchdachten technischen Lösung bedarf, die in den Grundzügen durch das CIM-Konzept geliefert wird.

2. Just in Time als logistische Basisphilosophie

Im industriellen Fertigungsbereich herrschte lange Jahre das Ziel der Kostendegression durch hohe Auslastung der Kapazitäten und der Fertigung möglichst großer Stückzahlen von relativ wenigen Produktvarianten vor. Mit der Umorientierung vom Verkäufermarkt zum Käufermarkt wurden an den Fertigungsbereich der Unternehmungen immer häufiger Anforderungen gestellt, die sich durch eine größere Variantenvielfalt bei gleichzeitig verringerten Stückzahlen je Variante charakterisieren lassen. Parallel verkürzten sich Produktlebenszyklen, so dass in zunehmenden Maße Flexibilitätsanforderungen an die Unternehmungen gestellt wurden. Dies erfolgte vor dem Hintergrund eines erhöhten nationalen und internationalen Wettbewerbsdrucks. Somit war es aus Kostengründen nicht möglich, die wechselnden Marktanforderungen durch das Vorhalten größerer Lagerbestände zu befriedigen. Eine Flexibilitätssteigerung muss dagegen durch die Rationalisierung innerbetrieblicher Abläufe erfolgen.

Das Just-in-Time-Konzept, das auch elementarer Bestandteil des Lean-Production-Konzepts ist (vgl. Abschnitt IV-3), beinhaltet eine grundlegend veränderte Produktionsphilosophie. Anstelle einer möglichst hohen Auslastung der Kapazitäten heißt die Zielsetzung: *Fertigung auf Bedarf.* Im einzelnen bedeutet dies, dass entlang der gesamten logistischen Kette

- nur dann Fertigprodukte erstellt werden, wenn sie fast sofort verkauft werden können,

- nur dann Komponenten hergestellt werden, wenn sie fast sofort anschließend zu Fertigprodukten montiert werden,

- nur dann Teile produziert werden, wenn sie fast sofort anschließend zu Komponenten zusammengefügt werden, und

- nur dann Material bezogen wird, wenn es sich fast sofort anschließend in den Fertigungsprozess integrieren lässt.[9]

---

[9]   Vgl. auch die ähnliche Aussage bei Schonberger (1982), S. 16.

Kern des Konzepts ist somit eine *bedarfsmengen- und bedarfszeitpunktgenaue Ferti-gung und Zulieferung*, die offensichtlich zu sehr geringen Lagerbeständen an Zuliefer-teilen sowie Zwischen- und Fertigprodukten führt. Im Gegensatz zu zentral gesteuerten Fertigungssystemen, in denen das Bring-Prinzip vorherrscht, d.h. vorgelagerte Stufen haben nachgelagerten eine zentral festgelegte Menge an Zwischenprodukten zu liefern, werden nach dem Just in Time-Prinzip arbeitende Systeme häufig in sich selbst regeln-den Strukturen, die nach dem *Hol-Prinzip* arbeiten, organisiert. So löst z. B. in Syste-men, die nach dem KANBAN-Prinzip[10] arbeiten, eine Nachfrage nach Fertigprodukten eine Kette von Anforderungen ausgehend von der Endstufe an die jeweils vorgelagerte Stufe bis hin zum Lieferanten aus.

Just in Time ist somit gleichzeitig produktions- und materialflussorientiert, so dass es zugleich als *Produktions-* und als *Logistikstrategie* angesehen werden kann. In der Regel sind erhebliche organisatorische Veränderungen mit der Einführung einer Just-in-Time-Steuerung verbunden.

Voraussetzungen für Just in Time

Der weitgehende Verzicht auf Zwischenlagerbestände setzt *harmonisierte Kapazitäten* sowie einen möglichst störungsfreien Produktionsprozess voraus, da andernfalls durch die Minimierung von Materialpuffern Ausfälle in einzelnen Fertigungsstufen nicht ab-gefangen werden könnten. Desweiteren muss ein relativ regelmäßiger und gut schätzba-rer Bedarf an den Produkten gewährleistet sein, da sich sonst die Vorlaufzeiten (Beschaffungszeit für Fertigungsmaterial, Produktionszeit in Vorstufen) für die Ferti-gung der Aufträge zu stark erhöhen würden.

Um flexibel auf Kundenwünsche reagieren zu können, müssen die Fertigungslosgrößen möglichst variabel gestaltet, d.h. vor allem auch sehr klein gehalten werden können. Dies ist unter Wirtschaftlichkeitsgesichtspunkten nur möglich, wenn die Rüstkosten, und damit i.d.R. die Rüstzeiten, entscheidend reduziert werden. Besondere Bedeutung erhält eine Rüstzeitverkürzung für vorhandene Engpässe.

Die bereits angesprochene Harmonisierung der Kapazitäten hat einen weiteren wichti-gen Effekt. Ein erhebliches Problem bei der zentralen Produktionsplanung und -steue-rung stellen die schwer schätzbaren und variierenden Durchlaufzeiten dar. Eine Harmo-nisierung des Materialflusses, bei der Fertigungsaufträge nur freigegeben werden, wenn diese ohne längere Wartezeiten den gesamten Produktionsprozess über alle Fertigungs-

---

10   Das KANBAN-Prinzip wird in Abschnitt III-4.5.1 detaillierter beschrieben.

stufen durchlaufen können, führt zu erheblich *verkürzten und verlässlicheren Durch-laufzeiten.* Damit wird Kapital für einen deutlich kürzeren Zeitraum gebunden. Gleich-zeitig erhöht sich die Planungsgenauigkeit und damit die Liefertermintreue, was wiede-rum positive Effekte in bezug auf das Unternehmensimage beim Kunden nach sich zieht.

In bezug auf die Zulieferer ergeben sich ebenfalls veränderte Anforderungen bei der Verfolgung einer *bedarfssynchronen Anlieferung.* Hier muss eine exakte Abstimmung zwischen Abnehmer und Lieferant erfolgen, d.h. der Lieferant wird in die logistische Kette aktiv integriert. Insofern muss sich das Abnehmer-Zulieferer-Verhältnis als part-nerschaftliche Kooperation gestalten, um für beide Seiten Nutzeffekte zu erschließen. Die rechtliche Gestaltung einer solchen Zusammenarbeit erfolgt in der Praxis häufig über *Rahmenverträge,* die dem Zulieferer eine für ihn attraktive Quote am Gesamtbe-darf des Abnehmers bezogen auf einen Planungszeitraum (z. B. ein Jahr) garantieren.

Im Gegenzug muss der Lieferant eine bedarfszeitpunktgenaue Bereitstellung des benö-tigten Materials in der erforderlichen Menge und Qualität sicherstellen. Eine Lagerhal-tung erfolgt dann nur noch beim Lieferanten bzw. diese kann teilweise reduziert oder sogar vermieden werden, wenn die Fertigung des Lieferanten mit der des Abnehmers synchronisiert wird. Hierzu sind das Vorhandensein zumindest kurzfristig verlässlicher Produktionspläne beim Abnehmer sowie ein schneller und fehlerfreier Datenaustausch Voraussetzung. Zu diesem Zwecke sind die Unternehmen zunehmend über Einrichtun-gen zur Datenfernübertragung (DFÜ bzw. EDI - Electronic Data Interchange) miteinan-der verbunden. Da dem Lieferanten i.d.R. nur geringe Vorlaufzeiten verbleiben, ist häu-fig die *geographische Nähe* der Produktionsstätte zu der des Abnehmers unabdingbare Vorbedingung. Allerdings erfolgt eine echte Synchronisation der Produktion bisher in der Praxis nur sehr selten, da u. a. die vorhandenen Strukturen im Fertigungsbereich des Lieferanten andere wirtschaftliche Losgrößen erfordern, als die Abruffrequenz des Ab-nehmers dies vorgeben würde.

Aus diesem Grund erfolgt i.d.R. „nur" eine bedarfssynchrone Zulieferung mit unter Umständen bedarfsgerechter Kommissionierung aus dem Fertigproduktlager des Liefe-ranten, wobei dieser über Anhaltspunkte für den mittleren Bedarf im Zeitablauf auf-grund gegebener mittelfristiger Produktionspläne des Abnehmers verfügt. In diesem Fall ist auch die geographische Nähe der Produktionsstandorte kein unumgänglicher Faktor, da zunehmend zentrale Läger mehrerer Lieferanten, gegebenenfalls organisiert durch ein logistisches Dienstleistungsunternehmen, in der Nähe des Abnehmers eingerichtet werden.

Neben einer bedarfszeitpunktgenauen und reihenfolgegerechten Anlieferung existieren weitere am Just in Time-Gedanken orientierte Bereitstellungsprinzipien wie die *Direktbelieferung* (blockweise, nicht fertigungssequenzgerechte Anlieferung) und *Materialfeinsteuerung* (geringfügige Materialpuffer) (vgl. Feil/König (1988)).

Die hier genannten Prinzipien reduzieren in erster Linie die Lagerhaltung beim Abnehmer, während erst die (fast) *synchrone Fertigung* von Zulieferer und Abnehmer auch die Lagerbestände beim Lieferanten senkt.

In jedem Fall reduziert eine Just in Time-Zulieferung i.d.R. die Anzahl Lieferanten, da nicht alle potentiellen Zulieferer bereit und in der Lage sind, eine bedarfssynchrone Zulieferung zu garantieren. Immer häufiger, z. B. in der Automobilindustrie, arbeitet der Abnehmer sogar nur noch mit einem Lieferanten zusammen (Single Sourcing). Insofern erhöht sich meistens die gegenseitige Abhängigkeit der Partner erheblich, was aber gerade eine für beide Seiten vorteilhafte Kooperation fördern kann.

Aus den dargestellten inner- und außerbetrieblichen Maßnahmen, die bei der Einführung des Just in Time-Konzepts erforderlich sind, wird deutlich, dass dieses Konzept nur für solche Materialarten und Produkte realisiert werden kann, die einen hohen wertmäßigen und möglichst geringen mengenmäßigen Anteil am Gesamtwert bzw. an der Gesamtmenge der Materialien bzw. Produkte haben. Damit reduziert sich die Vorteilhaftigkeit einer bedarfssynchronen Steuerung auf *A-Güter*[11], deren Bedarf, wie oben angemerkt, auch möglichst regelmäßig und gut prognostizierbar sein muss. Tatsächlich werden in der industriellen Praxis in Deutschland im Gegensatz zu Japan bisher nur sehr wenige Teile bedarfssynchron zugeliefert, und eine Synchronisation der Fertigung des Lieferanten mit der des Abnehmers findet nur vereinzelt statt.

Im innerbetrieblichen wie auch im Zulieferbereich gewinnt bei einer Just in Time-Fertigung der *Qualitätsaspekt* stark an Bedeutung. Zur Vermeidung von Produktionsunterbrechungen dürfen nur Teile, die den Qualitätsanforderungen genügen, geliefert bzw. an die nächste Fertigungsstufe weitergegeben werden. Die Sicherstellung der Qualität ist neben einer genaueren bzw. vollständigeren Qualitätsprüfung nur durch Motivation der mit der Herstellung der Produkte betrauten Mitarbeiter möglich. Neben lohnbezogenen Anreizsystemen stellt hier vor allem die Motivation durch verstärkte Einbeziehung der Mitarbeiter in die Entscheidungen über den Produktionsablauf eine geeignete Maßnahme dar. Eine Erhöhung der Kompetenzen bringt i.d.R. ein gesteigertes Verantwortungsbewusstsein und eine höhere Produktivität mit sich. Insbesondere selbststeuernde

---

11 Zur ABC-Analyse vgl. u. a. Hartmann (2002), S. 170ff.

Regelkreise im Fertigungsablauf geben die Möglichkeit zu verstärkt eigenverantwortlicher Tätigkeit der Mitarbeiter. Diese Strukturen können auch in bezug auf Qualitätsmaßnahmen durch die Organisation von z. B. Qualitätszirkeln (Quality Circles)[12] genutzt werden.

Die genannten innerbetrieblichen Maßnahmen werden nach WILDEMANN auch unter dem Begriff *Fertigungssegmentierung* zusammengefasst. Diese bildet zusammen mit der produktionssynchronen Beschaffung und einer integrierten Informationsverarbeitung die drei Bausteine des Just in Time-Konzepts (Wildemann (2001), S. 32ff. und 109ff.).

Chancen und Risiken

Eine erfolgreiche Installierung des Just in Time-Konzepts bietet große *Rationalisierungspotentiale* Wildemann (2001), S. 299ff.) gegenüber bisher konventionell, d.h. nach Gesichtspunkten wie Maximierung der Kapazitätsauslastung ohne Berücksichtigung des Materialflusses und an Engpässen orientierten Fertigungssteuerungen (Buffa/Sarin (1987), S. 438f.):

- Bestandsreduzierung des in der Produktion befindlichen Materials (work in process) um durchschnittlich 20-30 % und bis zu 90 %

- Durchlaufzeitverkürzung über die gesamte innerbetriebliche logistische Kette einschließlich Rüstzeitverkürzungen um bis zu 50 %

- Produktivitätssteigerungen um 45-50 %

- deutliche Raumersparnis durch Reduzierung von Lagerfläche und verbessertes Fertigungslayout von durchschnittlich 10-15 %

- erhebliche Qualitätsverbesserungen um durchschnittlich 15-25 % und bis zu 90 %

Für Lieferanten bestehen Vorteile vor allem in den vertraglich gesicherten Lieferquoten und einem eventuellen (Management-)Know-How-Gewinn durch die verbesserte Zusammenarbeit mit dem Abnehmer.

Risiken bei der Einführung des Just in Time-Konzepts stellen sich beim Abnehmer in erster Linie durch das erhöhte *Versorgungsrisiko* aufgrund der geringen Anzahl Lieferanten. Alternative Zulieferer, die eventuell eine höhere Qualität und/oder geringere Preise bieten, können nicht ohne längere Anlaufphase in Anspruch genommen werden. Unter Umständen kann dies auch eine (temporäre) Abkopplung von Innovationen bedeuten.

---

[12] Zu Qualitätszirkeln siehe z. B. Zink/Schick (1987).

Der Lieferant nimmt vor allem dadurch Risiken auf sich, dass unter Umständen seine gesamte Fertigungskapazität für einen einzelnen Abnehmer in Anspruch genommen wird, womit eine Abkopplung vom Marktgeschehen verbunden wäre. Er ist weiterhin vertraglich verpflichtet, bedarfszeitpunktgenau in der erforderlichen Menge und Qualität zu liefern. Aufgrund der hohen Abhängigkeit des Abnehmers von diesen Lieferungen sind mit Lieferausfällen häufig Konventionalstrafen in beträchtlicher Höhe verbunden. Der Lieferant muss daher erhebliche logistische und fertigungstechnische Anstrengungen zur Sicherstellung der Versorgung des Abnehmers unternehmen. Gleichzeitig hat er die gesamte Lagerhaltung zu tragen.

Die so entstehenden Kosten können eventuell nicht in ausreichendem Maße an den Abnehmer weitergegeben werden, wenn dieser sich in einer vergleichsweise starken Verhandlungsposition befindet, wie es z. B. in der Automobilindustrie häufig der Fall ist.

3. Lean-Production-Konzept

3.1 Motivation und grundlegende Prinzipien des Konzepts

Die Diskussion um Lean Production – wörtlich übersetzt: „schlanke" Produktion – wurde in erster Linie durch eine Studie des Massachusetts Institute of Technology (MIT) entfacht (vgl. Womack/Jones/Roos (1992)). Im Rahmen des International Motor Vehicle Program (IMVP) wurden in einem Zeitraum von fünf Jahren 90 Automobilwerke in 15 Ländern und damit etwa 50% der Gesamtkapazität hinsichtlich ihrer Wirtschaftlichkeit untersucht. Die veröffentlichte Studie fasst 116 Berichte des 55-köpfigen Forscherteams zusammen und stellt bei einem Etat von fünf Millionen US-Dollar vermutlich die umfassendste Untersuchung dieser Art dar, die bisher in der Industrie durchgeführt wurde. Dabei wird keinesfalls – wie der Begriff „Lean Production" vermuten lässt – nur der Produktionsbereich, sondern die gesamte Unternehmung einschließlich ihrer Zulieferer- und Kundenbeziehungen betrachtet.

Motivation für diese Studie waren die immer deutlicher ausfallenden Wettbewerbsnachteile nordamerikanischer und europäischer Automobilhersteller gegenüber der japanischen Konkurrenz, mit der daraus erwachsenden Gefahr der Errichtung zunehmender Handelsschranken durch die schlechter positionierten Herstellerländer und den hiermit verbundenen Nachteilen für die Weltwirtschaft. Es sollte das Erfolgsrezept der japanischen Autoindustrie näher untersucht und den Produktionsphilosophien in Nordamerika und Europa gegenübergestellt werden.

Die Automobilhersteller in den westlichen Ländern orientierten sich stark an dem von HENRY FORD 1908 bei Ford Motor in Detroit mit der Herstellung des legendären „T-Modells" erstmals eingeführten Prinzip der Massenproduktion mit hohen Stückzahlen je Fertigungslos und hochgradig arbeitsteiligen (tayloristischen) Organisationsformen. Das Prinzip der Massenproduktion wurde in den 20er Jahren von ALFRED SLOAN von General Motors durch die Einführung eines adäquaten Organisations- und Managementsystems perfektioniert.

Dieser gegenüber der handwerklichen Herstellungsweise von Einzelprodukten als „Erste Revolution" bezeichneten Fertigungsphilosophie stellten die Japaner ein grundlegend anderes Konzept entgegen, das daher auch als „Zweite Revolution" tituliert wird. Der „schlanken" Produktion liegt eine flexible, anforderungsgerechte, dezentral in Gruppen gesteuerte Fertigungsweise zugrunde. Weitere Prinzipien sind z. B. eine extrem hohe Qualitätsverantwortung jedes Mitarbeiters, der die Kompetenz erhält, jederzeit die Fertigung aufgrund festgestellter Fehler zu unterbrechen, sowie sehr geringe Materialpuffer zwischen den Fertigungsstufen. Dabei ist die „schlanke" Produktion eingebettet in ein ganzheitliches Konzept einer „schlanken" Unternehmung („Lean Enterprise"), das die optimale Abstimmung zwischen Lieferanten, Hersteller und Kunden sowie zwischen den Funktionsbereichen „Forschung und Entwicklung", „Beschaffung", „Produktion" und „Marketing/Vertrieb" unter Einsatz eines geeigneten Unternehmensführungskonzepts („Lean Management") anstrebt. Auf diese Komponenten des Konzepts wird im nächsten Abschnitt detaillierter eingegangen. Die in allen Unternehmensbereichen vorherrschenden Prinzipien umfassen die *Vermeidung jeder Verschwendung*, die *Optimierung der Qualität*, die *permanente Verbesserung von Abläufen*, die *rasche Fehlererkennung und -beseitigung* und die *Teamarbeit*. Die Vorteile einer „schlanken" Unternehmung werden in der MIT-Studie durch empirische Daten belegt. Pauschal lässt sich zusammenfassen, dass japanische Automobilhersteller im Schnitt mit wesentlich weniger Zeitaufwand und Kosten qualitativ höherwertige Automobile entwickeln, produzieren und vertreiben (Daum/Piepel (1992), S. 40).[13] Von besonderer Bedeutung ist dabei die logistisch orientierte Philosophie bedarfssynchroner

---

13   Zwar werden die Ergebnisse der Studie im Allgemeinen von Fachleuten akzeptiert, jedoch gibt es auch Kritik an der Aussagefähigkeit der Studie, u. a. hinsichtlich der Vergleichbarkeit von Produktivitätsdaten und Fertigungsabläufen sowie der unzureichenden Berücksichtigung von Markteffekten (vgl. Williams/Haslam (1992), S. 39ff.).

Zulieferungen im internen (produktionsbezogenen) und überbetrieblichen (beschaffungsbezogenen) Bereich. Da sich Unternehmen dieses Just-in-Time-Prinzip auch isoliert zunutze machen, werden die entsprechenden Ausführungen gesondert in Abschnitt IV-2 dargelegt.

Wie aus den zahlreichen Anmerkungen zur Bedeutung der Qualität zu schließen ist, bestehen Überschneidungen zum *Total Quality Management (TQM)*, das den Qualitätsbegriff auf nahezu sämtliche Leistungen und Leistungserstellungsprozesse sowie Service und Kommunikationsprozesse ausdehnt und damit in weiten Teilen eine identische Philosophie verfolgt (siehe Abschnitt IV-4).

Die Philosophie des Lean Production-Konzepts lässt sich durch fünf Denkweisen und acht Grundsätze oder Orientierungen zusammenfassen, die in der Abbildung IV-2 wiedergegeben sind:[14]

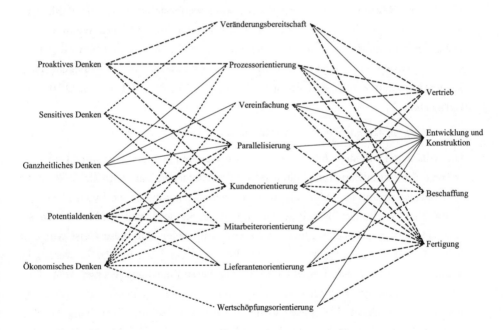

Abbildung IV-2: Denkweisen und Grundsätze des Lean Management[15]

---

14 Für eine detaillierte Diskussion der Denkweisen und Grundsätze siehe Bogaschewsky/Rollberg (1998), S. 98ff.; Rollberg (1996), S. 71ff.

15 In Anlehnung an Rollberg (1996), S. 75.

3.2   Bereichsbezogene Komponenten des Lean-Production-Konzepts

Forschung und Entwicklung / Konstruktion

Bereits in der Entwicklungsphase wird der spätere *technische Nutzen* des Produkts für den Kunden und damit ein großer Anteil des zukünftigen Erfolgs am Markt determiniert. Gleichzeitig werden nicht selten *70-80% der Produktkosten* in der Konstruktionsphase festgeschrieben (vgl. Fieten (1992), S. 60). Gemeinsam mit dem technischen Nutzen werden auch die *Qualitätsmerkmale* des Produkts sowie die *Komplexität des Herstellungsprozesses* festgelegt. Die *Länge der Innovationszyklen*, d.h. der Zeitabstände, in denen das Unternehmen mit neuen Produkten bzw. Varianten auf dem Markt auftritt, wird ebenfalls wesentlich durch die F&E vorbestimmt. Neben der Produktentwicklung sind *neue Produktionsverfahren* zu entwickeln und die hierfür benötigten *Werkzeuge* zu konstruieren, was insbesondere in der Automobilindustrie eine große Rolle spielt.

Gemäß einer McKinsey-Studie bringt der jeweils weltbeste Hersteller ein Produkt im Mittel doppelt so schnell auf den Markt wie seine durchschnittlichen Wettbewerber. Dabei erreicht dieser nicht nur eine höhere Qualität, sondern auch um ein Drittel geringere Kosten (vgl. Kluge/Sailer (1991), S. 7). Als Ursache für die Überlegenheit der japanischen Automobilhersteller nennen WOMACK/JONES/ROOS ((1992), S. 117ff.) vier Kernpunkte:

Führung, Teamarbeit, Kommunikation und *simultane Entwicklung.*

Die Mitarbeiter in einem *Entwicklungsteam* rekrutieren sich aus allen direkt mit dem späteren Produkt in Berührung kommenden Fachabteilungen, mit denen sie während der Projektdauer ständig in Verbindung bleiben. Jedes Teammitglied wird vom *Teamleiter* beurteilt und kontrolliert, womit der zukünftige Einsatz des jeweiligen Mitarbeiters sowie seine Karrierechancen weitgehend vorbestimmt werden. Auf diese Weise wird eine hohe Motivation des Mitarbeiters erreicht bzw. ggf. „erzwungen". Dabei werden im Team gefällte Entschlüsse formal fixiert, so dass deren Einhaltung jederzeit kontrolliert werden kann. Diese Art der *Kommunikation* führt zu einem gemeinsamen Verständnis über Ziele und Inhalte des Projekts sowie über die Wege zu ihrer Erreichung. Das Gesamtprojekt ist i.d.R. einem angesehenen Mitglied des führenden Managements - dem *„shusa"* – unterstellt, der sich ausschließlich dieser Aufgabe widmet.

Um die Zeit vom Planungsbeginn eines neuen Modells bis zum Produktionsstart zu verkürzen, wird das Konzept der *simultanen Entwicklung* (*Simultaneous Engineering*) eingesetzt. Hierdurch soll die Entwicklung und Konstruktion von Produktkomponenten sowie Werkzeugen unter frühzeitiger Einbeziehung der Zulieferer weitgehend parallel zueinander erfolgen.

Neben den bereits genannten Aspekten einer "schlanken" Konstruktion wird im Rahmen des Lean Production-Ansatzes großer Wert auf eine *fertigungsgerechte Konstruktion* gelegt, die 40% des Produktivitätsvorsprungs japanischer Hersteller ausmachen soll. Weiterhin wenden japanische Autohersteller intensiv die *Wertanalyse*[16] in der Entwicklung an, wodurch frühzeitig Kostenoptimierungen in den Konstruktionsprozess einbezogen werden.

Beschaffung

Die Bedeutung der Beschaffungsfunktion bei Automobilproduzenten wird durch die Tatsache deutlich, dass von den i.d.R. über 10.000 Teilen eines Automobils ein großer Teil fremdbeschafft wird. Welche Teile im Unternehmen des Produzenten gefertigt und welche von externen Lieferanten bezogen werden sollen, ist Gegenstand der Make-or-buy-Entscheidung.[17] Durch den Fremdbezug von Teilen wird die Produktqualität abhängig von der Güte der Zulieferprodukte. Gleichzeitig hat – neben der Marktposition – die Produktivität der Lieferanten Einfluss auf die Beschaffungspreise und damit auf die Herstellungskosten des Produkts. Desweiteren beeinflussen die realisierten logistischen Beziehungen sowie die Abstimmung der Produktionsprozesse zwischen Lieferant und Abnehmer die Lagerbestände und damit die Kapitalbindungskosten beider Parteien.

Ein besonderes Merkmal der Lean Production ist die *geringe Fertigungstiefe*, d.h. 60-70% der Fahrzeugteile werden extern bezogen (vgl. Daum/Piepel (1992), S. 43). Die Zulieferkontakte sind trotz der geringen Fertigungstiefe auf vergleichsweise wenige Beziehungen – unter 300 gegenüber 1.000 bis 2.500 beim Massenhersteller – zu Lieferanten beschränkt (vgl. Womack/Jones/Roos (1992), S. 153). Diese Zulieferer der ersten Ebene stellen zumeist in Eigenverantwortung komplette Module bzw. Komponenten her und koordinieren ihrerseits die Zulieferungen für die von ihnen benötigten Teile von Lieferanten niedrigerer Ebenen. Auf diese Weise entsteht eine „Zuliefererpyramide" mit den Modullieferanten an der Spitze. Diese auch als *„Modular Sourcing"* bezeichnete Beschaffungsweise von Komponenten ermöglicht eine deutlich effizientere und übersichtlichere Gestaltung der Lieferantenbeziehungen.

Eine solche, intensive Zusammenarbeit mit Lieferanten wird erst durch das Eingehen langjähriger *Partnerschaften* ermöglicht. Daher erfolgt die Lieferantenauswahl häufig in erster Linie auf der Basis der bereits gemachten Erfahrungen mit den Zulieferunterneh-

---

16 Zur Wertanalyse in der Entwicklung (Value Engineering) vgl. u. a. Miles (1967), Bogaschewsky (2001).

17 Zur Diskussion verschiedener Aspekte der Make-or-buy-Entscheidung vgl. u. a. Helber (1996), Mikus (2001).

men und weniger aufgrund von aktuellen Preisangeboten. Da für komplexere Module i.d.R. nur sehr wenige Zulieferer ausgewählt werden oder sogar eine Konzentration auf einen Lieferanten erfolgt (*Single Sourcing*), stehen diese nicht in direktem Preiswettbewerb.

Einmal etablierte Zuliefer-Abnehmer-Beziehungen sind durch permanente Kostenanalysen im Rahmen einer gemeinsamen *Wertanalyse*[18] geprägt.

Um eine weitgehende Synchronisation der Fertigung von Hersteller und Zulieferer zu erreichen, versucht der Automobilproduzent, seine Fertigung möglichst gleichmäßig auszulasten bzw. die Belastung zu glätten (*Production Smoothing*), auch wenn dies der vorherrschenden Absatzsituation nicht angepasst ist.

Produktion

Die Überlegenheit der „schlanken" Fertigung gegenüber der klassischen Massenproduktion kann anhand der für den Automobilbau zentralen Bereiche „Presswerk" und „Montagewerk" verdeutlicht werden (vgl. Daum/Piepel (1992), S. 44f.).

Im *Presswerk* werden unter Einsatz speziell entwickelter Werkzeuge die Bleche für die – i.d.R. durch Robotereinsatz weitgehend automatisierte – Erstellung der Karosserien hergestellt. „Schlanken" Unternehmen ist es dabei gelungen, die Presswerkzeuge so flexibel zu gestalten und die Vorgehensweise beim Werkzeugwechsel so zu perfektionieren (*Single Minute Exchange of Dies – SMED*), dass aufgrund der kurzen Umrüstzeiten (wenige Minuten anstatt mehrerer Stunden) die *Fertigung kleiner Losgrößen* wirtschaftlich wird. Der Zusammenbau von Karosserie, Motor, Bremsanlage, Kabelbäumen, Sitzen etc. zu einem Auto erfolgt im *Montagewerk*. Die Toyota Motor Company als Vorreiter der Lean Production und zum damaligen Zeitpunkt effizientester Hersteller entwickelte das KANBAN-Konzept zur Steuerung und Organisation ihrer Fertigung (siehe auch Abschnitt III-4.5.1). Beim Auftreten von außerhalb der – sehr geringen – Toleranzgrenzen liegenden Qualitätsabweichungen muss der jeweilige Arbeiter das Fließband stoppen, um eine Fortsetzung oder gar Multiplikation des Fehlers zu vermeiden. Die Produktion wird erst fortgesetzt, wenn die Fehlerursache erkannt und beseitigt wurde.

Die große Entscheidungskompetenz der Arbeiter am Band sowie das Prinzip selbststeuernder Regelkreise im KANBAN-Konzept erfordert einen sehr guten Informationsfluss

---

[18] Zur Wertanalyse bestehender Produkte und anderer Objekte (Value Analysis) vgl. u. a. Miles (1967), Hahn/Laßmann (1999), S. 246ff.; Bogaschewsky (2001).

auf der Fabrikebene. „Schlanke" Unternehmen gewährleisten dies durch das enge Layout in der Fertigung, durch das die Mitarbeiter benachbarter Stufen in Sichtkontakt zueinander stehen. Zusätzlich sind i.d.R. Anzeigetafeln, die den Produktionsstatus sowie aufgetretene Fehler anzeigen, in Sichtweite der Mitarbeiter angebracht.

Organisatorisch ist die Fertigung in *Teams* untergliedert. Jedes Team arbeitet unter der Verantwortung des Teamleiters eigenverantwortlich, wobei dieser die Teammitglieder in bezug auf ihre Leistung beurteilt und damit entscheidenden Einfluss auf deren Aufstiegschancen im Unternehmen hat. Die Teammitglieder werden umfassend geschult – 380 Stunden gegenüber 173 in Europa bzw. 46 in Nordamerika. So ist jeder einzelne in der Lage, alle Aufgaben des Teams auszuführen und damit ggf. Kollegen zu ersetzen. Weiterhin können aufgrund dieser Qualifikation kleinere Reparaturen u. ä. direkt vom Team ausgeführt werden, so dass die bei Anforderung von Instandhaltungsteams entstehenden Wartezeiten weitgehend vermieden werden können. Auf diese Weise besitzt jeder Mitarbeiter einen höheren Wissensstand über den ihn betreffenden Fertigungsabschnitt und die Schnittstellen zu benachbarten Abteilungen und bringt somit bessere Voraussetzungen für die Ausarbeitung von Verbesserungen der Produktionsabläufe im Rahmen von *Qualitätszirkeln* mit, was sich u. a. an den über 61 Vorschlägen im Jahr je Beschäftigten gegenüber 0,4 bei den Massenherstellern zeigt.

Die Unterschiede zwischen „schlanken" Fertigern und Massenproduzenten in bezug auf die Herstellung von „Standard"-Automobilen[19] äußern sich u. a. in der *Produktivität* (gemessen in Montagestunden je Fahrzeug: 16,8 gegenüber 25,1 in Nordamerika und 36,2 in Europa), in der *Qualität* (gemessen in Montagefehlern je 100 Autos: 60 gegenüber 82,3 in Nordamerika und 97 in Europa) sowie in dem um 40% reduzierten *Platzbedarf*. Ein Vergleich der Montagefreundlichkeit der Fahrzeuge unterschiedlicher Hersteller zeigt, dass offensichtlich eine positive Korrelation zwischen fertigungsgerecht konstruierten Autos und effizienter Produktion vorliegt.

Marketing / Vertrieb

Bei Automobilherstellern wird die Verbindung zum Kunden hauptsächlich über Händler hergestellt. Durch Marketingmaßnahmen wird dabei versucht, die Nachfrage nach den eigenen Produkten zu erhöhen.

---

[19] Da die in der MIT-Studie betrachteten Montagewerke Fahrzeuge unterschiedlicher Klassen bzw. Komplexität herstellen, wurden die Daten auf ein „fiktives" Standard-Auto bezogen (vgl. Womack/Jones/Roos (1992), S. 84ff.).

„Schlanke" Produzenten in Japan (vgl. Womack/Jones/Roos (1992), S. 188ff.) fertigen fast ausschließlich auf der Basis von Kundenaufträgen,[20] wobei das Produktionspro-gramm jeweils nur für etwa zehn Tage festgelegt wird. Die Beratung durch das z.T. an Hochschulen ausgebildete und besonders geschulte Verkaufspersonal erfolgt sowohl in Verkaufsräumen als auch beim Kunden. Die Händler halten persönliche Daten der Haushalte vor, die bei ihnen ein Automobil erworben haben. Beim Händlerbesuch kön-nen die Kunden diese Daten vom Rechner abrufen und auf den neuesten Stand bringen sowie sich ein für sie geeignetes (neues) Modell vorschlagen lassen. Anschließend er-folgt eine spezifische Beratung durch den Verkäufer. Bei Besuchen durch den Verkäufer im Hause des Kunden werden gegebenenfalls Vorführmodelle zur Probefahrt mitge-bracht. Der Verkäufer versucht dabei, die Daten über die Haushalte zu aktualisieren. Findet ein Vertragsabschluss statt, wird das neue Fahrzeug i.d.R. vom Verkäufer ange-meldet und ausgeliefert sowie ein eventuell in Zahlung gegebenes Auto abgeholt. Diese intensive Kundenbeziehung setzt sich während der Nutzungsdauer des Fahrzeugs fort, so dass ein maximaler Kundenservice, einschließlich kostenloser Reparaturen noch bis (kurz) nach Ablauf der Garantiefrist gewährleistet ist. Als „Gegenleistung" kennt der Verkäufer die Wünsche des Kunden, die als Ergebnis permanenter empirischer Markt-forschung an die Entwicklungsabteilung weitergegeben werden können. Weiterhin er-möglicht ihm dieser Kontakt, dem Kunden zu den optimalen Zeitpunkten Angebote über einen Neukauf – z. B. für den Ersatz des alten Fahrzeugs oder zur Deckung des Erstbedarfs weiterer Familienmitglieder – zu unterbreiten und so der Konkurrenz zuvor-zukommen. In jedem Fall wird auf diese Weise eine weitaus ausgeprägtere Markentreue beim Kunden erzeugt. Aufgrund dieser Vorteile können die höheren Kosten dieser Ver-triebsweise i.d.R. überkompensiert werden.

Unternehmensführung / Management

Da das Lean Production-Konzept die vollständige Wertschöpfungskette und damit das gesamte Unternehmen und seine externen Partner umfasst, kommt dem Management bei der Umsetzung dieses Konzepts eine wichtige Rolle zu. Es gilt, dieses Konzept von seitens der Unternehmensführung zu propagieren und über alle Hierarchiestufen bis hin zur operativen Ebene durchzusetzen. Der *Abbau von Hierarchien* und die *Erhöhung der Entscheidungskompetenz* der direkt in der Fertigung beschäftigten Mitarbeiter sind not-wendige Voraussetzungen für die erfolgreiche Implementierung des Konzepts. Eine wichtige Rolle nimmt die *Segmentierung der Fertigung* in von den Teams eigenverant-wortlich geführte Bereiche ein. Dabei sind eine maximale *Mitarbeitermotivation*, die in

---

[20] Dabei dürfte fraglich sein, ob sich das ausschließliche Fertigen auf der Basis von Kundenaufträgen auch in Zeiten rückläufiger Nachfrage aufrechterhalten lässt.

„schlanken" Unternehmen u. a. durch die Möglichkeit eines stark leistungsbezogenen Karriereaufstiegs realisiert wird, sowie eine optimale Mitarbeiterqualifikation, die durch zahlreiche Weiterbildungs- bzw. Schulungsmaßnahmen erreicht wird, anzustreben. Schließlich ermöglicht die Institutionalisierung des *Prinzips der permanenten Verbesserung* in Qualitätszirkeln, die zahlreichen Erfahrungen der im operativen Bereich tätigen Mitarbeiter in kostensenkende Maßnahmen umzusetzen. Dies erfolgt im Rahmen eines alle betrieblichen Bereiche umfassenden Qualitätssicherungssystems[21] bzw. eines *Qualitätsmanagements*.

3.3 Rahmenbedingungen der Lean Production in Japan

Der Lean-Production-Ansatz, wie er von japanischen Automobilunternehmen praktiziert wird, basiert auf spezifischen Rahmenbedingungen, die seine Umsetzung in der beobachteten Art und Weise erst möglich machen. Diese Bedingungen liegen u. a. in den *Beschäftigungsbedingungen* für die Mitarbeiter, im herrschenden *Sozialsystem* und in der *Mentalität* der Japaner, im *Bildungssystem* und in der *Industrie- und Strukturpolitik* sowie in der Existenz mächtiger *Firmenkonglomerate* begründet.

Die *Beschäftigungsbedingungen* sind durch eine lebenslange Beschäftigungsgarantie und eine mit der Dauer der Betriebszugehörigkeit steil ansteigende Bezahlung (Senioritätsprinzip) geprägt, gekoppelt mit gewinnorientierten Bonuszahlungen. Arbeitszeiten und Aufgaben können den Arbeitnehmern flexibel zugeordnet werden (vgl. Womack/ Jones/Roos (1992), S. 54ff.). Die exzellenten Beschäftigungsbedingungen gelten allerdings nur für die Stammbelegschaft der Hersteller, wohingegen Zeitarbeitskräfte und vor allem Beschäftigte in Unternehmen der unteren Stufen der Herstellerpyramide oft sehr schlechte Arbeits- und Einkommensbedingungen zu beklagen haben.

Das eng mit der *Mentalität* der Japaner verknüpfte herrschende *Sozialsystem* fördert die erfolgreiche Umsetzung des japanischen Lean Production-Ansatzes. Die hohe Entscheidungskompetenz des Teams führt u. a. darum nicht zu langwierigen Debatten, weil der Teamleiter sein Machtpotential i.d.R. auch zur – widerspruchslosen – Durchsetzung von Entscheidungen gebraucht, wobei er mit der uneingeschränkten Loyalität der – immerhin umfassend informierten – Mitarbeiter rechnen kann. Bei Automobilherstellern beschäftigte Mitarbeiter zählen dabei zu einer Art Elite, da sie ein um etwa 50% höheres

---

21 Zum Begriff des Qualitätssicherungssystems vgl. z. B. Wildemann (1992).

Gehalt erhalten als Beschäftigte in Zulieferbetrieben. Als Gegenleistung für diese mate-
rielle Besserstellung und das mit dieser Tätigkeit verbundene höhere soziale Ansehen in
der Bevölkerung akzeptieren die Arbeitnehmer lange und unregelmäßige Arbeitszeiten.
So waren bisher z. B. durch Fehler aufgetretene Produktionsrückstände nach der Arbeitszeit unentgeltlich nachzuholen. Des weiteren vermeiden es japanische Angestellte häufig, ihre Urlaubsansprüche – der tarifliche Jahresurlaub beträgt nur elf Tage – voll
wahrzunehmen oder bei Krankheit dem Arbeitsplatz fernzubleiben, da dies als Zeichen
der Schwäche angesehen wird (vgl. Kinias (1992), S. 49f.).

Das japanische *Bildungssystem* basiert auf einem extrem hohen Leistungsdruck, der
schon in den unteren Klassen beginnt und ein Grund für die sehr hohe Selbstmordrate
bei Schülern ist. Anspruchsvolle Aufnahmeprüfungen begleiten den Weg bis zu den
Eliteuniversitäten, die man besucht haben muss, um in den etablierten Unternehmen
eine Beschäftigung als potentielle Führungskraft zu finden (vgl. Kinias (1992), S. 49f.).

Das japanische Ministerium für Internationalen Handel und Industrie (MITI) unterstützt
die Automobilindustrie durch eine aktive *Industrie- und Strukturpolitik* und betreibt dabei eine stark expansionistische Außenhandelspolitik (vgl. Nolte (1992), S. 36). Über
den langfristigen Nutzen dieser Politik lässt sich streiten. Sie wird in markt-wirtschaft-
lich organisierten Systemen i.d.R. abgelehnt, da hiermit auch ineffiziente Strukturen gefördert werden können, die von der „unsichtbaren Hand des Marktes" mehr oder weniger stark abgekoppelt werden. Zumindest in erst entstehenden Industrien haben adäqua-
te staatliche Förderungsprogramme allerdings oft eine stark beschleunigende Wirkung.

Politische und rechtliche Rückendeckung erfährt das japanische System der *Firmenkonglomerate* („keiretsu"). Jedes „keiretsu"-Mitglied ist daran interessiert, dass alle verbundenen Unternehmen profitabel arbeiten. Auf diese Weise wird einerseits Druck in Richtung auf Ergebnisverbesserungen ausgeübt, andererseits werden in Schwierigkeiten ge-
ratene Unternehmen unterstützt. Da jedem „keiretsu" eine Bank angeschlossen ist, gestaltet sich die Finanzierung für Mitgliedsunternehmen auch in schwierigen Zeiten deutlich einfacher als in anderen Ländern (vgl. Womack/Jones/Roos (1992), S. 202ff.).

Die genannten Rahmenbedingungen sind in westlichen Ländern nicht in dieser Form
anzutreffen, und eine Anpassung dieser Bedingungen an japanische Verhältnisse scheint
nur sehr begrenzt möglich zu sein. Weiterhin weist das Lean-Production-Konzept auch
Schwächen auf, wie z. B. die dauerhaft nicht durchführbare Schlechterstellung der
Zulieferer gegenüber den Abnehmern, der starke und permanente Druck auf die Arbeitnehmer zu fehlerfreien „Höchstleistungen" und die kostspieligen kurzen Innovationszyklen. Zudem ist fraglich, ob das Lean-Production-Konzept auch in Zeiten rückläufiger

Konjunktur in dieser Form erfolgversprechend ist. Auf die genannten Unterschiede in den Rahmenbedingungen und die konzeptionellen Schwächen soll hier nicht näher eingegangen werden (vgl. hierzu Bogaschewsky (1992b)).

Heute haben die westlich geprägten Unternehmungen den festgestellten Rückstand in weiten Teilen aufgeholt. Dabei wurden wesentliche Elemente des Lean-Production-Konzepts für die spezifischen organisatorischen und kulturellen Verhältnisse adaptiert. Eine vollständige und unveränderte Übernahme des Konzepts hat sich schnell als nicht durchführbar erwiesen. Vielmehr wurde versucht, die eigenen Stärken – und damit strategische Differenzierungspotentiale – beizubehalten oder sogar auszubauen und gleichzeitig in mehreren Bereichen die Effizienz durch Adaption einiger Grundregeln und Instrumente der Lean Production zu steigern.

4. Total Quality Management (TQM)

4.1 Begriff und Entwicklung des Qualitätsmanagements

Der Begriff der Qualität hat zahlreiche Ausdeutungen erfahren, so dass durchaus Missverständnisse hinsichtlich des Inhalts qualitätsbezogener Konzepte entstehen können.[22] Dies wird auch im Zusammenhang mit den Entwicklungsstufen des Qualitätsmanagements deutlich.

Ursprünglich wurde versucht, *Qualität durch Kontrollmaßnahmen* sicherzustellen, so dass fehlerhafte Produkte nach ihrer Fertigstellung identifiziert und ausgesondert oder nachgebessert werden konnten. Da der Aufwand für Komplettprüfungen der erstellten Mengen erheblich sein kann, wurden *statistische Auswahlmethoden* eingeführt, die Rückschlüsse darauf zulassen, ob eine ganze Serie Produkte fehlerhaft ist oder nicht. Durch Ziehen von Stichproben in frühen Fertigungsstufen konnten Fehler bereits frühzeitig entdeckt und u.U. rasch behoben werden, bevor sich der Schaden weiter erhöhen konnte. Beide Ansätze sind offensichtlich fertigungsorientiert, wobei eine Endkontrolle lediglich *reaktiv*, die Prüfung in frühen Phasen der Fertigung als bedingt *proaktiv* bezeichnet werden kann.

Die für die Qualitätsprüfungen zuständigen Abteilungen des betrieblichen Qualitätswesens sind als externe Kontrollinstanzen i.d.R. nicht in die Details der Fertigungsprozesse einbezogen. Dies hat den Nachteil, dass die Ursachen für Fehler häufig nicht sofort er-

---

22   Zu den Ausführungen in diesem Kapitel siehe auch Bogaschewsky/Rollberg (1998), S. 144ff. und die dort angegebene Literatur.

kannt werden können und die Mitarbeiter sich zudem kontrolliert fühlen. Es liegt daher nahe, die *Mitarbeiter in die Qualitätssicherung einzubeziehen*, so dass Fehler nahezu umgehend entdeckt und eingeschätzt werden können, was wiederum die rasche Fehlerbeseitigung und gleichzeitig die Motivation fördert. Damit wird auf einen grundsätzlich *präventiven* Ansatz übergegangen.

Das *Total Quality Management* beschränkt sich nicht auf die Produkte, sondern betrachtet den gesamten Wertschöpfungsprozess vom Bezug von Material von externen Lieferanten bis zur Auslieferung der hergestellten Produkte beim Kunden. Einbezogen wird auch die nachgelagerte Servicephase. Durch diese externen, aber auch hinsichtlich der internen Beziehungen zu Geschäftspartnern und Mitarbeitern ist auch die Kontakt- und Kommunikationsqualität von Belang. Damit erhält TQM eine umfassende Bedeutung, die über die eines (internen, produktionsorientierten) Qualitätssicherungssystems weit hinausgeht.

4.2 Philosophie und Instrumente des TQM

Die TQM-Philosophie teilt viele Grundgedanken mit dem Lean-Production-Konzept (vgl. Abschnitt IV-3). So können die fünf *Denkweisen* (proaktiv, sensitiv-intuitiv, ganzheitlich, potentialorientiert, ökonomisch) und die acht *Grundsätze* (Kunden-, Lieferanten-, Mitarbeiter-, Prozess-, Wertschöpfungsorientierung, Parallelisierung, Vereinfachung, Veränderungsbereitschaft) auch für diesen Ansatz als immanent angesehen werden. Diese scheinen ohnehin mehr oder weniger jedem modernen Managementansatz zuordenbar zu sein.

Das besondere am TQM-Ansatz ist die Tatsache, dass die vielfältigen organisatorischen und durchführungsbezogenen Teilkonzepte über den – in dieser Notation – „allumfassenden" Begriff der Qualität kommuniziert werden. Dies hat in der Praxis häufig einen positiven Effekt der mehr mit dem *Veränderungsmanagement* (Change Management) und damit mit der Durchsetzungsfähigkeit neuer Konzepte zu tun hat als mit dem konkreten Konzeptinhalt.

Eine Besonderheit des TQM ist in der Bereitstellung einer Fülle von Methoden und Instrumenten zu sehen, deren Einsatz eine hohe Qualität gewährleisten soll. Dies betrifft beispielsweise die systematische und unter Berücksichtigung technischer Bedingungen und Interdependenzen optimierte Einbeziehung von Kundenwünschen in das Produktdesign (*Quality Function Deployment – QFD*)[23], die systematische Fehleranalyse und Abschätzung ihrer potentiellen Auswirkungen (*Failure Mode and Effects Analysis*)[24].

Für die Gestaltung der Produkt- und Prozessqualität aus strategischer Sicht wurden *Qualitätsportfolios* entwickelt, die i.d.R. das externe Risiko für bestimmte Qualitätsniveaus – bspw. unter Berücksichtigung des zukünftigen Potentials, der Bedeutung und der Entwicklungsdynamik – mit der internen Qualitätsfähigkeit in Verbindung bringen und hieraus Strategieempfehlungen abzuleiten versuchen.[25]

Ebenfalls dem Gebiet TQM kann die Einführung einer dezidierten *Qualitätskostenrechnung*[26] zugeordnet werden, die die Kosten durch die Entstehung von Fehlern sowie für die Verhütung dieser und die hierfür anfallenden Prüf- und Organisationskosten erfasst und einer Analyse zugänglich macht, so dass diesbezügliche Optimierungen (*Qualitätscontrolling*) erfolgen können.

Hilfen für die Einführung eines Qualitätsmanagements, das allerdings keinesfalls alle TQM-Elemente abdeckt, bietet die Normenreihe *DIN EN ISO 9000-9004*, deren Befolgung zu einer Zertifizierung der betreffenden Organisationen führen kann.

Sicherlich können sich auch andere produktionsorientierte Managementkonzepte der genannten Instrumente bedienen. So dürften auch zahlreiche Methoden in Unternehmen eingesetzt werden, die sich „offiziell" der Lean Production-Philosophie verschrieben haben.

5. Supply Chain Management (SCM)

Seit geraumer Zeit ist mit dem Supply Chain Management (SCM) ein Konzept in der theoretischen und praktischen Diskussion, um dessen genaue Inhalte noch Uneinigkeit herrscht.[27] Eine umfassende Definition, der eine gewisse, unterschiedlich fokussierte Entwicklung vorausging[28], liefert HAHN (2002, S. 1064):

---

[23] Zum QFD siehe u. a. Hauser/Clausing (1988), Müller (1999), Töpfer/Mehdorn (1995), S. 69ff.

[24] Zur FMEA siehe u. a. Oess (1993), S. 209ff., Frehr (1994), S. 234f.

[25] Zu Qualitätsportfolios siehe Dögl (1997), Luchs/Neubauer (1986), Wilken (1993).

[26] Zur Qualitätskostenrechnung siehe Witte (1993), S. 36ff.

[27] Zu den folgenden Ausführungen siehe auch Bogaschewsky (2000).

[28] Stark forciert wurde die Diskussion durch Cooper/Lambert/Pagh (1997). Zu unterschiedlichen „SCM-Schulen" siehe die Übersicht bei Bechtel/Jayaram (1997).

„Supply Chain Management beinhaltet die

-   Planung, Steuerung und Kontrolle

-   des gesamten Material- und Dienstleistungsflusses, einschließlich der damit ver-
    bundenen Informations- und Geldflüsse,

-   innerhalb eines Netzwerks von Unternehmungen,

-   die im Rahmen von aufeinanderfolgenden Stufen der Wertschöpfungskette an der
    Entwicklung, Erstellung und Verwertung von Sachgütern und/oder Dienstleistun-
    gen partnerschaftlich zusammenarbeiten,

-   mit dem Ziel der Ergebnis- und Liquiditätsoptimierung

-   unter Beachtung von sozio-ökologischen Zielen."

Kerninhalt und Besonderheit des SCM ist das Bestreben, die überbetrieblichen Wert-
schöpfungsprozesse dergestalt abzustimmen, dass möglichst geringe Material- bzw. Ka-
pazitätspuffer vorzuhalten sind. Hierdurch sollen Lagerbestände und die damit verbundenen Kosten gesenkt werden. In weniger gut abgestimmten Wertschöpfungsketten
bauen sich teilweise erhebliche Lagerbestände auf, da nur mit größeren zeitlichen Ver-
zögerungen auf Nachfrageschwankungen reagiert werden kann (*Bullwhip-Effekt*[29]). Die
Optimierung des Kundennutzens durch eine anforderungsgerechte und kostengünstige
Leistungserbringung ist dabei der *Leitgedanke* (vgl. Buscher (1999), S. 449ff.). Besteht
in einer engeren Sicht die Aufgabe des SCM in der Optimierung eines bestehenden
Netzwerks, so ist in der weiteren Sicht auch die Auswahl der Wertschöpfungspartner
Gegenstand des Konzepts.

Dem Anspruch des Konzepts entsprechend ergeben sich einige *Gestaltungsaspekte* hinsichtlich des SCM-Konzepts:

-   *Strategische Ausrichtung:* Das Wertschöpfungsnetzwerk muss hinsichtlich der
    verfolgten Wettbewerbsstrategie und damit der Gewichtung der strategischen
    Wettbewerbsfaktoren Kosten, Zeit, Qualität und Flexibilität kompatibel gestaltet
    sein.

-   *Prozessmanagement und Organisation:* SCM-Ansätze implizieren eine Prozess-
    orientierung, die sich auf organisatorischer, planerischer und führungsbezogener
    Ebene widerspiegeln muss.

---

[29]   Zum Bullwhip-Effekt vgl. Lee/Padmanabhan/Whang (1997).

–   *Netzwerkmanagement:* Das Netzwerk ist durch ein fokales Unternehmen oder eine strategische Führungsgruppe zu leiten (vgl. Cooper/Ellram (1993), S. 17). Der Wettbewerb findet „Supply Chain gegen Supply Chain" (Christopher (1992)) bzw. „Netzwerk gegen Netzwerk" statt.

–   *Ausgestaltung des Informations- und Kommunikationssystems (IKS):* Die Planungs-, Steuerungs- und Kontrollprozesse können nur unter Implementierung und Einsatz eines übergreifenden IKS effektiv und effizient erfolgen. Damit sind Extranets und andere Anwendungen Internet-basierter Systeme[30] von besonderer Bedeutung.

–   *Logistisches Management:* Kernpunkt des Konzepts ist das interorganisationale Logistikmanagement, in dessen Rahmen auch Just-in-Time-Konzepte implementiert werden können.

–   *Kapazitätsplanung und -abstimmung:* Die Optimierung und Harmonisierung der relevanten – fertigungstechnischen, organisatorischen und logistischen – Kapazitäten ist Bedingung für ein effektives und (kosten-)effizientes SCM.

SCM besteht damit offensichtlich aus strategischen, managementbezogenen Konzeptelementen und konkreten planerischen und organisatorischen Durchsetzungskonzepten. Hinsichtlich der strategischen Aspekte wird häufig eine Erweiterung des Konzepts um die Anbindung des Endkunden bzw. Konsumenten diskutiert. So wächst SCM mit dem *Efficient Consumer Response (ECR)* zu einem erweiterten System zusammen.

Besondere Schwierigkeiten bereitet die planerische Abstimmung der Elemente des Netzwerks. In der Regel – und ohnehin bisher nur vereinzelt – sind hier nur der Austausch von Bedarfsanforderungen bzw. von Produktionsplänen und Kapazitätsauslastungen in der Praxis realisiert. Allerdings lassen sich hierdurch teilweise schon deutliche Erfolgspotentiale erschließen. Dabei sind die Risiken enger Partnerschaften gesondert zu bewerten.[31] Auf theoretischer Ebene wurden einige Ansätze entwickelt, die jedoch zumeist nur Teilprobleme abbilden können, da die Komplexität realer Problemstellungen erheblich ist.[32]

---

30   Zu Internet-basierten Systemen siehe Bogaschewsky (1999a; 1999b)

31   Zur Bewertung der Vor- und Nachteile strategischer Partnerschaften zwischen Zulieferern und Abnehmern und diesbezüglichen Gestaltungskonzepten siehe insbesondere Stölzle (1999).

32   Zu theoretischen Ansätzen des SCM siehe Bogaschewsky (2000), S. 303ff. sowie Bogaschewsky/ Müller/Rollberg (1997; 1999) und die dort angegebene Literatur.

Die SCM-Philosophie wird zurzeit sehr stark durch Beratungsunternehmen und Anbieter von sogenannter SCM-Software propagiert. Noch werden die Konzepte von US-amerikanischen Unternehmen sehr viel interessierter aufgenommen als durch europäische und insbesondere durch deutsche Unternehmen. Bekannte Anbieter sind hier I2, Manugistics und auch die SAP AG hat mit ihrem Advanced Planner and Organizer (APO) den SCM-Markt im Visier. Ob sich diese Philosophie in der Praxis etablieren wird und die diesbezüglichen Geschäftsmodelle der Softwareanbieter tragen, muss sich erst noch erweisen.

Literatur

Bechtel, C., Jayaram, J. (1997): Supply Chain Management: A Strategic Perspective, in: The International Journal of Logistics Management, 8. Jg., H. 1, S. 15 - 34

Bechtold, H./Müller, H.-E. (1992): Von Japan lernen, heißt siegen lernen? oder: Was bringt uns Lean Production?, in: Die Mitbestimmung, H. 4, S. 35 - 38

Bogaschewsky, R. (1992b): Lean Production – ein Erfolgsrezept für westliche Unternehmen?, in: Zeitschrift für Planung, 3. Bd., H. 4, S. 275 - 298

Bogaschewsky, R. (2000): Supply Chain Management, in: Schneider, H. (Hrsg.): Produktionsmanagement in kleinen und mittleren Unternehmen, Stuttgart, S. 287 - 310

Bogaschewsky, R. (2001): Wertanalyse, in: Küpper, H.-U./Wagenhofer, A. (Hrsg.): Handwörterbuch Unternehmensrechnung und Controlling, 4. Aufl., Stuttgart

Bogaschewsky, R. (2002): Electronic Procurement, in: Gabriel, R./Hoppe, U. (Hrsg.): Electronic Business, Heidelberg, S. 23 - 43

Bogaschewsky, R./Müller, H./Rollberg, R. (1997): Kostenorientierte Optimierung logistischer Kunden-Lieferantenbeziehungen, Arbeitsbericht des Lehrstuhls für Betriebswirtschaftslehre, insbesondere Produktionswirtschaft, Dresdner Beiträge zur Betriebswirtschaftslehre Nr. 8/97; Dresden

Bogaschewsky, R./Müller, H./Rollberg, R. (1999): Kostenorientierte Optimierung logistischer Zulieferer-Abnehmersysteme, in: Logistik Management, 1. Jg., H. 2, S. 133 - 145

Bogaschewsky, R./Rollberg, R. (1998): Prozeßorientiertes Management, Berlin u. a.

Buffa, E.S./Sarin, R.K. (1987): Modern Production/Operations Management, 8. ed., New York et al.

Buscher, U. (1999): ZP-Stichwort: Supply Chain Management, in: Zeitschrift für Planung, 10. Jg., H. 4, S. 449 - 456

Christopher, M. (1992): Logistics and Supply Chain Management, London

Cooper, M.C./Ellram, L.M. (1993): Characteristics of Supply Chain Management, in: The International Journal of Logistics Management, 4. Jg., H. 2, S. 13 - 24

Cooper, M.C./Lambert, D.M./Pagh, J.D. (1997): Supply Chain Management: More Than a New Name for Logistics, in: The International Journal of Logistics Management, 8. Jg., H. 1, S. 1 - 14

Daum, M./Piepel, U. (1992): Lean Production – Philosophie und Realität, in: io Management Zeitschrift, Vol. 61, Nr. 1, S. 40 - 47

Dögl, R. (1997): Strategisches Qualitätsmanagement im Industriebetrieb, Göttingen

Eidenmüller, B. (1994): Die Produktion als Wettbewerbsfaktor, 3. Aufl., Köln

Engelhardt, W.H./Schütz, P. (1991): Total Quality Management, in: WiSt, 20. Jg., S. 394 - 399

Feil, N./König, M. (1988): Beschaffungslogistik im Umbruch, in: Logistik im Unternehmen, Jan./Feb., S. 34 - 35

Fieten, R. (1992): Kopieren wäre zu einfach, in: Beschaffung aktuell, H. 3, S. 58 - 63

Frehr, H.-U. (1994): Total Quality Management, 2.Aufl., München-Wien

Gutenberg, E. (1983): Grundlagen der Betriebswirtschaftslehre, Band 1: Die Produktion, 24. Aufl., Berlin, Heidelberg, New York

Hahn, D. (2002): Problemfelder des Supply Chain Management, in: Hahn, D./ Kaufmann, L. (Hrsg.): Handbuch Industrielles Beschaffungsmanagement, 2. Aufl., Wiesbaden, S. 1061 - 1071

Hahn, D./Laßmann, G. (1999): Produktionswirtschaft – Controlling industrieller Produktion, Band 1+2, 3. Aufl., Heidelberg

Harrington, J. (1973): Computer Integrated Manufacturing, New York

Hartmann, H. (2002): Materialwirtschaft – Organisation, Planung, Durchführung, Kontrolle, 8. Aufl., Gernsbach

Hauser, J.R./Clausing, D. (1988): The House of Quality, in: Harvard Business Review. May/June, S. 63 - 73

Helber, S. (1996): Produktionstiefenbestimmung, in: Kern, W., u. a. (Hrsg.), Handwörterbuch der Produktionswirtschaft, 2. Aufl., Stuttgart, Sp. 1603 - 1617

Helberg, P. (1987): PPS als CIM-Baustein, Berlin

Höller, J./Pils, M./Zlabinger, R. (2003) (Hrsg.): Internet und Intranet, 3. Aufl., Berlin u. a.

Kazmeier, E. (1984): Berücksichtigung der Belastungssituation im Rahmen eines PPS-Systems auf der Basis einer dialogorientierten Ablaufplanung, in: Institut für Fertigungsanlagen der Universität Hannover (Hrsg.): Statistisch orientierte Fertigungssteuerung, Hannover

Kinias, C. (1992): Mythos Japan und die Realität der „Lean Production", in: io Management Zeitschrift, Vol. 61, Nr. 3, S. 48 - 51

Kistner, K.-P./Steven, M. (2001): Produktionsplanung, 3. Aufl., Heidelberg

Kluge, J./Sailer, E. (1991): Das ganze Wissen des Unternehmens auf das Produkt konzentrieren, in: Blick durch die Wirtschaft v. 17.4., Nr. 74, S. 7 - 10

Krallmann, H. (Hrsg.) (1990): CIM-Expertenwissen für die Praxis, München, Wien

Kurbel, K. (1992): Entwicklung und Einsatz von Expertensystemen, 2. Aufl., Berlin u. a.

Lee, H.L./Padmanabhan,V./Whang, S. (1997): The Bullwhip Effect in Supply Chains, in: Sloan Management Review, 38. Jg., S. 93 - 102

Luchs, R.H./Neubauer, F.-F. (1986): Qualitätsmanagement, Frankfurt/M.

Mikus, B. (2001): Make-or-buy Entscheidungen, 2. Aufl., Chemnitz

Miles, L.D. (1967): Value Engineering, 2. Aufl., München

Monden, Y. (1983): Toyota Production System, Norcross

Müller, H.W. (1999): Quality Engineering – Ein Überblick über neuere Verfahren, in: Zink, K.J. (Hrsg.): Qualität als Managementaufgabe, 3. Aufl., Landsberg am Lech

Nolte, D. (1992): Das Phänomen Japan – Erklärungsansätze der überlegenen Wettbewerbsstärke am Beispiel der japanischen Automobilindustrie, in: WSI-Mitteilungen, Nr. 1, S. 34 - 42

Oess, A. (1993): Total Quality Management, 3. Aufl., Wiesbaden

Rollberg, R. (1996): Lean Management und CIM aus Sicht der strategischen Unternehmensführung, Wiesbaden

Sarma, S./ Weis, S.A./Engels, D.W. (2002): RFID Systems, Security & Privacy Implications, Cambridge, MA

Scheer, A.-W. (1985): Die neuen Anforderungen an PPS-Systeme, in: CIM-Management, 1. Jg., S. 32 - 36

Scheer, A.-W. (1988): Betriebliche Expertensysteme I, Wiesbaden

Scheer, A.-W. (1990): CIM – Computer Integrated Manufacturing, 4. Aufl., Berlin u. a.

Schonberger, R.J. (1982): Japanese Manufacturing Techniques, Hidden Lessons in Simplicity, New York

Stölzle, W. (1999): Industrial Relationships, München, Wien

Töpfer, A./Mehdorn, H. (1995): Total Quality Management, 4. Aufl., Neuwied, Kriftel, Berlin

Wight, O.W. (1979): MRP II – Manufacturing Resource Planning, in: Modern Materials Handling, Sept.

Wildemann, H. (1988): Produktionssteuerung nach KANBAN-Prinzipien, in: Adam, D. (Hrsg.): Fertigungssteuerung II, Wiesbaden, S. 33 - 50

Wildemann, H. (1992): Qualitätsentwicklung in F&E, Produktion und Logistik, in: ZfB, 62. Jg., H. 1, S. 17 - 41

Wildemann, H. (2001): Das Just-in-time Konzept, 2. Aufl., Frankfurt/M.

Wildemann, H. (Hrsg.) (1986): Just-in-time Produktion und Zulieferung, Erfahrungsberichte, Band 1 und 2, Passau

Wilken, C. (1993): Strategische Qualitätsplanung und Qualitätskostenanalysen im Rahmen eines Total Quality Management, Heidelberg

Williams, K./Haslam, C. (1992): Kein Testfall für Managerfähigkeiten, sondern für das Verantwortungsbewußtsein europäischer Politiker, in: Die Mitbestimmung, H. 4, S. 39 - 43

Witte, A. (1993): Integrierte Qualitätssteuerung im Total Quality Management, Münster, Hamburg

Womack, J.P./Jones, D.T./Roos, D. (1992): Die zweite Revolution in der Automobilindustrie, 5. Aufl., Frankfurt/M.

Zink, K.J./Schick, G. (1987): Quality Circles, Bd. 1, Grundlagen, 2. Aufl., München, Wien

Lösungen zu den Aufgaben

Aufgabe II-1

a)

a1) Durchschnittsertragskurve e:

$$e = x/r \quad \text{(für } r > 0\text{)}$$
$$e = -0,5r^2 + 5r + 2$$

a2) Grenzertragskurve x':

$$x' = -1,5r^2 + 10r + 2$$

b) Die Schwellenwerte des 4-Phasenschemas sind wie folgt definiert:

b1) Endpunkt Phase I :

Wendepunkt der Ertragskurve (2. Ableitung = 0),
Grenzertragsmaximum (1. Ableitung = 0)

$$x' = -1,5r^2 + 10r + 2$$
$$x'' = -3r + 10$$

Für den Wendepunkt gilt:

$$x'' = 0$$
$$0 = -3r + 10$$
$$r = 3,33 \quad \rightarrow \quad x = 43,70 \; ; \; x' = 18,67$$

b2) Endpunkt Phase II:

Maximaler Durchschnittsertrag (1. Ableitung = 0)

$$e = -0,5r^2 + 5r + 2$$
$$e' = -r + 5$$

Für den maximalen Durchschnittsertrag gilt:

$$e' = 0$$
$$-r + 5 = 0$$
$$r = 5 \quad \rightarrow \quad x = 72,5 \; ; \; x' = 14,5$$

b3) Endpunkt Phase III:

Maximaler Ertrag (Grenzertrag = 0)

$$x' = 0$$
$$0 = -1,5r^2 + 10r + 2$$
$$0 = r^2 - 6,67r - 1,33$$
$$r_{1,2} = 3,33 \pm [3,33^2 + 1,33]^{1/2}$$
$$r_{1,2} = 3,33 \pm 3,53$$
$$r_1 = 6,86 \quad \rightarrow \quad x = 87,60 \; ; \; x' = 0$$
$$(r_2 = -0,20 : \text{nicht zulässig})$$

c) Das Grenzprodukt ist der Ertragszuwachs, der, ausgehend von einem bestimmten Punkt der Ertragskurve, durch die Faktorvariation erwirtschaftet wird.

Ertragszuwachs:	Δx
Faktorvariation:	Δr
Punkt der Ertragskurve:	$r = 4$
Ertragskurve:	$x = -0,5r^3 + 5r^2 + 2r$

allgemein gilt:

$$x' = \frac{dx}{dr} = -1,5r^2 + 10r + 2$$

$$\Delta x \approx (-1,5r^2 + 10r + 2) \cdot \Delta r$$

für $r = 4$ und $\Delta r = 0,2$ ergibt sich mit Hilfe dieser Formel näherungsweise:

$$\Delta x \approx 18 \cdot 0,2$$
$$\Delta x \approx 3,60$$

genauer:

$$x(r=4) = 56$$
$$x(r=4,2) = 59,556$$
$$\Rightarrow \Delta x = 3,556$$

d) Für die Grenzproduktivität gilt:

$$x' = \frac{dx}{dr}$$

Für die Produktivität (Durchschnittsertrag) gilt:

$$e = x/r$$

Für das Maximum des Durchschnittsertrages gilt:

$$e' = 0 \rightarrow r = 5 ; \quad x = 72,5 \quad \text{(siehe b2)}$$

Grenzproduktivität:	$x'(r=5) = 14,5$
Produktivität:	$e(r=5) = 14,5$

Im Maximum des Durchschnittsertrages müssen Grenzproduktivität und Produktivität bzw. Grenzertrag und Durchschnittsertrag gleich hoch sein.

Aufgabe II-2

a) $x' = -(3/4)r^2 + 4r + 4$

b) $e = -(1/4)r^2 + 2r + 4$

c) Endpunkt Phase I:

$$x'' = -(3/2)r + 4 = 0$$
$$\Rightarrow r = 8/3$$
$$x = 20{,}15$$

Endpunkt Phase II:

$$e' = -(1/2)r + 2 = 0$$
$$\Rightarrow r = 4$$
$$x = 32$$

Endpunkt Phase III:

$$x' = -(3/4)r^2 + 4r + 4 = 0$$
$$\Rightarrow r^2 - (16/3)r - 16/3 = 0$$
$$r_{1,2} = 8/3 \pm [(64/9) + (16/3)]^{1/2}$$
$$r_{1,2} = 2{,}66 \pm 3{,}53$$
$$r_1 = 6{,}2$$
$$r_2 = \text{ökonomisch nicht relevant}$$
$$x = 42{,}10$$

d)

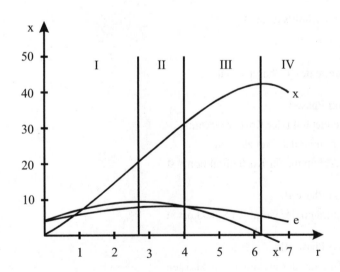

e) Durchschnittsertrag: x/r

$$\frac{d(x/r)}{dr} = \frac{(dx/dr)\cdot r - x \cdot 1}{r^2} = 0$$

$$\Leftrightarrow \quad \frac{dx}{dr} \;=\; x/r$$

Grenzertrag $=$ Durchschnittsertrag

Aufgabe II-3

a) Grenzkosten K'(x):

$$K'(x) = \frac{dK(x)}{dx} = (3/100)x^2 - (1/4)x + 3/4$$

b) Durchschnittskostenfunktion k(x):

$$k(x) \;=\; K(x)/x = K_f/x + K_v(x)/x$$
$$k(x) \;=\; k_f(x) + k_v(x)$$
$$k_f(x) \;=\; K_f/x \;\; ; \;\; k_v(x) \;=\; K_v(x)/x$$

b1) Gesamtdurchschnittskosten k(x)

$$k(x) \;=\; (1/100)x^2 - (1/8)x + 3/4 + 2/x$$

b2) variable Durschnittskosten $k_v(x)$

$$k_v(x) = (1/100)\,x^2 - (1/8)\,x + 3/4$$

b3) fixe Durchschnittskosten k_f

$$k_f(x) \;=\; 2/x$$

c) Schwellenwerte des 4-Phasenschemas:

c1) Endpunkt Phase I:
   - Wendepunkt der Kostenfunktion
   - Minimum der Grenzkosten
   - 2. Ableitung der Kostenfunktion = 0

c2) Endpunkt Phase II:
   - Minimum der variablen Stückkosten

c3) Endpunkt Phase III:
   - Minimum der gesamten Stückkosten

zu c1)

$$K'(x) \;=\; (3/100)x^2 - (1/4)x + 3/4$$
$$K''(x) \;=\; (6/100)x - 1/4$$
$$K''(x) \;=\; 0 \qquad \rightarrow \quad (6/100)x - 1/4 = 0$$
$$x \quad\;=\; 4,17 \quad \rightarrow \quad K(x{=}4,17) = 3,68 \;\; ; \;\; K'(x{=}4,17) = 0,23$$

zu c2)

$$k_v(x) = (1/100)x^2 - (1/8)x + 3/4$$
$$k_v'(x) = (2/100)x - 1/8 \quad = 0$$
$$x = 6{,}25 \quad \rightarrow \quad K(x{=}6{,}25) = 4{,}25 \;\; ; \;\; K'(x{=}6{,}25) = 0{,}36$$
$$k_v(x{=}6{,}25) = 0{,}36$$

zu c3)

$$k(x) = (1/100)x^2 - (1/8)x + 3/4 + 2/x$$
$$k'(x) = (2/100)x - 1/8 - 2/x^2 = 0$$
$$x = 7{,}87 \quad \text{(Näherungslösung)}$$
$$K(x{=}7{,}87) = 5{,}035 \;\; ; \;\; K'(x{=}7{,}87) = 0{,}64 \;\; {-}{>} \;\; k(x{=}7{,}87) = 0{,}64$$

Die Grenzkostenkurve schneidet die Stückkostenkurven in deren Minimum.

d) Zu zeigen ist:

I. $k_v'(x) = 0$ und $k_v(x) = K'(x)$

II. $k'(x) = 0$ und $k(x) = K'(x)$

Für eine Kostenfunktion $k(x) = k_f(x) + k_v(x)$ lässt sich mit Hilfe der Quotientenregel zeigen:

$$k_v'(x) = \frac{d[K_v(x)/x]}{dx} = \frac{K_v'(x)\cdot x - 1\cdot K_v(x)}{x^2} = 0$$

$$K_v'(x)\cdot x = K_v(x)$$
$$K_v'(x) = K_v(x)/x = k_v$$

Da die Kurve $K(x)$ aus der Kurve $K_v(x)$ nur durch Addition einer Konstanten (K_f) entstanden ist, gilt:

$$K_v'(x) = K'(x)$$

hieraus folgt Behauptung I.

$$k'(x) = \frac{d[K(x)/x]}{dx} = \frac{K'(x)\cdot x - 1\cdot K(x)}{x^2} = 0$$

$$K'(x)\cdot x = K(x)$$
$$K'(x) = K(x)/x = k(x) \text{ , für Behauptung II}$$

e) Ein linearer Kostenverlauf ist gegeben durch

$$K(x) = k_v(x)\cdot x + K_f \qquad\qquad \text{mit } k_v(x) = \text{const.}$$

Durchschnittliche Gesamtkosten:

$$k(x) = K(x)/x = k_v(x) + K_f/x$$

Grenzkosten:

$$K'(x) = \frac{dK(x)}{dx} = k_v(x)$$

Die beiden Kurven sind nur dann identisch, wenn keine Fixkosten vorliegen; sonst unterscheiden sich beide Kurven um die fixen Kosten pro Stück.

Aufgabe II-4

a) Grenzkosten : $dK(x)/dx = (1/4)x^2 - x + 3/2$

totale Stückkosten: $K(x)/x = (1/12)x^2 - (1/2)x + 3/2 + 1/x$

variable Stückkosten: $K_v(x)/x = (1/12)x^2 - (1/2)x + 3/2$

Stückkosten aus Fixkosten: $K_f/x = 1/x$

b) Ende Phase 1: $x = 2$; $K = 2{,}67$

Ende Phase 2: $x = 3$; $K = 3{,}25$

Ende Phase 3: $x = 3{,}49$; $K = 3{,}69$

c)

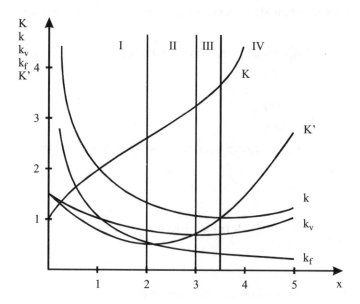

Aufgabe II-5

a) Die gegebene Funktion $x = x(r_1, r_2)$ ist umzuformen in $r_2 = r_2(r_1, x_a)$

$$x_a = \frac{5 \cdot r_1 \cdot r_2}{r_1 + r_2} = 10$$

$$10 \cdot (r_1 + r_2) \quad = \quad 5 \cdot r_1 \cdot r_2$$

$$10 \cdot r_2 - 5 \cdot r_1 \cdot r_2 \quad = \quad -10 \cdot r_1$$

$$r_2 = -\frac{10 r_1}{10 - 5 r_1}$$

b) Als Grenzrate der Substitution ergibt sich

$$GRS = \frac{dr_2}{dr_1}$$

$$r_2 = -\frac{10 r_1}{10 - 5 r_1}$$

$$\frac{dr_2}{dr_1} = \frac{-10(10 - 5 r_1) - (-10 r_1)(-5)}{(10 - 5 r_1)^2}$$

$$= \frac{-100 + 50 r_1 - 50 r_1}{(10 - 5 r_1)^2} = \frac{-100}{(10 - 5 r_1)^2}$$

Für $r_1 = 3$ ergibt sich: $\qquad \dfrac{dr_2}{dr_1} = -4$

Im Punkt $r_1 = 3$ ist die GRS – 4.

Aufgabe II-6

a)

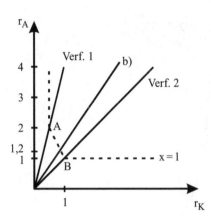

Durch Prozesssubstitution gehört auch der Streckenzug AB zur Isoquante x = 1.

b) Die mit Verfahren 1 gefertigten Stücke werden mit x_1, die mit Verfahren 2 gefertigten Stücke mit x_2 bezeichnet.

$$
\begin{array}{rl}
& x_1 + x_2 = 100 \\
- & 2x_1 + x_2 = 120
\end{array}
$$

		Arbeit	Kapital
$\Rightarrow$	$x_1 = 20$	40	10
$\Rightarrow$	$x_2 = 80$	80	80
		120	90

Es werden 90 Einheiten Kapital benötigt.

c) Die Arbeitsproduktivität ist beim Verfahren 2 höher; es können in 500 Stunden höchstens 500 Gartenzwerge gefertigt werden.

Aufgabe II-7

a) Gesucht ist die Minimalkostenkombination bei vorgegebener Produktmenge.

Kosten:
$$K(r_1,r_2) = q_1 \cdot r_1 + q_2 \cdot r_2$$
$$K(r_1,r_2) = 1 \cdot r_1 + 1 \cdot r_2$$

Nebenbedingung: $x = 11 = 12 \cdot r_1 - 4 \cdot r_1^2 + 4 \cdot r_1 \cdot r_2 - 4 \cdot r_2^2$

Ansatz der Lagrangeschen Multiplikatormethode:

$$L(r_1, r_2, \lambda) \quad = \quad r_1 + r_2 + \lambda \cdot (12 \cdot r_1 - 4 \cdot r_1{}^2 + 4 \cdot r_1 \cdot r_2 - 4 \cdot r_2{}^2 - 11)$$

i) $\quad \dfrac{\partial L}{\partial r_1} \quad = \quad 1 + \lambda \cdot (12 - 8r_1 + 4r_2) = 0 \quad \rightarrow -\lambda = 1/(12 - 8r_1 + 4r_2)$

ii) $\quad \dfrac{\partial L}{\partial r_2} \quad = \quad 1 + \lambda \cdot (-8r_2 + 4r_1) \quad = 0 \quad \rightarrow -\lambda = 1/(-8r_2 + 4r_1)$

iii) $\quad \dfrac{\partial L}{\partial \lambda} \quad = \quad 12r_1 - 4r_1{}^2 + 4r_1 \cdot r_2 - 4r_2{}^2 - 11 \quad = 0$

b) $\qquad \dfrac{\partial x}{\partial r_1} \quad = \quad 12 - 8r_1 + 4r_2 = 0$

$\qquad\qquad\qquad\qquad \rightarrow \qquad r_2 = 2r_1 - 3 \qquad$ untere Ridge Line

$\qquad \dfrac{\partial x}{\partial r_2} \quad = \quad 4r_1 - 8r_2 \qquad = 0$

$\qquad\qquad\qquad\qquad \rightarrow \qquad r_2 = (1/2)r_1 \qquad$ obere Ridge Line

c) $\qquad r_1 \quad = \quad 1{,}5$
$\qquad r_2 \quad = \quad 0{,}5$
$\qquad \lambda \quad = \quad -0{,}5$
$\qquad K \quad = \quad 2$

d) $\qquad r_1 \quad = \quad 2$
$\qquad r_2 \quad = \quad 1$
$\qquad \lambda \quad = \quad 0$
$\qquad x \quad = \quad 12$

Aufgabe II-8

a) Die Verbrauchsfunktionen $v_i(d)$ sind zu bewerten und zu addieren:

$$k_{v1}(d) = \quad v_1(d) \cdot q_1 \qquad = \quad 12/d + 9$$
$$k_{v2}(d) = \quad v_2(d) \cdot q_2 \qquad = \quad 3d + 12$$

$$k_v(d) = \quad k_{v1}(d) + k_{v2}(d) \quad = \quad 12/d + 3d + 21$$

Als Leistung der minimalen variblen Stückkosten ergibt sich:

$$\frac{dk_v(d)}{dd} = -12/d^2 + 3 = 0$$

$$d_{opt} = 2$$

Die Stückkosten bei den alternativen Leistungen betragen:

d	k_V	max. Ausbringungs-menge: $x = d \cdot t_{max}$	$K_V(d \cdot t_{max})$	$K_G(d \cdot t_{max})$
2	33	16	528	628
4	36	32	1.152	1.252
6	41	48	1.968	2.068

Zur Erzeugung von 20 Einheiten reicht die optimale Leistung $d = 2$ nicht aus; es muss die nächst höhere Leistung gewählt werden.

$$k_V(d = 4) \qquad = 36$$
$$K_V(d = 4, x = 20) = 36 \cdot 20 \qquad = 720$$
$$K_G(x = 20) \qquad = 720 + 100 = 820$$

Für $x = 20$ $(d = 4, t = 5)$ betragen die Gesamtkosten 820 Geldeinheiten.

b) Skizze:

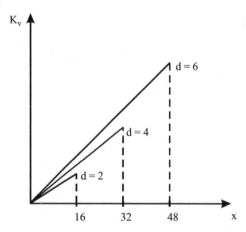

Durch eine Leistungskombination von $d_1 = 2$ und $d_2 = 4$ sollen 20 Stück (bei $t_{max} = 8$ Stunden) kostenminimal erzeugt werden.

Die Gesamtzeit verteilt sich auf t_1 und t_2 : $\qquad t_1 + t_2 \qquad = 8$ Stunden

Die Stückzahl soll 20 betragen $\qquad\qquad$: $\qquad 2t_1 + 4t_2 \quad = 20$ Stück

$\qquad t_1$: Anzahl Stunden mit Leistung d_1

$\qquad t_2$: Anzahl Stunden mit Leistung d_2

Es ergibt sich: 2 Stunden mit $d = 4$ $\rightarrow$ $\qquad$ 8 Stück

$\qquad\qquad\qquad$ 6 Stunden mit $d = 2$ $\rightarrow$ $\qquad$ 12 Stück

$\qquad\qquad\qquad$ 8 Stunden mit insgesamt $\qquad\qquad$ 20 Stück

Die Gesamtkosten betragen:

$$K(d,t) = k_{v1}(d=2)\cdot 12 + k_{v2}(d=4)\cdot 8 + K_f$$

$$K(d,t) = 33\cdot 12 + 36\cdot 8 + 100$$

$$K = 784$$

Aufgabe II-9

a)

$$k_{vi}(d_i) = v_i(d_i)\cdot q_i \quad i = 1,2$$

$$k_{v1}(d) = 4d^2 - 28d + 50$$
$$k_{v2}(d) = 4d^2 - 36d + 90$$

$$k_v(d) = 8d^2 - 64d + 140$$

$$k'_v(d) = 16d - 64 = 0$$

$$d_{opt} = 4 \qquad t_{max} = 8$$

zeitliche Anpasssung:

$$k_v(d_{opt}=4) = 12$$
$$K_v(x) = 12x \qquad 0 \leq x \leq 32$$

intensitätsmäßige Anpassung:

$$k_v(x) = 8\cdot(x/8)^2 - 64(x/8) + 140$$
$$k_v(x) = (1/8)x^2 - 8x + 140$$
$$K_v(x) = (1/8)x^3 - 8x^2 + 140x \qquad 32 < x \leq 80$$

$$K_f = 5.000,-$$

$$K(x) = \begin{cases} 5.000 + 12x & 0 \leq x \leq 32 \\ 5.000 + (1/8)x^3 - 8x^2 + 140x & 32 < x \leq 80 \end{cases}$$

b)

$$k(x) = \begin{cases} 5.000/x + 12 & 0 \leq x \leq 32 \\ 5.000/x + (1/8)x^2 - 8x + 140 & 32 < x \leq 80 \end{cases}$$

$$k_v(x) = \begin{cases} 12 & 0 \leq x \leq 32 \\ (1/8)x^2 - 8x + 140 & 32 < x \leq 80 \end{cases}$$

$$k_f(x) = 5.000/x \qquad 0 \leq x \leq 80$$

$$K'(x) = \begin{cases} 12 & 0 \leq x \leq 32 \\ (3/8)x^2 - 16x + 140 & 32 < x \leq 80 \end{cases}$$

Das Minimum der Stückkosten k(x) liegt im ersten Abschnitt bei x = 32
[k(x=32) = 168,25].

Es lässt sich für den 2. Abschnitt mit Hilfe der ersten Ableitung bestimmen:

$$\frac{dk(x)}{dx} = -5.000/x^2 + (1/4)x - 8 = 0$$

$$\Leftrightarrow \quad (1/4)x^3 - 8x^2 - 5.000 = 0$$

x = 42,9 erfüllt diese Gleichung annähernd, wie sich durch eine Iterationsrechnung ergibt, die zugehörigen Stückkosten betragen k(42,9) = 143,40.

Im Minimum der gesamten Stückkosten gilt approximativ: d = 42,9/8 = 5,3625, d ist also größer als d_{opt} = 4.

c)

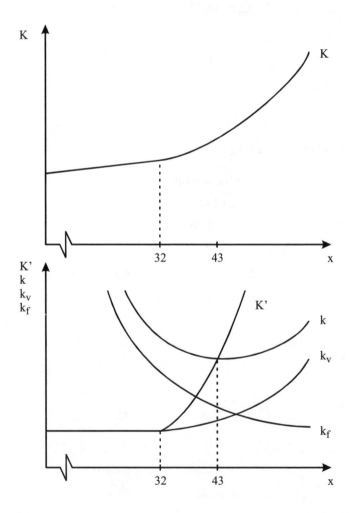

Die Grenzkosten schneiden die totalen Stückkosten im Minimum der totalen Stückkosten:

$$\begin{aligned}
K'(x) &= k(x)\\
(3/8)x^2 - 16x + 140 &= 5.000/x + (1/8)x^2 - 8x + 140\\
(1/4)x^2 - 8x &= 5.000/x\\
x^3 - 32x^2 &= 20.000\\
x &\approx 43
\end{aligned}$$

d) Bei identischen Aggregaten ist das Grenzkostenkriterium beim Wechsel von zeitlicher zu intensitätsmäßiger Anpassung erfüllt:

$$\hat{x} = 32$$

Durch die Einbeziehung können maximal $(2 \cdot \hat{x} =)$ 64 Stücke mit zeitlicher Anpassung gefertigt werden. Die gemeinsame Kostenfunktion lautet:

$$K_{11+12} = 5.000 + 12x \qquad\qquad 0 \le x \le 64.$$

Für den Bereich intensitätsmaßiger Anpassung ergibt sich

$$K_{11+12}(x) = 5.000 + [8\cdot(x/16)^2 - 64\cdot(x/16) + 140]\cdot x$$

$$K_{11+12}(x) = 5.000 + (1/32)x^3 - 4x^2 + 140x \qquad 64 < x \le 160.$$

e) $\qquad k_{v1}(d_2) = 8d_2^2 - 48d_2 + 80$

$\qquad\quad k_{v2}(d_2) = 2d_2^2 - 12d_2 + 25$

$\qquad\quad \overline{\rule{0pt}{0pt}\hspace{7cm}}$

$\qquad\quad k_v(d_2) = 10d_2^2 - 60d_2 + 105$

$\qquad\quad k_v'(d_2) = 20d_2 - 60 = 0$

$$d_{2,opt} = 3$$

Nicht zulässig, da $d_{min} = 4 \implies d_{2,opt} = 4.$

$\qquad k_v(d_2 = 4) = 25$

Punkt gleicher Grenzkosten mit Aggregattyp I:

$\qquad 25 = (3/8)x^2 - 16x + 140$

$\qquad x^2 - 42,67x + 306,67 = 0$

$\qquad\qquad\qquad x_1 = 9,15$ nicht relevant, da < 32; $\quad x_2 = 33,52$

$\qquad k_{vI}(33,52) = 12,29$

$\qquad K_{vI+II}(x) = 33,52 \cdot 12,29 + (x - 33,52) \cdot 25$

$\qquad K_{vI+II}(x) = 411,84 - 837,92 + 25x$

$\qquad K_{I+II}(x) = 5.000 - 426,08 + 25x$

$\qquad K_{I+II}(x) = 4.573,92 + 25x$

Da auf dem zweiten Aggregat 32 Stück mit zeitlicher Anpassung gefertigt werden können, gilt:

$$K(x) = \begin{cases} 5.000 + 12x & 0 \le x \le 32 \\ 5.000 + (1/8)x^3 - 8x^2 + 140x & 32 < x \le 33,52 \\ 4.573,92 + 25x & 33,53 < x \le 60 \end{cases}$$

Aufgabe II-10

a) Aggregat 1:

$$-10d_1 \cdot 1 + 90 \cdot 1$$
$$\underline{2d_1^2 \cdot 2 - 11d_1 \cdot 2 + 37 \cdot 2}$$

$$k_{v1}(d_1) = 4d_1^2 - 32d_1 + 164$$

$$k_{v1}'(d_1) = 8d_1 - 32 = 0$$

$$d_{1,opt} = 4$$

$$k_{v1}(d_{1,opt}=4) = 100$$

$$k_{v1}(x) = 4 \cdot (x/8)^2 - 32(x/8) + 164$$
$$K_{v1}(x) = (1/16)x^3 - 4x^2 + 164x$$

$$K_{f1} = 800$$

Aggregat 2:

$$d_2^2 \cdot 1 - 10d_2 \cdot 1 + 91 \cdot 1$$
$$\underline{d_2^2 \cdot 2 - 10d_2 \cdot 2 + 32 \cdot 2}$$

$$k_{v2}(d_2) = 3d_2^2 - 30d_2 + 155$$

$$k_{v2}'(d_2) = 6d_2 - 30 = 0$$

$$d_{2,opt} = 5$$

$$k_{v2}(d_{2,opt}=5) = 80$$

$$k_{v2}(x) = 3 \cdot (x/8)^2 - 30(x/8) + 155$$
$$K_{v2}(x) = (3/64)x^3 - (15/4)x^2 + 155x$$

$$K_{f2} = 1.000$$

$$K(x) = \begin{cases} 800 + 100x & 0 \le x \le 10 \\ 1.000 + 80x & 10 < x \le 40 \quad (1) \\ 1.000 + (3/64)x^3 - (15/4)x^2 + 155x & 40 < x \le 60,24 \quad (2) \\ 952,23 + 100x & 60,24 < x \le 76,56 \quad (3) \\ L(x_1, x_2, \lambda) & 76,56 < x \le 115,65 \quad (4) \\ (1/16)x^3 - 16x^2 + 1.444x - 34.616 & 115,65 < x \le 128 \quad (5) \end{cases}$$

ad (1) $800 + 100x = 1.000 + 80x$

 $20x = 200$

 $x = 10$

ad (2) Punkt gleicher Grenzkosten: $K_2'(x) = K_1'(d_1, opt)$

 $(9/64)x^2 - (15/2)x + 155 = 100$

 $x^2 - 53,33x + 391,11 = 0$

 $x_{1,2} = 26,67 \pm [711,11 - 391,11]^{1/2}$

 $x_{1,2} = 26,67 \pm [320]^{1/2}$

 $x_1 = 44,555$; x_2 nicht relevant

ad (3) Bestimmung der Geradengleichung und Berechnung des Schnittpunktes mit der Kostenfunktion von A_2.

$K(44,555) = 4.607,75$

$\Rightarrow$ Geradengleichung:

$4.607,75 + 800 + (x - 44,555)100 = 952,23 + 100x$

$\Rightarrow$ Schnittpunktberechnung:

 $952,23 + 100x = 1.000 + (3/64)x^3 - (15/4)x^2 + 155x$

 $0 = (3/64)x^3 - (15/4)x^2 + 55x + 47,77$

 Lösungspunkt $= 60,24$ (Iterationsverfahren)

$\Rightarrow$ Ende dieses Abschnittes:

 Punkt gleicher Grenzkosten $+$ $d_{1,opt} \cdot t_{max}$

 44,56 $+$ 32 $= 76,56$

ad (4) Anpassung im Verhältnis gleicher Grenzkosten

 $L(x_1, x_2, \lambda)$: Lagrangefunktion

$\Rightarrow$ Ende des "Lagrangeabschnittes":

 $K_1'(64) = (3/16) \cdot 64^2 - 8 \cdot 64 + 164$

 $= 420$

 $K_2'(64) = (9/64) \cdot 64^2 - (15/2) \cdot 64 + 155$

 $= 251$

$\Rightarrow$ Bestimmung des Punktes, wo $K_1'(x) = 251$:

$$(3/16)x^2 - 8x + 164 \quad = 251$$
$$(3/16)x^2 - 8x - \;\;87 \quad = 0$$
$$x^2 - (128/3)x - 464 = 0$$
$$x_{1,2} \quad = 64/3 \pm [919,11]^{1/2}$$
$$x_1 \quad = 51,65$$
$$x_2 \quad \text{nicht relevant}$$

$\Rightarrow$ Ende der Funktion:

$$51,65 + 64 = 115,65$$

ad (5) Bestimmung der Funktion für den Bereich $x > 115,65$

$$1.000 + 800 + (1/16)(x - 64)^3 - 4(x - 64)^2 + 164(x - 64) + 6.848$$
$$= (1/16)x^3 - 16x^2 + 1.444x - 34.616$$

b) Berechnung der Zeit - Mengen - Kombinationen für $x = 90$

$$L(x_1, x_2, \lambda) = \;\;800 + (1/16)x_1^3 - 4x_1^2 + 164x_1$$
$$+ 1.000 + (3/64)x_2^3 - (15/4)x_2^2 + 155x_2$$
$$+ \lambda \cdot (90 - x_1 - x_2)$$

i) $\dfrac{\partial L}{\partial x_1} \;=\; (3/16)x_1^2 - 8x_1 + 164 + \lambda \quad\quad = 0$

ii) $\dfrac{\partial L}{\partial x_2} \;=\; (9/64)x_2^2 - (15/2)x_2 + 155 + \lambda \;= 0$

iii) $\dfrac{\partial L}{\partial \lambda} \;=\; 90 - x_1 - x_2 \quad\quad\quad\quad\quad = 0$

Gleichung iii) wird nach x_1 aufgelöst

$$x_1 \;= 90 - x_2$$

und in i) eingesetzt. Anschließend können i) und ii) gleichgesetzt werden, und es ergibt sich:

$$(3/16)(90 - x_2)^2 - 8(90 - x_2) + 164 \quad\quad\quad = (9/64)x_2^2 - (15/2)x_2 + 155$$
$$1.518,75 - 33,75x_2 + (3/16)x_2^2 - 720 + 8x_2 + 164 = (9/64)x_2^2 - (15/2)x_2 + 155$$
$$0,046875x_2^2 - 18,25x_2 + 807,75 \quad = \;\; 0$$
$$x_2^2 - 389,333x_2 + 17.232 \quad = \;\; 0$$
$$x_{2a,b} = \;194,666 \pm [37.895,111 - 17.232]^{1/2}$$
$$x_{2a,b} = \;194,666 \pm 143,75$$
$$x_{2a} \quad \text{nicht relevant}$$
$\Rightarrow \quad x_2 \quad = 50,92$
$$x_1 \quad = 39,08$$

x	x_1	d_1	t_1	k_{v1}	K_{v1}	K_1	x_2	d_2	t_2	k_{v2}	K_{v2}	K_2	K
5	5	4	1,25	100	500	1.300	-	-	-	-	-	-	1.300
20	-	-	-	-	-	-	20	5	4	80	1.600	2.600	2.600
40	-	-	-	-	-	-	40	5	8	80	3.200	4.200	4.200
60	-	-	-	-	-	-	60	7,5	8	98,75	5.925	6.925	6.925
70	25,44	4	6,36	100	2.544,48	3.344,48	44,56	5,57	8	80,97	3.607,75	4.607,75	7.952,23
90	39,08	4,89	8	103,13	4.030,43	4.830,43	50,92	6,37	8	85,59	4.358,23	5.358,23	10.188,66
120	56	7	8	136	7.616	8.416	64	8	8	107	6.848	7.848	16.264

c)

$$K(x) = \begin{cases} 80x & 0 \le x \le 40 \\ (3/64)x^3 - (15/4)x^2 + 155x & 40 < x \le 44{,}56 \\ -847{,}77 + 100x & 44{,}56 < x \le 76{,}56 \\ L(x_1, x_2, \lambda) & 76{,}56 < x \le 115{,}65 \\ (1/16)x^3 - 16x^2 + 1.444x - 36.416 & 115{,}65 < x \le 128 \end{cases}$$

Unterschied zu b):

1) Inbetriebnahmekosten sind herauszurechnen.
2) Keine alleinige zeitliche Anpassung von A_1.
3) Die gemeinsame Kostenfunktion von A_1 und A_2 gilt bereits ab dem Punkt gleicher Grenzkosten ($x = 44{,}56$).

Aufgabe II-11

Zunächst sind die verschiedenen Kostenfunktionen zu analysieren:

1) $k_{v2}(d_2) = 2d_2^2 - 16d_2 + 52$

2) $\dfrac{dk_{v2}(d_2)}{dd_2} = 4d_2 - 16 = 0$

          $d_{2,opt} = 4$

3) $k_{v2}(d_{2,opt}) = 20$

Damit sind die ersten beiden Abschnitte der Kostenfunktion identifiziert:

4) $50 + 20x : A_2$

          $100 + 10x : A_1$

Daraus folgt:

5) $K_{f1} = 100$ und $K_{f2} = 50$

Aufgrund der Fixkosten ist auch der 3. Teil der Funktion A_1 zuzuordnen:

6) $K(x_1) = 100 + (1/100)x_1^3 - (3/5)x_1^2 + 19x_1$

          $K_{v1}(x_1) = (1/100)x_1^3 - (3/5)x_1^2 + 19x_1$

7) $k_{v1}(x_1) = (1/100)x_1^2 - (3/5)x_1 + 19$

8) $k_{v1}(d_1 \cdot t) = (1/100)(d_1 \cdot t)^2 - (3/5)(d_1 \cdot t) + 19$

9) $k_{v1}(d_1) = (1/100)(d_1 \cdot 10)^2 - (3/5)(d_1 \cdot 10) + 19$

10) $k_{v1}(d_1) = d_1^2 - 6d_1 + 19$

11) $\dfrac{dk_{v1}(d_1)}{dd_1}$ $= 2d_1 - 6 = 0$

$$d_{1,opt} = 3$$

12) $k_{v1}(d_{1,opt})) = 10$

Im nächsten Schritt wird der Punkt gleicher Grenzkosten berechnet:

13) $20 = (3/100)x^2 - (6/5)x + 19$

$0 = x^2 - 40x - 100/3$

$x_{1,2} = 40/2 \pm [(40/2)^2 + 100/3]^{1/2}$

$x_1 = 40,82; \quad x_2 = $ nicht relevant

Im Bereich $49,2 \le x \le 55$ werden auf A_1 40,82 Stück gefertigt, während A_2 zeitlich angepasst wird.

x	x_1	d_1	t_1	x_2	d_2	t_2	K(x)
4	-	-	-	4	4	1	130
10	10	3	3,33	-	-	-	200
45	45	4,5	10	-	-	-	651,25
50	40,82	4,082	10	9,18	4	2,295	789,59

Aufgabe III-1

a)

Produkt	A	B	C	D	E
Stück-DB	14	1,6	7	3	4
relativer DB	3,5	0,8	5	3	4
Rang	3	5	1	4	2
Menge	80	-	150	70	120

b) Produkt A: $3 \cdot 4 = 12$ $\rightarrow$ $12 + 14 = 26$

Produkt B: $3 \cdot 2 = 6$ $\rightarrow$ $6 + 8,3 = 14,3$

Produkt C: $3 \cdot 1,4 = 4,2$ $\rightarrow$ $4,2 + 10,9 = 15,1$

Produkt D: (i) Grenze zur Vorteilhaftigkeit gegenüber A:

$3,5 \cdot 1 = 3,5$ $\rightarrow$ $3,5 + 6,9 = 10,4$

(ii) Grenze zur Vorteilhaftigkeit gegenüber B:

$0,8 \cdot 1 = 0,8$ $\rightarrow$ $0,8 + 6,9 = 7,7$

c) c1) Preisobergrenze für das Zwischenprodukt E (POG_E) in Abhängigkeit von der
         Bedarfsmenge (x):

$$POG_E(x) = \begin{cases} 16 & 0 < x \leq 30 \\ 16{,}8 & 30 < x \leq 110 \\ 19 & 110 < x \leq 120 \end{cases}$$

   c2)

$$POG_E(x) = \begin{cases} 16 & 0 < x \leq 30 \\ 16 + (0 \cdot 30 + 0{,}8 \cdot (x-30))/x & 30 < x \leq 110 \\ 16 + (0 \cdot 30 + 0{,}8 \cdot 80 + 3 \cdot (x-110))/x & 110 < x \leq 120 \end{cases}$$

d) Gewinnerhöhung um 386 € (= $120{\cdot}4 - (40{\cdot}1{,}6 + 10{\cdot}3)$)

Aufgabe III-2

a) Zielfunktion: $G_B = 3x_1 + 2x_2 \Rightarrow$ Max!

    Nebenbedingungen: I: $3x_1 + 3x_2 \leq 600$
                       II: $2x_1 + 5x_2 \leq 500$
                             $x_i \geq 0$ für: $i = 1, 2$

b)

c)   Ausgangstableau

g_i	BV	x_1	x_2	y_1	y_2	T
0	y_1	3	3	1	0	600
0	y_2	2	5	0	1	500
	k_i-g_i	-3	-2	0	0	0

2. Tableau

g_i	BV	x_1	x_2	y_1	y_2	T
3	x_1	1	1	1/3	0	200
0	y_2	0	3	-2/3	1	100
	k_i-g_i	0	1	1	0	600

optimale Produktionsmengen:

Produktart 1: 200

Produktart 2:   0

maximaler Bruttogewinn: $G_{B,max}$ = 600 €

d)   30·1 = 30 €

Aufgabe III-3

a) x_1 : 1 Liter Apfelsaft
          x_2 : 1 Liter Traubensaft

Zielfunktion:

$$G_B = (1,7 - 0,4·2,5 - 0,1·1·2,5 - 0,1·2,5) · x_1$$
$$+ (2 - 0,4·1,25 - 0,6·1·1,25 - 0,2·1,25) · x_2$$

$$= 0,2 x_1 + 0,5 x_2 \qquad \Rightarrow \text{Max!}$$

Nebenbedingungen:

I:	$2,5x_1$	$+ 1,25x_2$	$\leq$	4800
II:	$0,25x_1$	$+ 0,75x_2$	$\leq$	900
III:	x_1		$\leq$	1500
IV:		x_2	$\leq$	2600

$$x_i \geq 0 \quad \text{für:} \quad i = 1,2$$

b)

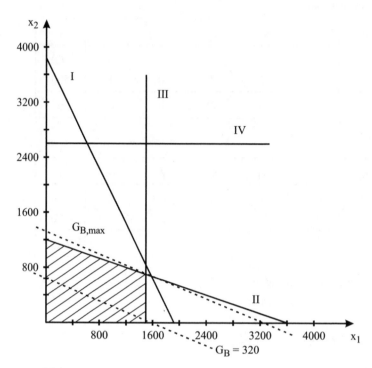

c) Ausgangstableau

g_i	BV	x_1	x_2	y_1	y_2	y_3	y_4	T
0	y_1	5/2	5/4	1	0	0	0	4800
0	y_2	1/4	3/4	0	1	0	0	900
0	y_3	1	0	0	0	1	0	1500
0	y_4	0	1	0	0	0	1	2600
	k_i-g_i	-1/5	-1/2	0	0	0	0	0

2. Tableau

g_i	BV	x_1	x_2	y_1	y_2	y_3	y_4	T
0	y_1	25/12	0	1	-5/3	0	0	3300
1/2	x_2	1/3	1	0	4/3	0	0	1200
0	y_3	1	0	0	0	1	0	1500
0	y_4	-1/3	0	0	-4/3	0	1	1400
	k_i-g_i	-1/30	0	0	2/3	0	0	600

3. Tableau

g_i	BV	x_1	x_2	y_1	y_2	y_3	y_4	T
0	y_1	0	0	1	-5/3	-25/12	0	175
1/2	x_2	0	1	0	4/3	-1/3	0	700
1/5	x_1	1	0	0	0	1	0	1500
0	y_4	0	0	0	-4/3	1/3	1	1900
	k_i-g_i	0	0	0	2/3	1/30	0	650

optimale Produktionsmengen:

1500 Liter Apfelsaft

700 Liter Traubensaft

max. Gesamtdeckungsbeitrag: 650 €

d) Die optimalen Produktionsmengen bleiben unverändert.

Aufgabe III-4

Zielfunktion:

$$G_B = 4x_1 + 5x_2 + 6x_3 \Rightarrow \text{Max!}$$

Nebenbedingungen:

I: $2x_1 + 3x_2 + 1x_3 \le 30$

II: $4x_1 + 1x_2 + 3x_3 \le 12$

$$x_i \ge 0 \quad \text{für:} \quad i = 1, 2, 3$$

Ausgangstableau:

g_i	BV	x_1	x_2	x_3	y_1	y_2	T
0	y_1	2	3	1	1	0	30
0	y_2	4	1	3	0	1	12
	k_i-g_i	-4	-5	-6	0	0	0

2. Tableau

g_i	BV	x_1	x_2	x_3	y_1	y_2	T
0	y_1	2/3	8/3	0	1	-1/3	26
6	x_3	4/3	1/3	1	0	1/3	4
	k_i-g_i	4	-3	0	0	2	24

3. Tableau

g_i	BV	x_1	x_2	x_3	y_1	y_2	T
5	x_2	1/4	1	0	3/8	-1/8	39/4
6	x_3	5/4	0	1	-1/8	3/8	3/4
	k_i-g_i	19/4	0	0	9/8	13/8	213/4

Optimallösung:

x_2 =   39/4   ME

x_3 =   3/4   ME

Bruttogewinn : 53,25 €

Aufgabe III-5

a)

Ausgangstableau

g_i	BV	x_1	x_2	y_1	y_2	T
0	y_1	4	2	1	0	200
0	y_2	2	2	0	1	160
	k_i-g_i	-4	-3	0	0	0

b)

[*]1 : Dieser Wert zeigt eine mengenmäßige Verdrängung an. Das heißt, bei Aufnahme einer Einheit der Nichtbasisvariablen y_1 in die Lösung muss die Produktion von x_1 um 0,5 Mengeneinheiten zurückgenommen werden.

[*]2 : Dieses Element gibt den optimalen Wert der Basisvariable x_1 an. Will das Unternehmen unter den gegebenen Bedingungen seinen Bruttogewinn maximieren, muss es 20 Einheiten der Produktart 1 herstellen.

*3 : Durch diesen Wert wird die Höhe der Gewinneinbuße angegeben, die entsteht, wenn eine Einheit der Nichtbasisvariablen y_2 in die Lösung aufgenommen wird. Der Wert 1 zeigt daher an, dass eine Nichtnutzung einer Einheit der knappen Kapazität der zweiten Restriktion zu einer Gewinneinbuße von 1 € führt.

*4 : Dieser Wert repräsentiert den maximalen Bruttogewinn $G_B = 260$ und setzt sich wie folgt zusammen:

$$G_B = 20 \text{ [ME]} \cdot 4 \text{ [€/ME]} + 60 \text{ [ME]} \cdot 3 \text{ [€/ME]} = 260 \text{ [€]}$$

Aufgabe III-6

a)

	t	Mai	Juni	Juli	Aug
(1)	B_t	430	460	420	440
	E_t	420	422	428,33	427,14
	F_t	-10	-38	8,33	-12,86
	MAF_t	10	24	18,78	17,30
(2)	E_t	420	427,5	437,5	430
	F_t	-10	-32,5	17,5	-10
	MAF_t	10	21,25	20	17,5
(3)	E_t	423	427	440	433
	F_t	-7	-33	20	-7
	MAF_t	7	20	20	16,75
(4)	E_t	418,88	423,33	438	430,8
	F_t	-11,12	-36,67	18	-9,2
	MAF_t	11,12	23,89	21,93	18,75
	$EMAF_t$	(11,12)	11,12	21,34	20

Bei der Berechnung von (4) wird davon ausgegangen, dass sich E_1 und B_1 entsprechen. Dagegen wird die Berechnung des MAF erst ab Periode 5 vorgenommen und der $EMAF_5$ gleich $|F_5|$ gesetzt.

b)   Die gewogene gleitende Mittelwertbildung weist die geringsten mittleren absoluten Fehler auf.

Aufgabe III-7

a)

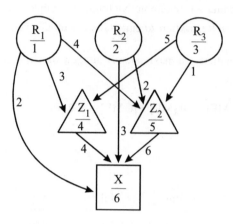

b) Primärbedarf $(X)^T = (0, 0, 0, 400, 300, 600)$

Direktbedarfsmatrix:

$$D = \begin{pmatrix} 0 & 0 & 0 & 3 & 4 & 2 \\ 0 & 0 & 0 & 0 & 2 & 3 \\ 0 & 0 & 0 & 5 & 1 & 0 \\ 0 & 0 & 0 & 0 & 0 & 4 \\ 0 & 0 & 0 & 0 & 0 & 6 \\ 0 & 0 & 0 & 0 & 0 & 0 \end{pmatrix}$$

b1)

<u>Gozintolistenverfahren:</u>

j i	d_{ij}	i	v^1	N^1	v^2	N^2	v^3	N^3	v^4	N^4
4 1	3	1	3	0	2	1.200	1	16.800	-	25.200
4 3	5	2	2	0	1	1.800	0	9.600	-	9.600
5 1	4	3	2	0	2	0	1	3.900	-	17.900
5 2	2	4	1	400	-	2.800	-	2.800*		
5 3	1	5	1	300	-	3.900*				
6 1	2	6	-	600*						
6 2	3									
6 4	4									
6 5	6									

VAZSONYI:

$$B \cdot X = R$$

$$\begin{pmatrix} 1 & 0 & 0 & 3 & 4 & 38 \\ 0 & 1 & 0 & 0 & 2 & 15 \\ 0 & 0 & 1 & 5 & 1 & 26 \\ 0 & 0 & 0 & 1 & 0 & 4 \\ 0 & 0 & 0 & 0 & 1 & 6 \\ 0 & 0 & 0 & 0 & 0 & 1 \end{pmatrix} \cdot \begin{pmatrix} 0 \\ 0 \\ 0 \\ 400 \\ 300 \\ 600 \end{pmatrix} = \begin{pmatrix} 25.200 \\ 9.600 \\ 17.900 \\ 2.800 \\ 3.900 \\ 600 \end{pmatrix}$$

TISCHER:

$$D \cdot V_0 = V_1 \qquad D \cdot V_1 = V_2 \qquad V = \Sigma V_j$$

$$\begin{pmatrix} 0 & 0 & 0 & 3 & 4 & 2 \\ 0 & 0 & 0 & 0 & 2 & 3 \\ 0 & 0 & 0 & 5 & 1 & 0 \\ 0 & 0 & 0 & 0 & 0 & 4 \\ 0 & 0 & 0 & 0 & 0 & 6 \\ 0 & 0 & 0 & 0 & 0 & 0 \end{pmatrix} \cdot \begin{pmatrix} 0 \\ 0 \\ 0 \\ 400 \\ 300 \\ 600 \end{pmatrix} = \begin{pmatrix} 3.600 \\ 2.400 \\ 2.300 \\ 2.400 \\ 3.600 \\ 0 \end{pmatrix} \begin{pmatrix} 21.600 \\ 7.200 \\ 15.600 \\ 0 \\ 0 \\ 0 \end{pmatrix} \begin{pmatrix} 25.200 \\ 9.600 \\ 17.900 \\ 2.800 \\ 3.900 \\ 600 \end{pmatrix}$$

b2) Gozintolistenverfahren:

j	i	d_{ij}	i	v^1	N^1	v^2	N^2	v^3	N^3	v^4	N^4
4	1	3	1	3	- 500	2	500	1	13.300	-	20.050
4	3	5	2	2	- 200	1	1.300	0	7.700	-	7.700
5	1	4	3	2	- 300	2	- 300	1	2.900	-	14.150
5	2	2	4	1	250	-	2.250	-	2.250*		
5	3	1	5	1	200	-	3.200*				
6	1	2	6	-	500*	-					
6	2	3									
6	4	4									
6	5	6									

VAZSONYI:

$$B \cdot X = R$$

$$B \cdot \begin{pmatrix} -500 \\ -200 \\ -300 \\ 250 \\ 200 \\ 500 \end{pmatrix} = \begin{pmatrix} 20.050 \\ 7.700 \\ 14.150 \\ 2.250 \\ 3.200 \\ 500 \end{pmatrix}$$

TISCHER:

$$D \quad \cdot \quad V_0 \quad = \quad V_1 \quad \quad D \cdot V_1 = V_2 \quad \quad V = \Sigma\, V_j$$

$$D \quad \cdot \quad \begin{pmatrix} -500 \\ -200 \\ -300 \\ 250 \\ 200 \\ 500 \end{pmatrix} = \begin{pmatrix} 2.550 \\ 1.900 \\ 1.450 \\ 2.000 \\ 3.000 \\ 0 \end{pmatrix} \quad \begin{pmatrix} 18.000 \\ 6.000 \\ 13.000 \\ 0 \\ 0 \\ 0 \end{pmatrix} \quad \begin{pmatrix} 20.050 \\ 7.700 \\ 14.150 \\ 2.250 \\ 3.200 \\ 500 \end{pmatrix}$$

Aufgabe III-8

a)

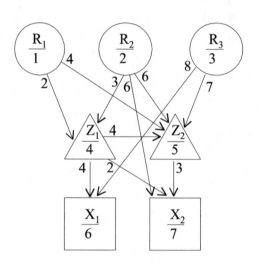

b)

j i	d_{ij}	i	v^1	N^1	v^2	N^2	v^3	N^3	v^4	N^4	v^5	N^5
4 1	2	1	2	0	2	0	2	0	1	3.400	-	12.800
4 2	3	2	3	0	2	1.500	2	1.500	1	6.600	-	20.700
5 1	4	3	2	0	2	0	1	1.200	-	7.150	-	7.150
5 2	6	4	3	200	2	700	1	1.300	-	4.700*		
5 3	7	5	1	100	-	850	-	850*				
5 4	4	6	-	150	-	150*						
6 3	8	7	-	250*								
6 4	4											
7 2	6											
7 4	2											
7 5	3											

Aufgabe III-9

a)

$$r_{opt} = [(2 \cdot 30.000 \cdot 200)/3]^{1/2} = 2.000$$

$$n_{opt} = 30.000/2.000 = 15$$

$$t_{opt} = 180/15 = 12$$

$$K_{min} = 0,5 \cdot 3 \cdot 2.000 + 15 \cdot 200$$

$$K_{min} = 3.000 + 3.000$$

$$K_{min} = 6.000 \text{ GE}$$

b) Die optimale Bestellmenge beträgt nun 5.000 Stück, da größere Mengen (10.000, 15.000,...) noch weiter vom unbeschränkten Optimum ($r_{opt} = 2.000$) entfernt lägen und damit zu höheren Kosten führen würden.

Damit ergibt sich: $n = 6$; $t = 30$.

$$K = 0,5 \cdot 3 \cdot 5.000 + 6 \cdot 200$$

$$K = 7.500 + 1.200$$

$$K = 8.700$$

$$\Delta K = K - K_{min} = 2.700 \text{ GE}$$

Aufgabe III-10

Berechnung der optimalen Bestellmengen der einzelnen Rabattstufen entsprechend der Formel

$$r_{opt}(q) = [(2 \cdot 100 \cdot 20.000)/(0,4 \cdot q)]^{1/2} :$$

$$r_{opt}(q=8,85) = 1.063,0 \quad \rightarrow \text{ nicht zulässig, da} < 10.000$$

$$r_{opt}(q=8,90) = 1.060,0 \quad \rightarrow \text{ nicht zulässig, da} < 5.000$$

$$r_{opt}(q=8,95) = 1.057,0 \quad \rightarrow \text{ nicht zulässig, da} < 2.000$$

$$r_{opt}(q=9,00) = 1.054,1 \quad \rightarrow \text{ zulässig}$$

Ermittlung der Kosten bei:
  i) $r_1 = 10.000$ und $q_1 = 8,85$
  ii) $r_2 = 5.000$ und $q_2 = 8,90$
  iii) $r_3 = 2.000$ und $q_3 = 8,95$
  iv) $r_{opt} = 1.054,1$ und $q_4 = 9,00$

i) $K(r_1,q_1)$ $= 20.000 \cdot 8,85 + 0,5 \cdot 8,85 \cdot 10.000 \cdot 0,4 + (20.000/10.000) \cdot 100$
$= 194.900$

ii) $K(r_2,q_2)$ $= 20.000 \cdot 8,90 + 0,5 \cdot 8,90 \cdot 5.000 \cdot 0,4 + (20.000/5.000) \cdot 100$
$= 187.300$

iii) $K(r_3,q_3)$ $= 20.000 \cdot 8,95 + 0,5 \cdot 8,95 \cdot 2.000 \cdot 0,4 + (20.000/2.000) \cdot 100$
$= 183.580$

iv) $K(r_{opt},q_4)$ $= 20.000 \cdot 9,00 + 0,5 \cdot 9,00 \cdot 1.054,1 \cdot 0,4 + (20.000/1.054,1) \cdot 100$
$= 183.794,73$

Optimale Bestellpolitik:

Bestellmenge:	2.000
Bestellhäufigkeit:	10
Lagerzykluszeit:	72

Aufgabe III-11

a)

Bestellmenge: 200 ME

Bestellkosten (4·2)	=	8 GE
Lagerungskosten (100·0,2)	=	20 GE
Kapitalbindungskosten (100·3·0,1)	=	30 GE
	Σ	58 GE

Anstatt die Kosten für r = 201 und r = 199 explizit zu berechnen, können die Grenzkosten für r = 200 bestimmt werden:

$K(r)$ $= 0,5 \cdot r \cdot (k_L + z \cdot q) + k_B \cdot B/r$

$dK(r)/dr$ $= 0,5 \cdot (k_L + z \cdot q) - k_B \cdot B/r^2$

$dK(r=200)/dr$ $= 0,5 \cdot (0,2 + 0,1 \cdot 3) - 4 \cdot 400/200^2 = 0,21$

$\Rightarrow$ $K(r=201) = 58,21 ;$ $K(r=199) = 57,79$

Es ist zu erkennen, dass niedrigere Bestellmengen zu niedrigeren Kosten führen.

b)

Optimale Bestellmenge:

$$r_{opt} = [(2 \cdot R \cdot k_B)/(z \cdot q + k_L)]^{1/2}$$

$$= [(2 \cdot 400 \cdot 4)/(0,1 \cdot 3 + 0,2)]^{1/2} = 80 \text{ ME}$$

Optimale Bestellhäufigkeit: $n_{opt} = 400/80 = 5$

Bestellkosten ($4 \cdot 5$)	= 20 GE
Lagerkosten ($40 \cdot 0,2$)	= 8 GE
Kapitalbindungskosten ($40 \cdot 3 \cdot 0,1$)	= 12 GE
Verursachte minimale Kosten:	Σ 40 GE

c)

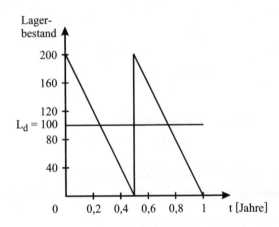

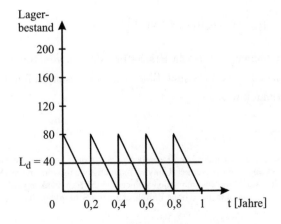

d)

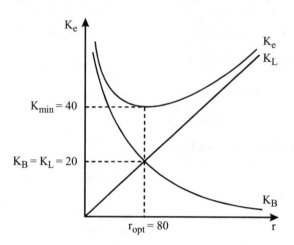

Aufgabe III-12

Zielfunktion:

$$K(r_1, r_2) = 0,5 \cdot r_1 \cdot 100 \cdot 0,1 + 0,5 \cdot r_2 \cdot 200 \cdot 0,1$$
$$+ (200 \cdot 4.000)/r_1 + (100 \cdot 9.000)/r_2 \qquad \Rightarrow \quad \text{Min!}$$

Nebenbedingungen:

$$100 \cdot r_1 + 200 \cdot r_2 \leq 90.000$$
$$r_i > 0 \qquad \text{für } i = 1,2$$

Wird unter Vernachlässigung der Finanzrestriktion das freie Optimum mit Hilfe der klassischen Losgrößenformel berechnet, so ergeben sich folgende Bestellmengen:

$$r_{1,opt} = [(2 \cdot 200 \cdot 4.000)/(0,1 \cdot 100)]^{1/2} = 400$$

$$r_{2,opt} = [(2 \cdot 100 \cdot 9.000)/(0,1 \cdot 200)]^{1/2} = 300$$

Die Bestellung dieser Mengen verursacht Beschaffungskosten von 100.000 GE, die nicht durch das Finanzbudget gedeckt sind. Eine zulässige Lösung soll mit Hilfe des Lagrange-Ansatzes ermittelt werden.[1]

---

[1] Obwohl die Nebenbedingung als Ungleichung formuliert ist, kann die Lagrangesche Multiplikatoren-Methode hier direkt angewendet werden. Um sich möglichst wenig vom freien Optimum zu entfernen, wird man eine Materialartenkombination wählen, die die Beschränkung voll ausschöpft. Die Restriktion kann somit vereinfachend ohne Einführung einer Schlupfvariablen als Gleichung behandelt werden.

$$L\,(r_1, r_2, \lambda) = 0{,}5{\cdot}r_1{\cdot}100{\cdot}0{,}1 + 0{,}5{\cdot}r_2{\cdot}200{\cdot}0{,}1$$
$$+\ 200{\cdot}4.000/r_1 + (100{\cdot}9.000)/r_2$$
$$+\ \lambda{\cdot}\,(100{\cdot}r_1 + 200{\cdot}r_2 - 90.000)$$

$$\frac{\partial L}{\partial r_1} = 5 - 800.000/r_1{}^2 + 100\lambda = 0 \qquad (1)$$

$$\frac{\partial L}{\partial r_2} = 10 - 900.000/r_2{}^2 + 200\lambda = 0 \qquad (2)$$

$$\frac{\partial L}{\partial \lambda} = 100r_1 + 200r_2 - 90.000 = 0 \qquad (3)$$

Im vorliegenden Fall lässt sich das Gleichungssystem per Einsetzverfahren auf einfache Weise lösen. Durch Multiplikation der Gleichung (1) mit dem Faktor 2 und anschließender Subtraktion von Gleichung (2) ergibt sich:

$$1.600.000/r_1{}^2 = 900.000/r_2{}^2 \qquad (4)$$

Gleichung (3) wird nach r_1 aufgelöst

$$r_1 = 900 - 2r_2$$

und in (4) eingesetzt. Die sich hieraus ergebende quadratische Gleichung

$$r_2{}^2 - 1.620r_2 + 364.500 = 0 \qquad (5)$$

ist für $r_{2,zo} = 270$ erfüllt.[2] Für $r_{1,zo}$ ergibt sich somit eine Bestellmenge von 360.

Zum selben Ergebnis gelangt man in diesem Fall auch mittels linearem Kürzen:

Der Finanzmittelbedarf je Bestellung der beiden Materialarten in Höhe der unbeschränkten Optimalmengen $r_{1,opt}$ und $r_{2,opt}$ beträgt $F_{Bed} = 40.000 + 60.000 = 100.000$ GE. Die Finanzkapazität beläuft sich auf $F_{Kap} = 90.000$ GE. Es ergibt sich ein Kürzungsfaktor KF = $F_{Kap}/F_{Bed} = 0{,}9$. Damit lauten die gekürzten Bestellmengen:

$$r_{1,z} = 0{,}9 \cdot 400 = 360 \quad \text{und} \quad r_{2,z} = 270.$$

Die Gleichheit dieser Werte zu den Optimalwerten resultiert aus der speziellen Struktur der Kostenfunktion, d.h. bei gleich hohen, linearen Änderungen der Bestellmengen ändern sich die Kosten ebenfalls im gleichen Verhältnis.

---

2   Die zweite Lösung $r_2 = 1.350$ ist nicht relevant, da in diesem Fall r_1 negativ werden würde.

Nun können auch die Lenkkostensätze bestimmt werden:

Es gilt: $r_{1,zo} = (1.600.000/lk_{L,1})^{0,5}$ und

$r_{2,zo} = (1.800.000/lk_{L,2})^{0,5}$

mit $lk_{L,1} = 10 + 200\lambda$ und $lk_{L,2} = 20 + 400\lambda$. Werden die Optimalwerte eingesetzt, ergibt sich:

$$1.600.000/lk_{L,1} = 360^2 \text{ bzw. } 1.800.000/lk_{L,2} = 270^2$$

Damit sind: $lk_{L,1} = 12,34567901$ und $lk_{L,2} = 24,69135802$,

d.h. die Lagerkostensätze müssten um 23,46% höher als ursprünglich angesetzt werden, um die Budgetrestriktion automatisch einzuhalten. Somit hat der Lagrangesche Multiplikator λ den Wert 0,0117283, d.h. bei Lockerung der Budgetrestriktion um eine Einheit sinken die Kosten um diesen Wert.

Aufgabe III-13

a1) Gleitende wirtschaftliche Losgröße:

$k_{1,1} = 100/100 = 1$
$k_{1,2} = (100 + 20 \cdot 0,5)/120 = 0,9167$
$k_{1,3} = (100 + 20 \cdot 0,5 + 30 \cdot 2 \cdot 0,5)/150 = 0,93$ $\Rightarrow$ $r_1 = B_1 + B_2 = 120$

$k_{3,3} = 100/30 = 3,33$
$k_{3,4} = (100 + 120 \cdot 0,5)/150 = 1,067$
$k_{3,5} = (100 + 120 \cdot 0,5 + 90 \cdot 2 \cdot 0,5)/240 = 1,04167$ $\Rightarrow$ $r_3 = B_3 + B_4 + B_5 = 240$

$k_{3,6} = (100 + 120 \cdot 0,5 + 90 \cdot 2 \cdot 0,5 + 10 \cdot 3 \cdot 0,5)/250 = 1,06$

Ende des Planungszeitraums erreicht $\Rightarrow$ $r_6 = 10$

$k_{6,6} = 100/10 = 10,-$

$K = 120 \cdot 0,9167 + 240 \cdot 1,04167 + 10 \cdot 10 = 460$

a2) Vergleichswertmethode:

$$\frac{k_B/k_L}{}$$

$b = 1,\; l = 1$: $0 \;<\; 200$

$l = 2$: $1 \cdot 100 \;<\; 200$

$l = 3$: $2 \cdot 100 + 1 \cdot 20 = 220 \;>\; 200 \;\Rightarrow\; r_1 = B_1 + B_2 = 120$

$b = 3,\; l = 4$: $1 \cdot 30 \;<\; 200$

$l = 5$: $2 \cdot 30 + 1 \cdot 120 = 180 \;<\; 200$

$l = 6$: $3 \cdot 30 + 2 \cdot 120 + 1 \cdot 90 = 420 \;>\; 200 \;\Rightarrow\; r_3 = B_3 + B_4 + B_5 = 240$

Ende des Planungszeitraums erreicht $\Rightarrow\; r_6 = 10$

$K_B \quad = 3 \cdot 100 = 300,-$

$K_{L1,2} = 0{,}5 \cdot 20 = 10,-$

$K_{L3,5} = 0{,}5 \cdot (120 + 2 \cdot 90) = 150,-$

$K_{L6} \quad = 0$

$K \quad = 460,-$

b1) Kostenausgleichverfahren:

$$\frac{k_B}{}$$

$b = 1,\; l = 2$: $0{,}5 \cdot 20 = 10 \;<\; 100$

$l = 3$: $10 + 2 \cdot 0{,}5 \cdot 30 = 40 \;<\; 100$

$l = 4$: $40 + 3 \cdot 0{,}5 \cdot 120 = 220 \;>\; 100 \;\Rightarrow\; r_1 = B_1 + B_2 + B_3 = 150$

$b = 4,\; l = 5$: $0{,}5 \cdot 90 = 45 \;<\; 100$

$l = 6$: $45 + 2 \cdot 0{,}5 \cdot 10 = 55 \;<\; 100$

$l = T$: $\Rightarrow\; r_4 = B_4 + B_5 + B_6 = 220$

b2) Part-Period-Algorithmus:

$$\frac{k_B/k_l}{}$$

$b = 1,\; l = 2$: $20 \;<\; 200$

$l = 3$: $20 + 2 \cdot 30 = 80 \;<\; 200$

$l = 4$: $20 + 2 \cdot 30 + 3 \cdot 120 = 440 \;>\; 200 \;\Rightarrow\; r_1 = B_1 + B_2 + B_3 = 150$

$b = 4,\; l = 5$: $90 \;<\; 200$

$l = 6$: $90 + 20 = 110 \;<\; 200$

$l = T$: $\Rightarrow\; r_4 = B_4 + B_5 + B_6 = 220$

Kosten für b1) und b2):

$K_B = 2 \cdot 100 = 200,-$

$K_{L1,3} = 0,5 \cdot 80 = 40,-$

$K_{L4,6} = 0,5 \cdot 110 = 150,-$

$K = 295,-$

c) Silver-Meal-Heuristik:

$k_{1,1}^{(z)} = 100/1 = 100$

$k_{1,2}^{(z)} = (100 + 0,5 \cdot 20)/2 = 55$

$k_{1,3}^{(z)} = (100 + 0,5 \cdot (20 + 2 \cdot 30))/3 = 46,67$

$k_{1,4}^{(z)} = (100 + 0,5 \cdot (20 + 2 \cdot 30 + 3 \cdot 120))/4 = 80 => r_1 = B_1 + B_2 + B_3 = 150$

$k_{4,4}^{(z)} = 100/1 = 100$

$k_{4,5}^{(z)} = (100 + 0,5 \cdot 90)/2 = 72,5$

$k_{4,6}^{(z)} = (100 + 0,5 \cdot (90 + 2 \cdot 10))/3 = 51,67$

Ende des Planungshorizontes erreicht => $r_4 = B_4 + B_5 + B_6 = 220$

$K = 100 + 0,5 \cdot (20 + 2 \cdot 30) + 100 + 0,5 \cdot (90 + 2 \cdot 10) = 295$

d)

Bestell-periode (b)	Bedarfsperiode (l)					
	1	2	3	4	5	6
1 ⇐	←100 —— 110 —— 140←			320	–	–
2		200	215	–	–	–
3			210	270	–	–
4 ⇐				← 240 ←	— 285 ——	295*
5					340	–
6						385

$r_1 = B_1 + B_2 + B_3 = 150$

$r_4 = B_4 + B_5 + B_6 = 220$

$K_{min} = 295,-$

Aufgabe III-14

Es ist sicherlich keine eindeutige Zuordnung möglich, je nach den jeweiligen Umständen können den angegebenen Produkten folgende Produktionstypen zugeordnet werden:

a) Damenblusen — Serien- oder Sortenfertigung

b) Eiffelturm in Paris — Einzelfertigung

c) 40 Watt Glühbirnen — Massenfertigung

d) Ölbild — Einzelfertigung

e) Porzellan — Kleinserienfertigung

f) Postkarten — Massenfertigung

g) Prototypen des neuen Golf — Kleinserien- oder Einzelfertigung

h) rote Wolle — Serien- oder Partiefertigung

i) Schmuck — Einzel-, Sorten- oder Serienfertigung

j) Schrauben — Massenfertigung

k) Stahl — Chargenfertigung

l) Tuche und Stoffe — Massen-, Partie- oder Serienfertigung

Aufgabe III-15

$$x_{opt} = \sqrt{\frac{2 \cdot 10.000 \cdot 50}{20 + 0,2 \cdot 400}} = 100 \qquad n_{opt} = \frac{10.000}{100} = 100$$

$$t_{opt} = \frac{T}{n_{opt}} = \frac{1}{100} \text{ Jahre} = \frac{250}{100} = 2,5 \text{ Arbeitstage}$$

$$K_{min} = 100 \cdot 50 + \frac{100}{2} \cdot (20 + 0,2 \cdot 400) = 5.000 + 5.000 = 10.000$$

Aufgabe III-16

a)

$$x_{opt} = \sqrt{\frac{2 \cdot 100 \cdot 800}{\left(1 - \frac{100}{300}\right) \cdot 0,2}} = 1.095,4452$$

Produktionszeit Stufe 1 : $t_{p,opt} = \dfrac{x_{opt}}{x_p} = 10,9554452$

Produktionszeit Stufe 2 : $t_{v,opt} = \dfrac{x_{opt}}{x_v} = 3,651484$

Stillstandszeit Stufe 2 : $t_{f,opt} = t_{p,opt} - t_{v,opt} = 7,302968$

$$L_{max} = 1.095,4452 \cdot \left(1 - \frac{100}{300}\right) = 730,2968$$

$$LK_{min} = \frac{730,29}{2} \cdot 0,2 \cdot 10,95 + 800 = 800 + 800 = 1.600 \, GE$$

b)

$$K_{min} = \frac{730,29}{2} \cdot 0,2 \cdot 200 + 800 \cdot \frac{20.000}{1.095,44} = 29.211,868$$

bzw. $$n_{opt} = \frac{20.000}{1.095,44} = 18,257417$$

$$K_{min} = LK_{min} \cdot n_{opt} = 1.600 \cdot 18,257417 = 29.211,868$$

Aufgabe III-17

a)

$$x_{opt} = \sqrt{\frac{2 \cdot 7 \cdot 500}{\left(1 + \frac{7}{10}\right) \cdot 0,1}} = 202,91986$$

Produktionszeit Stufe 1 : $\quad t_{p,opt} = \dfrac{x_{opt}}{x_p} = \dfrac{202,9186}{10} = 20,29186$

Produktionszeit Stufe 2 : $\quad t_{v,opt} = \dfrac{x_{opt}}{x_v} = \dfrac{202,9186}{7} = 28,988511$

Stillstandszeit Stufe 1 : $\quad t_{f,opt} = t_{v,opt} - t_{p,opt} = 8,6965114$

$$L_d = \frac{x_{opt}}{2} \cdot \left(1 + \frac{x_v}{x_p}\right) = \frac{202,91}{2} \cdot \left(1 + \frac{7}{10}\right) = 172,48188$$

$$LK_{min} = 172,48188 \cdot 0,1 \cdot 28,988551 + 500 = 1.000 \, GE$$

b)

$$B = x_v \cdot T = 7 \cdot 200 = 1.400$$

$$n_{opt} = \frac{T}{t_{v,opt}} = \frac{200}{28,988551} = 6,8992755 \qquad\qquad bzw.$$

$$n_{opt} = \frac{B}{x_{opt}} = \frac{1.400}{202,91} = 6,8992755$$

$$K_{min} = n_{opt} \cdot LK_{min} = 6,8992755 \cdot 1.000 = 6.899,2755$$

Aufgabe III-18

a)

$$x_{opt} = \sqrt{\frac{2 \cdot (500 + 1.000 + 400)}{\left|\frac{1}{200} - \frac{1}{120}\right| \cdot 0,1 + \left|\frac{1}{120} - \frac{1}{150}\right| \cdot 0,15 + \left|\frac{1}{150} - \frac{1}{100}\right| \cdot 0,2}}$$

$$x_{opt} = \sqrt{\frac{3.800}{0,0003333 + 0,00025 + 0,000666}} = \sqrt{3.040.000}$$

$x_{opt} = 1.743,56$

$t_{p1} = 8,7178 \qquad t_{f1} = 8,7178$

$t_{p2} = 14,5296 \qquad t_{f2} = 2,9060$

$t_{p3} = 11,6237 \qquad t_{f3} = 5,8119$

$t_a = 17,4356$

$$L_{1,max} = x_{opt} \cdot \left(1 - \frac{x_2}{x_1}\right) = 1.743,56 \cdot \left(1 - \frac{120}{200}\right) = 697,424$$

$$L_{2,max} = x_{opt} \cdot \left(1 - \frac{x_2}{x_3}\right) = 1.743,56 \cdot \left(1 - \frac{120}{150}\right) = 348,712$$

$$L_{3,max} = x_{opt} \cdot \left(1 - \frac{V_a}{x_3}\right) = 1.743,56 \cdot \left(1 - \frac{100}{150}\right) = 581,186$$

$$LK_{1,min} = \frac{697,425}{2} \cdot 0,1 \cdot 14,5296 + 500 = 1.006,6645 \, GE$$

$$LK_{2,min} = \frac{348,712}{2} \cdot 0,15 \cdot 14,5296 + 1.000 = 1.380 \, GE$$

$$LK_{3,min} = \frac{581,186}{2} \cdot 0,2 \cdot 17,4356 + 400 = 1.413,3326 \, GE$$

$$\Rightarrow \sum_{i=1}^{3} LK_i = 2 \cdot \sum_{i=1}^{3} k_{R,i} = 3.800 \, GE$$

b)

$B = 200 \cdot 100 = 20.000$

$$n_{opt} = \frac{20.000}{1.743,56} = 11,47 = \frac{T}{t_a} = \frac{200}{17,4356}$$

$K_{min} = 11,47 \cdot 3.800 = 43.588,975 \, GE$

Aufgabe III-19

$$x_{1,opt} = \sqrt{\frac{2 \cdot 100 \cdot (500 + 700)}{\left(1 - \frac{100}{400}\right) \cdot 0,4 + \left(1 - \frac{150}{300}\right) \cdot 0,3 \cdot \frac{150}{100}}} = 676,12339$$

bzw.

$$x_{1,opt} = \sqrt{\frac{2 \cdot 100^2 \cdot (500 + 700)}{100 \cdot \left(1 - \frac{100}{400}\right) \cdot 0,4 + 150 \cdot \left(1 - \frac{150}{300}\right) \cdot 0,3}} = 676,12339$$

$$x_{2,opt} = \frac{150}{100} \cdot 676,12 = 1.014,185$$

t_{p1}	=	1,69	t_{v1}	=	6,76	t_{f1}	=	5,07
t_{p2}	=	3,38	t_{v2}	=	6,76	t_{f2}	=	3,38

Aufgabe III-20

a)

von	A	B	C	D	E	ZM
A	X	7	8	X	6	6
B	6	X	12	3	X	3
C	7	3	X	7	X	3
D	4	X	7	X	9	4
E	X	1	8	X	X	1
						$\Sigma=17$

von	A	B	C	D	E	
A	X	1	2	X	0	
B	3	X	9	0	X	
C	4	0	X	4	X	
D	0	X	3	X	5	
E	X	0	7	X	X	
SM	0	0	2	0	0	$\Sigma=2$

Reduktionskonstante: $R = 17 + 2 = 19$

nach von	A	B	C $\downarrow$	D	E
A	X	1	0^1	X	0^5
→ B	3	X	7	0^7	X ←
C	4	0^4	X	4	X
D	0^4	X	1	X	5
E	X	0^5	5	X $\uparrow$	X

nach von	A $\downarrow$	B	C	E
A	X	[1]	0^1	0^5
C	4	0^4	X	X
→ D	0^5	X	1	5 ←
E	X	$0^5 \uparrow$	5	X

$R = 19$; A - B wird gestrichen

nach von	B	C $\downarrow$	E
→ A	X	0^5	0^∞ ←
C	0^∞	X	X
E	$[0^5]$	5 $\uparrow$	X

nach von	B	C	ZM
C	0	X	0
E	X	5	5
			$\Sigma=5$

nach von	B	C
C	0^∞	X
E	X	0^∞

$R = 19$; E - B wird gestrichen $R = 19 + 5 = 24$ $R = 24$

<u>Optimale Reihenfolge:</u>   B - D - A - E - C - B

<u>Rüstkosten:</u> $3 + 4 + 6 + 8 + 3 = 24$

b)

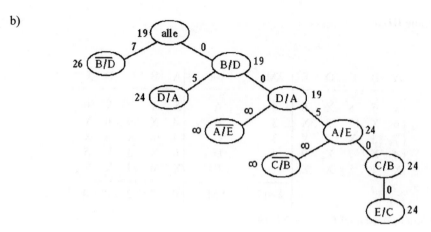

Aufgabe III-21

a)

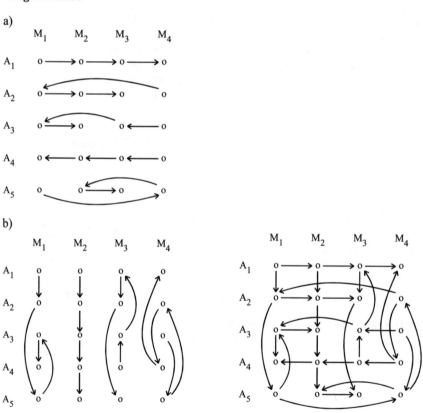

Rangfolge der Knoten: A_1M_1, A_1M_2, A_3M_4

keine weitere Quelle → unzulässig

c)

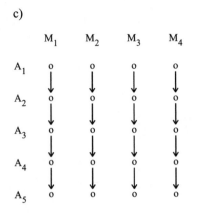
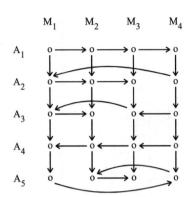

Rangfolge der Knoten: A_1M_1, A_1M_2, A_1M_3, A_1M_4, A_2M_4, A_3M_4,
A_4M_4, A_2M_1, A_2M_2, A_2M_3, A_3M_3, A_3M_1,
A_3M_2, A_4M_3, A_4M_2, A_4M_1, A_5M_1, A_5M_4,
A_5M_2, A_5M_3

$\rightarrow$ zulässig

Aufgabe III-22

a) Maschinen- und Auftragsfolgediagramm: vgl. nächste Seite

b)

Zykluszeit:	30 ZE
Gesamtbelegungszeit:	30 + 30 + 30 = 90 ZE
Gesamtleerzeit:	24 + 17 + 18 = 59 ZE
Gesamtdurchlaufzeit:	12 + 17 + 30 = 59 ZE
Gesamtwartezeit	
- ohne Endwartezeit:	0 + 11 + 17 = 28 ZE
- mit Endwartezeit:	18 + 24 + 17 = 59 ZE

Kapazitätsauslastung:

$$\frac{\text{Summe der Bearbeitungszeiten}}{\text{Gesamtbelegungszeit}} \quad : \quad \frac{31}{90} = 34,44\,\%$$

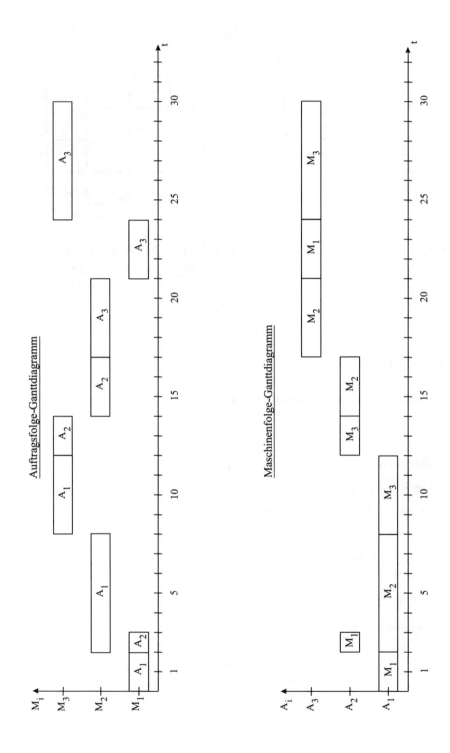

Aufgabe III-23

a) Auftragsfolge nach "first come - first serve" : A_1 - A_2 - A_3

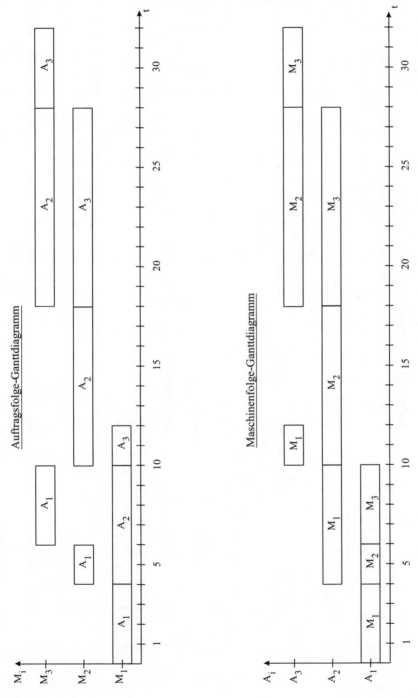

Auftragsfolge nach "kürzeste Operationszeit" (bezogen auf die erste Maschine):
A_3 - A_1 - A_2

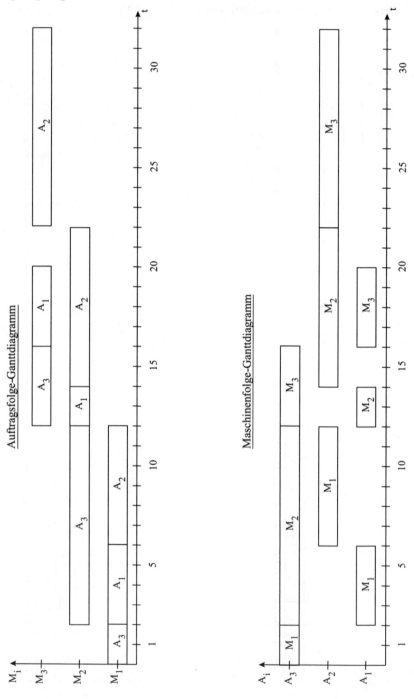

b)

"first come - first serve":

Zykluszeit:	32 ZE	
Gesamtdurchlaufzeit:	10 + 28 + 32	= 70 ZE
Gesamtbelegungszeit:	32 + 32 + 32	= 96 ZE
Auslastung:	50/(50+46)	= 52,08 %
Verspätungszeiten:	0 + 4 + 6	= 10 ZE

"kürzeste Bearbeitungszeit":

Zykluszeit:	32 ZE	
Gesamtdurchlaufzeit:	20 + 32 + 16	= 68 ZE
Gesamtbelegungszeit:	32 + 32 + 32	= 96 ZE
Auslastung:	50/96	= 52,08 %
Verspätungszeiten:	0 + 8 + 0	= 8 ZE

Aufgabe III-24

a) Die Bedingung für die Optimalität des Ergebnisses bei Anwendung des Verfahrens von JOHNSON ist erfüllt, da $t_{max}(M_2) = 4 = t_{min}(M_1)$.

b)

	M_1^*	M_3^*	1.	2.	3.	4.
A	9	12		X		
B	11	4				X
D	5	6	X			
U	9	7			X	

Reihenfolge

Optimale Reihenfolge: D - A - U – B   Zielgröße := Zykluszeit

c)

	M_1	M_2	M_3	M_1	M_2	M_3
D	4	1	5	4	5	10
A	6	3	9	10	13	22
U	5	4	3	15	19	25
B	9	2	2	24	26	28

kumulierte Zeiten

Aufgabe III-25

a)

	M_1	M_2	M_3	$B_{I,k}$	$B_{II,k}$	$B_{III,k}$	B_k
A_1	11	6	6	43	41	39	43
A_2	3	7	4	36	35	39	39
A_3	4	5	6	35	34	39	**39**
A_4	10	8	10	44	40	39	44

	M_1	M_2	M_3	$B_{I,3k}$	$B_{II,3k}$	$B_{III,3k}$	B_{3k}
A_3	**4**	**9**	**15**				
A_1	15	21	27	41	40	39	41
A_2	7	16	20	36	36	40	**40**
A_4	14	22	32	42	39	39	42

	M_1	M_2	M_3	$B_{I,32k}$	$B_{II,32k}$	$B_{III,32k}$	B_{32k}
A_3	**4**	**9**	**15**				
A_2	**7**	**16**	**20**				
A_1	18	24	30	40	42	46	46
A_4	17	25	35	41	37	40	**41**

Für den ersten Lösungsast mit der Reihenfolge $A_3 \Rightarrow A_2 \Rightarrow A_4 \Rightarrow A_1$ ergibt sich als Matrix der kumulierten Bearbeitungszeiten:

	M_1	M_2	M_3
A_3	**4**	**9**	**15**
A_2	**7**	**16**	**20**
A_4	17	25	35
A_1	28	34	41

Da noch ein Bound (eines aktiven Knotens) existiert, der kleiner ist als die ermittelte Zykluszeit (vgl. B_2 in der ersten Tabelle), sind in einem weiteren Schritt die Lösungsteilmengen zu überprüfen, bei denen Auftrag 2 an erster Position der Auftragsfolge steht, und es ist an der entsprechenden Stelle mit einer neuen zweiten Tabelle aufzusetzen.

	M_1	M_2	M_3	$B_{I,2k}$	$B_{II,2k}$	$B_{III,2k}$	B_{2k}
A_2	**3**	**10**	**14**				
A_1	14	20	26	42	39	39	42
A_3	7	15	21	37	35	40	**40**
A_4	13	21	31	43	38	39	43

	M_1	M_2	M_3	$B_{I,23k}$	$B_{II,23k}$	$B_{III,23k}$	B_{23k}
A_2	3	10	14				
A_3	7	15	21				
A_1	18	24	30	40	42	46	46
A_4	17	25	35	41	37	40	41

Für den zweiten Lösungsast mit der Reihenfolge $A_2 \Rightarrow A_3 \Rightarrow A_4 \Rightarrow A_1$ ergibt sich als Matrix der kumulierten Bearbeitungszeiten:

	M_1	M_2	M_3
A_2	3	10	14
A_3	7	15	21
A_4	17	25	35
A_1	28	34	41

Die beiden ermittelten Auftragsfolgen führen zu der gleichen, minimalen Zykluszeit von 41 ZE. Der einzige aktive Knoten, dessen Bound nicht größer ist (Reihenfolgen mit den Aufträgen 3 und 1 an erster und zweiter Stelle und einer Untergrenze von 41 ZE, vgl. den nachfolgenden Lösungsbaum), führt schließlich zu einer deutlich schlechteren Zykluszeit (auf eine Rechnung soll hier allerdings verzichtet werden, da die Optimalität der ermittelten Lösungen bereits vorher gesichert ist).

b)   Lösungsbaum:

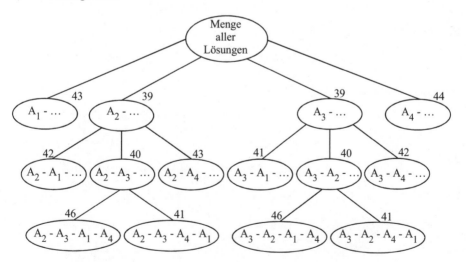

Literatur (Gesamtverzeichnis)

Adam, D. (1965): Produktionsplanung bei Sortenfertigung, Diss., Hamburg

Adam, D. (1972): Quantitative und intensitätsmäßige Anpassung mit Intensitäts-Splitting bei mehreren funktionsgleichen, kostenverschiedenen Aggregaten, in: ZfB, 42. Jg., S. 381 - 400

Adam, D. (1977): Produktions- und Kostentheorie, 2. Aufl., Tübingen, Düsseldorf

Adam, D. (1981): Zur Berücksichtigung nutzungsabhängiger Abschreibungen in kombinierten Anpassungsprozessen, in: ZfB, 51. Jg., S. 405 - 411

Adam, D. (Hrsg.) (1988a): Fertigungssteuerung I, Wiesbaden

Adam, D. (Hrsg.) (1988b): Fertigungssteuerung II, Wiesbaden

Adam, D. (1988c): Retrograde Terminierung: Ein Verfahren zur Fertigungssteuerung bei diskontinuierlichem Materialfluß oder vernetzter Fertigung, in: Adam, D. (Hrsg.): Fertigungssteuerung II, Wiesbaden, S. 89 - 106

Adam, D. (1988d): Aufbau und Eignung klassischer PPS-Systeme, in: Adam, D. (Hrsg.): Fertigungssteuerung I, Wiesbaden, S. 5 - 21

Adam, D. (1988e): Die Eignung der belastungsorientierten Auftragsfreigabe für die Steuerung von Fertigungsprozessen mit diskontinuierlichem Materialfluß, in: ZfB, 58. Jg., S. 98 - 115

Adam, D. (1989): Probleme der belastungsorientierten Auftragsfreigabe, in: ZfB, 59. Jg., S. 443 - 447

Adam, D. (1990): Produktionsdurchführungsplanung, in: Jacob, H. (Hrsg.): Industriebetriebslehre, 4. Aufl., Wiesbaden, S. 673 - 918

Adam, D. (1996): Planung und Entscheidung, 4. Aufl., Wiesbaden

Adam, D. (1998): Produktions-Management, 9. Aufl., Wiesbaden

Adam, D. (2000): Investitionscontrolling, 3. Aufl., Wiesbaden

Adenso-Diaz, B. (1992): Restricted Neighborhood in the Tabu Search for the Flow Shop Problem, in: European Journal of Operational Research, Vol. 62, S. 27 - 37

Aggteleky, B. (1987): Fabrikplanung, Bd. 1: Grundlagen - Zielsetzung - Vorarbeiten, 2. Aufl., München, Wien

Agthe, K./Blohm, H./Schnaufer, E. (Hrsg.) (1967): Industrielle Produktion, Baden-Baden

Akers, S.B. (1956): A Graphical Approach to Production Scheduling Problems, Operations Research, Vol. 4, S. 244 - 245

Albach, H. (1962): Produktionsplanung auf der Grundlage technischer Verbrauchsfunktionen, in: Veröffentlichungen der Arbeitsgemeinschaft für Forschung des Landes NRW, Heft 105, Köln, Opladen, S. 45 - 98

Alscher, J. (1985): Mehrprodukt-Lagerhaltung mit Standard-Lagerhaltungsmodellen, Diss., Mannheim

Andler, K. (1929): Rationalisierung der Fabrikation und optimale Losgröße, München, Berlin

Ansoff, H.I. (1957): Strategies for Diversification, in: HBR, Vol. 35, S. 113 - 124

Arrow, K.J./Harris, T./Marshak, T. (1951): Optimal Inventory Policy, in: Econometrica, Vol. 19, S. 250 - 272

Bamberg, G./Coenenberg, A.G. (2006): Betriebswirtschaftliche Entscheidungslehre, 13. Aufl., München

Bea, F.X./Kötzle, A. (1975a): Ansätze für eine Weiterentwicklung der betriebswirtschaftlichen Produktionstheorie, in: WiSt, 4. Jg., S. 565 - 570

Bea, F.X./Kötzle, A. (1975b): Grundkonzeptionen der betriebswirtschaftlichen Produktionstheorie, in: WiSt, 4. Jg., S. 509 - 513

Bechte, W. (1980): Steuerung der Durchlaufzeit durch belastungsorientierte Auftragsfreigabe bei Werkstattfertigung, Diss., Hannover

Bechtel, C., Jayaram, J. (1997): Supply Chain Management: A Strategic Perspective, in: The International Journal of Logistics Management, 8. Jg., H. 1, S. 15 - 34

Bechtold, H./Müller, H.-E. (1992): Von Japan lernen, heißt siegen lernen? oder: Was bringt uns Lean Production?, in: Die Mitbestimmung, H. 4, S. 35 - 38

Becker, J. (2006): Marketing-Konzeption. Grundlagen des strategischen Marketing-Managements, 8. Aufl., München

Bellman, R. (1957): Dynamic Programming, Princeton

Bergner, H. (1979): Vorbereitung der Produktion, physische, in: Handwörterbuch der Produktionswirtschaft, Sp. 2173 - 2186

Bestmann, U. (Hrsg.) (2001): Kompendium der Betriebswirtschaftslehre, 10. Aufl., München, Wien

Bichler, K. (2001): Beschaffungs- und Lagerwirtschaft, 8. Aufl., Wiesbaden

Biskup, D. (1999): Ziele und Kosten in der klassischen Ablaufplanung, in: WiSt, 28. Jg., S. 135 - 155

Bloech, J. (1970): Optimale Industriestandorte, Würzburg, Wien

Bloech, J. (1972): Zum Problem der Rentabilitätsmaximierung, in: Schwinn, R. (Hrsg.): Beiträge zur Unternehmensführung und Unternehmensforschung, Würzburg, Wien, S. 185 - 210

Bloech, J. (1974): Lineare Optimierung für Wirtschaftswissenschaftler, Opladen

Bloech, J. (1988): Programmierung, dynamische, in: HdW, Bd. 6, Stuttgart, New York, S. 342 - 349

Bloech, J. (1992): Produktionsfaktoren, in: Wittmann, W. u. a. (Hrsg.): HWB, 5. Aufl., Stuttgart, Sp. 3405 - 3415

Bloech, J./Bogaschewsky, R./Schulze, M. (1987): Vom Kauffmann zum Betriebswirt, Göttingen

Bloech, J./Götze, U./Roland, F. (1989): Simultanplanung der Bestellmengen und der Personaleinsatzzeiten für den Materialeinkauf, in: ZfB, 59. Jg., S. 1193 - 1218

Bloech, J./Ihde, G.B. (1972): Betriebliche Distributionsplanung, Würzburg, Wien

Bloech, J./Ihde, G.B. (Hrsg.) (1997): Vahlens Großes Logistiklexikon, München

Bloech, J./Lücke, W. (1982): Produktionswirtschaft, Stuttgart, New York

Bloech, J./Lücke, W. (2006): Produktionswirtschaft, in: Bea, F.X. et al. (Hrsg.): Allgemeine Betriebswirtschaftslehre, Bd. 3: Leistungsprozeß, 9. Aufl., Stuttgart, New York, S. 183 - 252

Bloech, J./Müller, V. (1992): Nichtlineare Optimierung, Skriptum, Göttingen

Bloech, J./Rottenbacher, S. (Hrsg.) (1986): Materialwirtschaft – Kostenanalyse, Ergebnisdarstellung und Planungsansätze, Stuttgart

Blohm, H./Beer, T./Seidenberg, U./Silber, H. (1997): Produktionswirtschaft, 3. Aufl., Herne, Berlin

Blohm, H./Lüder, K. (2006): Investition. Schwachstellen im Investitionsbereich des Industriebetriebs und Wege zu ihrer Beseitigung, 9. Aufl., München

Bogaschewsky, R. (1988): Dynamische Materialdisposition im Beschaffungsbereich, Diss., Frankfurt/M.

Bogaschewsky, R. (1989a): Dynamische Materialdisposition im Beschaffungsbereich, in: ZfB, 59. Jg., S. 855 - 874

Bogaschewsky, R. (1989b): Statische Materialdisposition im Beschaffungsbereich, in: WiSt, 18. Jg., S. 542 - 548

Bogaschewsky, R. (1992a): Entscheidungsorientierte Bestellmengen- und Liefermengenplanung, in: Bloech, J./Götze, U./Sierke, B. (Hrsg.): Managementorientiertes Rechnungswesen, Wiesbaden, S. 245 - 276

Bogaschewsky, R. (1992b): Lean Production - ein Erfolgsrezept für westliche Unternehmen?, in: Zeitschrift für Planung, 3. Bd., H. 4, S. 275 - 298

Bogaschewsky, R. (1995): Die Bewertung logistischer Zulieferer-Abnehmer-Strategien mittels eines Logistikkostenmodells, Arbeitsbericht des Lehrstuhls für Betriebswirtschaftslehre, insbesondere Produktionswirtschaft, Dresdner Beiträge zur Betriebswirtschaftslehre, Nr. 4, Dresden 1995

Bogaschewsky, R. (1996): Losgröße, in: Kern, W./Schröder, H.-H./Weber, J. (Hrsg.): Handwörterbuch der Produktionswirtschaft, 2. Aufl., Stuttgart, Sp. 1141 - 1158

Bogaschewsky, R. (2000): Supply Chain Management, in: Schneider, H. (Hrsg.): Produktionsmanagement in kleinen und mittleren Unternehmen, Stuttgart, S. 287 - 310

Bogaschewsky, R. (2001): Wertanalyse, in: Küpper, H.-U./Wagenhofer, A. (Hrsg.): Handwörterbuch Unternehmensrechnung und Controlling, 4. Aufl., Stuttgart

Bogaschewsky, R. (2002): Electronic Procurement, in: Gabriel, R./Hoppe, U. (Hrsg.): Electronic Business, Heidelberg, S. 23 - 43

Bogaschewsky, R. (2003): Historische Entwicklung des Beschaffungsmanagements, in: Bogaschewsky, R./Götze, U. (Hrsg.): Management und Controlling von Einkauf und Logistik, Gernsbach, S. 13 - 42

Bogaschewsky, R./Buscher, U. (1999): Simultane Fertigungs- und Transportlosgrößenplanung - ein statischer Ansatz für die Sortenfertigung, in: WiSt, 28. Jg., H. 7, S. 335 - 341

Bogaschewsky, R./Buscher, U./Lindner, G. (2001): Optimizing Multi-Stage Production with Constant Lot Size and Varying Number of Unequal Sized Batches, in: OMEGA, Vol. 29, Issue 2, S. 183 - 191

Bogaschewsky, R./Müller, H./Rollberg, R. (1997): Kostenorientierte Optimierung logistischer Kunden-Lieferantenbeziehungen, Arbeitsbericht des Lehrstuhls für Betriebswirtschaftslehre, insbesondere Produktionswirtschaft, Dresdner Beiträge zur Betriebswirtschaftslehre Nr. 8/97, Dresden

Bogaschewsky, R./Müller, H./Rollberg, R. (1999): Kostenorientierte Optimierung logistischer Zulieferer-Abnehmersysteme, in: Logistik Management, 1. Jg., H. 2, S. 133 - 145

Bogaschewsky, R./Roland, F. (1996): Anpassungsprozesse mit Intensitätssplitting bei Gutenberg-Produktionsfunktionen, in: ZfB, 66. Jg., S. 49 - 75

Bogaschewsky, R./Roland, F. (2000): Intensitätssplitting bei Produktionsfunktionen vom Typ B, in: Burchert, H./Hering, T./Rollberg, R. (Hrsg.): Produktionswirtschaft - Aufgaben und Lösungen, München, Wien, S. 162 - 168

Bogaschewsky, R./Rollberg, R. (1998): Prozeßorientiertes Management, Berlin u. a.

Bogaschewsky, R./Sierke, B. (1987): Optimale Aggregatkombination bei zeitlich-intensitätsmäßiger Anpassung und bei Kosten der Inbetriebnahme, in: ZfB, 57. Jg., S. 978 - 1000

Bohr, K. (1979): Produktionsfaktorsysteme, in: Kern, W. (Hrsg.): Handwörterbuch der Produktionswirtschaft, Stuttgart, Sp. 1481 - 1493

Bohr, K. (1982): Produktions- und Kostenfunktion. Bemerkungen zu den beiden Grundbegriffen der neoklassischen Produktions- und Kostentheorie, in: WiSt, 11. Jg., S. 456 - 462

Botta, V. (1986): Betriebswirtschaftliche Produktionsfunktionen. Ein Überblick, in: WiSt, 15. Jg., S. 113 - 119

Bowersox, D.J./Closs, D.J (1996): Logistical Management, New York u. a.

Brink, A. (1990): Lagerkapazitätsbeschränkungen im Bestellmengenmodell: Darstellung und Analyse ausgewählter Ansätze (I) und (II), in: WISU, Heft 10, S. 579 - 584, und Heft 11, S. 635 - 639

Buffa, E.S./Sarin, R.K. (1987): Modern Production/Operations Management, 8. Aufl., New York et al.

Busch, U. (1990): Entwicklung eines PPS-Systems, 3. Aufl., Berlin, Bielefeld, München

Buscher, U. (1997): Verrechnungspreise aus organisations- und agencytheoretischer Sicht, Wiesbaden

Buscher, U. (1999): ZP-Stichwort: Supply Chain Management, in: Zeitschrift für Planung, 10. Jg., H. 4, S. 449 - 456

Buscher, U. (2000): Lossplitting in der Lossequenzplanung, in: WISU, 29. Jg., S. 197 - 204

Buscher, U./Buscher, L. (2000): Stochastische Nachfrage im klassischen Bestellmengenmodell, in: Burchert, H./Hering, T./Rollberg, R. (Hrsg.): Logistik - Aufgaben und Lösungen, München, Wien, S. 53 - 61

Buscher, U./Lindner, G. (2000): Planung der Fertigungslosgröße bei Berücksichtigung unterschiedlich großer Transportlose, in: WiSt, 29. Jg., H. 11, S. 610 - 615

Busse v. Colbe, W./Laßmann, G. (1991): Betriebswirtschaftstheorie, Band 1 : Grundlagen, Produktions- und Kostentheorie, 5. Aufl., Berlin, u. a.

Chase, R.B./Jacobs, F.R./Aquilano, N.J. (2004): Operations Management, 10. Aufl., New York

Chenery, H.B. (1949): Engineering production functions, in: Quarterly Journal of Economics, 63. Jg., S. 507 - 531

Christopher, M. (1992): Logistics and Supply Chain Management, London

Churchman, C.W./Ackoff, R.L./Arnoff, E.L. (1971): Operations Research, 5. Aufl., München, Wien

Cooper, M.C./Ellram, L.M. (1993): Characteristics of Supply Chain Management, in: The International Journal of Logistics Management, 4. Jg., H. 2, S. 13 - 24

Cooper, M.C./Lambert, D.M./Pagh, J.D. (1997): Supply Chain Management: More Than a New Name for Logistics, in: The International Journal of Logistics Management, 8. Jg., H. 1, S. 1 - 14

Corsten, H. (2007): Produktionswirtschaft, Einführung in das industrielle Produktionsmanagement, 11. Aufl., München, Wien

Dantzig, G.B. (1956): Recent Advances in Linear Programming, in: Management Science, Vol. 2, S. 131 - 144

Daub, A. (1994): Ablaufplanung, Bergisch Gladbach, Köln

Daub, A. (1997a): Ablaufplanung, in: Bloech, J./Ihde, G.B. (Hrsg.): Vahlens Großes Logistiklexikon, München, S. 10 - 11

Daub, A. (1997b): Ablaufplanungsproblem, Lösungsansätze für das, in: Bloech, J./Ihde, G.B. (Hrsg.): Vahlens Großes Logistiklexikon, München, S. 13 - 15

Daub, A. (1997c): Branch-and-bound-Verfahren, in: Bloech, J./Ihde, G.B. (Hrsg.): Vahlens Großes Logistiklexikon, München, S. 118 - 119

Daub, A. (1997d): Johnson-Verfahren, in: Bloech, J./Ihde, G.B. (Hrsg.): Vahlens Großes Logistiklexikon, München, S. 410 - 411

Daub, A. (1997e): Lomnicki-Verfahren, in: Bloech, J./Ihde, G.B. (Hrsg.): Vahlens Großes Logistiklexikon, München, S. 649 - 650

Daub, A. (2000): Ablaufplanung, in: Burchert, H./Hering, T./Rollberg, R. (Hrsg.): Logistik – Aufgaben und Lösungen, München, Wien, S. 157 - 168

Daum, M./Piepel, U. (1992): Lean Production - Philosophie und Realität, in: io Management Zeitschrift, Vol. 61, Nr. 1, S. 40 - 47

De Matteis, J.J. (1968): An Economic Lot-Sizing Technique, I: The Part-Period Algorithm, in: IBM Systems Journal, Vol. 7, S. 30 - 38

Dellmann, K. (1980): Betriebswirtschaftliche Produktions- und Kostentheorie, Wiesbaden

Dellmann, L./Nastanski, L. (1969): Kostenminimale Produktionsplanung bei rein-intensitätsmäßiger Anpassung mit differenzierten Intensitätsgraden, in: ZfB, 39. Jg., S. 239 - 268

Dögl, R. (1997): Strategisches Qualitätsmanagement im Industriebetrieb, Göttingen

Domschke, W. (1997): Logistik, Bd. 2: Rundreisen und Touren, 4. Aufl., München, Wien

Domschke, W./Drexl, A. (2002): Einführung in Operations Research, 5. Aufl., Berlin u. a.

Domschke, W./Drexl, A. (2007): Einführung in Operations Research, 7. Aufl., Berlin u. a.

Dueck, G./Scheuer, T./Wallmeier, H.-M. (1990): Threshold Accepting: A General Purpose Optimization Algorithm Appearing Superior to Simulated Annealing, in: Journal of Computational Physics, Vol. 90, S. 161 - 175

Dueck, G./Scheuer, T./Wallmeier, H.-M. (1993): Toleranzschwelle und Sintflut: Neue Ideen zur Optimierung, in: Spektrum der Wissenschaft, 16. Jg., S. 42 - 51

Dürr, W./Kleibohm, K. (1992): Operations Research, 3. Aufl., München, Wien

Dyckhoff, H. (1994): Betriebliche Produktion, 2. Aufl., Berlin u. a.

Dyckhoff, H. (2002): Grundzüge der Produktionswirtschaft, 4. Aufl., Berlin u. a.

Dyckhoff, H. (2006): Produktionstheorie, 5. Aufl., Berlin u. a.

Eidenmüller, B. (1994): Die Produktion als Wettbewerbsfaktor, 3. Aufl., Köln

Ellinger, T./Beuermann, G./Leisten, R. (2003): Operations Research, 6. Aufl., Berlin u. a.

Ellinger, T./Haupt, R. (1996): Produktions- und Kostentheorie, 3. Aufl., Stuttgart

Engelhardt, W.H./Schütz, P. (1991): Total Quality Management, in: WiSt, 20. Jg., S. 394 - 399

Fandel, G. (2005): Produktion I: Produktions- und Kostentheorie, 6. Aufl., Berlin u. a.

Feil, N./König, M. (1988): Beschaffungslogistik im Umbruch, in: Logistik im Unternehmen, Jan./Feb., S. 34 - 35

Felzmann, H. (1982): Ein Modell zur Unterstützung der strategischen Planung auf der Ebene strategischer Geschäftseinheiten, Gelsenkirchen

Fieten, R. (1984): Integrierte Materialwirtschaft - Definition, Aufgaben, Tätigkeiten, (BME wissen und beraten) Frankfurt/M.

Fieten, R. (1992): Kopieren wäre zu einfach, in: Beschaffung aktuell, H. 3, S. 58 - 63

Fischer, K. (1990): Retrograde Terminierung, Wiesbaden

Fleck, A. (1995): Hybride Wettbewerbsstrategien. Zur Synthese von Kosten- und Differenzierungsvorteilen, Wiesbaden

Förstner, K. (1962): Betriebs- und volkswirtschaftliche Produktionsfunktionen, in: ZfB, 32. Jg., S. 264 - 282

Förstner, K./Henn, R. (1970): Dynamische Produktionstheorie und Lineare Programmierung, 2. Aufl., Meisenheim

Frehr, H.-U. (1994): Total Quality Management, 2. Aufl., München, Wien

Freidank, C.-C. (2001): Kostenrechnung, 7. Aufl., München

French, S. (1982): Sequencing and Scheduling, Chichester

Gabriel, R./Hoppe, U. (2002) (Hrsg.): Electronic Business, Heidelberg

Gaither, N./Fraizier, G. (2002): Operations Management, 9. Aufl., Mason

Gälweiler, A. (1960): Produktionskosten und Produktionsgeschwindigkeit, Wiesbaden

Glaser, H. (1986): Material- und Produktionswirtschaft, 3. Aufl., Düsseldorf

Glaser, H./Geiger, W./Rohde, V. (1992): PPS - Produktionsplanung und -steuerung, 2. Aufl., Wiesbaden

Goldratt, E. (1988): Computerized Shop Floor Scheduling, in: International Journal of Production Research, Vol. 26, No. 2, S. 443 - 455

Goldratt, E./Cox, J. (1986): The Goal, Croton-on-Hudson, N.Y.

Götze, U. (1993): Szenario-Technik in der strategischen Unternehmensplanung, Diss., 2. Aufl., Wiesbaden

Götze, U. (1995): Standortstrukturgestaltung internationaler Industrieunternehmen. Führungsprozesse, Entscheidungsmodelle und Controlling-Konzeptionen, unveröffentlichte Habilitationsschrift, Göttingen

Götze, U. (2000): Lebenszykluskosten, in: Fischer, T.M. (Hrsg.): Kosten-Controlling: neue Methoden und Inhalte, Stuttgart, S. 265 - 289

Götze, U. (2006): Investitionsrechnung, Modelle und Analysen zur Beurteilung von Investitionsvorhaben, 5. Aufl., Berlin, Heidelberg u. a.

Götze, U. (2007): Kostenrechnung und Kostenmanagement, 4. Aufl., Chemnitz

Götze, U./Mikus, B. (1999): Strategisches Management, Chemnitz

Grochla, E. (1992): Grundlagen der Materialwirtschaft, 3. Aufl., Wiesbaden

Groff, G. (1979): A lot sizing rule for time-phased component demand, in: Production and Inventory Management, Vol. 20, No. 1, S. 47 - 53

Große-Oetringhaus, W. (1972): Typologie der Fertigung unter dem Gesichtspunkt der Fertigungsablaufplanung, Diss., Gießen

Günther, H.-O./Tempelmeier, H. (2003): Produktion und Logistik, Berlin u. a.

Gutenberg, E. (1983): Grundlagen der Betriebswirtschaftslehre, Band 1: Die Produktion, 24. Aufl., Berlin, Heidelberg, New York

Haberbeck, R. (1967): Zur wirtschaftlichen Ermittlung von Verbrauchsfunktionen, Diss., Köln

Hadley, G. (1969): Nichtlineare und dynamische Programmierung, in deutscher Sprache herausgegeben von H.P. Künzi, Würzburg, Wien

Hadley, G./Whitin, T.M. (1963): Analysis of Inventory Systems, Englewood Cliffs

Hahn, D. (1999): Thesen für die Zukunft des Beschaffungsmanagement in einem integrierten Supply Chain Management, in: Hahn, D./Kaufmann, L. (Hrsg.): Handbuch Industrielles Beschaffungsmanagement, Wiesbaden, S. 849 - 855

Hahn, D./Laßmann, G. (1999): Produktionswirtschaft - Controlling industrieller Produktion, Band 1+2, 3. Aufl., Heidelberg

Hahn, R. (1972): Produktionsplanung bei Linienfertigung, Berlin, New York

Harrington, J. (1973): Computer Integrated Manufacturing, New York

Harris, F. (1915): Operations and Cost, in: Factory Management Series, Chicago

Hartmann, H. (2002): Materialwirtschaft - Organisation, Planung, Durchführung, Kontrolle, 8. Aufl., Gernsbach

Haupt, P./Lohse, D. (1975): Grundlagen und Anwendungen der linearen Optimierung, Essen (mit Arbeitsbuch)

Haupt, P./Wegener, H. (1973): Wirtschaftlicher Inhalt eines ausgewählten Optimierungsverfahrens, in: WiSt, 2. Jg., S. 8 - 14

Haupt, R. (1987): Produktionstheorie und Ablaufmanagement, Stuttgart

Haupt, R./Knobloch, Th. (1989): Kostentheoretische Anpassungsprozesse bei zeitvariablen Faktoreinsätzen, in: ZfB, 59. Jg., S. 504 - 520

Hauser, J.R./Clausing, D. (1988): The House of Quality, in: Harvard Business Review, May/June, S. 63 - 73

Hax, A.C./Meal, H.C. (1975): Hierarchical Integration of Production Planning and Scheduling, in: Geisler, M.A. (Hrsg.): Logistics, Amsterdam, S. 53 - 69

Hax, H. (1985): Investitionstheorie, 5. Aufl., Würzburg, Wien

Heinemeyer, W. (1986): Just-in-time mit Fortschrittszahlen, in: Wildemann, H. (Hrsg.): Just-in-time Produktion und Zulieferung, Band 1, Passau, S. 257 - 290

Heinemeyer, W. (1988): Die Planung und Steuerung des logistischen Prozesses mit Fortschrittszahlen, in: Adam, D. (Hrsg.): Fertigungssteuerung II, Wiesbaden, S. 5 - 32

Heinen, E. (1957): Anpassungsprozesse und ihre kostenmäßigen Konsequenzen, dargestellt am Beispiel des Kokereibetriebes, Köln

Heinen, E. (1976): Grundlagen betriebswirtschaftlicher Entscheidungen, 3. Aufl., Wiesbaden

Heinen, E. (1983): Betriebswirtschaftliche Kostenlehre. Kostentheorie und Kostenentscheidungen, 6. Aufl., Wiesbaden

Heinen, E. (Hrsg.) (1991): Industriebetriebslehre, 9. Aufl., Wiesbaden

Heizer, J./Render, B. (2001): Operations Management, 6. Aufl., Upper Saddle River

Helber, S. (1996): Produktionstiefenbestimmung, in: Kern, W., u.a. (Hrsg.), Handwörterbuch der Produktionswirtschaft, 2. Aufl., Stuttgart, Sp. 1603 - 1617

Helberg, P. (1987): PPS als CIM-Baustein, Berlin

Hesse, H./Linde R. (1976a): Gesamtwirtschaftliche Produktionstheorie, Teil I, Würzburg, Wien

Hesse, H./Linde R. (1976b): Gesamtwirtschaftliche Produktionstheorie, Teil II, Würzburg, Wien

Hettich, G.O./Küpper, H.-U. (1976): Produktions- und Kostentheorie der Unternehmung. Eine Literaturübersicht, in: WiSt, 5. Jg., S. 35 - 40

Hilke, W. (1988): Zielorientierte Produktions- und Programmplanung, 3. Aufl., Neuwied

Hillier, F.S./Lieberman, G.J. (2002): Operations Research: Einführung, 5. Aufl., München, Wien

Hinterhuber, H.H. (2004): Strategische Unternehmensführung, Band I: Strategisches Denken: Vision, Unternehmenspolitik, Strategie, 7. Aufl., Berlin, New York

Hinterhuber, H.H. (2004): Strategische Unternehmungsführung, Band II: Strategisches Handeln, 7. Aufl., Berlin, New York

Hochstädter, D. (1969): Stochastische Lagerhaltungsmodelle, Berlin, Heidelberg, New York

Hofmann, C. (1995): Interdependente Losgrößenplanung in Logistiksystemen, Stuttgart

Hoitsch, H.-J./Lingnau, U. (1992): Neue Ansätze zur Fertigungssteuerung, in: WISU, H. 4, S. 300 - 312

Höller, J./Pils, M./Zlabinger, R. (2003) (Hrsg.): Internet und Intranet, 3. Aufl., Berlin u. a.

Inderfurth, K (1996): Lagerhaltungsmodelle, in: Kern, W./Schröder, H.-H./Weber, J. (Hrsg.): Handwörterbuch der Produktionswirtschaft, 2. Aufl., Stuttgart, Sp. 1024 - 1037

Jacob, H. (1962): Produktionsplanung und Kostentheorie, in: Koch, H. (Hrsg.): Zur Theorie der Unternehmung, Festschrift zum 65. Geburtstag von Erich Gutenberg, Wiesbaden, S. 204 - 268

Jacob, H. (Hrsg.) (1990): Industriebetriebslehre, 4. Aufl., Wiesbaden

Jacob, H. (1990): Die Planung des Produktions- und Absatzprogramms, in: Jacob, H. (Hrsg.): Industriebetriebslehre, 4. Aufl., Wiesbaden, S. 401 - 590.

Jacob, H. (1996): Produktions- und Absatzprogrammplanung, in: Kern, W./Schröder, H.-H./Weber, J. (Hrsg.): Handwörterbuch der Produktionswirtschaft, 2. Aufl., Stuttgart, Sp. 1468 - 1483

Jacobs, R.F. (1984): OPT uncovered: Many Production Planning and Scheduling Concepts Can Be Applied Without the Software, in: Industrial Engineering, Vol. 16, No. 10, S. 32 - 41

Johnson, S. M. (1954): Optimal Two- and Three-Stage Production Schedules with Setup Times Included, in: Naval Research Logistics Quarterly, No. 1, Vol. 1, S. 61 – 68

Jünemann, R. (1989): Materialfluß und Logistik, Berlin et al.

Käschel, J./ Teich, T. (2007): Produktionswirtschaft, Band 1: Grundlagen, Produktionsplanung und -steuerung, 2. Aufl., Chemnitz

Kahle, E. (1996a): Produktion, 4. Aufl., München, Wien

Kahle, E. (1996b): Ziele, produktionswirtschaftliche, in: Kern, W./Schröder, H.-H./Weber, J. (Hrsg.): Handwörterbuch der Produktionswirtschaft, 2. Aufl., Stuttgart, Sp. 2315 - 2324

Karrenberg, R./Scheer, A.W. (1970): Ableitung des kostenminimalen Einsatzes von Aggregaten zur Vorbereitung der Optimierung simultaner Planungssysteme, in: ZfB, 40. Jg., S. 689 - 706

Kazmeier, E. (1984): Berücksichtigung der Belastungssituation im Rahmen eines PPS-Systems auf der Basis einer dialogorientierten Ablaufplanung, in: Institut für Fertigungsanlagen der Universität Hannover (Hrsg.): Statistisch orientierte Fertigungssteuerung, Hannover

Kern, W. (1979): Produktionsprogramm, in: Kern, W. (Hrsg.): Handwörterbuch der Produktionswirtschaft, Stuttgart, Sp. 1563 - 1572

Kern, W. (1992): Industrielle Produktionswirtschaft, 5. Aufl., Stuttgart

Kern, W./Fallaschinski, K. (1978/1979): Betriebswirtschaftliche Produktionsfaktoren, in: WISU, 6. Jg., S. 580 - 584, und 7. Jg., S. 15 - 18

Kettner, H./Bechte, W. (1981): Neue Wege der Fertigungssteuerung durch belastungsorientierte Auftragsfreigabe, in: VDI - Zeitschrift, 123. Jg., S. 459 - 465

Kießwetter, M. (1999): Ablaufplanung in der chemischen Industrie, Wiesbaden

Kilger, W. (1972): Produktions- und Kostentheorie, Wiesbaden

Kilger, W. (1973): Optimale Produktions- und Absatzplanung, Opladen

Kilger, W. (1986): Industriebetriebslehre, Band 1, Wiesbaden

Kilger, W. (1992): Einführung in die Kostenrechnung, 3. Aufl., Wiesbaden

Kinias, C. (1992): Mythos Japan und die Realität der „Lean Production", in: io Management Zeitschrift, Vol. 61, Nr. 3, S. 48 - 51

Kistner, K.-P. (1992): Koordinationsmechanismen in der hierarchischen Planung, in: ZfB, 62. Jg., Nr. 10, S. 1125 - 1146

Kistner, K.-P. (1993): Produktions- und Kostentheorie, 2. Aufl., Würzburg, Wien

Kistner, K.-P. (1996): Produktionstheorie, aktivitätsanalytische, in: Kern, W. u. a. (Hrsg.): Handwörterbuch der Produktionswirtschaft, 2. Aufl., Stuttgart, Sp. 1546 - 1569

Kistner, K.-P. (2003): Optimierungsmethoden, 3. Aufl., Heidelberg

Kistner, K.-P./Steven, M. (2001): Produktionsplanung, 3. Aufl., Heidelberg

Kistner, K.-P./Switalski, M. (1989): Hierarchische Produktionsplanung, in: ZfB, 59. Jg., Nr. 5, S. 477 - 503

Kloock, J. (1969): Betriebswirtschaftliche Input-Output-Modelle. Ein Beitrag zur Produktionstheorie, Wiesbaden

Kloock, J. (1975): Input-Output-Analyse, in: Grochla, E./Wittmann, W. (Hrsg.): HWB, 4. Aufl., Stuttgart, Sp. 1953 - 1966

Kluge, J./Sailer, E. (1991): Das ganze Wissen des Unternehmens auf das Produkt konzentrieren, in: Blick durch die Wirtschaft v. 17.4., Nr. 74, S. 7 - 10

Knobloch, Th. (1990): Simultananpassung der Produktion, Wiesbaden

Knolmayer, G./Mertens, P./Zeier, A. (2000): Supply Chain Management auf Basis von SAP-Systemen, Berlin u. a.

Koch, H. (1980): Zum Verfahren der Analyse von Kostenverläufen, in: ZfB, 50. Jg., S. 957 - 996

Koch, H. (1981): Zur Diskussion über Ableitung von Kostenfunktionen, in: ZfB, 51. Jg., S. 418 - 422

Koch, H. (1982): Integrierte Unternehmensplanung, Wiesbaden

Koffler, J.R. (1987): Neuere Systeme zur Produktionsplanung und -steuerung, München

Krajewski, L.J./Ritzman, L.P. (1993): Operations Management, 3. Aufl., Reading

Krajewski, L.J./Ritzman, L.P. (2002): Operations Management: Strategy and Analysis, 6. Aufl., Upper Saddle River

Krallmann, H. (Hrsg.) (1990): CIM-Expertenwissen für die Praxis, München, Wien

Kreikebaum, H./Liesegang G./Schaible, S./Wildemann, H. (Hrsg.) (1985): Industriebetriebslehre in Wissenschaft und Praxis, Festschrift zum 65. Geburtstag von Theodor Ellinger, Berlin

Kruschwitz, L. (2007): Investitionsrechnung, 11. Aufl., München, Wien

Krycha, K.T. (1978): Produktionswirtschaft, Bielefeld, Köln

Krycha, K.-T. (1996): Produktionstypologien, in: Kern, W./Schröder, H.-H./Weber, J. (Hrsg.): Handwörterbuch der Produktionswirtschaft, 2. Aufl., Stuttgart, Sp. 1617 - 1629

Kuhn, H.W./Tucker, A.W. (1951): Nonlinear Programming. Proceedings of the Second Berkeley Symposium on Mathematical Statistics and Probability, Los Angeles, S. 481 - 493

Küpper, H.-U. (1976): Produktionsfunktionen, in: WiSt, 5. Jg., S. 129 - 134

Küpper, H.-U. (1978): Struktur einer dynamischen Produktionsfunktion der Unternehmung (Produktionsfunktion vom Typ E). Arbeitsbericht Nr. 10 (Wirtschaftswissenschaftliches Seminar), Tübingen

Küpper, H.-U. (1979): Dynamische Produktionsfunktion der Unternehmung auf der Basis des Input-Output-Ansatzes, in: ZfB, 49. Jg., S. 93 - 106

Küpper, W./Lüder, K./Streitferdt, L. (1975): Netzplantechnik, Würzburg, Wien

Kummer, S./Grün, O./Jammernegg, W. (2006): Grundzüge der Beschaffung, Produktion und Logistik, München

Kurbel, K. (1978): Simultane Produktionsplanung bei mehrstufiger Serienfertigung, Berlin

Kurbel, K. (1992): Entwicklung und Einsatz von Expertensystemen, 2. Aufl., Berlin u. a.

Kurbel, K. (2003): Produktionsplanung und -steuerung, 5. Aufl., München, Wien

Lambrecht, H.W. (1977): Die Optimierung intensitätsmäßiger Anpassungsprozesse, Göttingen

Landis, W./Herriger, H. (1969): Die Vergleichswertmethode. Ein vereinfachtes Verfahren zur Bestimmung der wirtschaftlichen gleitenden Losgröße, in: Ablauf- und Planungsforschung 10, S. 425 - 432

Lee, H.L./Padmanabhan,V./Whang, S. (1997): The Bullwhip Effect in Supply Chains, in: Sloan Management Review, 38. Jg., S. 93 - 102

Leontief, W.W. (1955): Input-Output Analysis and the General Equilibrium Theory, in: Barna, T. (Hrsg.): The Structural Interdependence of the Economy, New York

Liedl, R. (1984): Ablaufplanung bei auftragsorientierter Werkstattfertigung, Münster

Little, J.D.C. (1961): L = λW, in: Operations Research, Vol. 9, S. 383 - 387

Little, J.D.C. et al. (1963): An Algorithm for the Traveling Salesman Problem, in: Operations Research, 11. Jg., H. 12, S. 972 - 989

Lomnicki, Z.A. (1965): A "Branch and Bound" Algorithm for the Exact Solution of the Three-Machine Scheduling Problems, in: Operations Research Quarterly, Vol. 16, S. 101 - 107

Luchs, R.H./Neubauer, F.-F. (1986): Qualitätsmanagement, Frankfurt/M.

Lücke, W. (1973): Produktions- und Kostentheorie, 3. Aufl., Würzburg, Wien

Lücke, W. (1979): Produktionstheorie, in: Kern, W. (Hrsg.): Handwörterbuch der Produktionswirtschaft, Stuttgart, Sp. 1619 - 1636

Lücke, W. (1990a): Arbeitsleistung, Arbeitsbewertung, Arbeitsentlohnung, in: Jacob, H. (Hrsg.): Industriebetriebslehre, 4. Aufl., Wiesbaden, S. 177 - 317

Lücke, W. (1990b): Long-Run-Produktions- und Kostentheorie unter Berücksichtigung des technischen Fortschritts, in: Lücke, W./Dietz, J.-D. (Hrsg.): Problemorientiertes Management, Wiesbaden, S. 203 - 256

Lücke, W. (Hrsg.) (1991): Investitionslexikon, 2. Aufl., München, Wien

Lüder, K. (1990): Standortwahl, in: Jacob, H. (Hrsg.): Industriebetriebslehre, 4. Aufl., Wiesbaden, S. 25 - 100

Matthes, W. (1979): Dynamische Einzelproduktionsfunktion der Unternehmung (Produktionsfunktion vom Typ F), Betriebswirtschaftliches Arbeitspapier Nr. 2, Köln

Matthes, W. (1993): Input-Output-Analyse, betriebswirtschaftliche, in: Wittmann, W. u. a. (Hrsg.): HWB, 5. Aufl., Stuttgart, Sp. 1813 - 1826

Matthes, W. (1996): Produktionstheorie, funktionalistische, in: Kern, W. u. a. (Hrsg.): Handwörterbuch der Produktionswirtschaft, 2. Aufl., Stuttgart, Sp. 1569 - 1583

Mellerowicz, K. (1973): Kosten und Kostenrechnung, Band 1: Theorie der Kosten, 5. Aufl., Berlin, New York

Mellerowicz, K. (1981): Betriebswirtschaftslehre der Industrie, 7. Aufl., Freiburg

Mendoza, A.G. (1968): An Economic Lot-Sizing Technique, II: Mathematical Analysis of the Part-Period-Algorithm, in: IBM Systems Journal, Vol. 7, S. 39 - 46

Mensch, G. (1968): Ablaufplanung, Köln, Opladen

Mikus, B. (1997a): Beschaffung, in: Bloech, J./Ihde, G.B. (Hrsg.): Vahlens Großes Logistiklexikon, München, S. 64 - 66

Mikus, B. (1997b): Einkauf, in: Bloech, J./Ihde, G.B. (Hrsg.): Vahlens Großes Logistiklexikon, München, S. 198 - 199

Mikus, B. (2000): Bestellmengenplanung bei mengenabhängigen Faktorpreisen, in: Burchert, H./Hering, T./Rollberg, R. (Hrsg.): Logistik – Aufgaben und Lösungen, München, Wien, S. 29 - 37

Mikus, B. (2001): Make-or-buy Entscheidungen, 2. Aufl., Chemnitz

Miles, L.D. (1967): Value Engineering, 2. Aufl., München

Mitscherlich, E. A. (1956): Die Ertragsgesetze, Berlin

Monczka, R./Trent, R./Handfield, R. (2002): Purchasing and Supply Chain Management, 2. Aufl., Mason

Monden, Y. (1983): Toyota Production System, Norcross

Müller, E./Neuvians, G./Zimmermann, H.-J. (1974): Untersuchung über den Zusammenhang zwischen der Bestimmung optimaler Losgrößen und der Fertigungsablaufplanung, Forschungsbericht des Landes Nordrhein-Westfalen Nr. 2237, Opladen

Müller, H.W. (1999): Quality Engineering – Ein Überblick über neuere Verfahren, in: Zink, K.J. (Hrsg.): Qualität als Managementaufgabe, 3. Aufl., Landsberg am Lech

Müller-Hagedorn, L./Biethahn, J. (1975): Bestellpolitik in Handelsbetrieben unter expliziter Berücksichtigung der Kosten für gebundenes Kapital, in: ZfOR, Bd. 19, S. B155 - B175

Müller-Merbach, H. (1962): Die Bestimmung optimaler Losgrößen bei Mehrproduktfertigung, Diss., Darmstadt

Müller-Merbach, H. (1969): Die Inversion von Gozinto-Matrizen mit einem graphenorientierten Verfahren, in: edv, 11. Jg., S. 310 - 314

Müller-Merbach, H. (1970): Optimale Reihenfolgen, Berlin u. a.

Müller-Merbach, H. (1973): Operations Research, 3. Aufl., München

Müller-Merbach, H. (1981): Die Konstruktion von Input-Output-Modellen, in: Bergner, H. (Hrsg.): Planung und Rechnungswesen in der Betriebswirtschaftslehre, Berlin, S. 19 - 113

Naddor, E. (1971): Lagerhaltungssysteme, Frankfurt/M., Zürich

Nahmias, S. (2005): Production and Operations Analysis, 5. Aufl., New York

Neumann, K. (1996): Produktions- und Operations-Management, Berlin u. a.

Nolte, D. (1992): Das Phänomen Japan - Erklärungsansätze der überlegenen Wettbewerbsstärke am Beispiel der japanischen Automobilindustrie, in: WSI-Mitteilungen, Nr. 1, S. 34 - 42

Oess, A. (1993): Total Quality Management, 3. Aufl., Wiesbaden

Ohse, D. (1979): Näherungsverfahren zur Bestimmung der wirtschaftlichen Bestellmenge bei schwankendem Bedarf, in: edv, 2. Jg, S. 83 - 88

Oßwald, J. (1979): Produktionsplanung bei losweiser Fertigung, Wiesbaden

Pack, L. (1963): Optimale Bestellmenge und optimale Losgröße - Zu einigen Problemen ihrer Ermittlung, in: ZfB, 33. Jg., S. 465 - 492

Pack, L. (1966): Die Elastizität der Kosten, Wiesbaden

Perridon, L./Steiner, M. (2007): Finanzwirtschaft der Unternehmung, 14. Aufl., München

Pfaffenberger, U. (1960): Produktionsplanung bei losreihenfolgeabhängigen Maschinenumstellkosten, in: Unternehmensforschung, 5. Jg. S. 31 - 40

Pfohl, H.-C./Stölzle, W. (1997): Planung und Kontrolle, 2. Aufl., München

Pfohl, H.-C. (2004): Logistikmanagement, 2. Aufl., Berlin u. a.

Popp, W. (1968): Einführung in die Theorie der Lagerhaltung, Berlin, Heidelberg, New York

Porter, M.E. (1980): Competitive Strategy. Techniques for Analyzing Industries and Competitors, New York, London

Porter, M.E. (2000): Wettbewerbsvorteile, 6. Aufl., Frankfurt/M., New York

Pressmar, D. B. (1971): Kosten- und Leistungsanalyse im Industriebetrieb, Wiesbaden

Pressmar, D. B. (1979): Verbrauchsfunktionen, in: Kern, W. (Hrsg.): Handwörterbuch der Produktionswirtschaft, Stuttgart, Sp. 2067 - 2077

Rieper, B. (1986): Die Bestellmengenrechnung als Investitions- und Finanzierungsproblem, in: ZfB, 56. Jg., S. 1230 - 1255

Roland, F. (1993): Beschaffungsstrategien, Bergisch Gladbach, Köln

Roland, F. (1997a): Anpassungsformen, in: Bloech, J./Ihde, G.B. (Hrsg.): Vahlens Großes Logistiklexikon, München, S. 31 - 32

Roland, F. (1997b): Fertigung, Organisationstypen der, in: Bloech, J./Ihde, G.B. (Hrsg.): Vahlens Großes Logistiklexikon, München, S. 274 - 275

Roland, F. (1997c): Fertigungstypen, in: Bloech, J./Ihde, G.B. (Hrsg.): Vahlens Großes Logistiklexikon, München, S. 283 - 284

Roland, F. (2000a): Ablaufplanung bei Variantenfertigung, in: Burchert, H./Hering, T./Rollberg, R. (Hrsg.): Logistik – Aufgaben und Lösungen, München, Wien, S. 169 - 173

Roland, F. (2000b): Selektive Anpassungsprozesse bei Inbetriebnahmekosten und Überstunden, in: Burchert, H./Hering, T./Rollberg, R. (Hrsg.): Produktionswirtschaft - Aufgaben und Lösungen, München, Wien, S. 133 - 144

Rollberg, R. (1996): Lean Management und CIM aus Sicht der strategischen Unternehmensführung, Wiesbaden

Rollberg, R. (2000): Bestellpolitiken bei stochastischem Bedarfsverlauf, in: Burchert, H./Hering, T./Rollberg, R. (Hrsg.): Logistik - Aufgaben und Lösungen, S. 43 - 52

Rollberg, R. (2001): Integrierte Unternehmensplanung, Wiesbaden

Sabel, H. (1979): Programmplanung, kurzfristige, in: Kern, W. (Hrsg.): Handwörterbuch der Produktionswirtschaft, Stuttgart, Sp. 1686 - 1700

Sarma, S./ Weis, S.A./Engels, D.W. (2002): RFID Systems, Security & Privacy Implications, Cambridge, MA

Scarf, H. (1960): The Optimality of (s,S)-Policies in the Dynamic Inventory Problem, in: Arrow, K./Karlin, S./Suppes, P. (Hrsg.): Mathematical Problems in the Social Sciences, Stanford, S. 196 - 202

Scheer, A.-W. (1985): Die neuen Anforderungen an PPS-Systeme, in: CIM-Management, 1. Jg., S. 32 - 36

Scheer, A.-W. (1988): Betriebliche Expertensysteme I, Wiesbaden

Scheer, A.-W. (1990): CIM - Computer Integrated Manufacturing, 4. Aufl., Berlin u. a.

Schmalenbach, E. (1947; 1948): Pretiale Wirtschaftslenkung, Band 1 - Die optimale Geltungszahl, Bremen

Schmalenbach, E. (1947; 1948): Pretiale Wirtschaftslenkung, Band 2 - Pretiale Lenkung des Betriebes, Bremen

Schmalenbach, E. (1963): Kostenrechnung und Preispolitik, 8. Aufl. (bearbeitet von R. Bauer), Köln, Opladen

Schmidt, A. (1985): Operative Beschaffungsplanung und -steuerung, Bergisch Gladbach, Köln

Schneeweiß, Ch. (1974): Dynamisches Programmieren, Würzburg, Wien

Schneeweiß, Ch. (1978): Zum Begriff der wertmäßigen Kosten, in: Müller-Merbach, H. (Hrsg.): Quantitative Ansätze in der Betriebswirtschaftslehre, München, S. 147 - 158

Schneeweiß, Ch. (1979): Zur Problematik der Kosten in Lagerhaltungsmodellen, in: ZfB, 49. Jg., S. 1 - 17

Schneeweiß, Ch. (1981): Modellierung industrieller Lagerhaltungssysteme, Berlin, Heidelberg, New York

Schneeweiß, Ch. (2002): Einführung in die Produktionswirtschaft, 8. Aufl., Berlin u. a.

Schneeweiß, Ch./Alscher, J. (1987): Zur Disposition von Mehrprodukt-Lägern unter Verwendung der klassischen Losgrößenformel, in: ZfB, 57. Jg., S. 483 - 502

Schneider, E. (1934): Theorie der Produktion, Wien

Schneider, E. (1938): Absatz, Produktion und Lagerhaltung bei einfacher Produktion, in: Archiv für mathematische Wirtschafts- und Sozialforschung, S. 99 - 113

Schonberger, R.J. (1982): Japanese Manufacturing Techniques, Hidden Lessons in Simplicity, New York

Schultz, J. (1999): Ausgewählte Methoden der Ablaufplanung im Vergleich, Wiesbaden

Schumann, J./Meyer, U./Ströbele, W. (1999): Grundzüge der mikroökonomischen Theorie, 7. Aufl., Berlin u. a.

Schweitzer, M. (1973): Einführung in die Industriebetriebslehre, Berlin, New York

Schweitzer, M. (1979): Produktionsfunktionen, in: Kern, W. (Hrsg.): Handwörterbuch der Produktionswirtschaft, Stuttgart, Sp. 1494 - 1512

Schweitzer, M. (2005): Planung und Steuerung, in: Bea, F.X., et al. (Hrsg.): Allgemeine Betriebswirtschaftslehre, Band 2: Führung, 9. Aufl., Stuttgart, New York, S. 16 - 139

Schweitzer, M./Küpper, H.-U. (1997): Produktions- und Kostentheorie. Grundlagen - Anwendungen, 2. Aufl., Wiesbaden

Schweitzer, M./Küpper, H.-U. (2003): Systeme der Kosten- und Erlösrechnung, 8. Aufl., München

Seelbach, H. u. a. (1975): Ablaufplanung, Würzburg, Wien

Seidenschwarz, W. (1993): Target Costing. Marktorientiertes Zielkostenmanagement, München

Serra, A. (1803): Breve trattato delle Cause che possono far abbondara li regni d'oro e d'argento dove non sono miniere, in: Scritti classici italiani di economia politica, parte antica, tomo 1, Milano

Siegel, Th. (1974): Optimale Maschinenbelegungsplanung, Berlin

Silver, E./Meal, H. (1969): A simple modification of the EOQ for the case of a varying demand rate, in: Production and Inventory Management, Vol. 10, S. 51 - 55

Silver, E./Meal, H. (1973): A heuristic for selecting lot size quantities for the case of a deterministic varying demand rate and discrete opportunities for replenishment, in: Production and Inventory Management, Vol. 14, No. 2, S. 64 - 74

Silver, E.A./Pyke, D.F./Peterson, R. (1998): Inventory Management and Production Planning and Scheduling, New York u. a.

Spearman, M.L./Woodruff, D.L./Hopp, W.J. (1990): CONWIP: A Pull Alternative to KANBAN, in: International Journal of Production Research, Vol. 28, No. 5, S. 879 - 894

Stadtler, H. (1988): Hierarchische Produktionsplanung bei losweiser Fertigung, Heidelberg

Stefanic-Allmeyer, K. (1927): Die günstigste Bestellmenge beim Einkauf, in: Sparwirtschaft, S. 504 - 508

Steffen, R. (1977): Produktionsplanung bei Fließbandfertigung, Wiesbaden

Steffen, R. (2002): Produktions- und Kostentheorie, 4. Aufl., Stuttgart, Berlin, Köln

Steven, M. (1994): Hierarchische Produktionsplanung, 2. Aufl., Heidelberg

Steven, M. (1998): Produktionstheorie, Wiesbaden

Stölzle, W. (1999): Industrial Relationships, München, Wien

Szendrovits, A.Z. (1975): Manufacturing Cycle Time Determination for a Multi-Stage Economic Production Quantity Model, in: Management Science, Vol. 22, Nr. 3, S. 298 - 308.

Szyperski, N./Tilemann, T. (1979): Ziele, produktionswirtschaftliche; in: Kern, W. (Hrsg.): Handwörterbuch der Produktionswirtschaft, Stuttgart, Sp. 2301 - 2318

Tempelmeier, H. (2003): Material-Logistik, 5. Aufl., Berlin u. a.

Tempelmeier, H. (2005): Bestandsmanagement in Supply Chains, Norderstedt

Tempelmeier, H. (2005): Material-Logistik, 6. Aufl., Berlin u. a.

ter Haseborg, F. (1979): Optimale Lagerhaltungspolitiken für Ein- und Mehrproduktläger, Göttingen

Thonemann, U. (2005): Operations Management, München u. a.

Tischer, H.-H. (1968): Zur Berechnung des totalen Einzelteile- und Baugruppenbedarfs, in: Mathematik und Wirtschaft, Berlin, S. 110 - 118

Töpfer, A./Mehdorn, H. (1995): Total Quality Management, 4. Aufl., Neuwied, Kriftel, Berlin

Toporowski, W. (1998): Grundlagen der Bestellpunkt- und Bestellzyklusverfahren, in: WISU, 27. Jg, S. 1142 - 1154

Toporowski, W. (1999): Bestellmengenpolitiken bei stochastischer, stationärer Nachfrage (I) und (II), in: WISU, 28. Jg, S. 197 - 204 und S. 325 - 333

Trux, W. (1972): Einkauf und Lagerdisposition mit Datenverarbeitung - Bedarf, Bestand, Bestellung, Wirtschaftlichkeit, 2. Aufl., München

Turgot, A.R.J. (1844): Observations sur le mémoire de M. de Saint-Peravy en faveur de l'impot indirect, in: Oeuvres, Ausg. Daire, Paris, Bd. I

Vazsonyi, A. (1962): Die Planungsrechnung in Wirtschaft und Industrie, Wien, München

von Liebig, J. (1862): Einleitung in die Naturgesetze des Feldbaus, Braunschweig

van Weele, A.J. (2005): Purchasing & Supply Chain Management: Analysis, Strategy, Planning and Practice, London

von Stackelberg, H. (1932): Grundlagen einer reinen Kostentheorie, Wien

von Thünen, J.M. (1826): Der isolierte Staat in Beziehung auf Landwirthschaft und Nationalökonomie, oder Untersuchungen über den Einfluß, den die Getreidepreise, der Reichthum des Bodens und die Abgaben auf den Ackerbau ausüben, Hamburg

von Zwehl, W. (1973): Kostentheoretische Analyse des Modells der optimalen Bestellmenge, Wiesbaden

von Zwehl, W. (1974): Zur Bestimmung der kostenminimalen Bestellmenge, in: WiSt, 3. Jg., S. 469 - 479

von Zwehl, W. (1979): Losgröße, wirtschaftliche, in: Kern, W. (Hrsg.): Handwörterbuch der Produktionswirtschaft, Stuttgart, Sp. 1163 - 1182

Wagner, H.M./Whitin, T.M. (1958): Dynamic Version of the Economic Lot Size Model, in: Management Science, Vol. 5, S. 89 - 96

Warnecke, H.-J., Sihn, W: (1996): Instandhaltungsmanagement, in: Kern, W./Schröder, H.-H./Weber, J. (Hrsg.): Handwörterbuch der Produktionswirtschaft, 2. Aufl., Stuttgart, Sp. 768 - 785

Wäscher, G. (1982): Innerbetriebliche Standortplanung bei einfacher und mehrfacher Zielsetzung, Wiesbaden

Weber, H.K. (1980): Zum System produktiver Faktoren, in: ZfbF, 32. Jg., S. 1056 - 1071

Weber, H.K. (1999): Industriebetriebslehre, 3. Aufl., Berlin, Heidelberg

Wedell, H. (2004): Grundlagen des Rechnungswesens. Band 2: Kosten- und Leistungsrechnung, 9. Aufl., Herne, Berlin

Weidner, D. (1992): Engpaßorientierte Fertigungssteuerung, Frankfurt/M. u. a.

Weisner, U. (1968): Ein Branch and Bound-Algorithmus zur Bestimmung einer exakten Lösung des Maschinenbelegungsplanproblems für 3 Maschinen, in: Weinberg, F. (Hrsg.): Einführung in die Branch and Bound-Methodik, Berlin, S. 30 - 39

Welge, M.K./Al-Laham, A. (2004): Strategisches Management: Grundlagen - Prozess - Implementierung, 4. Aufl., Wiesbaden

Wiendahl, H.-P. (1987): Belastungsorientierte Fertigungssteuerung, München, Wien

Wiendahl, H.-P. (1988a): Die belastungsorientierte Fertigungssteuerung in: Adam, D. (Hrsg.): Fertigungssteuerung II, Wiesbaden, S. 51 - 88

Wiendahl, H.-P. (1988b): Erwiderung: Probleme der belastungsorientierten Auftragsfreigabe, in: ZfB, 58. Jg., S. 1224 - 1227

Wiendahl, H.-P. (1989): Das Dilemma der Fertigungssteuerung, in: ZfB, 59. Jg., S. 914 - 926

Wight, O.W. (1979): MRP II - Manufacturing Resource Planning, in: Modern Materials Handling, Sept.

Wild, J. (1982): Grundlagen der Unternehmensplanung, Opladen 1982

Wildemann, H. (Hrsg.) (1986): Just-in-time Produktion und Zulieferung, Erfahrungsberichte, Band 1 und 2, Passau

Wildemann, H. (1988): Produktionssteuerung nach KANBAN-Prinzipien, in: Adam, D. (Hrsg.): Fertigungssteuerung II, Wiesbaden, S. 33 - 50

Wildemann, H. (Hrsg.) (1989): Fabrikplanung, Frankfurt/M.

Wildemann, H. (1992a): Eine dynamische Entscheidung, in: Beschaffung aktuell, H. 3, S. 32 - 34

Wildemann, H. (1992b): Qualitätsentwicklung in F&E, Produktion und Logistik, in: ZfB, 62. Jg., H. 1, S. 17 - 41

Wildemann, H. (2001): Das Just-in-time Konzept, 2. Aufl., Frankfurt/M.

Wilken, C. (1993): Strategische Qualitätsplanung und Qualitätskostenanalysen im Rahmen eines Total Quality Management, Heidelberg

Williams, K./Haslam, C. (1992): Kein Testfall für Managerfähigkeiten, sondern für das Verantwortungsbewußtsein europäischer Politiker, in: Die Mitbestimmung, H. 4, S. 39 - 43

Witte, A. (1993): Integrierte Qualitätssteuerung im Total Quality Management, Münster, Hamburg

Witte, Th. (1988): Produktionsfunktionen und ihre betriebswirtschaftliche Bedeutung, in: WISU, 17. Jg., S. 457 - 462

Wittmann, W. (1968): Produktionstheorie, Berlin, Heidelberg, New York

Wittmann, W. (1987): Praxisbezug in der Produktionstheorie, in: Bartels, H.G. u. a. (Hrsg.): Praxisorientierte Betriebswirtschaft, Berlin

Wöhe, G./Döring, U. (2005): Einführung in die Allgemeine Betriebswirtschaftslehre, 22. Aufl., München

Womack, J.P./Jones, D.T./Roos, D. (1992): Die zweite Revolution in der Automobilindustrie, 5. Aufl., Frankfurt/M.

Zäpfel, G. (1979): Programmplanung, mittelfristige, in: Kern, W./Schröder, H.-H./Weber, J. (Hrsg.): Handwörterbuch der Produktionswirtschaft,, Stuttgart, Sp. 1700 - 1713

Zäpfel, G. (1982): Produktionswirtschaft. Operatives Produktions-Management, Berlin, New York

Zäpfel, G. (2000a): Strategisches Produktions-Management, 2. Aufl., München, Wien

Zäpfel, G. (2000b): Taktisches Produktions-Management, 2. Aufl., München, Wien

Zäpfel, G./Missbauer, H. (1987): Produktionsplanung und -steuerung für die Fertigungsindustrie - Ein Systemvergleich, in: ZfB, 57. Jg., S. 882 - 900

Zäpfel, G./Missbauer, H. (1988a): Traditionelle Systeme der Produktionsplanung und -steuerung in der Fertigungsindustrie, in: WiSt, 17. Jg., S. 73 - 77

Zäpfel, G./Missbauer, H. (1988b): Neuere Konzepte der Produktionsplanung und -steuerung in der Fertigungsindustrie, in: WiSt, 17. Jg., S. 127 - 131

Zahn, E./Schmid, U. (1996): Produktionswirtschaft I: Grundlagen und operatives Produktions-Management, Stuttgart

Zimmermann, G. (1988): Produktionsplanung variantenreicher Erzeugnisse mit EDV, Berlin u. a.

Zink, K.J./Schick, G. (1987): Quality Circles, Bd. 1, Grundlagen, 2. Aufl., München, Wien

Schlagwortverzeichnis

Entscheidungstheorie
Grundlagen

H. Laux, Johann Wolfgang Goethe-Universität, Frankfurt/Main

Dieses Lehrbuch gibt eine gründliche Einführung in die Entscheidungstheorie. Es wird gezeigt, wie Entscheidungs-
probleme bei Sicherheit, Unsicherheit i.e.S. und in Risikosituationen dargestellt und gelöst werden können. Dabei wird
insbesondere die Problematik der Formulierung von Zielfunktionen, der Bildung eines Wahrscheinlichkeitsurteils über
die Ergebnisse der Alternativen und der Vereinfachung von Entscheidungsmodellen untersucht. Darauf aufbauend
werden Entscheidungsprozesse in Gruppen analysiert.
Für die Behandlung der wirtschaftspolitischen Fragestellungen bietet das Buch umfassende analytische und
theoretische Grundlagen im mikroökonomischen und makroökonomischen Bereich.

7., überarb. u. erw. Aufl. 2007. XXV, 540 S. 105 Abb. Brosch.
ISBN 978-3-540-71161-2 ▶ € (D) 31,95 | € (A) 32,85 | sFr 49,00

Controlling
Eine kognitionsorientierte Perspektive

V. Lingnau, P. Gerling, Universität Kaiserslautern

Ausgangspunkt der Überlegungen ist das "real existierende Phänomen" Controlling, wobei die kognitiven Beschränkungen realer Entscheidungsträger in den Mittelpunkt gestellt werden. Das Controlling verfolgt das Ziel, Manager dabei
zu unterstützen, Probleme effizienter zu lösen. Somit wird der schon seit längerem gestellten Forderung entsprochen,
die deutschsprachige Controllingforschung um kognitive Aspekte zu erweitern. Das Lehrbuch leitet in diesem Sinne ein
kognitionsorientiertes Controllingverständnis ab.
Die Studierenden erhalten mit diesem Lehrbuch einen kompakten Überblick über das mikroökonomische Instrumenta-
rium.

2007. Etwa 350 S. Brosch.
ISBN 978-3-540-70797-4 ▶ etwa € (D) 24,95 | € (A) 25,65 | sFr 38,50

Jahresabschluss nach Handelsrecht, Steuerrecht und internationalen Standards (IFRS)

R. Heno, Fachhochschule Oldenburg/ Ostfriesland/ Willhelmshaven, Wilhelmshaven

Dieses Lehrbuch behandelt die Rechnungslegung von Unternehmen nach den deutschen handels- und steuerrecht-
lichen Vorschriften sowie nach den International Financial Reporting Standards (IFRS). Neben den deutschen
Grundsätzen ordnungsmäßiger Buchführung und den für die IFRS geltenden Rahmengrundsätzen wird schwerpunkt-
mäßig die jeweilige Bewertungskonzeption dargestellt. Darüber hinaus wird aber auch die Bilanzierung und Bewertung
der einzelnen Positionen des Jahresabschlusses im jeweiligen Rechnungslegungssystem vermittelt. Mit Hilfe zahlreicher
Beispiele, Übersichten und Tabellen wird die schwierige Materie anschaulich erklärt.

5., aktualisierte Ed. 2006. XIX, 560 S. Brosch.
ISBN 978-3-7908-1719-5 ▶ € (D) 34,95 | € (A) 35,93 | sFr 53,50

Übungen zur Internen Unternehmensrechnung
Gütermärkte, Faktormärkte und die Rolle des Staates

C. Ernst, Universität Hohenheim; **C. Riegler**, Wirtschaftsuniversität Wien; **G. Schenk**, Berufsakademie Heidenheim

Das Buch wendet sich an Studenten der Unternehmensrechnung und des Controllings. Anhand zahlreicher Übungsaufgaben und Fallstudien werden Lerninhalte des Lehrbuchs Interne Unternehmensrechnung von Ralf Ewert und Alfred
Wagenhofer vertieft. Die Aufgaben befassen sich sowohl mit traditionellen Themenbereichen der Internen Unternehmensrechnung (z. B. Produktionsprogrammplanung, Abweichungsanalyse) als auch mit Techniken des strategischen
Kostenmanagements. Darüber hinaus werden Fragen der personellen Koordination auf Basis von informationsökono-
mischen Ansätzen betrachtet.

3., überarb. Aufl. 2007. XX, 351 S. 29 Abb. Brosch.
ISBN 978-3-540-68727-6 ▶ € (D) 26,95 | € (A) 27,72 | sFr 41,50

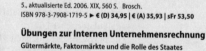
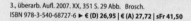

Bei Fragen oder Bestellung wenden Sie sich bitte an ▶ Springer Distribution Center GmbH, Haberstr. 7, 69126 Heidelberg ▶ **Telefon:** +49 (0) 6221-345-4301
▶ **Fax:** +49 (0) 6221-345-4229 ▶ **Email:** SDC-bookorder@springer.com ▶ € (D) sind gebundene Ladenpreise in Deutschland und enthalten 7% MwSt;
€ (A) sind gebundene Ladenpreise in Österreich und enthalten 10% MwSt. ▶ Preisänderungen und Irrtümer vorbehalten. ▶ Springer-Verlag GmbH,
Handelsregistersitz: Berlin-Charlottenburg, HR B 91022. Geschäftsführer: Haank, Mos, Gebauer, Hendriks

013000x